古代歷史文化研究輯刊

十五編

王明蓀 主編

第 4 冊

《周禮》所見王室起居職官專題研究

張燕 著

國家圖書館出版品預行編目資料

《周禮》所見王室起居職官專題研究／張燕 著 — 初版 — 新北
市：花木蘭文化出版社，2016〔民 105〕
　目 4+280 面；19×26 公分
（古代歷史文化研究輯刊 十五編；第 4 冊）
ISBN 978-986-404-601-0(精裝)
1. 周禮 2. 研究考訂
618　　　　　　　　　　　　　　　　　105002214

ISBN-978-986-404-601-0

9 789864 046010

古代歷史文化研究輯刊
十五編　第 四 冊

ISBN：978-986-404-601-0

《周禮》所見王室起居職官專題研究

作　　者　張　燕
主　　編　王明蓀
總 編 輯　杜潔祥
副總編輯　楊嘉樂
編　　輯　許郁翎
出　　版　花木蘭文化出版社
社　　長　高小娟
聯絡地址　235 新北市中和區中安街七二號十三樓
　　　　　電話：02-2923-1455 ／傳真：02-2923-1452
網　　址　http://www.huamulan.tw 信箱 hml 810518@gmail.com
印　　刷　普羅文化出版廣告事業
初　　版　2016 年 3 月
全書字數　269332 字
定　　價　十五編 23 冊（精裝）台幣 45,000 元

《周禮》所見王室起居職官專題研究

張　燕　著

作者簡介

張燕，女，生於 1981 年 4 月，黑龍江省鶴崗市人。吉林大學史學博士，復旦大學法學院博士後，現任教於上海旅遊高等專科學校、上海師範大學旅遊學院。研究領域：先秦史、中國古代文化與禮儀、法制史、教育史等。曾在《湖南師範大學學報》（社科版）、《河南師範大學學報》（社科版）、《學術交流》、《河北師範大學學報》、《山西師大學報》等核心期刊發表多篇學術論文。

提　要

　　本文以《周禮》所記官制體系作為研究基礎，提煉出為王室起居生活提供專門服務的職官團體，以宿衛、飲食、醫療、服飾、侍御等作為此類職官服務層面的劃分依據。首先對《周禮》所記王室不同層面的起居職官進行系統研究，再對王寢、門制、燕居飲食、服飾、醫療、教育等相關的起居制度進行專題討論。其中，凡涉及到周代重要的，並與王室起居密切相關的職官，均另立專題，將其置於周代歷史背景中進行相應考察，以找出《周禮》對於此類職官記載的特徵，並從王室起居類職官與制度方面對《周禮》的史料價值進行相應判斷。全文共分為七個部分：

　　第一章，對《周禮》所記宮禁與宿衛類職官及相關制度作出整理和分析。考慮到宮禁與宿衛類職官職能的行使將受到王室門寢之制的限制，因此，本文首先對《周禮》所載天子的門制、王室寢制進行了詳細地考察與補充，以此作為對於宮禁與宿衛類職官討論的基礎。

　　宮禁類職官對於王宮禁令的總控，實際上是從諸職職能範圍與王宮佈局的特點出發的，小宰屬於王宮政令的總控者，掌「宮禁」是其職能之一。士師所掌的「宮禁」實際涵蓋了王宮外門、中門以內至路門以裏的各種禁令。與士師相配合的當為宮正和內宰，分管皋門以內、路寢及路寢以內的禁令的發佈與監控。

　　宿衛類職官的布列標準則依託於天子諸門的設置，分為諸門之宿、王內之宿和通職宿衛三個基本類別，諸職成網狀交織之勢，保證王室日常生活的安全。另外，本文以掌宮禁與掌宿衛這兩項職能為切入點，對於周代宰官的宮禁職能、師職的宿衛職能、保氏的宿衛職能、虎賁氏天子近衛之臣的身份以及閽人的守門職能等進行相應的考察與分析。

　　第二章，區別以往飲食制度研究重視禮制飲食的特點，主要對《周禮》所記王室日常飲食的分類與食飲專職的服務進行研究。

　　根據《周禮》飲食職官職能下的點滴記載，結合眾多學者的注疏研究，總結出王室日常飲食生活的基本情況，提煉出服務於天子日常飲食生活的專職。

　　首先，《周禮》記載王室日常飲食主要以天子為核心，從文獻記載及眾家注疏的討論來看，天子日常飲食主要由「朝食」和「燕食」兩類飲食活動組成，而燕食與燕飲亦合稱為「燕飲食」，另有稍事和非食時之飲作為天子日常飲食的重要補充。

　　其次，以膳夫為核心的食官群體在為王室各類飲食生活提供相關服務的同時，專門承擔了天子日常飲食的專職服務。例如內饔、舍人、司尊彝等職負責陳器，庖人、內饔、亨人、獸人、䱷人、酒正、饎人等職主要負責天子日常飲食中牲、羞、醬、珍、酒、飲等物類的選擇與辨別。在進入天子日常飲食的主要程序之後，饋御、侑食、授祭、嘗食、徹食等環節的逐級展開均由膳夫親自參與完成。

再次，對周代以膳夫爲核心的食官群體進行考察時，本文關注膳夫食官的職能性質，膳夫所掌天子飲食基本環節的考察，並對散記於不同文獻下的庖人、酒正、內饔、司尊彝、獸人等職的職能進行相應考察。

第三章，重點關注《周禮》所記醫官群體的研究。

首先，考述《周禮》醫官群體的聯職情況，諸醫之間的配合既保證了天子及貴族日常飲食的安全和健康，又保證疾患的防禦與及時救治，以達到防患於未然的目的。

其次，本章從宮室居寢的清潔，天子及貴族自身清潔，日常飲食的衛生防禦，巫術驅疾防疫，以及司爟、庶氏、酒正等職對於四時之瘧疾、蠱毒、疾病等方面預防與救治，對《周禮》官制進行重新篩選，提煉出《周禮》職官設置中所隱含的疾病防禦體系。

再次，分別對巫之醫事、醫官的起源與發展進行專題研究。在對先秦時期巫之醫事的主觀救治與科學救治行爲分類考察的基礎上，本章對《周禮》所記巫職的職能性質形成一定認知，實際上《周禮》關於巫職的記載基本上忠於巫職本身發展變化的歷史軌跡，是對於巫職衰落及其職能轉變的整體總結。

同時，本文還重點對西周及其以前和春秋戰國時期醫官的起源與發展進行了專題討論，實際上，在殷商甲骨及相關文獻中並無「醫」的記載，而當時大量醫療行爲的承載者又是巫職，再考慮到西周銘文及文獻資料中較少「醫」職記載的特點，故西周時期可能是巫、醫開始分流或者說醫職開始獨立的時期。而春秋戰國時期，醫職便得到長足發展，已經擁有獨立的職官系統，而且醫職的基本職能及其行醫經驗也得到了廣泛地認可。

最後，以附錄的形式對《周禮》醫官所反映的時代問題進行歸納總結：《周禮》所記巫醫關係以及醫官職能和理論是對春秋以來巫醫分流後「醫」之發展及行醫經驗的全面總結。

第四章，重點關注《周禮》所記女官及女官教育的研究。

首先，對《周禮》所記女官及其職能特點進行討論。依據女官服務對象的不同，女官可以分成兩個類別：天子女官與王后女官，前者專指天子的御妾而言，後者指由王后所領的天子的內官體系。以天子內宮爲限，女官職能範圍被禁錮在六宮之內，絕不參與政事，並且在王后女官內部存在明顯的等級劃分。同時，本文對女官的相關聯職如內官、內人、婦官等群體的具體所指及其與《周禮》所記女官的異同進行考察。

其次，以內宰與女官的教育職能爲出發點，對《周禮》女官教育體系進行系統研究。女官教育的施教者主要由內宰和九嬪承擔，前者負責陰禮之教與婦職之教兩項內容，後者則專門承擔起了對於女官婦德、婦容、婦言、婦功等方面的細節教育。實際上，《周禮》所構建的女官教育體系從禮與職兩個方面將女官教育落實到了實處，形成女官之貴者重視禮教、女官之賤者重視職教的教育特點。

再次，本文對先秦時期女子貴族教育進行專題研究，對母、姆、傅姆、傅母與女師的身份進行討論，並從學前之教、閨門之教、嫁前之教的三個不同階段來論述先秦貴族女子教育的主要內容。

最後，對《周禮》女官之教與文獻所記女師之教的關係進行總結：從受教者的身份和教育內容的側重點來看，女官教育實際上是建立在女師之教的基礎上的。

第五章，《周禮》所載天子近侍服務類職官實際上是天子日常政務與燕居勞藝之事的主要負責者，本章重點分析這些職官在天子日常政務不同層級方面的服務職能，以及天子燕居瑣事的專職服務。

其中，大僕及其從屬小臣等職主要對天子燕朝、路寢、燕居所涉及到的政務提供專職服務，而宮人則是天子日常燕居勞藝之事的主要負責者。

同時，本章還結合銘文材料與先秦史料對「僕」職的身份與職能、小臣的近侍身份進行考察。

第六章，在《周禮》所構建的服飾類職官體系中，主要針對的是天子與王后禮服的供應服務，而天子日常服飾則多隱藏於學者們根據《周禮》經文及禮書記載的注疏討論之中，本文以此爲基礎，對《周禮》所記王室日常服制進行討論，並提煉出相應的專職服務。

王室日常服制主要包括王、后各自首服、衣服及足服的不同類型及搭配關係，通過對於上述問題的細緻分析與討論，總結出王、后日常搭配的幾種情況：王后服次、展衣視天子玄冕，用以群小祀；王后服次、展衣視天子皮弁，用以禮見賓客、參與宴饗等；王后服次、褖衣視天子皮弁，用以日常禮見天子；王后服次、褖衣視天子玄端，用以御見；王后服纚笄、褖衣，用以燕居。最後，專門針對上述王、后日常服飾所需要的相關服務，對《周禮》所載服飾類職官進行系統整理。

第七章，在《周禮》所記王室起居的龐大職官體系中，其具體職能或事務的展開，實際上均由不同職官下的徒屬或奴隸完成，他們才是保證王室起居服務完成的基礎。因此，本章將《周禮》所記與王室起居生活相關的庶人在官者和奄人的配備情況及職能特點進行分析。考慮到奴隸並非職官但卻又與天子起居生活密切相關，本文將《周禮》奴隸群體的研究列於庶人在官者與奄人專題之下，對《周禮》所記奴隸的來源、使役、從屬及特點進行考察，以保證專題研究的全面性。

目次

緒　論

　　《周禮》，初名《周官》、《周官經》，王莽時更名爲《周禮》並列爲禮經，是歷代學者研究最重視、爭辯最激烈的經書，也是研究先秦典章制度的重要文獻。學者們對於《周禮》作者、成書年代的探索，對於《周禮》一書中所記載的「天文曆法、城鄉建置、政法文教、禮樂兵刑、徵賦度支、宮室車服、農商醫卜、工藝製作以及各種職官、名物制度」〔註1〕等方面的關注，將《周禮》的研究逐漸引向深入，研究範圍也不斷擴大，幾乎無所不包。可見，學者們對《周禮》的研究不但自成體系而且舉足輕重。因此，將《周禮》整體的學術研究概括爲「《周禮》學」則言之有據。《周禮》學研究是一個跨時代日積月累的歷史過程，其研究成果不勝枚舉。結合本文主題，圍繞《周禮》王室起居之職官、居寢、飲食、服飾等方面，對前人此類研究成果進行梳理分類，舉其重點，列述於下：

一、關於《周禮》王室起居專題的研究綜述

（一）關於《周禮》的成書年代和內容

　　從二十世紀以前《周禮》學的研究成果和百年來《周禮》學的研究現狀來看，關於《周禮》的成書年代的考察和爭論，一直貫穿《周禮》學研究的始終。總體上看，主要有：《周禮》成書於西周、春秋、戰國、秦漢等幾種主流觀點。在此問題基礎上，學者們也展開了對《周禮》內容的認識和討論。

〔註 1〕王鍔編著：《三禮研究論著提要・專著・周禮類》，甘肅教育出版社，2001 年 12 月，第 3 頁。

　　古代學者大都承襲「周公致太平之迹」〔註2〕的說法，認爲《周禮》成書於周初，其記載雖有所損益，但反映的卻是西周時期的官制沿革和典章制度。現代學者蒙文通先生指出「《周禮》雖未必即周公之書，然必爲西周主要制度，而非東遷以下之治。〔註3〕」金景芳先生認爲《周禮》作者「得見西周王室檔案，故講古制極爲纖悉具體。但其中也增入作者自己的設想。〔註4〕」楊向奎先生強調《周禮》是齊人「根據西周文獻及齊國當時制度加以理想化而成書。〔註5〕」劉起釪先生總述「《周禮》一書所有官職資料，都不出春秋時期承自西周的周、魯、衛、鄭四國官制範圍」〔註6〕。可見，《周禮》不僅能夠反映西周時期的主要制度，而且也反映了春秋時期的相關制度。還有學者認爲《周禮》一書有相當一部分材料反映了戰國時期的主要制度和思想傾向，如金春峰先生在宏觀的歷史背景中，結合出土的秦簡，考證《周官》成書的時代及其文化內涵的背景，得出結論：《周官》是戰國末期秦統一前後入秦的學者所作〔註7〕。趙伯雄先生認爲：「研究《周禮》中的胥徒，有助於判斷《周禮》的時代。『徒』的意義有一個演變的過程。《周禮》對『徒』字的使用，與睡虎地秦簡中的『徒』最爲契合，這就爲《周禮》成書於戰國晚期增添了佐證。〔註8〕」另外，陳連慶先生從《周禮》中所見的奴隸入手，以時代清楚的文獻與《周禮》進行對比，對《周禮》的成書時代進行辨別，認爲：「把《周禮》的成書年代放在秦始皇之世，基本上是可以的」〔註9〕。而彭林先生則是從思想角度分析，認爲《周禮》的成書年代下限不晚於文景之世〔註10〕。實際上，

〔註2〕 賈公彥：《序〈周禮〉廢興》，阮元校刻《十三經注疏》，上海古籍出版社影印，1997年版，第636頁。

〔註3〕 蒙文通：《從社會制度及政治制度論〈周官〉成書年代》，見《經史抉原》，巴蜀書社，1995年版，第430頁。

〔註4〕 金景芳：《經書淺談·周禮》，中華書局，1984年，第46頁。

〔註5〕 楊向奎：《宗周社會與禮樂文明》，人民出版社，1997年11月第2版，第294頁。

〔註6〕 劉豐：《百年來〈周禮〉研究的回顧》，《湖南科技學院學報》，2006年第2期。

〔註7〕 金春峰：《〈周官〉的成書時代及研究方法》，《求索》，1992年第1期。

〔註8〕 趙伯雄：《〈周禮〉胥徒考》，《中國史研究》，2000年第4期。

〔註9〕 陳連慶：《〈周禮〉中所見的奴隸》，《史學集刊》，1989年第2期。

〔註10〕 彭林先生認爲儒、法、陰陽五行思想在《周禮》中相互結合，其整體性、條理性和成熟性都遠高於《管子》和《呂氏春秋》，因此其成書必晚於戰國，當成於漢初，其下限也不晚於文景之世，即道家思想尚未成爲主流派之前。（劉豐：《百年來〈周禮〉研究的回顧》，《湖南科技學院學報》，2006年第2期。）

關於《周禮》的成書年代問題，無論學者們持何種觀點，均認可《周禮》作爲先秦文獻的史料價值，其間雖然摻雜了作者理想化的構想，但《周禮》一書確實包含了關於西周、春秋和戰國時期相關制度的眾多材料。學者們對於《周禮》這一特徵的探討，爲我們提供了堅實的研究基礎和廣闊的研究視野，本文在此基礎上，以《周禮》所載王室起居類職官作爲研究對象，同時對相關起居制度進行專題討論，將文獻資料與考古資料相結合，對《周禮》中所見王室起居的職官及相關制度進行系統考察。

（二）古代學者對於《周禮》王室起居專題的研究

在歷代《周禮》學研究中，漢代鄭玄的《周禮注》是目前現存最早的《周禮》箋注專著，此後唐代賈公彥的《周禮疏》又對漢以來《周禮》的研究成果做了一次總結性的整理，至清代經學復興，箋注、考釋、校勘等層出不窮，其中集大成者當屬孫詒讓的《周禮正義》。本文以此爲基礎，再結合清代的禮學研究，關注學者們對於《周禮》中王室起居專題的研究成果，舉其要者列述於下：

其一，關於負責王室起居的職官研究。

《周禮》以官爲紀，因此，諸官官名、職能、職屬、官聯、管理等方面的考證均成爲歷代學者積極參與的課題。較爲集中的相關研究主要有清代胡匡衷的《儀禮釋官》〔註 11〕，作者雖以《儀禮》中所見職官爲討論對象，但尤其注重《周禮》與《儀禮》職官的比較研究，而且對負責王室起居的宰、小臣、膳宰、司宮、樂人、庶子、內小臣、閽人、內御、隸人、庖人、世婦等職官進行了分類討論，作者還專列《附大夫家臣考》，爲我們研究王室起居職官體系提供寶貴借鑒。清代程廷祚的《春秋職官考略》〔註 12〕，將《周禮》所記載的職官與《春秋》、《左傳》中所見職官進行比較，對大宰、宰夫、小宰、膳宰、膳夫、虞人等食官進行細緻考察，是《周禮》食官考證的典範之作。除此之外，孔廣森的《禮學巵言》卷二《禮服釋名》、卷三《職人》、《隸僕掌五寢》，毛奇齡的《經問》之庶子一官、僕御之事，臧琳的《經義雜記》之《二日醫注》，錢大昕的《潛研堂文集》之《世婦》等均涉及到了與王室起居相關的服官、醫官、女官的研究。綜合說來，此類研究的主要特點是：學

〔註 11〕胡匡衷：《儀禮釋官》，阮元編《清經解》卷七百七十五至卷七百八十三，上海書店出版，1988 年 10 月版。

〔註 12〕程廷祚：《春秋職官考略》，三近堂版，清乾隆八年。

者們大都以《周禮》所列六官體系的諸官爲目，以某一職官作爲討論對象，研究範圍全面的同時也存在著材料反覆引用、以單條目評述爲主或研究成果零散瑣碎的現象，缺乏對某一組職官及其職能的系統考察。

其二，關於王室起居禮制的綜合研究。

除《周禮》官制研究外，歷代學者更習慣以《周禮》所列諸官爲目，專注於禮制研究。例如：清代惠士奇《禮說》〔註13〕便以《周禮》職官爲綱，與其它文獻相印證，對王舉與不舉現象、膳膏、五齋三酒、六飲之醫、六飲之涼、四籩之實、褖衣、舄屨等有關於王室起居之禮的專題進行探討；孔廣森《禮學巵言》〔註14〕涉及到王齋日三舉、王、后服飾搭配、食飲制度、五門等問題的討論；曾釗《周官注疏小箋》〔註15〕論及稍食、五門、王舉現象、后居服制等專題。

學者們對於《周禮》王室起居專題的研究還表現爲建立在「三禮」通論基礎上的相關專論，如黃以周在《禮書通故》〔註16〕中專設宮室通故、衣服通故、食禮通故、飲禮通故、職官禮通故、名物通故；淩廷堪在《禮經釋例》〔註17〕也專設通例、飲食之例、變例、祭例、器服之例；江永在《鄉黨圖考》〔註18〕中專設宮室、衣服、飲食、器用、容貌等專題。此類研究爲本文論域的選擇與材料的梳理奠定了牢固的基礎。另外，古代學者在遍讀禮書過程中，習慣散論散記，也可作爲《周禮》王室起居的補充研究。如黃以周《禮說略》〔註19〕中對天子五門、三朝、六尊、饋食之籩等專題的評述；夏炘《學禮管釋》〔註20〕對王、后燕居服飾、平常燕食、房中之羞、燕樂等問題的簡釋；

〔註13〕惠士奇：《禮說》，阮元編《清經解》卷二百一十四至卷二百二十七，上海書店出版，1988年10月版。

〔註14〕孔廣森：《禮學巵言》，阮元編《清經解》卷六百九十二至卷六百九十七，上海書店出版，1988年10月版。

〔註15〕曾釗：《周官注疏小箋》，王先謙編《清經解讀編》卷八百十六至八百二十，上海書店出版，1988年10月版。

〔註16〕黃以周：《禮書通故》，中華書局，1990年5月版。

〔註17〕淩廷堪：《禮經釋例》，阮元編《清經解》卷七百八十四至卷七百九十六，上海書店出版，1988年10月版。

〔註18〕江永：《鄉黨圖考》，阮元編《清經解》卷二百六十一至卷二百七十，上海書店出版，1988年10月版。

〔註19〕黃以周：《禮說略》，王先謙編《清經解續編》卷千四百十六至千四百十八，上海書店出版，1988年10月版。

〔註20〕夏炘：《學禮管釋》，王先謙編《清經解續編》卷九百六十六至九百八十三，上海書店出版，1988年10月版。

金鶚《求古錄禮說》闈考、皮弁布衣辯、元端服考、狐青裘服考、齋必變食說等等問題的討論。上述研究中，雖以「三禮」爲核心，但學者們對於《周禮》材料的使用和對《周禮》所見王室起居禮制的相關討論則成爲我們進一步深入研究王室起居禮制的基礎。

其三，關於王室寢制研究。

在對王室寢制的討論中，學者們重視對路寢和燕寢之制的研究。對於路寢之制，鄭玄提出路寢如明堂之制〔註 21〕，而李如圭根據《尚書·顧命》認爲路寢東西房側階之制，不可通於明堂，得到了江永、金鶚、孫詒讓等學者的贊同〔註 22〕。對於燕寢之制，胡培翬的《燕寢考》〔註 23〕是天子、卿、大夫、士等燕寢比較研究的詳備之作，突出天子燕寢的特殊地位，除基本建制的考證外，作者還關注燕食、作樂、成昏、聽朝等燕寢活動，但此類考證多爲作者的推論。此外，任啓運的《朝廟宮室考》〔註 24〕涉及到了對於路寢、燕寢、內朝、治朝、外朝、燕朝的討論；焦循的《群經宮室圖》〔註 25〕討論路寢建制、燕寢之制；洪頤煊《禮經宮室答問·路寢》〔註 26〕考證路寢庭的大小，還對燕朝之制、王有六寢六宮九室之制、燕寢之旁側室等略作考證。上述關於王室寢制的討論引用了大量禮書記載與史學文獻，將成爲我們考察天子門寢之制的重要依據。

其四，關於王室服飾研究。

除王室起居禮制綜合研究略有涉及外，目前尚未看到對《周禮》所見起居服制的專門研究，但對「禮經」中所記天子、諸侯、大夫、士的吉喪禮服研究則相對較多，於本文而言也尤爲重要。任大椿《弁服釋例》〔註 27〕；中，

〔註 21〕孫詒讓：《周禮正義》，中華書局，1987 年 12 月第 1 版，第 3449 頁，「周人明堂」注。

〔註 22〕孫詒讓：《周禮正義》，中華書局，1987 年 12 月第 1 版，第 417～418 頁。

〔註 23〕胡培翬：《燕寢考》，阮元編《清經解》卷一千二百九十九至卷一千三百零一，上海書店出版，1988 年 10 月版。

〔註 24〕任啓運：《朝廟宮室考》，王先謙編《清經解續編》卷百三十六，上海書店出版，1988 年 10 月版。

〔註 25〕焦循：《群經宮室圖》，王先謙編《清經解續編》卷三百五十九至三百六十，上海書店出版，1988 年 10 月版。

〔註 26〕洪頤煊：《禮經宮室答問》，阮元編《清經解》卷一千三百九十八，上海書店出版，1988 年 10 月版。

〔註 27〕任大椿：《弁服釋例》，阮元編《清經解》（第三冊），上海書店出版，1988 年 10 月版，第 533 頁。

將天子弁服分爲爵弁服、韋弁服、皮弁服、朝服、元端，對各類弁服的功能進行全面考證，認爲天子常居燕食之服爲元端和皮弁服，又指出燕朝服的功用；江永《儀禮釋例》之《釋服》〔註28〕論述天子冕服、爵弁服、皮弁服、韋弁服；林頤山《經述》〔註29〕專釋王后首服、六服、屨履等；宋綿初《釋服》〔註30〕中以天子服飾爲研究對象，討論天子冕服、爵弁服、元端服、深衣、明衣、寢衣、皮弁服、韋弁服的功用，裘、布、袍、襦等的使用。此類研究還有孔廣森《禮學卮言》之《禮服釋名》、《王及后之服屝》；江永《深衣考誤》；錢大昕《潛研堂文集》之《緣衣》；任大椿《釋繪》；錢塘《釋韠》；任大椿《深衣釋例》等等。綜合上述文獻，我們將在學者研究成果的基礎上，對王室起居常穿之服做進一步提煉，結合《周禮》及其它文獻的相關記載，對《周禮》天子、王后日常政務及燕寢閒居的常穿之服進行系統總結。

其五，關於王室飲食研究。

王室起居禮制包括日常起居與非常起居兩個方面，前人對這兩方面的王室飲食生活均作了不少研究，除了前文王室起居禮制中所涉及的相關成果外，還有孔廣森《禮學卮言》卷三《王齋日三舉》、《豆脯》、《夏頒冰》；《學禮質疑》之《鄉飲酒禮席次》；程瑤田《九穀考》；阮元《稽古齋鍾鼎彝器欵識》；任啓運《肆獻裸饋食禮纂》；劉寶楠《釋穀》；俞樾《達齋叢說》之《齋必變食居必遷坐》。這類研究主要針對周王室在內的統治階層飲食生活的全貌，進行梳理，涉及到諸如飲食結構、飲食器具、飲食禮儀等各個方面。

其六，奴隸使用問題研究。

針對《周禮》關於女奴的記載，林頤山在《經述·釋奴》中對女奴的身份進行考證，而且指出女奴分兩種，「一則有才知者給女酒等事，一則少有才知者給女酒等事之奚」〔註31〕。在《經述·釋奄》中對「奄」的特徵、「奄」稱士、上士、卿等身份等級的變化進行討論。除此之外，古代學者較少關注《周禮》中的奴隸使用問題。

〔註28〕江永：《儀禮釋例》，王先謙編《清經解續編》卷五十八，上海書店出版，1988年10月版。

〔註29〕林頤山：《經述》，王先謙編《清經解續編》卷千四百二十八至千四百三十，上海書店出版，1988年10月版。

〔註30〕宋綿初：《釋服》王先謙編《清經解續編》卷二百二十五至二百二十六，上海書店出版，1988年10月版。

〔註31〕林頤山：《經述》，王先謙編《清經解續編》（第五冊），上海書店出版，1988年10月版，第1408頁。

（三）近現代學者對於《周禮》王室起居專題的研究

《周禮》中雖然沒有直接關於「起居」一詞的記載，但是在《周禮》學研究領域中，學者們對於王室起居類職官和王室的服飾、飲食、居住、出行等論題均有所關注。

1. 關於《周禮》王室起居職官研究

實際上，對於《周禮》王室起居類職官的專門研究並不多見，但學者們在從事周代官制研究時，往往注重傳世文獻和金文所見職官與《周禮》職官的對比研究，而起居類職官便是比較研究中的主體之一，同時此類研究成果及研究方法於本文而言也尤其重要。其論述重點主要包括：

第一，對《周禮》王室起居類職官的專門研究。

蔣伯潛先生認為：《周禮》天官中除冢宰、小宰、宰夫外，「以掌宮中事務者為最多，凡寢舍、膳食、飲料、服裝、醫藥、婦寺，皆統於天官」〔註32〕。楊天宇先生將《周禮・天官》所記職官按照具體執掌進行分層，分列為王、后、世子起居生活服務的職官類別〔註33〕。沈長雲先生、李晶先生按照《周禮》的官制體系，對春秋列國的職官進行清理，其中將宰臣類職官分成侍從類，飲食、醫療諸臣類和持雜役類，再通過對《周禮》與春秋職官的總體比較判定《周禮》的成書年代〔註34〕。

與此同時，學者們也開始關注對《周禮》專項職官的研究，其中亦涉及到了與起居相關的各類職官。如彭林先生的《〈周禮〉冢宰及周代輔相問題》〔註35〕、曹瑋先生的《周代善夫職官考辨》〔註36〕、謝乃和先生的《〈周禮〉「冢宰」與金文所見西周王家之宰》〔註37〕，此類職官中主要包括冢宰、小宰、宰夫、膳夫等職，均是王室起居類職官中的要職或官首，除負責王室日常事務外均兼領王室政務，由此可見，王室起居類職官確實具有「頭大尾小」

〔註32〕 蔣伯潛：《十三經概論》，上海古籍出版社，1983 年 4 月第 1 版，第 272 頁。

〔註33〕 楊天宇：《〈周禮〉的內容、行文特點及其史料價值》，《史學月刊》，2001 年第 6 期。

〔註34〕 沈長雲、李晶：《春秋官制與〈周禮〉比較研究——〈周禮〉成書年代再探討》，《歷史研究》，2004 年第 6 期。

〔註35〕 彭林：《〈周禮〉冢宰及周代輔相問題》，《福建論壇》，1987 年第 3 期。

〔註36〕 曹瑋：《周代善夫職官考辨》，《西周史論文集》（上），陝西人民教育出版社，1993 年 6 月。

〔註37〕 謝乃和：《〈周禮〉「冢宰」與金文所見西周王家之宰》，《古代文明》，2007 年第 3 期。

的特殊性，基本以天子政務要職的身份存在，卻分別掌控著王室起居生活的相關政令或細節服務。

另外，在《周禮》職官研究中還涉及到了女官、醫官及官聯問題的研究。董雲香先生在《〈周禮〉所記女官述論》〔註38〕中主要簡述《周禮》天官、地官兩大系統中女官的職事，對於女官特點稍作分析，對女官群體的職事特點、地位、性質的進一步分析以及對女官群體的相關考察仍留有一定空間；宮長爲先生《〈周禮〉官聯初論》〔註39〕突出「官聯」作爲「以八法治官府」的核心來理解西周治官的根本，實際上作者是從意識層面來強調《周禮》的治官原則，引導我們進一步思考《周禮》具體如何以「官聯」治官或諸職官聯現象的具體情況。在《從〈周禮〉看中國古代的醫事制度》〔註40〕、《〈周禮〉醫事考》〔註41〕、《「食醫」，我國最早的專職營養師》〔註42〕、《周代醫官考》〔註43〕等文章中，學者們將《周禮》作爲西周時期的史料，著重服務於現代醫療和飲食的專業領域，忽視了醫官群體賴以生存的史學背景。不過學者們對於《周禮》醫官的設置與現代醫學分科的比較，對《周禮》醫療衛生體系的簡要總結等，均爲我們對於《周禮》王室貴族醫療與防衛體系的討論奠定了基礎。

第二，對周代王室起居職官體系的研究。

左言東先生肯定「在中央政府之外，還有一個王室事物部門，掌管周王的家務和警衛」〔註44〕。張亞初先生、劉雨先生認爲「《周禮》天官設冢宰一官，總攝百官，主司王家內外一切……金文中有宰，常在王左右，管理王家內外，傳達王后之命，與《周禮》中之冢宰的具體所司恰相符合。」〔註45〕而且《康鼎》、《望簋》、《宰獸簋》的銘文中均出現：「司王家」、「司畢王家」、「兼司康宮王家」的記載，因此謝乃和先生認爲「金文中王家事

〔註38〕董雲香：《〈周禮〉所記女官述論》，《文化學刊》，2008 年第 2 期。

〔註39〕宮長爲：《〈周禮〉官聯初論》，《求是學刊》，2000 年第 1 期。

〔註40〕何敏、曹瑛：《從〈周禮〉看中國古代的醫事制度》，《遼寧中醫藥大學學報》，2006 年第 5 期。

〔註41〕張少龍、安娜：《〈周禮〉醫事考》，《延邊大學學報》，1989 年第 3 期。

〔註42〕曹錫琴：《食醫，我國最早的專職營養師》，《食品與健康》，2002 年第 2 期。

〔註43〕張效霞：《周代醫官考析》（一）、（二），《中醫藥管理雜誌》，2008 年第 7、9 期。

〔註44〕左言東：《西周官制概述》，《人文雜誌》，1981 年第 3 期，第 104 頁。

〔註45〕張亞初、劉雨：《西周金文官制研究》，中華書局，1986 年第 1 版，第 141 頁。

務設有宰官等王室事務官專門負責管理即是共徵」〔註 46〕。以上，學者在
從事金文所載周代職官的研究過程中，均認可王室職官體系確實存在以宰
官爲首的王家事務部門，凡涉及到宿衛、傳令、近侍等職官均可納入到這
一職官團體中來。

　　第三，對金文與《周禮》起居類官制的比較研究。

　　二十世紀二十年代以來，學者們開始利用金文資料來研究《周禮》官制。
如楊筠如先生《周代官名略考》〔註 47〕、斯維至先生《兩周金文所見職官考》
〔註 48〕、郭沫若先生《周官質疑》〔註 49〕、徐宗元先生《金文中所見官名考》
〔註 50〕，左言東先生《西周官制概述》〔註 51〕、李學勤先生《從金文看〈周
禮〉》〔註 52〕等等，學者們雖然以金文和《周禮》職官作爲整體進行研究，但
是其中均不同程度涉及到了金文中諸如大宰、善夫、饔、小臣、小子、婦氏、
師氏、虎臣、大僕、官犬、御史、小宮、小門人等王室起居類職官的考證。
從張亞初先生和劉雨先生對《周禮》與金文中職官比較來看，《周禮》三百五
十六官有九十六官與西周金文相同或相近，而其中起居類職官佔據五十二
官，是《周禮》所記王室起居類職官的三分之一，可見《周禮》與西周金文
所記王室起居類職官更具一致性。

　　2. 關於《周禮》飲食專題的研究

　　以《周禮》爲中心的飲食專題的研究成果主要有：季鴻崑先生《〈三禮〉
與中國飲食文化》〔註 53〕、蔡鋒先生《〈周禮〉飲食制度述略》〔註 54〕、王
雪萍先生《〈周禮〉飲食制度研究》〔註 55〕，無論篇幅大小均涉及到了對《周

〔註 46〕謝乃和：《西周官制中王與后分治制度考論》，《東北師大學報》，2009 年第 1
　　　　期。
〔註 47〕楊筠如：《周代官名略考》，《國立中山大學語言歷史學研究所周刊》，第二集，
　　　　第 20 期，1928 年 3 月。
〔註 48〕斯維至：《兩周金文所見職官考》，《中國文化研究彙刊》，第七卷，1947 年 9
　　　　月。
〔註 49〕郭沫若：《周官質疑》，《郭沫若全集・考古編（第五卷）》，科學出版社，2002
　　　　年版。
〔註 50〕徐宗元：《金文中所見官名考》，《福建師範學院學報》，1957 年第 2 期。
〔註 51〕左言東：《西周官制概述》，《人文雜誌》，1981 年第 3 期。
〔註 52〕李學勤：《從金文看〈周禮〉》，《尋根》，1996 年第 2 期。
〔註 53〕李鴻崑：《〈三禮〉與中國飲食文化》，《中國烹飪研究》，1996 年第 3 期。
〔註 54〕蔡鋒：《〈周禮〉飲食制度述略》，《青海師範大學學報》，1997 年第 3 期。
〔註 55〕王雪萍：《〈周禮〉飲食制度研究》，揚州大學，博士學位論文，2007 年。

禮》所見飲食生活的基本方面如職官、飲食結構與方式、器用、技藝等方面論述，對文獻中所記載飲食禮儀的基本規定和特點的論證，對飲食中所體現的周人的思想觀念和政治理念考察和周代飲食制度成因的探索等諸多領域的研究。另外，在周代飲食文化的研究中，對於探討《周禮》中的飲食問題也十分重要，綜合學者的研究，主要集中在如下幾個方面：一，對於飲食官員職能和地位的研究。申憲先生〔註 56〕專門論述了飲食官員的在政治、祭禮、戎事和教育上的功能。王仁湘先生〔註 57〕也指出周代以王室飲食爲核心的食官制度對後世官制影響深遠。二，飲食活動與宗教和政治的關係。申憲先生〔註 58〕認爲飲食活動與禮制緊密聯繫，與宗法體系密不可分。馬健鷹先生指出「周天子以飲食祭祀神靈、祖先的政治目的是飲食、祭祀和政治三位一體的根本因素」〔註 59〕，認爲「味與政之合一，乃周人飲食之大道」〔註 60〕。三，從思想層面來研究先秦時期的飲食觀。姚偉鈞先生〔註 61〕專門以食醫爲研究對象，論述了中國古代飲食觀中由「天人合一」和「五行」思想演化而來的和諧的飲食調配思想，以及節儉的飲食觀。申憲先生論述早期陰陽思想在商周飲食傳統中不同的體現方式〔註 62〕。馬健鷹先生認爲「敬德」、「貴民」、「孝親」、「養老」、「養天事祖」、「齊和」，體現了中國古代飲食禮儀制度之文化氣質的深厚〔註 63〕。此外，王慎行〔註 64〕先生強調周人是古代世界上最注重飲食的民族之一。陰法魯先生、許樹安先生主編的《中國古代文化史》一書也從宗教思想角度分析周代飲食文

〔註56〕 申憲：《食與禮——淺談商周禮制中心飲食因素》，《華夏考古》，2001 年第 1 期。

〔註57〕 王仁湘：《古代宮廷的食官》，《中國典籍與文化》，1995 年第 2 期。

〔註58〕 申憲：《食與禮——淺談商周禮制中心飲食因素》，《華夏考古》，2001 年 1 期。

〔註59〕 馬健鷹：《論周人飲食活動與宗教、政治的關係》，《揚州大學烹飪學報》，1994 年第 1 期。

〔註60〕 馬健鷹：《味政合一飲食之道——上古至周代飲食活動與政治間的關係》，《東南文化》，1997 年第 2 期。

〔註61〕 姚偉鈞：《從中國古代社會飲食觀管窺中華文明》，《陰山學刊》，2003 年 11 月，第 6 期。

〔註62〕 申憲：《商周貴族飲食活動中的觀念形態與飲食禮制》，《中原文物》，2000 年第 2 期。

〔註63〕 馬健鷹：《中國古代飲食禮儀制度的文化氣質》，《揚州大學學報》，1997 年第 4 期。

馬健鷹：《中國味文化的根基與發展規律》，《中國調味品》，2006 年第 1 期。

〔註64〕 王慎行：《試論周代的飲食觀》，《人文雜誌》，1986 年第 5 期。

化中的禁忌問題〔註65〕。另外，沈剛先生《周代食政研究》〔註66〕主要關注「食」與「政」的結合，對於周代食政內容、特點及成因等進行系統研究。而周粟先生的博士論文《周代飲食文化研究》〔註67〕則是上述諸方面研究的綜合之作。

3. 關於《周禮》服飾專題研究

對於《周禮》所見服飾專題的研究較爲突出的是對冕服制度的討論，如朱華先生、朴江玉先生在《論〈周禮〉對周代及周後世服飾的影響》〔註68〕中專注周代禮制對天子六冕及其服飾的影響，簡述《周禮》所記服官，提煉「五行」與「五色」的關係，但文章並未涉及常服和燕居服飾的相關論述。閻步克先生在《宗經、復古與尊君、實用——中古〈周禮〉六冕制度的興衰變異》〔註69〕中對於《周禮》所記的六冕制度進行了詳細地分析，認爲《周禮》六冕制度體現出森嚴等級下的君臣通用特點，而文中作者主要關注的是後世對《周禮》六冕制度的繼承和變異。實際上，學者們對於《周禮》服飾專題的研究並不多見，大量零散研究存在於周代服飾文化研究之下，將《周禮》所記作爲周代服飾的研究資料進行引用。

4. 關於天子路寢、燕寢研究

王國維先生《明堂廟寢通考》中指出：「路寢無太室，自與明堂、宗廟異」，但他認爲「至於四屋相對，則爲一切宮室之通制」，再根據明堂、宗廟制度推定「路寢之制亦有東西南北四屋」〔註70〕。另外，作者以「中霤」地位的考證，來證明燕寢爲何非四宮相對而以四屋相對。何鑫、楊大禹在《西周時期的「天子六寢」形制》〔註71〕中對路寢、燕寢的空間形制及其成因略作考證。沈文倬先生的《周代宮室考述》由室、寢、宮的基本建制

〔註65〕陰法魯、許樹安主編：《中國古代文化史》，北京大學出版社，1991年。
〔註66〕沈剛：《周代食政研究》，吉林大學，碩士學位論文，1999年。
〔註67〕周粟：《周代飲食文化研究》，吉林大學，博士學位論文，2007年。
〔註68〕朱華、朴江玉：《論〈周禮〉對周代及周後世服飾的影響》，《丹東師專學報》，2001第1期。
〔註69〕閻步克：《宗經、復古與尊君、實用——中古〈周禮〉六冕制度的興衰變異》，《北京大學學報》，2005年第6期。
〔註70〕王國維：《觀堂集林》卷三《明堂廟寢通考》，河北教育出版社，2003年11月第2版，第65頁。
〔註71〕何鑫、楊大禹：《西周時期的「天子六寢」形制》，《華中建築》，2009年第3期。

入手，分別概述了由貧民至天子的各級宮室構造，對貴族宮室的建築結構做詳細論述〔註72〕。

考古資料對《周禮》所載天子寢制的研究提供了更為可信的材料。上世紀七十年代以來西周宮室建築基址的發掘和研究主要有：

1976年陝西岐山鳳雛村甲組建築基址和扶風召陳西周大型建築群基址被發掘〔註73〕，其中前者被認為是我國西周大型宮室建築遺址的第一次發現，兩處遺址的發掘為研究西周宮室制度具有重要意義。王恩田先生認為從規模上看鳳雛建築群與周天子之堂大體相符，並且結合文獻記載與金文材料，推斷出建築群主要由屏、門、塾、中庭、大室、東西庭、寢、闈、廂、闕、廉等十一部分組成，認為鳳雛建築群為早期周王室所有〔註74〕。尹盛平先生肯定鳳雛甲組建築基址是周王室早期的宮室，扶風召陳建築群是西周中晚期岐周的一座大型王宮遺址。再根據《詩經》、《尚書》、《周禮》、《禮記》、《左傳》等文獻記載推測出鳳雛甲組是宗廟建築，包括「太室」和後寢兩個部分，而召陳F5則可能是王路寢性質的寢宮，召陳F8和F2則屬王小寢性質的寢宮〔註75〕。

《鳳翔馬家莊一號建築群遺址發掘簡報》〔註76〕中初步認定此處遺址是春秋晚期秦國宗廟遺址，大門、中庭、朝寢、亭臺由南到北依次排列，為文獻宗廟禮制建築的記載和研究提供重要證據。

1999年至2002年，周原考古隊〔註77〕和陝西省考古研究所〔註78〕先後對陝西扶風縣雲塘、齊鎮西周建築基址進行大規模的發掘，從出土文物和地層堆積關係來看，其中主要建築遺址F1、F10當屬西周晚期，而F1組建築基址「品」字形佈局和U型路被認定為此次發掘的特殊之處。之後徐良高先生、

〔註72〕 沈文倬：《周代宮室考述》，《浙江大學學報》（人文社會科學版），2006年第3期。

〔註73〕 陝西周原考古隊：《陝西岐山鳳雛村西周建築基址發掘簡報》，《文物》，1979年第10期；《扶風召陳西周建築群基址發掘簡報》，《文物》，1981年第3期。

〔註74〕 王恩田：《岐山鳳雛村西周建築群基址的有關問題》，《文物》，1981年第1期。

〔註75〕 尹盛平：《周原西周宮室制度初探》，《文物》，1981年第9期。

〔註76〕 陝西省雍城考古隊：《鳳翔馬家莊一號建築群遺址發掘簡報》，《文物》，1985年第2期。

〔註77〕 周原考古隊：《陝西扶風縣雲塘、齊鎮西周建築基址1999～2000年發掘簡報》，《考古》，2002年第9期。

〔註78〕 陝西省考古研究所：《陝西扶風雲塘、齊鎮建築基址2002年度發掘簡報》，《考古與文物》，2007年第3期。

王巍先生〔註 79〕和劉瑞先生〔註 80〕圍繞陝西扶風雲塘周代的建築基址展開了一系列的討論。學者們將實地考古與文獻資料相結合，對於周代宮室建築進行了大體復原，依據《周禮》、《儀禮》、《朝廟宮室考》等文獻資料，對於建築基址的各個方位及其作用進行詳細考察，基本印證了古籍中所提到的「序」、「夾」等特殊構造的存在，並推測出 F5 的性質相當於「寢」，或 F1、F4 當爲「路寢」，爲文獻記載的王室宮室制度找到考古依據，爲研究西周建築和宮廷禮制提供了新的材料。

　　5.《周禮》所見奴隸使用問題研究

　　陳連慶先生將整部《周禮》所見的奴隸作爲研究對象，全面論述奴隸的來源、性別、族別、隸屬、工作等諸多方面，在此基礎上斷定《周禮》一書的成書年代應在秦始皇之世。陳先生在開篇之初就提出自己的研究方法：以時代清楚的文獻與《周禮》進行對比研究，在發現異同的基礎上，辨別其時代的先後〔註 81〕。李衡眉先生在文章《齊國奴隸考述》中將《周禮》作爲研究齊國奴隸的主要史料，結合《左傳》、《史記》等文獻資料對齊國奴隸的來源、役使範圍、生活狀況等進行了全面的考察，從而分析出春秋時期齊國的社會狀況和奴隸反抗鬥爭的實質〔註 82〕。

　　綜上所述，在梳理分析學界對於《周禮》王室起居專題的相關研究中，我們慶幸，有如此眾多的先賢們的研究方法和成果得以學習和借鑒，成爲本文研究最堅實的基礎。同時，我們惶恐，希望能將本專題的梳理與研究做到盡心，不求超越，惟願踏實細緻。

二、本文的研究主旨

（一）文章選題的說明

　　起居一詞最早見於《禮記・儒行》：「雖危，起居竟信其志，猶將不忘百姓之病也。」鄭玄注：「起居，猶舉事動作」〔註 83〕。《管子・形勢解》：「起

〔註 79〕徐良高、王巍：《陝西扶風雲塘西周建築基址的初步認識》，《考古》，2002 年第 9 期。

〔註 80〕劉瑞：《陝西扶風縣雲塘、齊鎮發現的周代建築基址研究》，《考古與文物》，2007 年第 3 期。

〔註 81〕陳連慶：《〈周禮〉中所見的奴隸》，《史學集刊》，1989 年第 2 期。

〔註 82〕李衡眉：《齊國奴隸考述》，《聊城師範學院學報》，1999 年第 6 期。

〔註 83〕孫希旦：《禮記集解》，中華書局出版，1989 年 2 月第 1 版，第 1405 頁。

居時，飲食節，寒暑適，則身利而壽命益。起居不時，飲食不節，寒暑不適，則形體累，而壽命損」〔註84〕，其中起居專指睡覺與起身。《漢書·匡張孔馬傳》：「禹每病，輒以起居聞」，起居，顏師古曰：「謂其食飲寢臥之增損」〔註85〕。《漢書·哀帝紀》：「臣願且得留國邸，且夕奉問起居」〔註86〕，則起居一詞被用於泛指飲食寢興等一切日常生活狀況。據《隋書·經籍志》記載「起居注者，錄紀人君言行動止之事。……漢武帝有禁中《起居注》，後漢明德馬后撰《明帝起居注》。然則漢時起居似在宮中，爲女史之職。〔註87〕」可見皇帝的飲食寢興等日常生活狀況的記載也必在其內，之後起居注這一記錄形式一直沿用到清代。而本文選題便是以《周禮》所見服務於王室飲食寢興的職官團體及相關起居制度作爲研究對象，進行專題討論。而且與其它文獻相比，在《周禮》及其注疏類著作和歷代《周禮》學研究成果中，關於王室起居方面的記載非常豐富，從職官職能的列述到王、后、世子等王室內部等級結構的區分，從《周禮》對於王室衣、食、住、行各個方面的基本記載到諸方面相關的禮儀、風俗、習慣的延伸，再到其與經濟、政治、文化、思想等方面的關係，內容幾乎覆蓋了整個歷史學研究領域，成爲我們進行王室起居專題探討的研究基礎。不過在此紛繁複雜的眾多研究與考述之中，尚缺少對於《周禮》王室起居專題條理化的系統研究，故本文以《周禮》所記官制體系作爲研究基礎，提煉出王室起居的服務團體，以宿衛、飲食、醫療、服飾、服御等作爲此類職官服務層面的劃分依據，首先對《周禮》所記王室起居職官進行系統研究，再對王寢、門制、燕居飲食、服飾、醫療、教育等相關的起居制度進行專題討論，以此構成本文的研究課題即《周禮》所見王室起居職官專題研究。而且從前文所述的研究現狀來看，對於此課題的研究也確實存在繼續研究的空間，有待於我們進一步深入探討。

（二）研究空間

第一，《周禮》官制和周代官制專題中存在進一步研究的空間。

〔註84〕黎翔鳳校注，梁運華整理：《管子校注》，北京：中華書局，2004 年版，第 1170 頁。

〔註85〕班固：《漢書》，中華書局，1962 年 6 月第 1 版，第 3350 頁。

〔註86〕班固：《漢書》，中華書局，1962 年 6 月第 1 版，第 333 頁。

〔註87〕長孫無忌：《隋書·經籍志》之《經籍二·史》，商務印書館出版，1955 年版，第 49 頁。

　　首先，《周禮》官制研究中存在研究空間。以往學者對於《周禮》官制問題的研究主要傾向於《周禮》自身所構建的六大官制體系的探討，或對其中的某一類職官進行研究，或者直接對某一項職官進行專門考證，其中關於王室起居官制的研究相對較少，所涉及到的服官、食官、醫官、宮廷類等職官往往偏重於其政治功能的討論，既割裂了起居類職官的整體性又忽視了此類職官與王室日常生活密切聯繫的特殊性。

　　《周禮》所見王室起居類職官並未自成體系，主要統屬於天官之下，散見於地官、春官、夏官、秋官等諸官體系中，既縱向服從天官的支配又橫向貫穿於整個六官體系中。因此，《周禮》所見王室起居類職官無論從職能、地位還是其從屬關係上都存在著特殊性，又因為其與王室的日常寢興等起居生活存在著密切的關係，加上王室內部本身的等級要求，使《周禮》所見的王室起居類職官體系又極具複雜性。所以，詳盡地分析其特殊性和複雜性便成為對《周禮》官制研究中一個較新的領域，具有進一步研究的空間。

　　其次，周代官制中存在的研究空間。在利用金文、文獻對於西周官制的研究中，學者們大都認可在西周王朝職官系統類別中，存在民事職官和神事職官之外的王室職官系統〔註 88〕，或者在中央政府之外還存在一個王室事務部門〔註 89〕。但是對於此類職官的研究往往置於西周中央官制的研究之下，雖有提及但並未引起足夠的重視，或者根據文章主題的需要將王室起居類職官割裂開來為其所用，這些原因使此類職官的研究還停留在職官名稱和職能的反覆列述上。不過這也為我們提供了將西周王室起居職官系統與《周禮》研究進一步結合的切入點。

　　第二，《周禮》所見王室起居生活專題中存在進一步研究的空間。

　　如前文所述，在《周禮》經學史研究中，關於起居生活方面的專題性研究涉及到了諸多方面，領域寬泛成為此類研究的突出特點，也為我們參與其中提供了廣闊的研究空間，但還需要指出的是：在寬領域的研究中其深度的挖掘往往不夠。歷代學者對於《周禮》所見衣、食、住、行、器用、禮儀、習俗等諸多方面的論述中存在如下特點：一、幾乎沒有直接以《周禮》為基礎，進而對周王室起居生活進行的專門研究，一般都將《周禮》作為研究衣、食、住、行等某一方面的相關材料進行引用；二、缺少對材料本身所反映問

〔註 88〕　參見宮長為：《西周官制研究的回顧與展望》，《史學月刊》，1995 年第 5 期。
〔註 89〕　參見左言東：《西周官制概述》，《學習與探索》，1980 年第 4 期。

題的分析，大都集中在對材料的反覆使用和列述之上；三、涉及的論題雖廣，但有相當一部分研究屬於零散的單條目記錄；四、在研究過程中，學者們除了關注周王室的起居生活之外，同時關注諸侯、卿大夫、士等各階層的衣食住行，這便忽視了對周王室起居生活的特殊性的強調。因此，本文在選題過程中便充分利用到上述特點，選定《周禮》及其經學史作爲研究基礎，以王室起居生活作爲研究對象，進行細緻而深入地系統研究。

第三，《周禮》所見醫官、女官等團體是王室起居職官的重要組成部分，但對此類團體及與其相關專題的研究還不夠全面，有待於進一步探討。

首先，目前對於《周禮》醫官的研究還僅停留在對醫師職下食醫、瘍醫、疾醫、獸醫等職官職能的簡短梳理之上，此類研究又多爲了服務於現代醫療史的領域，而將《周禮》所記醫官體系作爲醫學制度的起源進行討論，顯然不能夠令人信服。不過《周禮》對於醫官體系的構建、諸醫官之間的聯繫、醫官與王室起居生活的關係、王室醫療防禦體系的構建以及對於醫官起源與發展問題的討論，確實需要系統的梳理與討論，這便構成了本文對於《周禮》醫官進行研究的基本論域。

其次，目前尚未見到對《周禮》所見王室女子教育的系統研究，學者們在研究周代貴族女子教育的問題時，也僅將《周禮》中關於女子教育的記載作爲基本史料簡單引用。實際上《周禮》所見王室女子教育是一個較爲完整的體系，其側重點與先秦貴族女子教育存在較大不同，而且負責王室女子教育的施教者無論從身份還是具體職能上均存在特殊性，受教者身份也大大超出了所謂的貴族身份，教育內容上更有嚴格的等級區分等等，上述特點也是本文專列《周禮》中所見王室女子教育專題研究的主要原因。

除此之外，對於《周禮》所記王室起居中的宮禁、宿衛、飲食、近侍、服官、庶人在官者、奄人及奴隸等不同層次職官團體的研究均未成體系，本文將對諸類職官對於天子起居生活的專職服務，各自服務體系下的從屬關係、職官的職能特點，相應職官的歷史考察以及與諸職相關的起居制度等方面的進行系統論述，以形成對於《周禮》王室起居的專題研究。

（三）研究意義

首先，多角度地探討《周禮》的史料價值。《周禮》在官制研究上的史料價值已經得到學者們的廣泛重視，完全肯定和基本否定《周禮》均不妥當，

將《周禮》與西周銘文和先秦文獻進行比較研究，考察《周禮》所記官制與西周、春秋、戰國等時代官制之間的關係，是我們正確認識和利用《周禮》的關鍵，也是研究《周禮》的主要價值和本文選題的意義所在。本文將散見於《周禮》天、地、春、夏、秋等官制體系中的負責王室起居的職官作爲研究對象，而這一類職官的最大特點即是大部分職官散居於《周禮》六大職官體系中的底層。如楊寬先生所說「《周禮》在所述許多中下級官吏中還保存有眞實的史料」〔註90〕，另據金文資料記載，結合《西周金文官制研究》〔註91〕表明：《周禮》天官六十四官，與西周金文有相同或相近者十九官，而其中起居類職官佔據十五官；地官八十官有二十六官，起居類職官十三官；春官七十一官有十三官，起居類職官五官；夏官七十四官有二十七官，起居類職官八官；秋官六十七官有十一官，起居類職官六官。總計《周禮》三百五十六官有九十六官與西周金文相同或相近，而其中起居類職官佔據五十二官，是《周禮》所記王室起居類職官的三分之一，可見《周禮》與西周金文所記王室起居類職官更具有一致性。以此爲例，將《周禮》所記與西周、春秋、戰國時期王室起居類職官進行整體梳理，無疑有利於我們進一步認識《周禮》一書的史料價值。

　　其次，本文以《周禮》王室起居生活爲研究對象能夠加強周代社會生活史的研究。由於史料缺乏和斷代問題的限制，加上西周、春秋、戰國時代的變革，王室地位的衰微及周代各項制度的驟變等原因，使我們無法也不可能單純地將周代王室起居作爲研究對象，學者們的研究也較少地涉足這一領域，所以此方面缺乏直接的學術成果。但學者們對於周代起居生活的研究卻有所關注，其中許倬雲先生的《周代的衣食住行》是此類專題中較早的研究成果，許先生將考古和文獻資料相結合，以衣、食、住、行爲線索，將整個周代作爲研究段限，對周代各個階層的日常生活進行細緻梳理，這一研究思路成爲此後周代社會生活研究的基本框架。後代學者進一步縮小討論範圍，集中將周代社會生活中的某一方面作爲研究對象，將周代社會生活的探索引向深入。然而，受到史料記載的限制，周代尤其是周王室或周天子的起居生活均無法形成系統討論，或將周王室與周代其它階層混爲一談，或隱沒周王

〔註90〕楊寬：《西周史》，上海人民出版社，1999年11月第1版，第363頁。
〔註91〕張亞初、劉雨：《西周金文官制研究》，中華書局，1986年5月第1版，第140頁。

室起居生活的特殊性等，這些方面仍是周代社會生活史研究的主要特點。因此，本文以《周禮》作爲研究基礎，以《周禮》所記王室起居類職官作爲研究對象，在吸收前人研究經驗的前提下，借助傳世的文獻資料和考古資料，對《周禮》所見王室起居的諸多專題進行系統地探討，希望以此爲角度參與並加強對周代社會生活史的研究。

再次，對《周禮》一書本身而言，也具有重要的文獻整理意義。《周禮》經學史研究既博大又零散，因此，本文對《周禮》所見王室起居生活的相關專題進行深入探討的同時，將對《周禮》相關的文獻研究進行重新梳理，按照王室起居所涉及的宮禁、宿衛、飲食、醫療、教育、服飾、侍御等方面，對歷代《周禮》文獻學、先秦文獻起居及近現代學者的相關研究進行重新整理和系統討論。

另外，如上文所述，我們探討《周禮》一書史料價值的目的是希望參與到周代官制的專題研究中去。而且在現存周代官制研究的領域中，學者們的研究重點主要偏重於周代政治、經濟或軍事等重大制度層面的官制體系研究，此類研究成果也不勝枚舉。相較於上述層面的官制研究，學界對於王室起居類職官的研究便顯得較爲薄弱，雖所有提及但多集中於對王室宮室類職官職能的簡單列述之上，因此，本文著重於對《周禮》起居類職官進行系統研究，選取適當角度，參考出土材料與先秦史料的相關記載，參與到周代起居類職官群體的研究中去。

（四）寫作思路

本文以《周禮》所記王室起居職官作爲研究對象，將《周禮》六官體系中服務於王室日常生活的諸類職官加以提煉整合，分成宮禁、宿衛、飲食、醫療、女官、近侍、服飾及庶人、奄人、奴隸等不同職官團體予以研究，並在相應職官的研究中，對涉及到的門寢之制、日常飲食、衛生防禦、女子教育、日常服飾等方面王室起居制度進行專題討論。需要指出的是《周禮》對於王室衣、食、住、行等起居生活重要方面的記載，突出飲食、服飾和居住，而王室出行則受到王宮範圍的限制，本文將其歸入近侍類職官對於王室「燕出入」的詔相職能中進行梳理與討論。

在對王室起居的各組職官進行研究時，本文首先專注於每組職官對王室日常生活的服務職能進行細化分類，在此基礎上，對《周禮》所記王室起居諸類職官體系進行深入分析。橫向注重起居類職官在六官體系中的分佈，縱

向關注起居類職官體系中的從屬關係和諸職間的官聯現象，強調此類職官內部對於王、后、世子專門的分層服務體系，再進一步總結出《周禮》所記王室起居諸類職官的職能特點。

在對王室起居的諸類職官進行研究的同時，我們還對於每組職官職能所涉及到的王室起居的相關制度進行討論，如宮禁宿衛職官下的王室門寢之制的討論；食官職下天子日常飲食的分類；醫官職下王室醫療與衛生防禦體系的構建；女官職下的貴族女子教育研究；近侍職官下天子日常事務的傳令體系；服飾職官下王室日常服制等專題進行系統討論，使本文諸章節下的職官研究更加全面而具體。

當然，在從事《周禮》相關專題的探討和研究時，我們時刻不忘《周禮》一書所依託的時代環境即周代歷史背景的存在，而《周禮》一書所構建的官制體系對於周代職官制度研究所具有的重要意義，已爲學界所公認，只是在《周禮》材料的使用上需要秉持審慎的治學態度，因此，才有學者們依據出土材料、先秦史料和《周禮》記載相互印證的方式，來進行周代官制的專題研究。本文也希望使用這樣的治學方法選取適當的專題進行討論，以參與到周代官制的研究中去。故在相應的章節之下，根據本文的主題，選取王室起居相關的不同角度，對周代的某類職官或專題進行相關討論，例如：對周代掌王室宮禁與宿衛的重要職官即宰官、師、保、虎賁氏、閽人等職掌宮禁或宿衛職能的討論；對周代以膳夫爲核心的食官群體職能的考察；對先秦巫之醫事、醫官職能起源與發展的考察；對先秦貴族女子教育的專題討論；對大僕、小臣等近侍服務職能的考察等等。在不同的專題討論過程中，本文既關注出土材料與先秦史料對相應職官的記載，亦關注《周禮》對相應職官職能記載的側重點，找出兩者的異同之處，進一步挖掘《周禮》一書的史料價值。

《周禮》所見王室起居職官專題研究

王室起居類職官在《周禮》所構建的官制體系中較爲特殊。因爲其服務對象和具體職能性質的不同，使此類職官的存在突破了《周禮》原有的六大職官體系，分佈廣泛且從屬複雜，又因爲沒有一個相對系統的管理體系，而顯得零散瑣碎。因此，梳理和討論此類職官的前提便是找出一個較爲妥當的敘官原則。

在討論《周禮》六官敘官之法時，賈公彥云：「凡六官序官之法，其義有二：一則以義類相從，謂若宮正、宮伯，同主宮中事；膳夫、庖人、外內饔，同主造食。如此之類，皆是類聚羣分，故連類序之。二則凡次序六十官，不以官之尊卑爲先後，皆以緩急爲次第，故此宮正之等士官爲前，內宰等大夫官爲後也」〔註92〕。《曲禮》孔疏引干注云：「凡言司者，揔其領也。凡言師者，訓其徒也。凡言職者，主其業也。凡言衡者，平其政也。凡言掌者，主其事也。凡言氏者，世其官也。凡言人者，終其身也。不氏不人，權其材也。通權其才者，既云不世，又不終身，隨其材而權暫用也」〔註93〕。孫詒讓則認爲：「賈釋官名之義，略本《考工記》總敘注說，干氏說亦略同。然以諸職攷之，似皆隨事立名，本無定例。如同一鄉遂官也，而州比酇鄰稱長，黨縣稱正，族鄙稱師，閭稱胥，里稱宰，尊卑不嫌同名。又遂人爲六遂之長，既非以事名官，亦未必終身任職，則鄭、干之說，皆不可通矣。況全經之中，如內饔，本職稱饔人；甸師，大祝職稱甸人；大僕，射人職稱僕人；大馭等五馭，校人職稱僕夫；與本職亦不必同。〔註94〕」實際上，孫詒讓將重點放在了對干注官名之義的反駁之上，認爲諸職皆隨事立名，並非嚴格以職官名稱來反映尊卑等級和職事內容，但對於賈疏所言的敘官之法卻並未辯駁，而賈疏所說「以類相從」、「類聚群分」的前提就是隨事（同一類職事）立名。因此，本文選取賈疏敘官之法作爲職官分類整理的主要依據，按照《周禮》所列緩急尊卑，結合「類聚群分」的原則，提取負責王室起居的專門職官及其從屬，將宿衛、飲食、醫官、女官、侍御、服飾及與王室起居相關的服務人員等作爲研究對象，從不同職事角度分而論之。

〔註92〕鄭玄注，賈公彥疏：《周禮注疏》，阮元校刻《十三經注疏》，上海古籍出版社影印，1997年版，第640頁。

〔註93〕鄭玄注，孔穎達等疏：《禮記正義》，阮元校刻《十三經注疏》，上海古籍出版社影印，1997年版，第1262頁。

〔註94〕孫詒讓：《周禮正義》，中華書局，1987年12月版，第24頁。

第一章　宮禁與宿衛類

　　按照《周禮》敘官的順序，大宰之後緊隨宮正、宮伯、次爲膳夫、庖人等職，若以緩急爲次遞，則王宮事務爲諸事之首，而王宮事務中又尤重王宮政令和宿衛，其中政令多指宮室禁戒，宿衛類職官又依王宮禁戒而行使宿衛之職，因此，本章的任務是對《周禮》所載職掌宮禁與宿衛的職官體系做整體研究。同時還以《周禮》爲基礎，結合其它文獻和青銅銘文的相關記載，對周代此類職官做專題性質的討論。

第一節　《周禮》所見天子門、寢之制

　　《周禮》所記王室宮室大體上分爲兩個層次：一是王宮，指「皋門以內及後宮」〔註1〕；二是王內，匠人注云：「內，路寢之裏也」〔註2〕，則王內指路寢以內的王、后居舍。實際上，屬於王室日常生活主要場所的應該是「王內」之範圍，但不容忽視的是：皋門之內至路寢之外諸門的防衛直接關係到王室起居的安全；王室居寢更是包括宿衛職官在內的王室起居類職官行使職責的主要場所。因此，本節主要以天子門寢之製作爲研究對象，首先對《周禮》所載天子之門的名義進行辨析，對《周禮》經文未記，但廣泛存在於眾多學者注疏中的諸門進行梳理，再對《周禮》所載王室居寢的類別、作用及佈局進行系統討論，爲進一步研究包括宮禁、宿衛職官在內的整個王室起居類職官的職權所在奠定基礎。

〔註1〕孫詒讓：《周禮正義》，中華書局，1987年12月版，第157頁。
〔註2〕孫詒讓：《周禮正義》，中華書局，1987年12月版，第3467頁。

一、天子路門與應門

《周禮》經文記「門」的情況較爲常見，但除去天子城門的相關記載外，與天子起居相關且具有實際含義，亦能夠備入天子五門之說的僅爲路、應兩門，本節便以路、應兩門作爲研究對象，結合文獻記載對路、應兩門的名義及功用進行系統整理。

1. 路門名義辨析

先秦文獻中對於路門的直接記載主要見於《周禮》，不過在其它文獻或學者注疏中，還涉及到了與路門相關的南門、畢門、虎門、寢門等記載，均將其視爲天子路門的別稱。本文在梳理《周禮》所記路門的基礎上，對上述諸門與路門的關係進行逐一討論。

首先，《周禮》所記路門的處位與地位。

《周禮》關於路門的直接記載，主要見於《夏官·司士》與《春官·小宗伯》職下。司士在「正朝儀之位，辨其貴賤之等」時，安排「虎士在路門之右，南面東上；大僕、大右、大僕從者在路門之左，南面西上」，孫詒讓強調此爲「天子治朝之朝位」〔註3〕。同時《周禮·天官》宰夫之職「掌治朝之灋，以正王及三公、六卿、大夫、羣吏之位〔註4〕」，可見司士與宰夫在治治朝之位時形成官聯，則路門之外便是天子治朝所在。另外小宗伯「縣衰冠之式于路門之外」，孫詒讓又強調：「路門之外即治朝所在，故縣衰冠之式於彼，以示百官。〔註5〕」進一步說明《周禮》所記路門與天子治朝也就是天子日常政務密切相關。《周禮·考工記》匠人記天子「路門不容乘車之五個」鄭玄注：「路門者，大寢之門」〔註6〕，又《周禮·夏官》大僕「建路鼓于大寢之門外，而掌其政」〔註7〕，大僕本就是天子日常政務的主要服務者，並且擔當天子入治朝後的正位職能，所掌路鼓之政亦是天子日常政務的組成部分，故此處所記大寢之門就是天子之路門。以上《周禮》關於天子路門處位與地位的相關記載基本上能夠達成一致：路門即是天子路寢之門，而路寢之外即是天子治朝的朝位所在，因此，路門具有較高的政治地位。另《周禮·地官》師氏「居虎門之左，司王朝」，鄭玄注「虎門，路寢門也。王日視朝於路寢門外，畫虎

〔註3〕 孫詒讓：《周禮正義》，中華書局，1987年12月版，第2459頁。
〔註4〕 孫詒讓：《周禮正義》，中華書局，1987年12月版，第189頁。
〔註5〕 孫詒讓：《周禮正義》，中華書局，1987年12月版，第1455頁。
〔註6〕 孫詒讓：《周禮正義》，中華書局，1987年12月版，第3466頁。
〔註7〕 孫詒讓：《周禮正義》，中華書局，1987年12月版，第2498頁。

焉以明勇猛，於守宜也。」孫詒讓云：「此官朝位居路門外之東方。〔註8〕」故虎門即是路門，從師氏及虎士的宿衛職能來看，兩者布列於路門周圍，說明路門之外不僅是天子治朝所在，還是師氏、虎士等職官宿衛的關鍵所在。實際上《周禮》所記無論大寢之門還是虎門，其處位與地位均等同於路門。

其次，先秦其它文獻所記與天子路門相關的諸門主要包括：南門、畢門、虎門、寢門等，但上述諸門是否能夠等同於天子路門的性質，還需進一步考察。

南門，關於南門的性質，學界討論概有三解：其一，南門指路門。《尚書·顧命》記「王崩，太保命……，逆子釗於南門之外」，孔安國云：「臣子皆侍左右，將正太子之尊，故出於路寢門外，……，所以殊之」〔註9〕。其二，南門指廟門，見於《史記·周本紀》：「成王既崩，二公率諸侯，以太子釗見於先王廟，申告以文王、武王之所以爲王業之不易，務在節儉，毋多欲，以篤信臨之，作《顧命》」〔註10〕。孫星衍《尚書今古文注疏》、皮錫瑞《今文尚書考證》均以此爲是。其三，南門指皋門，見於江聲《尚書集注音疏》，文中江聲駁孔安國認爲：「案王崩而太子遂居翼室爲喪主，未嘗不尊，何必出之，復逆之，乃成其尊乎？且路寢門外正朝所在，羣臣當有在焉，虎賁守王宮，大喪則守王門，蓋在其外。逆者自內而出迎，豈容自外操戈而入內乎？經所謂南門非路寢門也，經言逆於南門之外，其道之遠近无文。蓋世子出使而反，自遠而漸近，逆者自南門出趨之，既接見遂衛之而入自南門。南門蓋外朝之外門，所謂皋門也。……據上文王命羣臣時，太子實不在左右也。〔註11〕」曾運乾《尚書正讀》以江說爲是，並強調：「南門，皋門也，天子五門，皋門最南，故曰南門。〔註12〕」綜合上述觀點，南門被賦予了路、廟、皋三門所具有的不同性質或作用，因此，若想理清南門的具體所指，我們還需要參考其它文獻中對於南門的功用和性質的相關記載。

文獻記「南門」以《春秋》、《左傳》最爲常見，其中涉及到南門性質討

〔註8〕 孫詒讓：《周禮正義》，中華書局，1987年12月版，第1003頁。
〔註9〕 孔安國傳、孔穎達等正義：《尚書正義》，阮元校刻《十三經注疏》，上海古籍出版社影印，1997年版，第238頁。
〔註10〕 司馬遷：《史記》，中華書局，1959年版，第134頁。
〔註11〕 江聲：《尚書集注音疏》，阮元編《清經解》第二冊，上海書店出版，1988年10月版，第921頁。
〔註12〕 曾運乾：《尚書正讀》，華東師範大學出版社，2011年6月版，第277頁。

論的集中在：《春秋》僖公二十年「新作南門」，杜預注：「魯城南門也」〔註13〕；《穀梁傳》云：「南門者，法門也」，范甯注「天子諸侯皆南面而治，法令之所出入，故謂之法門」〔註14〕。《國語‧周語上》：「鄭伯將王自圉門入，虢叔自北門入。」韋昭注：「圉門，南門也。二門，王城門也」〔註15〕。據《詩經‧大雅‧召旻》：「我居圉卒荒」，毛傳：「圉，垂也」〔註16〕；《左傳》隱公十一年：「亦聊以固吾圉也」，杜預注：「圉，邊垂也。〔註17〕」從「圉」爲邊垂、邊境的指代來看，圉門所指當爲王宮最遠之門，故韋昭以南門解圉門，配之以《國語》原文所記之北門而形成王宮南北城門相對的情況，這是合乎情理的。另外《禮記‧玉藻》記載「（天子）玄端而朝日於東門之外，聽朔於南門之外」，鄭玄注：「東門、南門皆謂國門也」〔註18〕。綜合看來，文獻中對於南門的性質記載多以城門、國門或王宮外門爲主，考慮到文獻所記主要以東周王室及魯國爲時代背景，至少說明東周以後南門的性質是以外門爲重，那麼上推至西周，再結合江聲與曾運乾所言，本文傾向於南門指天子外門也就是皋門的觀點。

畢門，關於畢門的性質現存兩說：其一，畢門即路門。鄭司農注《周禮‧天官‧閽人》云：「路門，一曰畢門」〔註19〕，而關於畢門的記載主要見於《尚書‧顧命》：「二人雀弁，執惠，立于畢門之內」，孔安國云：「路寢門，一名畢門」，孔穎達疏云：「天子五門，皋、庫、雉、應、路也。下云王出在應門之內，出畢門始至應門之內，知畢門即是路寢之門，一名畢門也」〔註20〕。其二，畢門指廟門。金榜在其文《禮箋‧明堂》中強調：「康王受冊命在祖廟，畢門者，祖廟門也。先儒以下經『王出在應門之內』，因釋畢門爲路門，蓋失

〔註13〕 楊伯峻：《春秋左傳注》，中華書局，1990 年 5 月版，第 385 頁。
〔註14〕 范甯注、楊士勛疏：《春秋穀梁傳注疏》，阮元校刻《十三經注疏》，上海古籍出版社影印，1997 年版，第 2399 頁。
〔註15〕 徐元誥：《國語集解》，中華書局，2002 年 6 月版，第 28 頁。
〔註16〕 鄭玄箋，孔穎達等正義：《毛詩正義》，阮元校刻《十三經注疏》，上海古籍出版社影印，1997 年版，第 579 頁。
〔註17〕 杜預注、孔穎達等正義：《春秋左傳正義》，阮元校刻《十三經注疏》，上海古籍出版社影印，1997 年版，第 1736 頁。
〔註18〕 鄭玄注，孔穎達等正義：《禮記正義》，阮元校刻《十三經注疏》，上海古籍出版社影印，1997 年版，第 1473 頁。
〔註19〕 孫詒讓：《周禮正義》，中華書局，1987 年 12 月版，第 540 頁。
〔註20〕 孔安國傳，孔穎達等正義：《尚書正義》，阮元校刻《十三經注疏》，上海古籍出版社影印，1997 年版，第 240 頁。

考」〔註21〕。上述對於路門性質的討論主要圍繞《尚書》之《顧命》及《康
王之誥》所記事件的演進程序而展開的，孔疏認爲王出自畢門至應門之內，
按照天子五門之順序，畢門是爲路門。而金榜則根據康王所行冊命儀式的地
點爲祖廟而斷言畢門實爲祖廟之門。因此，理清畢門之性質仍需要從《尚書》
文意入手。

　　從記載內容上看，《顧命》與《康王之誥》存在先後相續的關係，其中《顧
命》側重於成王將崩，顧命於大臣，記載了成王喪禮和康王行冊命儀式的基
本史實。《顧命》末尾「諸侯出廟門俟」〔註22〕，諸侯出廟門等待，《康王之
誥》續記「王出在應門之內」〔註23〕，王出，立於應門之內，準備發佈誥命。
根據兩文敘接的情況來看，諸侯在祖廟內列席成王的冊命儀式，儀式結束後，
諸侯出廟門等待成王視朝以發佈誥命，以此文意接續的話，成王所出則傾向
於廟門，然後立於路門與應門之間，準備發佈誥命。再從《顧命》所記「二
人雀弁，執惠，立于畢門之內」〔註24〕，進而分層次鋪開成王冊命處位的安
排來看，若畢門指路門的話，成王的冊命儀式或可能在路門以內或者路門之
外舉行，這均不符合周代冊命行於大廟或祖廟的禮制傳統〔註25〕。因此，依
照《顧命》文意來看，畢門指廟門爲長。另外《周禮·春官》小宗伯「掌建
國之神位，右社稷，左宗廟」〔註26〕，孫詒讓總結劉敞、戴震、金鶚三家「並
謂諸侯廟在雉門內，天子廟在應門內是也」，並進一步強調：「今廟社並在路
門外，夾治朝，其外有應雉庫皋四門，諸侯在雉門內，則即中門之內也。〔註
27〕」依據孫詒讓所云《周禮》所記宗廟位於路門外、應門內的結論，再結合
上文對於畢門廟門性質的推測，則畢門指廟門的說法亦適用於《周禮》所設
定的寢廟處位，也爲我們討論《周禮》諸門性質（路門並非畢門）提供了依

〔註21〕金榜：《禮箋》，阮元編《清經解》第三冊，上海書店出版，1988年10月版，
　　　　第837頁。
〔註22〕孔安國傳，孔穎達等正義：《尚書正義》，阮元校刻《十三經注疏》，上海古籍
　　　　出版社影印，1997年版，第241頁。
〔註23〕孔安國傳，孔穎達等正義：《尚書正義》，阮元校刻《十三經注疏》，上海古籍
　　　　出版社影印，1997年版，第243頁。
〔註24〕孔安國傳，孔穎達等正義：《尚書正義》，阮元校刻《十三經注疏》，上海古籍
　　　　出版社影印，1997年版，第240頁。
〔註25〕參見陳漢平：《西周冊命制度研究》，學林出版社，1986年版，第95～100頁。
〔註26〕孫詒讓：《周禮正義》，中華書局，1987年12月版，第1421頁。
〔註27〕孫詒讓：《周禮正義》，中華書局，1987年12月版，第1424頁。

據。當然廟寢之制的複雜，並不能隻言而定，加上本文未對廟寢之制做詳盡討論，故上述所言僅備一說而已。

虎門，或指路門，或指路寢門之一。《周禮》對於虎門的記載傾向於路門的性質，如《周禮·地官》師氏「居虎門之左」，鄭玄注：「虎門，路寢門也」，孫詒讓云：「即五門之路門也」，並且強調師氏「居虎門左司王朝，則專據朝位言之，不涉教學之事」〔註28〕，還指出：「司士治朝之位，虎士在路門右，蓋虎士分守五門，自內而出，以路門爲始」〔註29〕。可見《周禮》虎門之疏均以路門解之。先秦其它文獻中亦有虎門的記載，用以指代路門或路門之一。《左傳》昭公十年「遂伐虎門」，杜預注：「欲入，公不聽，故伐公門」〔註30〕，孔疏認爲是路寢門〔註31〕。不過惠士奇《禮說·虎門》強調：「路寢制如明堂，面有四門，虎門者，路寢之西門也。……後漢德陽殿東門雲龍，西門神虎。虎，金獸也，故在西。則虎門爲路寢西門，又何疑乎？〔註32〕」章炳麟《春秋左傳讀》進一步指出：「齊路寢鄉南而偏西，以尊周之故，故從偏西之誼，而命曰虎門也」〔註33〕。按照慧氏所說路寢有四門，虎門居西，是路寢門之一，而章炳麟在慧氏所說的基礎上，進一步將齊路寢方位及與周尊卑關係結合起來，認爲齊之路寢偏西以尊周，以西之方位而確定爲虎門，從章炳麟所言齊路寢之虎門的尊卑含義考慮，虎門可以視作是齊路寢的正門。因此，無論虎門之方位如何，虎門均與路寢相關，即可能是路寢正門又可能是路寢之西門。

寢門，常見於文獻記載，如《左傳》成公十年：「晉侯夢大厲……壞大門及寢門而入。公懼，入于室。又壞戶。〔註34〕」《毛詩·大雅·緜》孔疏云：「內爲寢門，一曰路門，……路寢在路門之內」〔註35〕。《禮記·檀弓下》中

〔註28〕 孫詒讓：《周禮正義》，中華書局，1987年12月版，第1003頁。

〔註29〕 孫詒讓：《周禮正義》，中華書局，1987年12月版，第1004頁。

〔註30〕 楊伯峻：《春秋左傳注》，中華書局，1990年5月版，第1316頁。

〔註31〕 杜預注、孔穎達等正義：《春秋左傳正義》，阮元校刻《十三經注疏》，上海古籍出版社影印，1997年版，第2058頁。「虎門，路寢門也。」

〔註32〕 惠士奇：《禮說》，阮元編《清經解》第二冊，上海書店出版，1988年10月版，第48頁。

〔註33〕 上海人民出版社編：《章太炎全集（二）》，上海人民出版社，1982年7月版，第628頁。

〔註34〕 楊伯峻：《春秋左傳注》，中華書局，1990年5月版，第849頁。

〔註35〕 鄭玄箋，孔穎達等正義：《毛詩正義》，阮元校刻《十三經注疏》，上海古籍出版社影印，1997年版，第511頁。

同記：「自寢門至于庫門」〔註36〕，《儀禮·士喪禮》鄭玄注：「寢門，內門也」〔註37〕。上述文獻分別由外而內、由內至外地記載了寢門的方位，寢門居內無疑。除此之外，「寢門」多出現於《儀禮》、《禮記》之賓、嘉、昏、喪等大型禮儀活動之中，作爲禮儀程序演進的一個關鍵環節而存在。因此，文獻大凡出現寢門字樣時，多指寢居之門，居里居內是其共性，按照其方位及行禮之地的重要性來看，寢門可以相當於路門。

綜合看來，在眾家注疏中均將南門、畢門、虎門、寢門等備爲路門的另說或別稱，但根據學者對於《尙書·顧命》所記康王冊命儀式的演進程序以及《周禮》門制及廟寢處位的討論來看，南門、畢門指路門並不合適。另外從《周禮》經文所記「虎門」、「大寢之門」和在其它文獻中的「寢門」的性質來看，眾家注疏中對三者政治地位與禮儀功能的認識能夠達成統一，均指路門。

2. 應門

《周禮·考工記》匠人職記「路門不容乘車之五個，應門二徹參個」，鄭玄注：「路門者，大寢之門。正門謂之應門，謂朝門也」，黃以周云：「古天子諸侯竝有三朝，燕朝內朝也，在路門內，……治朝對燕朝言爲外朝，……治朝在應門內」〔註38〕。按照鄭玄與黃以周所言，燕朝前有路門，治朝前有應門，此爲《周禮》對於天子路門與應門處位與寬度的明確記載，其中應門居路門之外，爲天子治朝之正門。類似記載亦見於《毛詩·大雅·緜》「迺立應門，應門將將」，鄭玄箋：「王之正門曰應門，將將，嚴正也」〔註39〕，《尙書·康王之誥》又記載康王即位在應門內接見群臣，「太保率西方諸侯入應門左，畢公率東方諸侯入應門右」〔註40〕，康王於應門內誥命諸侯，諸侯於應門內進諫周王，說明應門在天子諸門中亦有較高的政治地位。

綜合看來，《周禮》經文重視路、應兩門的主要原因多取決予兩門之間天

〔註36〕 鄭玄注，孔穎達等正義：《禮記正義》，阮元校刻《十三經注疏》，上海古籍出版社影印，1997 年版，第 1313 頁。

〔註37〕 鄭玄注，賈公彥疏：《儀禮注疏》，阮元校刻《十三經注疏》，上海古籍出版社影印，1997 年版，第 1129 頁。

〔註38〕 黃以周：《禮說略》，王先謙編《清經解續編》，第五冊，上海書店，1988 年10 月版，第 1321 頁。

〔註39〕 鄭玄箋，孔穎達等正義：《毛詩正義》，阮元校刻《十三經注疏》，上海古籍出版社影印，1997 年版，第 511 頁。

〔註40〕 孔安國傳，孔穎達等正義：《尚書正義》，阮元校刻《十三經注疏》，上海古籍出版社影印，1997 年版，第 243 頁。

子治朝或每日常朝，甚至是臣下或百姓參政議政之場所的政治地位，這與先秦其它文獻中所記路、應兩門的地位與性質基本一致。

二、對於《周禮》天子門制的補充

《周禮》明確記載的天子門制僅有路、應兩門，不同於一般所說的五門之制。《周禮》關於天子其它諸門的記載多分散於職官的具體執掌下，而在學者注疏中涉及到天子門制的相關討論的，則主要集中在如下幾個職官的職能中：如《天官‧閽人》掌「中門之禁」，所謂中門，鄭司農注爲庫門，鄭玄認爲是雉門〔註41〕；《天官‧敘官》閽人「王宮每門四人」，黃度、沈彤並云：「宮門，皋、庫、雉、應、路，凡五，當二十人〔註42〕」；《地官‧師氏》宿「王之門外」，鄭玄注：「門外，中門之外」，孫詒讓云「亦當爲庫門之外」〔註43〕；《夏官‧虎賁氏》「守王門」，孫詒讓云：「謂王宮之門，別於王城十二門爲國門，……自路門至皋門，並虎士守衛所及。〔註44〕」綜合以上《周禮》對於天子門制以及學者們的相關注疏來看，共呈現出兩個主要特點：其一，凡涉及到有關於天子門制較爲清晰記載的，多集中於閽人、師氏、虎賁氏等宿衛類職官職下；其二，在對於此類職官職能的相關注疏中，學者們往往要將《周禮》經文未記的雉、庫、皋等門納入其中，以五門之制來解釋《周禮》中所提到的其它諸門，使得上述中門、每門、宮門、門外等模糊性詞語有了具體的指代含義，在此前提下，也使得天子宿衛職官的具體執掌有了較爲明確的劃定範圍。因此，本文便需要吸收學者們對於《周禮》門制進行討論的相應觀點，結合其它文獻對於天子雉門、庫門及皋門的相關記載，對《周禮》所載天子門制進行補充說明，爲以後宮禁與宿衛類職官的討論奠定基礎。

第一，關於天子雉門。

《周禮‧天官》閽人職下記有「中門」，鄭玄注：中門「謂雉門，三門也。《春秋傳》曰：『雉門災，及兩觀。』〔註45〕」鄭玄判斷天子諸門中含

〔註41〕參見孫詒讓：《周禮正義》，中華書局，1987年12月版，第540頁。

〔註42〕參見黃度撰、陳金鑒輯：《周禮說》（宋黃宣獻公周禮說），道光庚寅剡東陳氏五馬山樓鋟本，卷一，第十四頁，「禮家說王宮五門則二十人」。孫詒讓：《周禮正義》，中華書局，1987年12月版，第44頁。黃度、沈彤並云：「宮門，皋、庫、雉、應、路，凡五，當二十人」是也。

〔註43〕孫詒讓：《周禮正義》，中華書局，1987年12月版，第1007、1008頁。

〔註44〕孫詒讓：《周禮正義》，中華書局，1987年12月版，第2485、2486頁。

〔註45〕孫詒讓：《周禮正義》，中華書局，1987年12月版，第540頁。

有雉門所依據的重要材料，主要來源於《春秋》定公二年專記「夏五月壬辰，雉門及兩觀災。……冬十月，新作雉門及兩觀，〔註46〕」《公羊傳》何休注：「雉門兩觀皆天子之制」〔註47〕。說明雉門的存在有其確切依據，而且據何注云，雉門應屬於天子諸門之一。關於魯國雉門的記載，還見於《禮記·明堂位》「雉門，天子應門」，賈疏云：「魯之雉門制似天子應門」〔註48〕，此記載將魯國門制與天子門制形成對比，認爲魯國雉門的性質與地位相當於天子應門即正朝之門，也正因爲雉門政治地位的重要，故其災情與修繕才被詳記於魯國《春秋》之中，因此，大多數學者根據天子、諸侯禮之隆殺的特點，由諸侯之制再上推至天子之制，認爲天子應有雉門，是天子五門之一。

第二，關於天子庫門與皋門。

《周禮》雖未記天子庫門、皋門，但卻有關於天子外朝的相關記載，而在天子外朝的注疏之中，學者們均引入庫、皋兩門，以確定天子外朝的處位。《周禮·秋官》小司寇「掌外朝之政」，鄭玄注：「外朝，朝在雉門之外者也」，不過孫詒讓認爲鄭玄此說並不合乎其對於雉門居中、庫門居外的一貫注疏特點，因此糾正爲「依後鄭五門三朝之說，三詢之外朝當在庫門之外。〔註49〕」另《周禮·秋官》朝士「掌外朝之灋」孫詒讓亦云：「後鄭則依小司寇及此職，別有外朝在皋門之內、庫門之外，與治朝、燕朝而三。〔註50〕」再考慮到外朝是嘉石、肺石所在，是萬民詢事之處，與內朝路鼓的設置形成了《周禮》萬民申訴的兩項重要環節，故《周禮》天子外朝所在居於庫門之外、皋門之內較爲合理。而天子門制中存有庫門與皋門的文獻依據，主要見於：

《禮記·郊特牲》：天子「獻命庫門之內，戒百官也」，鄭玄注：「庫門在雉門之外」〔註51〕，此戒百官之地便類似於《周禮》之外朝。又《禮記·檀

〔註46〕楊伯峻：《春秋左傳注》，中華書局，1990年5月版，第1528頁。

〔註47〕何休注、徐彥疏：《春秋公羊傳注疏》，阮元校刻《十三經注疏》，上海古籍出版社影印，1997年版，第2335頁。

〔註48〕鄭玄注，孔穎達等正義：《禮記正義》，阮元校刻《十三經注疏》，上海古籍出版社影印，1997年版，第1490頁。

〔註49〕孫詒讓：《周禮正義》，中華書局，1987年12月版，第2762頁。

〔註50〕孫詒讓：《周禮正義》，中華書局，1987年12月版，第2817、2819頁。

〔註51〕鄭玄注，孔穎達等正義：《禮記正義》，阮元校刻《十三經注疏》，上海古籍出版社影印，1997年版，第1453頁。

弓下》記「魯莊公之喪，既葬而絰，不入庫門」〔註52〕，按照除喪而返，喪
服不入宮的原則，止於庫門則說明庫門是諸侯宮室的最外門。

《毛詩》之《大雅・緜》：「迺立皋門，皋門有伉。」鄭玄箋：「王之郭門
曰皋門，伉，高貌」，賈疏云：「郭門者，宮之外郭之門，以應門不言宮，明
與郭門皆爲宮門也」〔註53〕。詩文所記突出天子皋門高大的型制，鄭、賈所
言突出的是天子皋門居外的處位安排。天子皋門的高大壯闊正對應了賈疏《周
禮・考工記》匠人「路門以近路寢，故特小爲之〔註54〕」的解釋。

《禮記・明堂位》對於魯國門制與天子門制關係的記載，則爲天子庫門、
皋門處位的確定提供了依據「大廟，天子明堂；庫門，天子皋門；雉門，天
子應門」，鄭玄注：「言廟及門如天子之制也，天子五門皋、庫、雉、應、路。
魯有庫、雉、路，則諸侯三門。〔註55〕」與上文雉門存在的理由相當，依舊
是天子、諸侯禮之隆殺的原因，由魯國門制上推至天子門制，使得庫門、皋
門得以備入天子五門之中，只不過庫門居雉門之外，主要是外朝及嘉石、肺
石所在，此不同於諸侯庫門作爲外門的性質與地位，而與諸侯庫門類似者當
屬天子之皋門。

第三，關於天子五門處位的爭議。

實際上，在有關於天子門制的討論中，學者們對於《周禮》經文所記路
門居里、應門次之的處位不存疑義，同時也都認可雉門、庫門、皋門的存在，
而問題的爭議之處主要集中於：雉門與庫門的處位關係。

此問題的討論主要見於《周禮・天官》閽人「中門之禁」的注疏之中，
鄭司農注云：「王有五門，外曰皋門，二曰雉門，三曰庫門，四曰應門，五曰
路門〔註56〕」；鄭玄同意天子五門之說，只不過特別強調「雉門，三門也」〔註
57〕，將雉門與庫門的位置進行調換，即二爲庫門、三爲雉門。對於兩門處位

〔註52〕 鄭玄注，孔穎達等正義：《禮記正義》，阮元校刻《十三經注疏》，上海古籍出
版社影印，1997年版，第1315頁。

〔註53〕 鄭玄箋，孔穎達等正義：《毛詩正義》，阮元校刻《十三經注疏》，上海古籍出
版社影印，1997年版，第511頁。.

〔註54〕 鄭玄注、賈公彥疏：《周禮注疏》，阮元校刻《十三經注疏》，上海古籍出版社
影印，1997年版，第928頁。

〔註55〕 鄭玄注，孔穎達等正義：《禮記正義》，阮元校刻《十三經注疏》，上海古籍出
版社影印，1997年版，第1490頁。

〔註56〕 孫詒讓：《周禮正義》，中華書局，1987年12月版，第540頁。

〔註57〕 孫詒讓：《周禮正義》，中華書局，1987年12月版，第540頁。

的甄別，我們仍需建立在《禮記》等文獻記載之上，《禮記・明堂位》：「庫門，
天子皐門；雉門，天子應門」〔註58〕，又《禮記・檀弓上》：國君卒，招魂的
先後順序是「復於小寢、大寢、小祖、大祖、庫門、四郊」〔註59〕；《禮記・
檀弓下》：「魯莊公之喪，既葬而絰，不入庫門」說明諸侯喪禮自內向外從小
寢開始、出庫門、再到四郊結束，又有除喪而返，喪服不入宮的禮制要求，
則庫門無疑爲諸侯外門。這樣便能夠確定雉門與庫門的基本處位：即庫門居
雉門外。因此，後鄭雉門居中之說較爲合理。

　　不過孫詒讓對二鄭所說進行了中和：「至此經（《周禮》）之中門，先鄭謂
是庫門，後鄭謂是雉門，並據第三門言之。今攷五門之次，以雉門爲三門，
當依後鄭說爲正，然此中門實不專屬雉門，當兼庫雉應三門言之。〔註60〕」
孫氏之說實際上是建立在後鄭雉門居中的基礎上，將《周禮》所記中門的範
圍前擴至應門、後延至庫門，使得爲閽人所掌「中門之禁」成爲王室宿衛體
系中最重要的環節之一。後師氏職下記有「守王之門外，且蹕」〔註61〕，則
很可能進一步接續閽人宿衛之任務，擔當王宮庫門之外及皐門內外的宿衛職
責。實際上，學者們對於王室宿衛職官職能與職官分佈的討論，便是建立在
天子五門之制的基礎上的，這也是我們對於《周禮》天子門制進行補充的原
因所在。

三、王室居寢

　　由於《周禮》嚴格奉行男女之別的禮法要求，使我們看到《周禮》所記
王室居寢存在著天子與王后的明確區分，相應的王、后及世子的起居生活也
各有專人執掌，如閽人、寺人、士庶子之宿衛；膳夫所薦的燕居飲食；大僕、
小臣相天子路寢庭內之服位；御僕傳天子燕居小令；內小臣掌王后路寢治事
之朝位；宮人掌天子燕寢勞褻之事；女御等進御於天子燕寢等等。上述王室
日常政務及燕居事務的完成均居於天子路寢、燕寢或王后路寢、燕寢之內，
而王室居寢不僅是宿衛職官，亦是飲食、近侍、女官等各類起居職官行使職

〔註58〕鄭玄注，孔穎達等正義：《禮記正義》，阮元校刻《十三經注疏》，上海古籍出
　　　　版社影印，1997年版，第1490頁。
〔註59〕鄭玄注，孔穎達等正義：《禮記正義》，阮元校刻《十三經注疏》，上海古籍出
　　　　版社影印，1997年版，第1293頁。
〔註60〕孫詒讓：《周禮正義》，中華書局，1987年12月版，第542頁。
〔註61〕孫詒讓：《周禮正義》，中華書局，1987年12月版，第1007頁。

能的主要場所，因此，理清王室居寢之制不僅是爲研究宿衛職官奠定基礎，
更成爲了研究起居類職官的重要前提。

1. 天子居寢

《周禮》經文中明確記載的王之居寢有：大寢、燕寢和小寢。《夏官・大
僕》「建路鼓于大寢之門外」，鄭玄注：「大寢，路寢也」〔註62〕；《夏官・隸
僕》「大喪，復于小寢、大寢」，孫詒讓認爲此小寢、大寢當爲王居之寢〔註63〕；
《天官・女御》「掌御敘于王之燕寢」〔註64〕，燕寢爲天子居息之所；《天官・
宮人》「掌王之六寢之脩」，鄭玄注：「六寢者，路寢一，小寢五」〔註65〕。按
照《周禮》所記，結合注疏所言，王之居寢有六：大寢一即路寢，小寢五即
燕寢。先秦其它文獻中關於天子寢制的記載相對較少，大多數集中在對諸侯
寢制的討論之上，不過歷代學者均認爲諸侯之制可上推至天子，因此，諸侯
寢制將是天子寢制的有效補充。以下我們本於《周禮》所記，再結合其它禮
書和學者們的注疏，以及先秦其它文獻的相關記載，對天子之路寢的名稱、
特點及功能進行梳理，亦對天子燕寢諸名稱進行辨述。

第一，路寢的名稱、特點與功能

關於路寢的名稱及特點的討論，可以參見如下文獻的記載：《周禮・夏官》
大僕「建路鼓于大寢之門外」，鄭玄注：「大寢，路寢也」〔註66〕；《禮記・月
令》：天子「執爵于大寢」，鄭玄注「大寢，路寢」〔註67〕。《禮記・檀弓上》：
「君復於小寢，大寢」，孫希旦認爲「大寢，正寢也。〔註68〕」實際上，從諸
多文獻關於路寢的記載和學者們的注疏來看，路寢即爲大寢或正寢已經成爲

〔註62〕 孫詒讓：《周禮正義》，中華書局，1987年12月版，第2498頁。
〔註63〕 孫詒讓：《周禮正義》，中華書局，1987年12月版，第2522頁，第2518頁。
　　　　隸僕「掌五寢之埽除糞灑之事。」鄭玄注：五寢，五廟之寢也。大喪時，隸
　　　　僕又「復于小寢、大寢。」鄭玄注：「小寢，高祖以下廟之寢也。始祖曰大寢。」
　　　　孫詒讓引劉敞、黃度以大寢爲路寢，小寢爲燕寢。引金榜云：「以《檀弓》君
　　　　復于大祖、小祖、大寢、小寢考之，夏采以冕服復于大祖，祭僕大喪復于小
　　　　廟，是天子復于大祖小祖之事。其復于大寢小寢，則此隸僕所職是也。」因
　　　　此，孫詒讓認爲：此大寢小寢，與上五寢及祭祀脩寢之寢別，即王之六寢也。
〔註64〕 孫詒讓：《周禮正義》，中華書局，1987年12月版，第560頁。
〔註65〕 孫詒讓：《周禮正義》，中華書局，1987年12月版，第417頁。
〔註66〕 孫詒讓：《周禮正義》，中華書局，1987年12月版，第2498頁。
〔註67〕 鄭玄注，孔穎達等正義：《禮記正義》，阮元校刻《十三經注疏》，上海古籍出
　　　　版社影印，1997年版，第1356頁。
〔註68〕 孫希旦撰：《禮記集解》，中華書局，1989年2月版，第231頁。

通例。從路寢的名稱來看，其主要特點便是以大爲宜。如《詩‧大雅‧生民》注云：「路，大也」〔註69〕。《毛詩‧魯頌‧閟宮》「松桷有舄，路寢孔碩」，鄭玄箋：「桷，榱也。舄，大貌。路寢，正寢也。……孔，甚碩大也」〔註70〕。由魯制上推周制，天子之路寢也必以大言之，以大貌爲美。

　　路寢的功能主要涉及到了聽政、燕飲、齋戒、疾居、殯葬等天子起居生活的諸多重要方面。

　　首先，天子聽政於路寢。《周禮‧夏官》大僕「王眡朝，則前正位而退，入亦如之，建路鼓于大寢之門外，而掌其政」〔註71〕。又司士「王入，內朝皆退」，鄭玄注：「王入，入路門也。〔註72〕」賈公彥疏大僕云：「欲入亦如之，王退入路寢聽事時，亦前正王位。〔註73〕」因此，以路寢門爲限，其外爲天子內朝所在，並路鼓立於此，是天子每日視朝的地方，而路寢內則是天子朝畢繼續聽政之處。類似記載還見於《禮記‧玉藻》：「君日出而視之，退適路寢聽政」〔註74〕，說明路寢聽政應爲王和諸侯的通制。

　　其次，天子借路寢燕飲溝通君臣關係。主要見於《禮記‧月令》孟春，天子躬耕帝藉「反，執爵於大寢」〔註75〕，是指天子祈穀親耕後於路寢燕群臣。《儀禮‧燕禮》記「燕朝服於寢」，指諸侯與群臣日視朝後燕於路寢，鄭玄認爲：「燕於路寢相親昵也」，孔穎達疏：「知燕於寢者，以其饗在廟，明燕在寢私處可知也」〔註76〕。由此看來，路寢燕飲確實是周天子或諸侯溝通君臣關係的主要方式。

　　再次，路寢實際上並不是天子常居之處，但是路寢的居息功能卻尤其重要，天子凡齋戒、疾病、殯葬均居於路寢。

〔註69〕鄭玄箋，孔穎達等正義：《毛詩正義》，阮元校刻《十三經注疏》，上海古籍出版社影印，1997年版，第530頁。「實覃實訏，厥聲載路。」鄭玄箋：「路，大也。」

〔註70〕鄭玄箋，孔穎達等正義：《毛詩正義》，阮元校刻《十三經注疏》，上海古籍出版社影印，1997年版，第618頁。

〔註71〕孫詒讓：《周禮正義》，中華書局，1987年12月版，第2498頁。

〔註72〕孫詒讓：《周禮正義》，中華書局，1987年12月版，第2466頁。

〔註73〕孫詒讓：《周禮正義》，中華書局，1987年12月版，第2498頁。

〔註74〕鄭玄注，孔穎達等正義：《禮記正義》，阮元校刻《十三經注疏》，上海古籍出版社影印，1997年版，第1474頁。

〔註75〕孫希旦撰：《禮記集解》，中華書局，1989年2月版，第416頁。

〔註76〕鄭玄注，賈公彥疏：《儀禮注疏》，阮元校刻《十三經注疏》，上海古籍出版社影印，1997年版，第1024頁。

關於路寢的齋戒功能，《大戴禮記‧明堂》云：「此天子之路寢也，不齊不居其屋」〔註77〕，說明天子齋戒專居路寢。《禮記‧祭統》又云：「君致齊於外，夫人致齊於內」〔註78〕，外謂君之路寢，內謂夫人正寢。《禮記‧玉藻》云：「將適公所，宿齊戒，居外寢，沐浴」，孫希旦認爲：「外寢，正寢也，齊必居正寢」〔註79〕。《國語‧周語上》記載虢文公告誡宣王要尊從古制行籍之禮時，專門提到耕前五日「王即齋宮」〔註80〕，齋戒三日，按照上述所言路寢的齋戒功能來看，此齋宮很可能是天子正寢即路寢。綜合看來，從天子至諸侯，甚至諸侯夫人，凡齋戒之事均居於路寢，是爲常制。

除齋戒外，疾病亦居於路寢。《禮記‧檀弓上》記載：君子「非致齊也，非疾也，不晝夜居於內」，鄭玄注云：「內，正寢之中」〔註81〕。也就是說只有齋戒或疾病等特殊情況出現時，國君才晝夜居於路寢之內。又如《左傳》昭公七年記：「寡君寢疾，於今三月矣」〔註82〕。《穀梁傳》莊公三十二年記「寢疾居正寢」〔註83〕，《禮記‧檀弓上》又記「蓋寢疾七日而沒」〔註84〕。可推知，寢疾居正寢當爲古制，路寢專用於諸侯由病重至去世期間內的居息，而諸侯薨於路寢亦爲古制，所以《左傳》記莊公、宣公、成公君薨於路寢爲正，而僖公薨於小寢，定公薨於高寢則被視作「非正也」，甚至國君夫人亦需「卒於路寢」〔註85〕，由諸侯上推至天子，天子之崩於路寢也是禮所當然。

第二，燕寢諸名稱辨述。

天子諸侯之寢，出現於諸經之中除路寢外還有燕寢、小寢、高寢、少寢等，現對所列諸寢及相互關係辨述如下：

〔註77〕王聘珍撰：《大戴禮記解詁》，中華書局，1983年3月版，第152頁。

〔註78〕鄭玄注，孔穎達等正義：《禮記正義》，阮元校刻《十三經注疏》，上海古籍出版社影印，1997年版，第1603頁。

〔註79〕孫希旦撰：《禮記集解》，中華書局，1989年2月版，第787、788頁。

〔註80〕徐元誥：《國語集解》，中華書局，2002年6月版，第17、18頁。

〔註81〕鄭玄注，孔穎達等正義：《禮記正義》，阮元校刻《十三經注疏》，上海古籍出版社影印，1997年版，第1283頁。

〔註82〕楊伯峻：《春秋左傳注》，中華書局，1990年5月版，第1289頁。

〔註83〕范甯注，楊士勛疏：《春秋穀梁傳注疏》，阮元校刻《十三經注疏》，上海古籍出版社影印，1997年版，第2389頁。

〔註84〕鄭玄注，孔穎達等正義：《禮記正義》，阮元校刻《十三經注疏》，上海古籍出版社影印，1997年版，第1283頁。

〔註85〕鄭玄注，孔穎達等正義：《禮記正義》，阮元校刻《十三經注疏》，上海古籍出版社影印，1997年版，第1572頁。

　　燕寢又稱爲小寢。《天官・女御》「掌御敘于王之燕寢」〔註86〕，鄭玄注：
「于王之燕寢，則王不就后宮息。〔註87〕」胡培翬認爲：「王六寢，其一爲正
寢治事之處，而所居恒在於燕寢」〔註88〕。可知《周禮》所記燕寢即是天子
常居之所。《禮記・玉藻》記國君「適小寢釋服」，鄭玄注：「小寢，燕寢也」
〔註89〕，國君常朝、聽政完畢後，至燕寢脫去朝服而著燕居常服。另外《左
傳》僖公三十三年：僖公「反，薨于小寢」〔註90〕，楊樹達認爲小寢爲燕寢，
而非夫人之寢，僖公病未移至路寢，居燕寢以死，《穀梁傳》斥爲：「非正也」。
綜合來看，小寢即燕寢爲學者公認，而王和諸侯專於燕寢居息也爲通制。不
過疾病或殯葬於燕寢則被視爲「非正」，可見路寢、燕寢的使用有嚴格的界限
區分。

　　燕寢又稱高寢。《公羊傳》莊公三十二年何注云：「天子諸侯皆有三寢，
一曰高寢，二曰路寢，三曰小寢」〔註91〕。關於高寢爲何，學者們共有兩種
觀點：一，高寢非路寢，地位在路寢之上。《說苑・修文篇》認爲：「諸侯正
寢三：一曰高寢，二曰左路寢、三曰右路寢。高寢者，始封君之寢也。二路
寢者，繼體之君寢也」〔註92〕。此觀點將高寢地位至於路寢之上，爲始封君
之寢或父親所居之寢，也使高寢帶有了廟寢的性質，既不同於路寢又沒有小
寢燕息常居的功能，不過此觀點所記寢制屬零星記載，並非學者認可的主流。
二，高寢爲小寢。《春秋》定公十五年記：「公薨于高寢」，杜預認爲僖公未薨
於路寢「失其所」〔註93〕，《穀梁傳》又云「高寢，非正也」〔註94〕。黃以周

〔註86〕孫詒讓：《周禮正義》，中華書局，1987 年 12 月版，第 560 頁。

〔註87〕孫詒讓：《周禮正義》，中華書局，1987 年 12 月版，第 560 頁。

〔註88〕胡培翬：《燕寢考》，阮元編《清經解》第七冊，上海書店出版，1988 年 10
　　　　月版，第 451 頁。

〔註89〕鄭玄注，孔穎達等正義：《禮記正義》，阮元校刻《十三經注疏》，上海古籍出
　　　　版社影印，1997 年版，第 1474 頁。

〔註90〕楊伯峻：《春秋左傳注》，中華書局，1990 年 5 月版，第 503 頁。

〔註91〕何休注，徐彥疏：《春秋公羊傳注疏》，阮元校刻《十三經注疏》，上海古籍出
　　　　版社影印，1997 年版，第 2243 頁。

〔註92〕劉向撰、趙善詒疏證：《說苑疏證》，華東師範大學出版社，1985 年 2 月版，
　　　　第 566 頁。

〔註93〕杜預注，孔穎達等正義：《春秋左傳正義》，阮元校刻《十三經注疏》，上海古
　　　　籍出版社影印，1997 年版，第 2152 頁。

〔註94〕范甯注，楊士勛疏：《春秋穀梁傳注疏》，阮元校刻《十三經注疏》，上海古籍
　　　　出版社影印，1997 年版，第 2446 頁。

總結「天子諸侯之寢，見于經傳者止有路寢、小寢，所謂燕寢、高寢者，皆小寢也」〔註95〕。參見前文路寢的疾病、殯葬居息的功能和路寢爲正寢的特殊地位，高寢地位當低於路寢，屬於小寢的範圍。

燕寢又稱少寢。《春秋》哀公二十六年記：宋大尹將景公尸體藏匿於少寢，脅迫宋六卿「乃盟于少寢之庭」〔註96〕。楊伯峻認爲少寢即爲小寢，如《禮記·玉藻》所載諸侯退朝後的燕息之處。胡培翬《燕寢考》中考諸侯燕寢爲：東房西室，房在東，室在西，前有堂〔註97〕。而沈文倬先生的《周代宮室考述》進一步強調：天子至士所常居之處爲室，房用於擺放主人在堂上行禮時所使用的器具，堂則爲主人會客行禮的地方，堂前有庭，庭前有門〔註98〕。所以，宋六卿所盟的少寢之庭也可以理解爲燕寢之庭，而少寢顯然非正寢，將其歸入燕寢或小寢範圍較爲合理。

前文中，我們在辨述燕寢別稱的同時，尤其注重燕寢非禮之處的梳理。從《春秋》所記僖公薨於小寢、定公薨於高寢，宋大尹匿景公尸體於少寢來看，凡殯葬於燕寢者均爲非禮，天子亦然，再由前文所述天子路寢齋戒、疾病和殯葬的功能來看，天子燕寢的主要功能還是用於日常居息。

關於《周禮》所記天子居寢之制，《禮記·曲禮下》孔疏進行了詳細總結：「案《周禮》，王有六寢，一是正寢，餘五寢在後，通名燕寢。其一在東北，王春居之；一在西北，王冬居之；一在西南，王秋居之；一在東南，王夏居之；一在中央，六月居之。凡后妃以下，更以次序而上御王於五寢之中也」〔註99〕。胡培翬《燕寢考》亦云：「天子六寢，路寢一，小寢五。路寢則正寢，小寢則燕寢也。〔註100〕」則《周禮》天子居寢之制明矣。

近年來西周建築基址的陸續發掘，爲《周禮》和先秦其它文獻對於天子寢制的研究提供了更爲可信的材料。1976 年陝西岐山鳳雛村甲組建築基址和

〔註95〕黃以周：《禮書通故》，中華書局，2007 年 4 月版，第 67 頁。

〔註96〕楊伯峻：《春秋左傳注》，中華書局，1990 年 5 月版，第 1730 頁。

〔註97〕參見胡培翬：《燕寢考》，阮元編《清經解》第七冊，上海書店出版，1988 年 10 月版，第 455 頁。

〔註98〕參見沈文倬：《周代宮室考述》，《浙江大學學報》，2006 年第 3 期，第 38、39 頁。

〔註99〕鄭玄注，孔穎達等正義：《禮記正義》，阮元校刻《十三經注疏》，上海古籍出版社影印，1997 年版，第 1261 頁。

〔註100〕胡培翬：《燕寢考》，阮元編《清經解》第七冊，上海書店出版，1988 年 10 月版，第 451 頁。

扶風召陳西周大型建築群基址的發掘〔註 101〕，對研究西周宮室制度具有重要意義。而且尹盛平先生根據《詩經》、《尚書》、《周禮》、《禮記》、《左傳》等文獻記載推測出鳳雛甲組是宗廟建築，而召陳 F5 則可能是王路寢性質的寢宮，召陳 F8 和 F3 則屬王小寢性質的寢宮〔註 102〕。而古代宮室之制本為「前有正寢，次有燕寢」〔註 103〕，實際上，召陳遺址王的路寢和小寢的分佈基本上與文獻記載相一致。

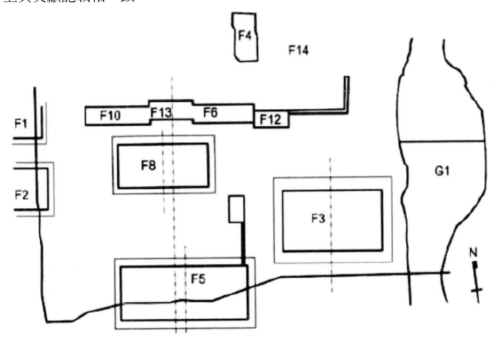

召陳西周中期宮殿遺址總平面圖

資料來源：《建築考古學論文集》，p145。

2. 后之居寢

　　《周禮》經文記載王后居寢並非直接以路寢、燕寢或大寢、小寢的形式存在，取而代之的是正內、后宮、北宮等詞彙的出現，不過這些記載均存在

〔註101〕陝西周原考古隊：《陝西岐山鳳雛村西周建築基址發掘簡報》，《文物》，1979年第 10 期；《扶風召陳西周建築群基址發掘簡報》，《文物》，1981 年第 3 期。

〔註102〕尹盛平：《周原西周宮室制度初探》，《文物》，1981 年第 9 期。

〔註103〕胡培翬：《燕寢考》，阮元編《清經解》第七冊，上海書店出版，1988 年 10月版，第 452 頁。胡培翬：「按孔氏正義云宮室之制，前有正寢，次有君燕寢，次夫人正寢。」

於王室近臣的具體執掌中，結合諸官職責及相關注疏，可以幫助我們瞭解《周禮》所記王后居寢的一些情況。

正內，見於《周禮·天官》敘官「寺人，王之正內五人」，鄭玄認爲：「正內，路寢」〔註104〕，《周禮》記載寺人職能與閽人內外相備，負責宿衛門庭，同時掌管王之內人與女宮之戒令，故寺人身份多以刑臣或奄人爲主，以此來看寺人執掌實際上與王之諸寢的關係不大，故賈公彥總結：「寺人既不得在王之路寢，而云內正五人者，謂在后之路寢耳」〔註105〕。

內宮，見於《周禮·天官》女史「逆內宮」之職，鄭玄注：「鉤考六宮之計」，賈疏云：「言內宮，亦對王之六寢爲內宮。〔註106〕」《周禮·天官》內宰注：「婦人稱寢曰宮。宮，隱蔽之言」〔註107〕。實際上，所謂後宮、內宮之稱謂，相對於天子居寢而言，均取其隱蔽之意，專指與天子相對的王后居寢。同時《祭義》云：「遂布于三宮夫人、世婦之吉者」，賈疏云：「三宮之夫人者，諸侯之夫人半王后，故三宮」〔註108〕，也就是說王后六宮倍於夫人之三宮。鄭玄《內宰》又注：「后象王，立六宮而居之，亦正寢一，燕寢五。〔註109〕」所以王后內宮的佈局遵循象王立宮的原則，亦前路寢一，後燕寢五。

北宮，見於《周禮·天官》內宰「憲禁令于王之北宮」，鄭玄注：「北宮，后之六宮」〔註110〕；賈疏《內小臣》云：「對王六寢在南，以后六宮在北，故云北宮也」〔註111〕；孫詒讓總結：「古者宮必南鄉，王路寢在前，謂之南宮，……后六宮在王六寢之後，對南宮言之，謂之北宮。〔註112〕」而且內小臣「掌王之陰事陰令」，鄭玄注：「陰令，王所求爲於北宮」〔註113〕。賈公彥疏《內宰》

〔註104〕孫詒讓：《周禮正義》，中華書局，1987年12月版，第48頁。
〔註105〕鄭玄注，賈公彥疏：《周禮注疏》，阮元校刻《十三經注疏》，上海古籍出版社影印，1997年版，第642頁。
〔註106〕孫詒讓：《周禮正義》，中華書局，1987年12月版，第565頁。
〔註107〕孫詒讓：《周禮正義》，中華書局，1987年12月版，第514頁。
〔註108〕鄭玄注，孔穎達等正義：《禮記正義》，阮元校刻《十三經注疏》，上海古籍出版社影印，1997年版，第1598頁。
〔註109〕孫詒讓：《周禮正義》，中華書局，1987年12月版，第514頁。
〔註110〕孫詒讓：《周禮正義》，中華書局，1987年12月版，第533頁。
〔註111〕鄭玄注，賈公彥疏：《周禮注疏》，阮元校刻《十三經注疏》，上海古籍出版社影印，1997年版，第686頁。
〔註112〕孫詒讓：《周禮正義》，中華書局，1987年12月版，第533頁。
〔註113〕孫詒讓：《周禮正義》，中華書局，1987年12月版，第540頁。

云：「以事涉婦人，故謂之陰」〔註114〕，所以天子之陰令便是針對北宮，也就是后之六宮而言。另外《左傳》中也記有北宮，如襄公十年「盜入於北宮……臣妾多逃」〔註115〕；哀公十七年「衛侯夢于北宮」〔註116〕。說明諸侯寢制中亦包含北宮，不過北宮的性質並不明確，按照前文所述，天子居息不就後宮的原則，若北宮指后之六宮的話，衛侯夢於夫人之宮顯然不符合禮制傳統。當然，受到禮制變革與僭越等因素的影響，諸侯居寢之制自有其特點，但僅就上述兩則材料來看，無法明確判斷春秋以後北宮的性質是爲夫人女子所居之宮還是由諸侯自居燕寢之北宮，而北宮專指後宮的說法也僅見於《周禮》及相關注疏。

　　王后居寢除路寢和燕寢外，還有側室，又稱宴室。《禮記‧檀弓下》：「有殯，聞遠兄弟之喪，哭於側室。」孫希旦謂：「側室，室在寢室之旁側者也」〔註117〕。鄭玄注：「側室謂夾之室，次燕寢也。」孔疏云：「夫正寢之室在前，燕寢在後，側室又次燕寢，在燕寢之旁，故謂之側室」〔註118〕。凡燕寢之旁室通謂側室，不過側室爲燕寢之兩旁還是一側並無確切記載，故其數量也不確定。關於側室之功能，孫詒讓強調：王后居內宮僅在五小寢之內，而《周禮》通言六宮之人則包括九嬪、世婦、女御等人，故「側室之數，則多少無定，取足容居而已」，也就是說側室主要功能是供六宮女眷居住所用。另外，側室的另一主要功能是妻妾生子居住，而且此項制度通於王后以下，如《大戴禮記‧保傅篇》引：「《青史氏之記》曰：古者胎教，王后腹之七月，而就宴室」〔註119〕；另《禮記‧內則》：「妻將生子，及月辰，居側室」，而且「妾將生子」；「公庶子生」〔註120〕等皆就側室。

　　據胡培翬《燕寢考》之《父子異宮考》記：「宮室之制前有正寢，次有燕寢，次夫人正寢及燕寢，皆南北相直爲之，子所居當在其旁」〔註121〕。再根

〔註114〕孫詒讓：《周禮正義》，中華書局，1987 年 12 月版，第 514 頁。
〔註115〕楊伯峻：《春秋左傳注》，中華書局，1990 年 5 月版，第 981 頁。
〔註116〕楊伯峻：《春秋左傳注》，中華書局，1990 年 5 月版，第 1709 頁。
〔註117〕孫希旦撰：《禮記集解》，中華書局，1989 年 2 月版，第 248 頁。
〔註118〕鄭玄注，孔穎達等正義：《禮記正義》，阮元校刻《十三經注疏》，上海古籍出版社影印，1997 年版，第 1469 頁。
〔註119〕王聘珍撰：《大戴禮記解詁》，中華書局，1983 年 3 月版，第 59 頁。
〔註120〕鄭玄注，孔穎達等正義：《禮記正義》，阮元校刻《十三經注疏》，上海古籍出版社影印，1997 年版，第 1469、1470 頁。
〔註121〕胡培翬：《燕寢考》，阮元編《清經解》第七冊，上海書店出版，1988 年 10 月版，第 454 頁。

據《禮記‧內則》所記「禮始于謹夫婦，爲宮室，辨外內，男子居外，女子居內」〔註122〕和王后統於王、后象王立宮的原則，《周禮》所記王室居寢分佈應爲：王六寢在前，包括路寢一和燕寢五，前路寢，後燕寢；后六宮或內宮所指也當爲后之六寢，包括路寢一和燕寢五，路寢在前，燕寢在後。

第二節 《周禮》宮禁類職官職能及特點

以緩急爲次第當先述宮室類職官〔註123〕，但需要指出的是此宮室類職官並非全是官府在宮中者〔註124〕，而是其中的一部分職官，主要掌管王室宮中的宮禁、宿衛、服御、飲食、醫療等關係王室起居生活重要方面的職事。本節以王室宮禁類職官爲研究對象，討論其職能及特點。

宮禁指王宮中具有禁戒性的法令，規範和教戒宮內諸職及出入王宮者的行爲，以保證王宮安全。此類職官主要包括小宰、宮正、內宰、士師等掌政令職官，還包括閽人、司爟等專司執行類，但需要清楚的是小宰、宮正、士師等職的掌宮禁職能是其所掌眾多政令中的首要職能，由此也可以看出《周禮》在職官構建上，充分考慮到王室起居生活的秩序與安全的保障。

一、小宰是王宮刑禁的總體掌控者

小宰「掌建邦之宮刑，以治王宮之政令，凡宮之糾禁」〔註125〕。孫詒讓云：「天官通掌宮府，而小宰、宰夫、宮正、宮伯特治宮政。此王宮刑政等，皆小宰所專領，不佐大宰者也。〔註126〕」與小宰職能不同，宰夫所掌爲治朝、治官之法，宮伯專領士庶子等徒役，兩職所掌並不直接參與王宮政令、禁戒

〔註122〕鄭玄注，孔穎達疏：《禮記正義》，北京大學出版社，1999年12月版，第858頁。

〔註123〕鄭玄注，賈公彥疏：《周禮注疏》，阮元校刻《十三經注疏》，上海古籍出版社影印，1997年版，第640頁。「上大宰至旅下士摠馭羣職，故爲上首。自此宮正已下至夏采六十官，隨事緩急爲先後，故自宮正至宮伯，二官主宮室之事，安身先須宮室，故爲先也。」

〔註124〕孫詒讓：《周禮正義》，中華書局，1987年12月版，第212～213頁。鄭玄注：「官府之在宮中者，若膳夫、玉府、內宰、內史之屬，」此類職官「掌王服御膳食及詔王聽治，職掌尤近，故於宮中爲官寺」。因此，官府在宮中者無疑擴大了宮室類職官的範圍。

〔註125〕孫詒讓：《周禮正義》，中華書局，1987年12月版，第157頁。

〔註126〕孫詒讓：《周禮正義》，中華書局，1987年12月版，第157頁。

等方面的監督工作，屬於對小宰和宮正其它政令職能的進一步分流，故不算入宮禁類職官體系之中。

小宰作爲大宰副職，宮禁政令的掌控是其眾多宮政事務中的重點，而《周禮》小宰職能涉及到宮禁政令的是以「宮刑」與「糾禁」爲主體，鄭玄注：「宮刑，在王宮者之刑。……糾猶割也，察也。〔註127〕」孫詒讓云：「此宮刑蓋即犯宮禁者之刑也，……凡有所繩治，並謂之糾」〔註128〕。實際上，小宰是通過「施行爲政，布告爲令」的方式來昭示王宮之刑禁的，凡犯禁者必然受到刑罰的懲治。不過依鄭、孫所言，小宰職責完成的基礎是：以眾所週知的宮禁戒令爲其施刑的準繩。而這些宮禁戒令的鋪開與宣傳亦非小宰一職所獨立完成，需要宮正、士師等其它宮禁類職官提供不同層面、不同區域的職能配合。

二、宮正是宮禁及宿衛政令的具體落實者

《周禮・天官》宮正「掌王宮之戒令、糾禁。〔註129〕」與小宰掌宮禁政令的總控性質不同，宮正所掌是將王宮內各項禁戒政令落到實處，也可以說宮正才是王宮政令的具體監督與執行者。根據《周禮》對宮正職能記載的情況來看，其中涉及到宮正掌宮禁職能的大體上可以分成兩個層次：

其一，宮禁之相關政令的掌控，這屬於宮禁戒令層面的制度要求，例如宮正所掌的「時禁」、「稽其出入」、去「淫怠與其奇邪之民」等要求，而且這些禁戒政令的執行還需要與閽人、十師及相應宿衛類職官等形成官聯（我們將在下文士師之宮禁諸端中進行詳細討論）。

其二，宮正實際上是王室起居宿衛類職官的總體掌控者，也就是王宮戒守之事的主要負責者。此項職能可以分化爲：對王宮常時與非常時之宿衛的不同管理。首先，日常生活中，宮正主要負責對王宮宿衛類職官進行總體監控。宮正「以時比宮中之官府次舍之眾寡，爲之版以待，夕擊柝而比之。〔註130〕」孫詒讓云：「蓋自官吏以逮宿衛之士庶子，守王之閽寺、虎士、隸民，皆通晐於是矣。〔註131〕」宮正所負責是：控制王宮內部，包括宿衛職官在內的宮內執事人員的布列安排，並將人員核查情況計入版籍，以待隨時考覈，

〔註127〕孫詒讓：《周禮正義》，中華書局，1987年12月版，第157頁。
〔註128〕孫詒讓：《周禮正義》，中華書局，1987年12月版，第157、158頁。
〔註129〕孫詒讓：《周禮正義》，中華書局，1987年12月版，第212頁。
〔註130〕孫詒讓：《周禮正義》，中華書局，1987年12月版，第212、214、215頁。
〔註131〕孫詒讓：《周禮正義》，中華書局，1987年12月版，第212頁。

而且對當值、值宿、持更等宿衛的具體職事進行隨時排查，以保證王宮守衛之事的嚴密和周全。凡官府次舍的人員分配或使用出現混亂時，或者宿衛職官擅離職守時，無疑造成王宮秩序混亂的隱患，因此，宮正對於宮中眾寡與宿衛當直者的總體監控實際上是王宮日常安全的基礎。其次，宮正親自執掌王宮非常之故時的宿衛之事。宮正職下記載「國有故，則令宿，其比亦如之」〔註132〕；「凡邦之大事，令于王宮之官府次舍，無去守而聽政令」〔註133〕。鄭司農云：「故謂禍災。令宿，宿衛王宮。《春秋傳》曰：『忘守必危，況有災乎。』」鄭玄謂：「故，凡非常也。〔註134〕」孫詒讓云：「全經各職所掌大祭祀、大會同、大賓客、大喪、大師、大田諸事，皆為大事。〔註135〕」以上述所見，王宮宿衛有日常宿衛與非常宿衛兩類，而宮正親自執掌的非常時宿衛便包括了寇戎、水旱、凶荒、箚喪等大變故，以及祭祀、會同、賓客、田獵、喪葬等邦之大事。孫詒讓云：「蓋平時唯宮內官吏及士庶子當直者宿，有故則令諸不當直者盡入宿衛也」〔註136〕。凡遇到非常之事故時，宮正便在日常宿衛的基礎上調集不當直者入宮戒守，強化王宮內部的守衛與警戒的力度和人員配備，根本目的還是為了保證王室的安全。

三、內宰掌王內之宿衛與糾察

內宰「掌書版圖之灋，以治王內之政令，均其稍食，分其人民以居之。……禁其奇衺……憲禁令于王之北宮而糾其守。〔註137〕」此為《周禮》對於內宰掌宮禁職能的具體記載，不過按照行職範圍的不同，內宰的此項職能大體上也可分為兩個層次：

其一，從治王宮政令方面來講，內宰與小宰形成官聯，但內宰的職事範圍被縮至王內，而且內宰治王內尤重宿衛力量分佈的均衡。所謂王內之範圍，如孫詒讓疏內宰所言：「王路寢以內，至於北宮，凡王及后、夫人所居之舍，此官通掌之。〔註138〕」內宰「掌書版圖之灋，以治王內之政令，均其稍食，

〔註132〕孫詒讓：《周禮正義》，中華書局，1987年12月版，第216頁。
〔註133〕孫詒讓：《周禮正義》，中華書局，1987年12月版，第223頁。
〔註134〕孫詒讓：《周禮正義》，中華書局，1987年12月版，第216頁。
〔註135〕孫詒讓：《周禮正義》，中華書局，1987年12月版，第223頁。
〔註136〕孫詒讓：《周禮正義》，中華書局，1987年12月版，第216頁。
〔註137〕孫詒讓：《周禮正義》，中華書局，1987年12月版，第512、515、533頁。
〔註138〕孫詒讓：《周禮正義》，中華書局，1987年12月版，第512頁。

分其人民以居之。」鄭玄注：「版謂宮中閣寺之屬及其子弟錄籍也。圖，王及后、世子之宮中吏官府之形象也。政令謂施閣寺者。……人民，吏子弟。分之，使眾者就寡，均宿衛。〔註139〕」綜合看來，內宰所掌控的宿衛職官主要有兩個類別：一是內宰所領閣、寺等職；一是內宰職下所記之「人民」，鄭注「人民」爲吏子弟，孫詒讓認爲「此人民當兼晐士庶子及夏官之虎士，秋官之隸民，凡備宿衛守共使役者皆是。〔註140〕」孫詒讓將「人民」的範圍擴至最大，而忽視了內宰執掌範圍的限定，實際上，內宰所掌爲路寢以內，而虎士、隸民宿衛群體的執掌範圍主要被止於路寢或自路門向外分宿天子諸門（詳見：第三節《周禮》所見王宮宿衛體系及職官分佈），故從執掌區域上看，內宰與虎士、隸民等宿衛群體無法形成直接的上下統屬關係，所以，內宰所掌「人民」應該是針對分列於路寢以內的宿衛之吏而言。內宰根據版圖所記王宮、后宮、世子以下諸宮以及閣寺等吏人所居之府寺的界限與分佈情況，掌控王內宿衛的均衡，此爲內宰治天子內宮政令的一項突出表現。

其二，內宰專掌后宮之禁戒，並約束后宮宿衛之吏。內宰掌宮禁的方式是：「憲禁令于王之北宮而糾其守」，鄭玄注：「北宮，后之六宮。謂之北宮者，繫於王言之，明用王之禁令令之。守，宿衛者。〔註141〕」孫詒讓云：「禁即《士師》之宮禁」〔註142〕，故內宰懸掛於后宮者亦是小宰、士師等職所掌的王宮禁令。其中內宰「禁其奇衺」，類似於宮正所禁的「奇衺之民」，只不過內宰所禁對象是內宮以女御爲主體的女眷，專門控制婦人之間的奇邪之道，此亦是士師「宮禁」要求在內宮的具體執行與貫徹的情況。同時，內宰負責糾察北宮宿衛之民，防治其懈怠散漫，而且此類群體因列宿於內宮而更需要紀律嚴明，故孫詒讓總結內宰「糾其守」的目的就是爲了「糾察宿衛吏民，使不失部伍也。〔註143〕」

四、士師所掌「宮禁」諸端的推測

《周禮・秋官》士師：「掌國之五禁之灋，以左右刑罰，一曰宮禁，二曰官禁，三曰國禁，四曰野禁，五曰軍禁，皆以木鐸徇之于朝，書而縣于門閭。

〔註139〕孫詒讓：《周禮正義》，中華書局，1987年12月版，第512頁。
〔註140〕孫詒讓：《周禮正義》，中華書局，1987年12月版，第513頁。
〔註141〕孫詒讓：《周禮正義》，中華書局，1987年12月版，第533頁。
〔註142〕孫詒讓：《周禮正義》，中華書局，1987年12月版，第533頁。
〔註143〕孫詒讓：《周禮正義》，中華書局，1987年12月版，第534頁。

〔註144〕」其中「宮禁」居士師所長的五禁之首，鄭玄注：「宮，王宮也。……古之禁書亡矣。〔註145〕」孫詒讓云：「周時五禁當有專書，漢時已亡也。〔註146〕」的確，士師執掌雖言明有「宮禁」之法，但卻沒有關於宮禁內容的具體記載，而且《周禮》經文中也沒有關於宮禁內容的明確記載。不過，學者們對於此問題的注疏卻爲我們進一步討論宮禁的相關內容提供了借鑒，如孫詒讓云：「『凡宮之糾禁』者，即士師五禁『一曰宮禁』，此官與彼爲官聯也。〔註147〕」類似注疏還見於宮正掌「王宮之糾禁」，故以此爲例，我們將小宰、宮正、內宰等職與士師形成官聯的諸項職能聯合起來，以推測宮禁的諸端內容，現列述於下：

其一，宮刑。見於小宰「掌建邦之宮刑」，鄭玄注：「宮刑，在王宮中者之刑。」孫詒讓云：「大司寇五刑，不數宮刑，而士師五禁以宮禁爲首，此宮刑蓋即犯宮禁者之刑也」〔註148〕。類似注疏還見於內宰職下，孫詒讓云：「后宮所憲之禁令，即小宰所建之宮刑，亦士師五禁之一。〔註149〕」士師五禁中與宮刑相關的唯有宮禁，不過宮禁顯然是王宮禁戒的總稱，而宮刑是對犯禁者懲戒的細則規定，因此，宮刑可以作爲依託於宮禁政令而存在的法律依據，受宮刑者必爲犯宮禁者。

其二，火禁。宮正「春秋以木鐸脩火禁」，鄭玄注：「火星以春出，以秋入，因天時而以戒」〔註150〕，而且司爟與宮正配合專掌行火之政令，其中具體規定了四季之食火，用來壓制因季節食氣所導致的疾病。宮中用火尤其謹愼，因此，宮正分兩季頒佈火禁以警戒宮眾，司爟也嚴格指導宮中的日常用火。

其三，中門之禁。凡服衰絰、服戎服、執明器、執兵物者不得入宮，奇服怪民不得入宮；內人、攜帶公家器物和賓客的出入均需持節符的人引導〔註

〔註144〕孫詒讓：《周禮正義》，中華書局，1987年12月版，第2782頁。
〔註145〕孫詒讓：《周禮正義》，中華書局，1987年12月版，第2782頁。
〔註146〕孫詒讓：《周禮正義》，中華書局，1987年12月版，第2783頁。
〔註147〕孫詒讓：《周禮正義》，中華書局，1987年12月版，第157頁。
〔註148〕孫詒讓：《周禮正義》，中華書局，1987年12月版，第157頁。
〔註149〕孫詒讓：《周禮正義》，中華書局，1987年12月版，第533、534頁。
〔註150〕孫詒讓：《周禮正義》，中華書局，1987年12月版，第223頁。「春秋以木鐸修火禁」，亦士師宮禁之一端。
〔註151〕孫詒讓：《周禮正義》，中華書局，1987年12月版，第543、545頁。閽人：「喪服、凶器不入宮。潛服、賊器不入宮。奇服、怪民不入宮。凡內人、公器、賓客，無帥則幾其出入。」

151〕。中門之禁實際上主要是為了控制中門的進出，因為「人多伎巧，奇物滋起」〔註152〕，所以王室門禁以中門為最重。

其四，奇邪之禁。宮正「去其淫怠與其奇衺之民」，鄭玄注：「民，宮中吏之家人也。淫，放濫也。怠，解慢也。奇衺，譎觚非常。」孫詒讓云：「此云吏之家人即吏子弟也。……此民與內宰之人民所晐甚廣，蓋兼含凡士庶子及虎士守王宮者言之。〔註153〕」《周禮》記載宮正的首要職能是負責王宮內的戒令與糾禁，所謂糾禁就是指對王宮內宿衛類職官的監督檢查，而宮正對吏子弟、士庶子及虎士等宿衛職官的查處，便是對宮禁「奇邪」之禁的具體實施。同時內宰禁「奇衺」〔註154〕，主要是禁女御中的奇邪之事，使其守婦職，嚴禁以媚道惑亂後宮。實際上，宮正和內宰聯職禁止或處理王宮內的「奇衺之民」與「奇衺之事」，但兩者的監察對象存在明顯不同，前者側重的是對於包括宿衛職官在內的吏之家人的禁戒和監督，後者則側重的是對內宮女眷的教戒與監察。

其五，時禁。見於宮正「辨外內而時禁」〔註155〕，閹人注云「時，漏盡」，賈疏云：「漏盡者，謂若夏至，晝則日見之漏六十刻，夜則四十刻。冬至晝則日見漏四十刻，夜則六十刻」〔註156〕。實際上，「時禁」的實行是將宮正與閹人、寺人的執掌結合起來，有效控制了宮內與外來人員的出入，保障王宮甚至王內安全，也就是《禮記‧內則》所記「為宮室，辨外內，……深宮固門，閽寺守之」〔註157〕。

五、宮禁類職官的職事特點

綜合考察，宮禁類職官自身及其施職過程中存在如下特點：其一，上述職官總控王宮禁令，從諸職所執掌的範圍來看，小宰屬於王宮政令的總控者，掌宮禁是其職能之一。士師之「宮禁」實際涵蓋了王宮外門、中門以內至路

〔註152〕朱謙之撰：《老子校釋》，中華書局，1984年11月版，第231頁。
〔註153〕孫詒讓：《周禮正義》，中華書局，1987年12月版，第221頁。
〔註154〕孫詒讓：《周禮正義》中華書局，1987年版，第515頁。內宰：「奇衺之禁，亦士師宮禁之一端也」。
〔註155〕孫詒讓：《周禮正義》，中華書局，1987年12月版，第218頁。
〔註156〕孫詒讓：《周禮正義》，中華書局，1987年12月版，第546頁。
〔註157〕鄭玄注，孔穎達等疏：《禮記正義》，阮元校刻《十三經注疏》，上海古籍出版社影印，1997年版，第1468頁。

門以裏的各種禁令,與士師相配合的當為宮正和內宰分管皐門以內、路寢和路寢以內的禁令。其二,上述職官爵等逐級遞減但執掌同等重要。小宰為大宰副職,中大夫二人;士師屬司寇之屬下大夫四人;宮正官首為上士;內宰亦屬大宰,官首為下士。這些職官爵等不同,但掌宮禁之職卻無一例外的居於諸官眾多職能之首位,足見王宮安全的舉足輕重。其三,此類職官總控王宮禁令的方式為:「書而縣之」。士師書五禁之法「縣于門閭」〔註 158〕,因為士師掌國之五禁,因此門閭的範圍相當廣泛,不過五禁之首的「宮禁」則進一步將範圍縮小至王宮。小宰「以宮刑憲禁于王宮」〔註 159〕,禁即小宰所掌的王宮刑禁,小宰所掌範圍為整個王宮,再結合內宰專掌后寢,小宰發佈禁令的所懸之處應該包括王六寢及其之外;內宰懸禁令於「王之北宮」〔註 160〕即為后之六宮。可見,王宮禁令廣布於王之五門三朝為眾人所之,但仍有區域的差別。士師所掌最廣監督整個王宮,其次為小宰懸禁令於五門三朝,再至內宰掌後宮禁戒專懸於後宮不為外人所見。因此,王室宮禁類職官實際上多為政令上的總控者,此類職官主要負責宮禁政令的制定、發佈和執行上的監督,屬於行為規範和規則方面的約束者。

第三節　《周禮》所見王宮宿衛體系及職官分佈

　　王室宿衛類職官是《周禮》所記宮官的重要組成部分,而且此類職官的具體職能與《周禮》所構建的王宮諸門、寢的分佈密切相關,因此,本節以前文所述王室門、寢之制為依據,對王室宿衛類職官體系及分佈進行細緻梳理。

　　結合王室門、寢之制,考慮宿衛類職官的具體職能,本文將王宮宿衛體系及職官分佈劃分為三個層次:諸門之宿、王內之宿和通職宿衛,每一區域宿衛工作的展開均有不同類別的宿衛職官專門負責。

一、諸門之宿與相應職官

　　前文專述天子之門包括皐、庫、雉、應、路,而孫詒讓又特別指出「蓋

〔註 158〕孫詒讓:《周禮正義》,中華書局,1987 年 12 月版,第 2782 頁。
〔註 159〕孫詒讓:《周禮正義》,中華書局,1987 年 12 月版,第 187 頁。
〔註 160〕孫詒讓:《周禮正義》,中華書局,1987 年 12 月版,第 533 頁。

五門以路門爲內門，皋門爲外門，餘三門處內外之間，故通謂之中門」〔註161〕。因此，王宮諸門的宿衛可以分爲：外門之宿、中門之宿和路門之宿。再結合宿衛職官的具體執掌，我們把應門至路門之間的宿衛也列入其中。

第一，外門之宿，指中門之外至皋門前後的宿衛，主要由宮正、師氏、司隸、四夷之隸、保氏等職負責守衛。

首先，宮正「辨外內而時禁」。孫詒讓認爲「此內人外人，當謂宮內宮外之人，不必分男女也」〔註162〕，因此，宮正掌時禁實際上是爲了限制王宮內外出入的時限，故其實施的重點應以出入王之外門爲關鍵，只不過宮正所掌之時禁屬於王宮禁戒之政令，如前文所述，宮正屬掌宮禁職官，其施職的特點多以「布告爲令」的方式展開，而時禁之令的具體落實或執行則專由掌外門宿衛的諸類職官負責。

其次，師氏、司隸及其四夷之屬是宿衛天子皋門內外的主要力量。師氏職記「使其屬帥四夷之隸，各以其兵服守王之門外，且蹕」，鄭玄注「門外，中門之外」〔註163〕，按照前文所述中門的指代範圍來看，此中門之外應該是指庫門至皋門及皋門以外的區域範圍，則師氏帥四夷之隸所護衛的範圍便以庫門開始，向外延伸直至皋門以外。同時，司隸亦「掌帥四翟之隸」以「守王宮與野舍之厲禁」，孫詒讓云：「此助守政，與師氏、虎賁氏爲官聯也。〔註164〕」若司隸與師氏形成官聯的話，加上兩者共領「四夷之隸」的情況來看，此處司隸與四翟之隸所守王宮的範圍也將以王宮外圍爲主。因庫門與皋門之間爲外朝所在，三詢觀法，嘉石肺石所立之處，百姓皆可入內，與王宮庫門之內相比，人員的出入較爲複雜。所以，師氏和司隸率領四夷之隸形成了王宮外門的宿衛屏障，執行宮正所發佈的時禁，辨別王宮內外之人，非時不得隨意出入，同時禁止百姓隨意靠近王宮。

再次，保氏所掌又爲師氏及其從屬的宿衛之職作了相應補充。保氏「使其屬守王闈」，鄭玄注：「闈，宮中之巷門」〔註165〕，保氏所宿衛的是宮中與外聯通的小門或側門。孫詒讓認爲：「保氏與師氏同教庫門外之小學，則所守

〔註161〕孫詒讓：《周禮正義》，中華書局，1987 年 12 月版，第 542 頁。
〔註162〕孫詒讓：《周禮正義》，中華書局，1987 年 12 月版，第 218 頁。
〔註163〕孫詒讓：《周禮正義》，中華書局，1987 年 12 月版，第 1007 頁。
〔註164〕孫詒讓：《周禮正義》，中華書局，1987 年 12 月版，第 2883 頁。
〔註165〕孫詒讓：《周禮正義》，中華書局，1987 年 12 月版，第 1017 頁。

亦必與學相近」〔註166〕，其中師氏專司外門之宿，則保氏所守也當近於庫門，掌控的主要是連同庫門之外，與皋門之內的巷門，對王宮中門之外的宿衛起到重要的輔助作用。

第二，中門之宿，指庫門、雉門、應門的宿衛，主要由閽人掌控。

閽人「掌守王宮之中門之禁」〔註167〕，孫詒讓云：「蓋五門以路門為內門，皋門為外門，餘三門處內外之間，故通謂之中門。〔註168〕」閽人負責把守天子應、雉、庫三門，因國之府、庫、宮官之官府、次舍，甚至廟、社等王宮重地均布列於中門之內，所以中門之禁嚴於外門，更要求閽人嚴格稽查，具體執掌約有三項：其一，嚴查外人入宮，凡喪服、兇器、潛服、賊器及奇服怪民不得入宮〔註169〕。王宮為吉地，喪葬中的経帶和明器主凶，吉凶相擾不利王宮，而潛服和賊器、兇器則被視為姦人所服用之物，凡此類入宮者必然會擾亂王宮秩序，破壞王宮吉凶平衡，威脅王室安全，因此閽人必須提高警惕，嚴格識別器物標識，將不安全因素杜絕在中門之外。而禁奇服怪民與內宰「禁奇邪」之職內外相備，因「尨奇無常」〔註170〕，所以嚴禁其入宮。其二，掌王宮之出入，實際上是控制中門的人員出入。此類人員主要有群臣、賓客、內人和執公器者，凡入宮者均遵守前文所禁，但閽人之職還特別強調了內人、執器者和賓客的出入禁忌。內人需有寺人、內豎相道，執公器者亦有相關有司導之，賓客由掌訝相道，「無帥則幾其出入」〔註171〕。其三，「以時啓閉」王門，此項職能亦是在執行宮正所要求的時禁內容。閽人的二、三項職能實際上是對師氏等外門之宿的向內延展，不過閽人所掌之禁戒更加具體嚴格。凡出入王宮之人有相當一部分要經歷王宮諸門，閽人、師氏、司隸等職聯合構成了王宮中門、外門的層層宿衛屏障。

第三，應門至路門之宿，指中門最內之應門與路門之間的區域，此區域的宿衛工作主要由士庶子承擔。

〔註166〕孫詒讓：《周禮正義》，中華書局，1987年12月版，第1018頁。
〔註167〕孫詒讓：《周禮正義》，中華書局，1987年12月版，第540頁。
〔註168〕孫詒讓：《周禮正義》，中華書局，1987年12月版，第542頁。
〔註169〕孫詒讓：《周禮正義》，中華書局，1987年12月版，第540頁、第543～545頁。閽人守中門，凡「喪服、凶器不入宮，潛服、賊器不入宮，奇服怪民不入宮。凡內人、公器、賓客，無帥則幾其出入。」
〔註170〕楊伯峻：《春秋左傳注》，中華書局，1990年5月版，第271頁。
〔註171〕孫詒讓：《周禮正義》，中華書局，1987年12月版，第545頁。

士庶子分爲兩部：不入宿衛者和宿衛王宮者，前者由司士、諸子執掌，後者由宮伯執掌。掌宿衛的士庶子廣泛來源於貴族子弟，因其武功較高而被選爲宿衛之官，由宮伯授其「八次八舍之職事」，鄭司農云「庶子衛王宮，在內爲次，在外爲舍」，鄭玄認爲「次，其宿衛所在，舍，其休沐之處」〔註172〕。鄭注《宮正》又云「次，諸吏直宿，舍，其所居寺」〔註173〕，因此，孫詒讓總結「凡次多在路門外應門內近治朝之處，舍則當在應門之外皋門之內，與次舍不同處也」〔註174〕。所以，士庶子所值宿之處在應門與路門之間，依八次之方位分列分班次宿衛，休息則回到應門外居舍之處。

第四，路門之宿，專指路門宿衛，路門即虎門〔註175〕，由師氏、虎賁氏之屬等職負責。

司士「正朝儀之位，……王族故士、虎士在路門之右」〔註176〕，《周禮·夏官》敘官虎賁氏領有虎士八百人〔註177〕，鄭玄又注：「王族故士，故爲士，晚退留宿衛者」〔註178〕，而虎士與其並列，加上虎士本身又從屬於虎賁氏掌王宮宿衛，因此，虎士亦如王族故士一樣晚退留宿於路門，孫詒讓進一步指出：「此在治朝，蓋虎賁氏帥虎士之直守路門者居之，非八百人盡列於此也。〔註179〕」師氏亦「居虎門之左」，鄭玄注：「虎門，路寢門也。王日視朝於路寢門外，畫虎以明勇猛，於守宜也。〔註180〕」孫詒讓亦云：「獸之勇猛者莫如虎，路門爲師氏守衛之所，故畫其象以示威嚴也。〔註181〕」按照師氏之朝位及其宿衛本職來看，師氏同虎士分居於路門左右，便有可能共同承擔視朝及非朝時路門的宿衛工作。另有閽人亦守路門，是閽人通職宿衛中的一個重要環節（詳後）。實際上，天子路門的宿衛尤其重要，文獻雖少記，但出於路門地位重要的考慮，路門之宿實際上是師氏、虎賁氏之屬及閽人等職宿衛職能起始之處。

〔註172〕孫詒讓：《周禮正義》，中華書局，1987年12月版，第233頁。
〔註173〕孫詒讓：《周禮正義》，中華書局，1987年12月版，第212頁。
〔註174〕孫詒讓：《周禮正義》，中華書局，1987年12月版，第214頁。
〔註175〕孫詒讓：《周禮正義》，中華書局，1987年12月版，第1003頁。師氏「居虎門之左，司王朝」，鄭玄注：「虎門，路寢門也。」
〔註176〕孫詒讓：《周禮正義》，中華書局，1987年12月版，第2459頁。
〔註177〕孫詒讓：《周禮正義》，中華書局，1987年12月版，第2257頁。
〔註178〕孫詒讓：《周禮正義》，中華書局，1987年12月版，第2459頁。
〔註179〕孫詒讓：《周禮正義》，中華書局，1987年12月版，第2460頁。
〔註180〕孫詒讓：《周禮正義》，中華書局，1987年12月版，第1003頁。
〔註181〕孫詒讓：《周禮正義》，中華書局，1987年12月版，第1004頁。

二、王內之宿與相應職官

王內之宿，指天子路門以內的宿衛。《寺人》敘官曰：「王之正內五人」〔註182〕，鄭玄認為正內為后之路寢，故寺人主掌實際上是指王后路寢的宿衛事宜，同時寺人亦掌「王之內人及女宮之戒令，相道其出入之事而糾之」〔註183〕，鄭玄《內宰》注：「內人，主謂九御。〔註184〕」這樣寺人之職便不僅僅局限於王后路寢的宿衛，凡天子路門以內的諸門均由寺人守衛，寺人也因此而能夠負責王后內宮諸女眷之出入及相導工作。此外，寺人所掌之「戒令」當同於內宰對於女御的禁「奇衰之事」，禁止婦人間的巫蠱妖道〔註185〕，為士師宮禁之一端。除寺人之職外，內宰「掌書版圖之灋，以治王內之政令，均其稍食，分其人民以居之」，鄭玄注「圖，王及后、世子之宮中吏官府之形象也。政令謂施闇寺者。⋯⋯人民，吏子弟。分之，使眾者就寡，均宿衛」〔註186〕。內宰所掌王宮宿衛政令所涉及的對象主要是闇、寺等職以及遍佈於王、后、世子宮內的諸吏子弟，而且惠士奇云「宮伯之士庶子，宮正之眾寡，內宰之人民，一也」〔註187〕，說明，在路寢以內除了闇、寺之外，也可能有士庶子擔當宿衛的情況存在。

三、通職宿衛類職官

從前文所述，我們可以看出天子宮室的日常安全非常重要，王宮宿衛從皋門、庫門、雉門、應門至路門及路門以內層層遞進，分設專職掌控，依「宮禁」稽查，使王宮內部的防衛秩序井然，有效地保證了王宮安全。實際上，上述部分職官除領有專職宿衛外，還掌有通職宿衛，為天子宮室的日常安全添加道道屏障。

〔註182〕孫詒讓：《周禮正義》，中華書局，1987年12月版，第48頁。
〔註183〕孫詒讓：《周禮正義》，中華書局，1987年12月版，第548頁。
〔註184〕孫詒讓：《周禮正義》，中華書局，1987年12月版，第530頁。內宰「會內人之稍食」，鄭玄注：「內人，主謂九御。」
〔註185〕鄭玄注，賈公彥疏：《周禮注疏》，阮元校刻《十三經注疏》，上海古籍出版社影印，1997年版，第684頁。鄭玄注「奇衰，若今媚道」，賈公彥疏云：「案《漢書》漢孝文時，婦人蠱惑媚道，更相咒詛，作木偶人埋之於地。漢法又有官禁云：『敢行婦道者。』若然，媚道謂道妖衰巫蠱以自衛媚，故鄭舉漢法證經奇衰也。」
〔註186〕孫詒讓：《周禮正義》，中華書局，1987年12月版，第512頁。
〔註187〕孫詒讓：《周禮正義》，中華書局，1987年12月版，第513頁。

　　首先，保氏負責守衛王闈。前文述皋門之宿衛時，專述了保氏宿衛庫門至皋門之間通向王內的巷門，這部分職能實際上是保氏與師氏配合加強皋門守衛的職事。保氏的職事範圍不僅止於此，因為「天子之宮四通」〔註188〕，宮中小門或側門也不能僅僅集中在庫門與皋門之間，而《周禮》所記守王闈者僅保氏一職，因此，保氏應執掌王宮內部四通之小門或側門的宿衛，當然此王宮小門或側門所指應是布列於路門之外的闈門。

　　其次，閽人，除專守中門之外，還負責王宮路門、皋門的宿衛。根據《周禮》敘官所說：「閽人，王宮每門四人，囿遊亦如之」〔註189〕，而且黃度、沈彤、孫詒讓等人均認為此閽人共二十人，分守王宮五門〔註190〕，閽人所擔當的實際上是王宮內的通職宿衛。因此，金鶚總結「閽人『王宮每門四人』，是外門亦有守也。……但中門之禁較嚴，故特嚴中門，非謂外門無禁也」〔註191〕，所以，閽人也守外門，只是外門宿衛由師氏專司，閽人之職並不凸顯。從閽人的身份和執掌來看，我們還需注意如下細節：其一，閽人身份為奄人〔註192〕，按照王內職官專為奄人或宮人的原則，而閽人守王門又是其常職，所以閽人也可能守王內；其二，根據閽人敘官所說，閽人執掌王宮與囿遊的守衛，而《秋官·掌戮》所司：「墨者使守門，……宮者使守內，刖者使守囿」〔註193〕。可見，閽人身份除閽人外還有墨者、刖者，這樣閽人宿守的範圍也變得非常廣泛，應包括王門、王內和苑囿，當然特別強調守王內與女眷雜處者是閽人中的受宮刑者。

　　再次，虎賁氏分守王宮之五門和牆垣。前文述虎賁氏專司路門宿衛，不過虎賁氏之職領有虎士八百之眾，「王在國，則守王宮」〔註194〕，鄭玄《儒行》

〔註188〕黃懷信主撰，孔德立、周海生參撰：《大戴禮記彙校集注》，三秦出版社，2004年8月版，第1033頁。

〔註189〕孫詒讓：《周禮正義》，中華書局，1987年12月版，第44頁。

〔註190〕參見本文第一節之《對於〈周禮〉天子門制的補充》。

〔註191〕金鶚：《求古錄禮說》，王先謙編《清經解續編》第三冊，上海書店出版，1988年10月版，第279頁。

〔註192〕鄭玄箋，孔穎達等正義：《毛詩正義》，阮元校刻《十三經注疏》，上海古籍出版社影印，1997年版，第579頁。引孔疏云：「案《周禮·序官》，閽人上有內小臣，下有寺人。內小臣之與寺人，皆是奄人為之，閽人與之為類，官居其閒，則亦奄人也。」

〔註193〕孫詒讓：《周禮正義》，中華書局，1987年12月版，第2879～2880頁。

〔註194〕孫詒讓：《周禮正義》，中華書局，1987年12月版，第2485頁。

注云:「宮爲牆垣也。〔註195〕」說明虎賁氏的宿衛可能遍佈整個王宮,而所謂守「牆桓」可能是指虎士流動宿衛的行職狀態,再結合虎賁氏守「路門」與「王宮」職能的記載來看,虎賁氏所守應該不僅指王宮牆桓,自路門向外分守應門、雉門、庫門、皋門也成爲可能,如孫詒讓言「據司士常朝之位,虎士在路門之右,則自路門至皋門,並虎士守衛所及,不徒路門中門也」〔註196〕。實際上虎士八百之眾廣布於王宮之內,是宿守整個王宮內外的主要力量。

四、王宮宿衛類職官的職事特點

王宮宿衛職官在執行任務的過程中呈現出如下特點:

其一,既專司專職又交錯互補,如宮正雖爲政令職官亦掌外門、中門之時禁,內宰既通掌王內禁令又專禁宮內奇邪之事,閽人專司中門之禁的同時又與師氏、士庶子、虎賁氏相配合通掌王內及五門宿衛等等,諸職成網狀交織之勢。

其二,路門是諸職執行任務的嚴格界限,此爲王宮宿衛最爲特殊的環節。路門以內的掌宮禁職官主要有:內宰、寺人、閽之奄人、掌王內宿衛的士庶子。而且王內宿衛具體執行者多爲內宰管理下的奄人或受宮刑者,僅有部分士庶子擔任後宮之朝和門垣的守衛,當值時更替宿守,休息時則居於應門外舍。路門以外的宿衛職官則有:小宰、宮正、宮伯、師氏、保氏、司隸、四夷之民、閽人之墨者刖者、守應門至路門間的士庶子、遍佈王宮的虎賁氏之屬,路門之外宿衛者的執掌範圍均止於路門或以路門爲始向外逐級布列。

其三,地位低等,身份特殊,任務繁重。師氏官首爲中大夫,保氏官首爲下大夫,司隸官首爲中士,蠻隸、罪隸、夷隸、貉隸各一百二十人,其中罪隸爲因罪入宮爲奴者,蠻隸、夷隸、貉隸分別爲征南夷、東夷、東北夷的戰俘爲奴者,留作宿守之用;閽人爲刑人宿宮者,包括墨者、宮者和刖者;士庶子爲王宮諸吏之庶子;虎賁氏官首爲下大夫;寺人無爵與閽人同,因專掌內人,多爲奄人。可見,擔當王室宿衛諸職的爵等較高者僅爲師氏中大夫,其它職爵等依次向下,宿衛由外到內,爵等越低執掌越具體,距宮中要地也越近,至王內重地守王宮者均爲閽寺等刑徒或奄人。王內因女子眾多,宿衛

〔註195〕鄭玄注,孔穎達等正義:《禮記正義》,阮元校刻《十三經注疏》,上海古籍出版社影印,1997 年版,第 1670 頁。

〔註196〕孫詒讓:《周禮正義》,中華書局,1987 年 12 月版,第 2486 頁。

也尤其特殊，專派宮者、奄人等宿守，除了可以禁止宮內媚邪之事外，由於其身份的特殊決定了他們自身也不具備擾亂王宮秩序和威脅王內安全的條件，是內宮男女禮法的基本保證。

　　其四，掌宿衛職官與掌禁令職官，相輔相成密不可分。宿衛者執行宮禁政令，而掌禁令者又輔助參與王宮宿衛，兩者共同守護著王室日常生活的安全，這也是主宮事之官居《周禮》之首的主要原因所在。

第四節　周代掌王室宮禁與宿衛的重要職官

　　在前文專題討論的基礎上，本節主要以掌宮禁與掌宿衛的具體職能為切入點，分別對周代宰官的掌宮禁職能、師氏與師某之職的王家宿衛職能、「保」職地位及其宿衛職能的演變、虎賁氏天子近衛之臣的身份以及闇人的守門職能等進行專題討論。

一、試述宰官的掌宮禁職能

　　銘文中關於宰職的執掌，學者們基本上能達成一致認可，大體上分為兩個方面：其一，司王家事務，其二，參與政事。其中司王家事務無疑直接服務於王室起居。張亞初先生、劉雨先生將「宰」歸為宮廷類職官，並且指出：「西周之宰，主要是管理王家宮內事務，與《周禮》的小宰、內宰地位職司相當」〔註197〕。謝乃和先生指出西周宰職的演變有兩個方向：一是擔任周代貴族家務總管，其常職是掌財用；一是擔任家宰攝政為王朝政務官。二者官聯，共同構成了管理王家事務的職官體系〔註198〕。因此，宰職「司王家事務」的職能便成為了周代宰官的主要職能之一，而宰職掌宮禁政令的職能便依託於諸宰職「司王家事務」這一綜合的職能背景而存在。

　　綜合銘文對於宰職「司王家事務」這一職能的記載，其中可與宰官之「掌宮禁」職能形成關聯的主要見於《蔡簋》、《伊簋》和《宰獸簋》之中。

　　首先，《蔡鼎》宰留與宰蔡之間的關係類似於《周禮》小宰與內宰，而小宰與內宰正是王宮與王內政令的主要執掌者。《蔡簋》中：「宰留入右蔡立中廷，

〔註197〕參見張亞初、劉雨：《西周今文官制研究》，中華書局，1986 年 5 月第 1 版，第 41 頁。
〔註198〕參見謝乃和：《〈周禮〉「冢宰」與金文所見西周王家之宰》，《古代文明》，2007 年第 3 期。

王乎史年冊令蔡，王若曰：『蔡，昔先王既令女乍宰，嗣王家。今余隹繼橐乃令，令女眾智，孔胥對各，死嗣王家外內。毋敢有不聞，嗣百工，出入姜氏令……』」〔註199〕。此銘文中出現了兩個宰職即宰智和宰蔡，郭沫若先生認爲：「宰智在王之左右，當是大宰，蔡出納姜氏命，蓋內宰也」〔註200〕。王恒餘先生指出：本銘中天子實際上下了兩道指令，其中「死司王家外內，毋敢有不聞」應是對宰智而言，這與《周禮·天官·小宰》所云：「掌建邦之宮刑，以治王宮之政令」正相符合，而「二宰」的關係，用天子的話說是：「令汝眾智，孔胥對各」意思是命令蔡與宰智一起共政互相幫助，宰智爲小宰、蔡爲內宰〔註201〕。實際上，銘文中判斷宰蔡身份的關鍵在於其「出入姜氏令」，因內宰掌「王內之政令」，並協助王后治內宮之事，故宰蔡的身份可以等同於內宰。而「令汝眾智，孔胥對各，掌司王家內外」的記載則使宰智與宰蔡發生官聯，兩職共同執掌「王家內外」之事又是《蔡簋》記事的核心所在，而《周禮》中與王家事務同時發生關係的就是小宰與內宰兩職，前者掌「王宮之政令」，後者掌「王內之政令」，兩者發生官聯的關鍵所在即是對於王宮「政令」的掌控，故宰智與宰蔡共司「王家內外」亦可以理解成對包括宮禁、宮刑、糾守等在內的王宮政令的總體掌控。

其次，《蔡簋》、《伊簋》、《宰獸簋》所司「百工」、「臣妾」、「僕庸」成爲我們討論銘文中宰官掌宮禁職能的關鍵所在。《蔡簋》：「毋敢有不聞，嗣百工，出入姜氏令」；《伊簋》：「王乎命尹封冊命伊孔官嗣康宮王臣妾百工」〔註202〕；《宰獸簋》：「兼司康宮王家臣妾僕庸」〔註203〕。這裏需要理清的是「百工」、「臣妾」和「僕庸」的身份，以判斷他們是否能夠作爲小宰或內宰掌宮禁職能所施諸的對象存在。關於「百工」的身份，凡涉及到官制討論時，均將其視作一類職官，如《國語·周語上》：「天子聽政，……百工諫」〔註204〕；《周禮·考工記》鄭玄注：「百工，司空事官之屬。〔註205〕」《禮記·王制》：「凡

〔註199〕馬承源主編：《商周青銅器銘文選》（三），文物出版社，1988 年版，第 263 頁。

〔註200〕郭沫若：《兩周金文辭大系圖錄考釋》，上海書店出版社，1999 年 7 月版，第 103 頁。

〔註201〕參見王恒餘：《宰官考原》，《中央研究院歷史語言研究所集刊》，1967 年 3 月。

〔註202〕馬承源主編：《商周青銅器銘文選》（三），文物出版社，1988 年版，第 152 頁。

〔註203〕羅西章：《宰獸簋銘略考》，《文物》，1998 年第 8 期。

〔註204〕徐元誥：《國語集解》，中華書局，2002 年 6 月版，第 11 頁。

〔註205〕孫詒讓：《周禮正義》，中華書局，1987 年 12 月版，第 3105 頁。

執技以事上者，祝、史、射、御、醫、卜，及百工。〔註206〕」這類職官因領有專項技能而存在於天子的職官體系中，亦享有納諫的職能，其官府次舍亦可能如膳夫、祝史等職布列於王宮之中。「臣妾」主要指從事底層勞役的奴隸，以《周禮》所記來看主要是指隸、奚之類，服務於王室起居生活的各個層面。「僕庸」，陳夢家先生認爲「僕庸」相當於《左傳・昭公七年》所說「僕臣臺」的臺，「臺與庸都是附於土田的『臣僕』、『臣妾』。〔註207〕」就王家事務而言，以上「百工」、「臣妾」與「僕庸」的身份大體上可以概括爲與王室起居密切相關的並保有專項技藝的職官與奴隸，歸於宰官所統領是其共徵。因此，王宮內的此類職官或奴隸，是可以作爲宰官掌宮禁職能施諸對象的一部分而存在的，犯宮禁者應受到宮刑、時禁、奇邪之禁等宮禁政令的約束。

　　另外本文所列掌宮禁職官，實際上是根據王室起居安全的需要，依據《周禮》對於諸職掌宮禁職能的記載，提煉而出，而且諸官所執掌的宮禁職能也僅是其眾多職事之一，因此，文獻中對於此類職官此項職能的記載也並不多見。不過《禮儀》、《禮記》等禮書中確實存在一個龐大的宰官體系，以大宰、膳宰、小宰、宰、宰夫等職名廣泛地存在於天子、諸侯、卿、大夫等各個階層的眾多禮儀場合之中。綜合起來，諸宰官所掌主要集中在：司王朝或家內事務，集中在掌膳食、相禮儀、傳政令、陳器用、侑飯食等服務之上，卻未見小宰、內宰等職掌宮禁職能的專門記載，不過若將小宰及內宰的掌宮禁職能做一簡單的歸類話，兩職可歸入到宰官司王家事務的總體掌控之上，而《儀禮・大射》「宰戒百官」〔註208〕；《禮記・表記》「宰正百官」〔註209〕以及《禮記・檀弓下》「宰夫執木鐸以命于宮」〔註210〕；《禮記・祭統》「宮宰宿夫人」〔註211〕等方面的記載，說明宰官確實承擔了與禁戒規章相關的職能，以及與

〔註206〕鄭玄注，孔穎達等正義：《禮記正義》，阮元校刻《十三經注疏》，上海古籍出版社影印，1997 年版，第 1343 頁。

〔註207〕陳夢家：《殷虛卜辭綜述》，中華書局，1988 年 1 月版，第 624 頁。

〔註208〕鄭玄注，賈公彥疏：《儀禮注疏》，阮元校刻《十三經注疏》，上海古籍出版社影印，1997 年版，第 1027 頁。

〔註209〕鄭玄注，孔穎達等正義：《禮記正義》，阮元校刻《十三經注疏》，上海古籍出版社影印，1997 年版，第 1643 頁。

〔註210〕鄭玄注，孔穎達等正義：《禮記正義》，阮元校刻《十三經注疏》，上海古籍出版社影印，1997 年版，第 1313 頁。

〔註211〕鄭玄注，孔穎達等正義：《禮記正義》，阮元校刻《十三經注疏》，上海古籍出版社影印，1997 年版，第 1603 頁。

王宮宿衛或職官監控等方面的專職服務，這可能與《周禮》所記小宰與內宰的掌宮禁職能相關。

二、試述師氏與其它師職的王家宿衛職能

在銘文與先秦其它文獻之中，師氏一職的呈現較爲複雜，除了類似於《周禮‧地官》師氏之職外，還有「師」某、大師及少師等職的存在，故本節以上述師職團體作爲研究對象，對其王家宿衛職能進行專題討論。

1. 銘文及先秦其他文獻所記師氏之職

在西周青銅銘文中，師職較爲常見，是西周時期最重要的職官之一。張亞初先生、劉雨先生根據銘文記載對師職進行總結，認爲西周銘文中師職的執掌主要有三大方面：軍事、行政和教育，並且指出這些情況與《周禮‧師氏》的記載不但不矛盾，而且是正相吻合的〔註 212〕，師氏關於王室宿衛的職能便可歸屬於其軍事和行政職能之內。郭沫若則進一步縮小師氏之職的職能範圍：認爲「師氏之見於彝銘者乃武職，在王之側近。是則師氏之名蓋取諸師戍也」〔註213〕，顯然郭沫若先生所關注的是銘文中所記師氏職責的最重要方面：王之近臣、武職、掌戍衛，這便構成了師氏作爲王家宿衛職官的基本特徵。

銘文中師氏一職出現在昭王之後，集中於共王時期，此後在懿王、孝王至宣王時均有出現。

昭王時：《夨鼎》記：「隹（唯）王伐東尸（夷），溓公令（命）夨眔（暨）史旟曰：『吕（以）師氏眔（暨）有嗣（司）後。』〔註214〕」昭王伐東夷，溓公命令夨和史旟帶著師氏等作爲後援，但師氏是作爲軍事官長還是作爲後援軍隊的名稱並不明晰，不過可以確認的是：無論是軍事官長還是後援軍隊均以武職參與戰爭。《令鼎》又記「王射，有嗣（司）眔師氏小子卿（會）射」〔註 215〕，師氏參與昭王的會射，顯然師氏能夠被允許參與會射的原因即是其武職的身份。

〔註212〕參見張亞初、劉雨：《西周今文官制研究》，中華書局，1986 年 5 月版，第 7 頁。

〔註213〕郭沫若：《金文叢考》之《周官質疑》，人民出版社，1954 年 6 月版，第 74 頁。

〔註214〕唐蘭：《西周青銅器銘文分代史徵》，中華書局，1986 年 12 月版，第 220 頁。

〔註215〕馬承源：《商周青銅器銘文選》（三），文物出版社，1988 年版，第 70 頁。

穆王時：《泉夌卣》云：「王命夌曰：『虔！淮夷敢伐內國，女其以成周師氏戍於古師』」〔註216〕，這裏師氏顯然不是單獨的職官名，但卻與軍事直接相關，楊樹達認爲是「軍旅之稱」〔註217〕，此處成周「師氏」更貼近於《小臣謎簋》中的「懋父启（以）殷八自（師）征東尸（夷）」〔註218〕，《禹鼎》中所記「西六自（師）、殷八自（師）伐噩厌（侯）」〔註219〕，此處師氏或者某師多指西周時期的軍事團體。

共王時：《師旋簋蓋》銘文記：「先王令（命）女（汝）官罰（司）邑人、師氏」〔註220〕，師旋曾被西周先王封爲邑人和師氏等職，因其功勞卓著再被共王賞賜。《永盂》：「公逎命酉（鄭）罰（司）土（徒）函父、周人罰（司）工（空）眉、敬史、師氏、邑人奎父、畢人師同，付永氒（厥）田」〔註221〕，銘文記述益公受天子委託賜給師永田地，其中參與任命和授田儀式的諸職中包括師氏。《師遽簋蓋》銘文記載：「王才（在）周，客（格）新宮，王征（誕）正師氏。王乎（呼）：師，朕易（錫）師遽貝十朋」〔註222〕，此爲共王酒宴之器，銘文中王當眾賞賜師氏並呼師遽爲「師」。此組銘文的內容集中在對於師氏的封賞之上，具體爲何封賞銘文中沒有記載，不過由師氏參與授田儀式的記載來看，師氏所參與的活動已經不僅僅局限於軍事之上。

懿王時：《元年師旋簋》：「王乎乍冊尹克命師ナ曰：『備於大ナ（左）官罰（司）豐。還，ナ（左）又（右）師氏。』〔註223〕」許倬雲先生認爲：大致

〔註216〕唐蘭：《西周青銅器銘文分代史徵》（上冊），中華書局，1986年12月版，第395頁。

〔註217〕楊樹達：《積微居金文說》，《考古學專刊‧甲種第一號》，中國科學院出版，1952年9月版，第141頁。

〔註218〕唐蘭：《西周青銅器銘文分代史徵》（上冊），中華書局，1986年12月版，第238頁。

〔註219〕唐蘭：《西周青銅器銘文分代史徵》（上冊），中華書局，1986年12月版，第487頁。

〔註220〕唐蘭：《西周青銅器銘文分代史徵》（上冊），中華書局，1986年12月版，第415頁。

〔註221〕唐蘭：《西周青銅器銘文分代史徵》（上冊），中華書局，1986年12月版，第421頁。

〔註222〕唐蘭：《西周青銅器銘文分代史徵》（上冊），中華書局，1986年12月版，第430頁。

〔註223〕唐蘭：《西周青銅器銘文分代史徵》（上冊），中華書局，1986年12月版，第477、478頁。

周人軍事單位常有左右之分，因此師氏又分左右，並認爲師氏是軍隊長官的意義〔註224〕。

孝王時：《詢簋》：「……又進退，粵邦人、正人、師氏人又皋又故」，楊樹達先生譯此句文意爲：「若對於邦人及長官軍旅之部屬有罪過者寬縱不治」〔註225〕，師氏人就應當指師氏的徒屬，師氏即爲軍事長官。

宣王時：《毛公鼎》中天子冊命毛公執掌「我邦我家」，並命令其兼掌「公族雩參有司，小子、師氏、虎臣、雩朕褻事」〔註226〕，毛公所掌上至太史僚和卿事僚，再至公族、三有司，又有小子、師氏和虎臣，還包括天子的勞褻之臣，顯然涵蓋了西周宣王時的官制體系，其中師氏與小子、虎臣並列，依託其武職身份構成了毛公所司「我邦我家」的官制體系中必不可少的一環，不過從位居師氏前後的小子與虎臣所承擔天子宿衛的職能來看，加上此組職官僅列於天子勞褻近侍之前的處位來看，師氏的軍事或政治地位是有所降低的，此銘實際上體現了師氏因其武力的突出而專司王室宿衛的職能。

除去《周禮》，先秦其它文獻中對於師氏的記載主要集中在《尚書》和《詩經》之中。《尚書·牧誓》記載武王伐紂所列述的部下之中包含治事之臣：司徒、司馬、司空、亞旅和師氏。孔安國云：「師氏，大夫官，以兵守門者」，孔穎達疏：「師氏，亦大夫，其官掌以兵守門，所掌尤重，故別言之」〔註227〕。《尚書·顧命》成王將崩訓誡「太保奭、芮伯、彤伯、畢公、衛侯、毛公、師氏、虎臣、百尹、御事」等職，以相康王。孔疏又云：師氏「帥其屬守王之門，重其所掌，故於虎臣並於百尹之上」〔註228〕。可見，早在西周前期，師氏之職便有記載，並因其執掌的重要，而以大夫之位次於三卿之後，是天子治事之臣的重要組成部分。不過從師氏職事注疏的情況來看，師氏執掌雖以軍政爲主體，但學者們關注並認可的是師氏守王門的職能，而師氏位列僅次於諸公之後，則可以說明了西周時期的官制設定中，已經非常重視王室宮

〔註224〕參見許倬雲：《西周史》，三聯書店，1994 年 12 月版，第 213 頁。
〔註225〕楊樹達：《積微居金文說》，《考古學專刊·甲種第一號》，中國科學院出版，1952 年 9 月出版，第 141～142 頁。
〔註226〕郭沫若：《兩周金文辭大系圖錄考釋》，上海書店出版社，1999 年 7 月版，第 135 頁。
〔註227〕孔安國傳，孔穎達正義：《尚書正義》，阮元校刻《十三經注疏》，上海古籍出版社影印，1997 年版，第 183 頁。
〔註228〕孔安國傳，孔穎達正義：《尚書正義》，阮元校刻《十三經注疏》，上海古籍出版社影印，1997 年版，第 237～238 頁。

室的日常安全以及對師氏宿衛王門職能的重視。《詩經》記師氏主要見於:《葛覃》「言告師氏,言告言歸」〔註229〕;《十月之交》「蹶維趣馬,楀維師氏」〔註230〕;《雲漢》「趣馬師氏,膳夫左右」〔註231〕。其中《葛覃》所記師氏爲女師。《十月之交》爲「大夫刺幽王」之詩,師氏因爲「掌司朝得失之事」〔註232〕,而列爲朋黨之一。《雲漢》記載大旱面前宣王與左右之官作出的努力,師氏列於諸職之間,關於師氏列於諸職之間的原因,毛箋云:「師氏弛其兵,馳道不除,祭事不縣」〔註233〕。整體看來,《詩經》所記師氏並沒有設定在戰爭的環境下,而強調卻是師氏「司朝得失之事」。朱熹《詩集傳》中指出:「師氏,掌以兵守王門者」〔註234〕,另此「師氏弛其兵」又是其軍事本職的體現,加上師氏多與趣馬、膳夫等王之近臣並列,因此,所謂師氏「司朝得失之事」應當與王宮宿衛及安全相關。

綜上所述,我們根據銘文和文獻的記載對於「師氏」一職的宿衛職能進行了考察。首先,師氏之職在銘文中出現次數較多,不過「師氏」出現的事件或背景多與天子相關,師氏或作爲軍事團體參與戰爭,或作爲王之近臣參祭祀、賞賜及戰爭等國之大事。從器物銘文的背景多以王事爲主,而不記瑣事的特點來看,師氏的多次出現反而凸顯了其與天子之間的密切關係或師氏作爲王之近臣的特殊身份,又因其武職身份而列於天子司王家事務的官制體系中,使得司「我家」安全成爲了師氏的要職之一。《尚書》、《詩經》等文獻關於師氏位列三公之後的記載,學者們關注的仍是其宿衛王門、統領士卒,保護王室安全的職能。而《周禮》師氏之職又有:「各以其兵服守王之門外,且蹕。朝在野外,則守內列」〔註235〕的明確記載,強調師氏的職責是:天子

〔註229〕鄭玄箋,孔穎達等正義:《毛詩正義》,阮元校刻《十三經注疏》,上海古籍出版社影印,1997年版,第277頁。

〔註230〕鄭玄箋,孔穎達等正義:《毛詩正義》,阮元校刻《十三經注疏》,上海古籍出版社影印,1997年版,第445、446頁。鄭玄箋:「六人之中,雖官有尊卑,權寵相連朋黨於朝是以疾焉。」

〔註231〕鄭玄箋,孔穎達等正義:《毛詩正義》,阮元校刻《十三經注疏》,上海古籍出版社影印,1997年版,第562頁。

〔註232〕鄭玄箋,孔穎達等正義:《毛詩正義》,阮元校刻《十三經注疏》,上海古籍出版社影印,1997年版,第446頁。

〔註233〕鄭玄箋,孔穎達等正義:《毛詩正義》,阮元校刻《十三經注疏》,上海古籍出版社影印,1997年版,第562頁。

〔註234〕朱熹:《詩集傳》,中華書局,1958年7月版,第212頁。

〔註235〕孫詒讓:《周禮正義》,中華書局,1987年12月版,第1007~1008頁。

在朝則守王宮，又專守王之外門；天子野舍，宿衛亦如王宮，所謂野舍即如銘文中所記天子出巡或戰爭的居舍，而內列是相對於桎梏而言。可見《周禮》師氏此項職責的記載能夠反映西周時期師氏司王家宿衛的一些情況，但所不同之處在於：與西周銘文、《尚書》和《詩經》等文獻記載相比，《周禮》師氏的地位明顯降低，師氏的掌軍政及宿衛職能的面面俱到也明顯地含有了理想化構建的成份。

2. 銘文中所記「師某」之職

除去師氏之職，銘文中還另有「師」職，記作「師某」。吳鎮烽先生在其著作《金文人名彙編》中論述銘文所記男子之名的組成方式時，共列舉了二十三類組合，其中官名與名或字分別組成的人名最爲普遍，稱官職是爲了表示對人的尊稱〔註236〕。「師某」之稱當屬於此類，而且西周銘文中稱師的職官材料眾多，其中最爲典型者當爲《𤼈鼎》。《𤼈鼎》銘文：「朕皇高且（祖）師婁、亞且（祖）師牵、亞且（祖）師𡨄、亞且（祖）師僕、王父師彪，於（與）朕皇考師孝，口乍（作）尹氏，口妾甸人，暈屯亡敃，口尹氏家。𤼈狀（夙）……」，吳鎮烽先生指出：此器當屬厲、宣時代器物，從整體銘文上看，𤼈族六代都擔任周王朝的師，並且輔佐尹氏管理宮室的臣妾和郊野的甸人……〔註237〕。此銘文所記「師某」六人顯然符合官名與名相組的標準，而且六代延續師職，可見此職爲世官。《周禮‧天官》敘官賈疏云：稱氏的職官有兩種：一是「族有世業，以氏名官」如桃氏、築氏等職；一是「官有世功，則有官族」，如馮相氏、保章氏、師氏和保氏等職〔註238〕。而《𤼈鼎》「師某」的記載則符合「官有世功，則有官族」的要求，故師氏與「師某」在職責上也應該有相一致或相重疊之處。綜合銘文材料，我們關注的是「師某」與王室起居宿衛相關的職能記載。

首先，「師某」以天子近衛之臣的身份存在，其首要任務是護衛天子，同時監管天子的近衛武裝。如《師酉簋》：「王呼史冊命：『師酉，乃祖嫡官邑人、虎臣、西門夷、夷、秦夷、京夷、身夷、薪。』」周王冊封師酉的目的之一是：令師酉管理天子的近衛武裝，而這些近衛武裝中除了虎臣之外，還含有眾多

〔註236〕參見吳鎮烽編撰：《金文人名彙編》，中華書局，2006年8月第1版，第458頁。

〔註237〕參見吳鎮烽：《𤼈鼎銘文考釋》，《文博》，2007年第2期。

〔註238〕鄭玄注，賈公彥疏：《周禮注疏》，阮元校刻《十三經注疏》，上海古籍出版社影印，1997年版，第640頁。

少數民族，此記載類似於《周禮》師氏與四夷之隸之間所存在的統屬關係，並共同宿衛王宮中門之外的安全。《師詢簋》：「敬明乃心，率臣乃友干吾王身。〔註239〕」類似記載還見於《師克盨》：「則唯乃先祖考有爵於周邦，干害王身，作爪牙。……命汝更乃祖考，左右虎臣」〔註240〕，銘文敘述：師克的祖父、父親有功勞於周王國，保衛王的安全，作王的爪牙之士……命你在繼承你父祖職位的同時，還監管王的近衛部隊左右兩虎臣部。以上記載均可以說明，西周時期「師某」確實是作爲天子近衛之臣而存在，率領其屬各部保衛天子的安全，而《周禮》師氏「使其屬帥四夷之隸，各以其兵服守王之門外，且蹕。朝在野外，則守內列〔註241〕」的相關記載也確實能夠反映西周時期「師某」之職的職能特點。

再次，司王家事務，並監管王宮內的僕御、百工、臣妾等。如《師毀簋》：「隹王元年正月初吉丁亥，白龢父若曰：『師毀，乃且（祖）考又（有）𤔲我家，女（汝）有（又）隹（雖）小子，余令女（汝）死（尸）我家𤔲嗣我西𨺏東𨺏，僕御百工牧臣妾，東𢦏（董）（裁）內外』〔註242〕。郭沫若先生、楊樹達先生由本銘「白龢父若曰」的口氣，認爲白龢父有可能是代王執政的共伯和〔註243〕。從銘文中可見，「師某」所司爲王家，其與王室起居相關的職能是管理宮廷的臣妾。《望簋》中記載：「宰佣父右望入門內立中廷，北嚮，王乎史季冊令望：『死嗣（尸司）畢王家，易女赤𢁏市』」〔註244〕。楊寬先生認爲：宰佣父所右的師望，本爲軍職，這時命他「尸司畢王家」，就是主管畢地的王家財產〔註245〕。兩則銘文中認爲「師」某執掌王室事務的主要依據是「死司我家」和「死司畢王家」的記載，再加上《𤔲鼎》記載𤔲族六代「口乍（作）尹氏，口妾甸人」〔註246〕，輔佐尹氏管理宮室臣妾。說明「師某」之職確實

〔註239〕郭沫若：《兩周金文辭大系圖錄考釋》，上海書店出版社，1999年7月版，第139頁。

〔註240〕郭沫若：《師克盨銘考釋》，《文物》，1962年6期。

〔註241〕孫詒讓：《周禮正義》，中華書局，1987年12月版，第1007～1008頁。

〔註242〕郭沫若：《兩周金文辭大系圖錄考釋》，上海書店出版社，1999年7月版，第114頁。

〔註243〕參見郭沫若：《兩周金文辭大系圖錄考釋》，上海書店出版社，1999年7月版，第114頁；楊樹達《積微居金文說》，中華書局，1997年12月版，第119頁。

〔註244〕郭沫若：《兩周金文辭大系圖錄考釋》，上海書店出版社，1999年7月版，第80頁。

〔註245〕楊寬：《西周史》，上海人民出版社，1999年11月版，第354頁。

〔註246〕參見吳鎮烽：《𤔲鼎銘文考釋》，《文博》，2007年第2期。

負有管理王家事務的重任，主要掌管宮室臣妾，或許還掌管財務。同類記載還出現在《康鼎》、《蔡簋》、《伊簋》、《宰獸簋》等銘文中，不過此組銘文記載中負責「死司王家」、「司王家」、「兼司康宮王家」的職官主要是宰職，相比之下，師殷、師望和師𦅻六代所司的王家事務特點是：或執掌範圍較小，或師某作爲尹職、宰職的輔佐而存在。再從宰職掌政務職能與師職掌軍政職能的特點來看，「師某」在其司王家事務的管理上，應該側重於宿衛、糾察等方面的安排，也應該側重對於王宮臣妾、僕御等群體的約束和管理之上。

3. 文獻中所記大師與少師

先秦文獻中缺少對於「師某」之職的記載，更沒有「師某」宿衛王宮或者軍政職能的直接記載。不過文獻中存在大師和少師兩職，兩職的軍事職能可與王家宿衛發生關係。首先，作爲天子王官，大師執掌軍政大權，少師以其副手的身份存在。如《尚書・微子》微子因爲紂王暴虐，欲去之前，與「父師、少師」商量，注曰：「史遷：『父師』作『太師』」（注同 247）鄭康成認爲：「父師者，三公也。……少師者，太師之佐，孤卿也」〔註 247〕；《尚書・君奭》：「召公爲保，周公爲師，相成王爲左右」〔註 248〕；《詩經・大明》：「維師尚父」〔註 249〕；《詩經・常武》：「大師皇父，整我六師」〔註 250〕。從這些能夠反映西周歷史的記載來看，大師職責與前文中「師氏」和師某的職責存在一致之處：王左右之臣，參與政事，執掌軍事，不過地位要高出師氏和師某，屬三公之一。至春秋以後，大師、少師作爲軍政方面的職能依然存在，如蔡大師子釗、楚大師子谷、隋少師董成等，均參與到與軍事相關的議事、談判、率兵等事務之中。以上，雖未見大師、少師宿衛王家的直接記載，也不見地位高於大師和少師的軍事職官存在，但考慮到其職能以軍政爲核心，無論是戰時還是閒時，其目的均是以領土或國之安全爲根本，則整兵宿衛便可以理解爲是其軍事常職之一。兩職除了軍事職能可與王家宿衛形成關聯外，其教育職能與樂官的身份亦是其職的特殊之處，如《大戴禮記・保傅》：「師，導之

〔註 247〕孫星衍撰：《尚書今古文注疏》，中華書局，1986 年 12 月版，第 254 頁。

〔註 248〕孔安國傳、孔穎達等正義：《尚書正義》，阮元校刻《十三經注疏》，上海古籍出版社影印，1997 年版，第 223 頁。

〔註 249〕鄭玄箋，孔穎達等正義：《毛詩正義》，阮元校刻《十三經注疏》，上海古籍出版社影印，1997 年版，第 508 頁。

〔註 250〕鄭玄箋，孔穎達等正義：《毛詩正義》，阮元校刻《十三經注疏》，上海古籍出版社影印，1997 年版，第 576 頁。

教訓」，並爲三公設置三少「曰少保、少傅、少師，是與太子宴者也」〔註251〕；《左傳・襄公十四年》「公飲之酒，使大師歌《巧言》之卒章」〔註252〕；《儀禮・大射》「僕人正徒相大師，僕人師相少師。〔註253〕」因與師職宿衛職能關係不大，在此不再列述。

綜上所述，在銘文記載中師氏與「師某」確實存在密切關係，如兩職的軍事職能中均涉及到了對於王家宿衛職能的掌控，但卻各有側重：銘文中記載師氏是作爲司「我邦我家」的軍政或近衛之臣而存在；「師某」則明確地被記載掌控天子近衛的爪牙之士，並且在司王家事務上「師某」是作爲宰職的副手而存在，控制和管理王宮內部的僕御、臣妾及百工。從司王家事務及掌王室宿衛這一角度來看師氏與「師某」關係的話，「師某」之職似乎應高於師氏，例如師酉、師克等職均掌控虎臣，並作爲宰之佐職掌王家事務，而師氏在「我邦我家」的官制體系中卻與虎臣並列，並不能看出其與虎臣之間是否存在統領關係。而文獻中對於師氏的記載則專門強調：西周時期，師氏作爲王之近臣，專司宿衛王門的職能特點；文獻中不見西周時期「師某」之職的記載，但卻有大師、少師兩職軍政職能的突出記載，又專門記載了兩職的教育職能與樂官身份。則上述師氏，及與師氏相關的「師某」、大師、少師的職責權限可以綜合爲：一，軍政，其中包含對於天子及王家宿衛的掌控，此爲上述諸職共有的職能特點；二，教育，見於「師𡪡」〔註254〕、大師與少師等職；三，樂官，主要以大師和少師爲主。而《周禮》對於師氏之職的記載可分爲二個方面：一，教育；二，軍政與王家宿衛。說明《周禮》對於師氏之職的記載應該融合了西周銘文、《尚書》和《詩經》等能夠反映西周史實的文獻記載，將西周以來師氏的軍政本職及「師某」、大師、少師的教育職能相互融合，對師氏職能做了相應地補充和豐富，至於大師、少師的樂官身份則被分離強化，專門將其整合到《周禮》的樂官體系之下，弱化了其軍政和教育職能。

〔註251〕王聘珍撰：《大戴禮記解詁》，中華書局，1983年3月版，第50頁。
〔註252〕楊伯峻：《春秋左傳注》，中華書局，1990年5月版，第1011頁。
〔註253〕鄭玄注，賈公彥疏：《儀禮注疏》，阮元校刻《十三經注疏》，上海古籍出版社影印，1997年版，第1033頁。
〔註254〕楊樹達：《積微居金文說》，中華書局，1997年12月版，第5頁。《師𡪡簋》「王若曰：師𡪡，在昔先王小學，汝敏可使，既令汝更乃祖考𤔲小輔。今余唯𪔂𢎜乃令，今汝𤔲乃祖舊官小輔眾鼓、鍾。」

三、「保」職地位及其宿衛職能的演變

《周禮》記保氏職責共有三個方面：一，掌國子教育；二，掌天子非常起居如祭祀、賓客、會同、喪紀、軍旅等活動中的王舉事宜；三，掌守王闈。保氏不同於師氏，在銘文和先秦其它文獻中並沒有關於保氏的直接記載，而專記保氏之職的也僅以《周禮》爲主。不過在銘文和文獻中卻存在類似於保氏的職官，常被稱爲「保」或「大保」。

西周早期的銘文中記「保」職較少，《保卣》：「王令保及殷東或（國）五侯」〔註255〕，記載了召公太保受王命伐殷東國五侯之史實。《余簋》「王降征令于大保，大保克敬亡遣。王永大保錫，休余土。〔註256〕」銘文所記成王初年對太保發出征召的命令，同時賞賜太保親族。唐蘭先生認爲：《余簋》的重要價值在於「使我們知道周公歸老後，成王還曾北征，而當時的重臣，主要就是召公了」〔註257〕。則銘文中記保當指召公，突出的是其軍政職能，其位高權重也是顯而易見的。

文獻中對於「保」職的記載較爲常見，而且西周時期的「保」職亦位高權重，如《尚書·顧命》中太保奭位列六卿之首〔註258〕；《尚書·康王之誥》「太保率西方諸侯入應門左」〔註259〕；《國語·周語上》：「太保六之，大師七之」〔註260〕；《大戴禮記·保傅篇》記保、傅、師爲三公之職。綜合看來「保」之職能大體上分爲兩個方面：

首先，常與師職並列爲攝政輔弼之臣，如《尚書·書序》：「召公爲保，周公爲師，相成王爲左右」〔註261〕；另據《尚書·召誥》記載「惟太保先周公相宅」，太保在周公之前相度土地，並且「以庶殷攻位於洛汭」〔註262〕，率

〔註255〕唐蘭：《西周青銅器銘文分代史徵》（上冊），中華書局，1986 年 12 月版，第 64 頁。

〔註256〕唐蘭：《西周青銅器銘文分代史徵》（上冊），中華書局，1986 年 12 月版，第 80 頁。

〔註257〕唐蘭：《西周青銅器銘文分代史徵》（上冊），中華書局，1986 年 12 月版，第 84 頁。

〔註258〕孫星衍：《尚書今古文注疏》，中華書局，1986 年 12 月版，第 481 頁。「乃同太保奭、芮伯、彤伯、畢公、衛侯、毛公、師氏、虎臣、百尹御事。」

〔註259〕孔安國傳、孔穎達等正義：《尚書正義》，阮元校刻《十三經注疏》，上海古籍出版社影印，1997 年版，第 243 頁。

〔註260〕徐元誥：《國語集解》，中華書局，2002 年 6 月版，第 20 頁。

〔註261〕孫星衍撰：《尚書今古文注疏》，中華書局，1986 年 12 月版，第 603 頁。

〔註262〕孫星衍撰：《尚書今古文注疏》，中華書局，1986 年 12 月版，第 392 頁。

眾殷民在洛水彙入黃河之處測定城郭、宮廟、朝市的位置，擔當為王室選址營建新邑的重要職責。

其次，保與師並為禮典的保有者，並為德育傳承的教化者。如《尚書‧泰誓》：「放黜師保，屏棄典刑」〔註263〕；《禮記‧文王世子》：「入則有保，出則有師，是以教喻而德成也。師也者，教之以事而喻諸德者也。保也者，慎其身以輔翼之而歸諸道者也」〔註264〕。說明的便是師、保及實為禮典教化的集大成者，強調的是師、保兩職的教育職能。

西周以後，文獻中對於「保」職的記載明顯減少，其地位也明顯下降，但保的軍事宿衛職能卻被明確記載，如《左傳》成公二年：「齊侯見保者」〔註265〕，類似於哀公十一年「公叔務人見保者而泣」〔註266〕，保者，杜注解為：『保，守城者』〔註267〕，楊伯峻取其「守衛之意」〔註268〕。西周史實的文獻材料中記「保」時強調其軍政職能與地位的重要，但卻沒有關於其宿衛職能的直接記載，時至春秋以後「保」的軍事職能更鮮少記載，而《左傳》中將宿衛或守衛城邑之官稱為「保者」，雖保留了「保」職原有的軍事職能，但地位低下，這也許正是西周「保」發展到春秋以後其軍事職能與地位下降的表現。不過「保」教育職能在春秋時期得以凸顯出來，並受到了廣泛地重視。如《國語‧楚語上》專記楚莊王與士亹和申叔時討論對於太子（共王）的教育問題，《左傳》成公九年又記晉景公詢問鍾儀楚王（楚共王）如何時，鍾儀回答：「其為大子也，師、保奉之」。楊伯峻總結：「古代帝王於太子，設傅、師、保諸官以教導撫育」〔註269〕。除楚國外，諸邦國均設「保」職以掌教育，如《左傳》襄公十四年記載：定姜數述衛宣公的罪責時強調「先君有冢卿以為師保，而蔑之，二罪也」〔註270〕；師曠亦強調「有君而為之貳，使師保之，勿使過度」〔註271〕，指出師、保對於國君為政的輔助、教戒和約束的職能。

〔註263〕孔安國傳、孔穎達等正義：《尚書正義》，阮元校刻《十三經注疏》，上海古籍出版社影印，1997年版，第182頁。
〔註264〕孫希旦撰：《禮記集解》，中華書局，1989年2月版，第563頁。
〔註265〕楊伯峻：《春秋左傳注》，中華書局，1990年5月版，第795頁。
〔註266〕楊伯峻：《春秋左傳注》，中華書局，1990年5月版，第1659頁。
〔註267〕杜預注、孔穎達等正義：《春秋左傳正義》，阮元校刻《十三經注疏》，上海古籍出版社影印，1997年版，第2166頁。「保，守城者。」
〔註268〕楊伯峻：《春秋左傳注》，中華書局，1990年5月版，第795頁。
〔註269〕楊伯峻：《春秋左傳注》，中華書局，1990年5月版，第845頁。
〔註270〕楊伯峻：《春秋左傳注》，中華書局，1990年5月版，第1013頁。
〔註271〕楊伯峻：《春秋左傳注》，中華書局，1990年5月版，第1016頁。

襄公三十年，季武子強調不能輕視晉國的原因包括：「有叔向、女齊以師保其君」〔註272〕。《國語・晉語九》郵無正進諫趙簡子，強調「師保」教戒、撫育職能的重要，並且以「委土可以爲師保」〔註273〕的說辭爲尹鐸開罪。綜上，春秋以後「保」作爲三公地位明顯降低，其軍事職能也逐漸流失，雖然其輔政職能仍有留存，但多建立在保職的教育職能之上。

綜合看來，《尚書》和銘文中「保」職的政治地位都較高，爲六卿或三公，是周天子的輔弼之臣，就其政治輔助職能來看，春秋以後，諸侯邦國亦重視其教戒輔助的職能。《周禮》中保氏僅爲下大夫，其執掌與銘文、《尚書》「保」職又存在較大不同，主要負責王舉之事和宿衛王闈，從這一層面來講，《左傳》所記負責守衛的保者與之類似，另外《周禮》對於保氏教育職能的設定則有可能是對文獻所記西周以來師保之「保」的教戒撫育職能的延續和發展，而《周禮》對保氏的記載則更傾向於反映「保」職發展到春秋以後的情況。由此可以推測，《周禮》此部分的成書應晚於春秋時期。

四、虎賁氏——天子近衛之臣的身份

《周禮》中虎賁氏，下大夫，屬司馬，勇力之士，有虎士八百人，擔當天子近衛侍從，凡天子出巡、軍旅、會同則「先後王而趨以卒伍」，「舍則守王閑」，「王在國，則守王宮」〔註274〕。實際上，《周禮》記載虎賁氏突出的是其對於天子以及王宮的護衛職能，多以天子近衛之臣的身份而存在。故本文便以此角度爲出發點，對虎賁氏天子近衛之臣的身份進行考察與討論。

首先，銘文中虎臣的身份與職能主要是擔當天子的近衛之臣，多從於「師某」之職，以保護周王作爲自己的核心職能。如《師克盨》記載師克先祖爲王爪牙之士，據《毛詩・小雅・祈父》中「王之爪牙」，鄭玄注「爪牙之士當爲王閑守之衛。〔註275〕」而《周禮》負責守衛王閒的當爲虎賁之屬即虎士。因此師克繼承父祖職位所管理的「左右兩虎臣」〔註276〕，就是天子的爪牙之士，大多數學者也以此銘文確定虎臣便是王的近衛之臣。而且銘文中常出現

〔註272〕楊伯峻：《春秋左傳注》，中華書局，1990 年 5 月版，第 1172 頁。

〔註273〕徐元誥：《國語集解》，中華書局，2002 年 6 月版，第 449 頁。

〔註274〕孫詒讓：《周禮正義》，中華書局，1987 年 12 月版，第 2485 頁。

〔註275〕鄭玄箋，孔穎達等正義：《毛詩正義》，阮元校刻《十三經注疏》，上海古籍出版社影印，1997 年版，第 433 頁。

〔註276〕郭沫若：《師克盨銘考釋》，《文物》，1962 年 6 期。

「師某」與虎臣的組合，如《師酉簋》記載共王冊命師酉「嗣（嗣）乃且（祖）
啻官邑人、虎臣」〔註277〕；《師袁簋》：「今余肇令（命）女（汝）率……左右
虎臣正（征）淮夷」〔註278〕。考慮到前文所述，「師某」之職具有司王家事務
的職能，則其下虎臣之類作爲王之近臣也當然會被納入到宿衛天子與王室的
體系中去。而《毛公鼎》記毛公執掌「我邦我家」，將小子、師氏、虎臣並列
爲一組職官，將師氏與虎臣納入王家官制體系的原因也不外乎兩職的軍事宿
衛職能以及虎臣的天子近衛身份。從銘文中看虎臣的職能與身份，與《周禮》
所記虎賁氏相比，存在較大的一致性。但是兩者的從屬不同，銘文中虎臣多
從屬於「師某」之職，而《周禮》虎賁氏從屬於夏官司馬，除了天子的日常
宿衛由虎賁氏及師氏聯合負責外，兩職沒有明確的從屬關係。

　　其次，文獻中對於虎賁作爲天子近臣的身份亦有明確記載，並重視其
宿衛職能。如《尚書‧牧誓》武王率「虎賁三百人，與受戰于牧野」〔註279〕；
《尚書‧立政》記「王左右常伯、常任、準人、綴衣、虎賁」，孔安國云：
「虎賁以武力事王，皆左右近臣」〔註280〕，說明虎賁以武職的身份被納入
到天子的職官體系中，而虎賁以武力事王的話，便可理解爲戰時隨王出征、
閒時護衛天子，以合乎其左右近臣的身份；《尚書‧顧命》師氏與虎臣並重，
師氏守王門，虎臣掌宿衛，因此兩者位於諸公卿之後，百尹之上，說明虎
臣因其宿衛職能的重要而享有較高的地位。《國語‧魯語下》穆子曰：「天
子有虎賁，習武訓也。〔註281〕」說明虎賁因習武教而參與戰爭，並因其聲
勢威猛而受到讚譽，如《詩經‧常武》讚美宣王之武功，讚揚天子的前鋒
部隊，「進厥虎臣，闞如虓虎」〔註282〕，聲勢猛如虎嘯。《詩經‧泮水》記：
「矯矯虎臣，在泮獻馘」，箋云：「矯矯，武貌。……僖公既伐淮夷而反，

〔註277〕唐蘭：《西周青銅器銘文分代史徵》（下冊），中華書局，1986 年 12 月版，第
　　　　427 頁。

〔註278〕郭沫若：《兩周金文辭大系圖錄考釋》，上海書店出版社，1999 年 7 月版，上
　　　　編，第 146 頁。

〔註279〕孔安國傳、孔穎達等正義：《尚書正義》，阮元校刻《十三經注疏》，上海古
　　　　籍出版社影印，1997 年版，第 182 頁。

〔註280〕孔安國傳、孔穎達等正義：《尚書正義》，阮元校刻《十三經注疏》，上海古
　　　　籍出版社影印，1997 年版，第 230 頁。

〔註281〕徐元誥撰：《國語集解》，中華書局，2002 年 6 月版，第 187 頁。

〔註282〕鄭玄箋，孔穎達等正義：《毛詩正義》，阮元校刻《十三經注疏》，上海古籍出
　　　　版社影印，1997 年版，第 577 頁。

在泮宮使武臣獻馘。〔註283〕」不過作爲天子近臣是否需要這樣的聲勢和陣仗，或者虎臣內部是否存在天子近衛之臣與陣前精銳部隊的劃分，則需要進一步研究。以上，文獻中對於虎賁或虎臣的記載，與《周禮》相比，其類似之處均在於其武力侍王的職能，只是《周禮》將虎賁氏之職細化成「守王閨」、「守王門」、「守王宮」等，對於隨軍出征的記載並不明顯，在天子軍旅會同時，強調的仍是虎賁氏「先後王而趨以卒伍」，更側重於虎賁氏作爲天子近衛之臣的身份。

再次，關於虎賁、虎臣等職的地位。在銘文與文獻中對虎賁身份的記載有其相通之處，但也存在明顯的不同。首先，虎臣近侍於王，決定其有一定的身份和地位。如《師克盨》中虎臣是天子的爪牙之士，《師酉簋》中虎臣列於諸夷之前，《詢簋》中「先虎臣後庸」，最重要的是《毛公鼎》中確實將虎臣列入司「我邦我家」的官制體系中，加上《尚書·立政》與《尚書·顧命》均將虎臣作爲職官列入到西周的官制體系中，而且其地位列於三公之下、百尹之上，說明其身份和地位的重要。不過據《左傳》記載虎賁亦用於賞賜，僖公二十八年，周襄王賜晉文公：「虎賁三百人」〔註284〕；昭公十五年，周景王追溯晉國所受賞賜時列有「彤弓、虎賁，文公受之」〔註285〕。可見，西周時期虎臣的身份與此處虎賁的身份存在明顯的不同，此記載也成爲學者們質疑虎臣或虎賁身份的主要依據。結合《師酉簋》、《詢簋》所記虎臣與庸、夷並存的情況來看，虎臣確實存在身份不高的情況，不過此虎臣或者被用於賞賜的虎賁三百人，與《毛公鼎》、《尚書》等篇所記職官虎臣的身份是不能一概而論的，虎臣之長與虎臣徒屬的身份和地位也是不能對等的。據《周禮》敍官記虎賁氏：「下大夫二人，……虎士八百人」，鄭玄注：「不言徒，曰虎士，則虎士徒之選有勇力者」〔註286〕，說明虎士的組成有一個先決條件就是對有勇力者的選拔，而在《周禮》經文中凡涉及到有勇力者，除了虎士之外，還有四夷之役員、罪隸之役員、士庶子等武職群體，也可能成爲王宮內部虎士的來源之一，而這一部分虎士與其官長虎賁氏的政治地位絕不對等，因此《周禮》虎賁氏的地位類似於銘文與文獻所記列入其官制體系內的虎臣的地位，而虎士的地位則可能對應組成天子近衛隊伍的虎臣而言。

〔註283〕王先謙撰：《詩三家義集疏》，中華書局，1987年2月版，第1074頁。
〔註284〕楊伯峻：《春秋左傳注》，中華書局，1990年5月版，第465頁。
〔註285〕楊伯峻：《春秋左傳注》，中華書局，1990年5月版，第1372頁。
〔註286〕孫詒讓：《周禮正義》，中華書局，1987年12月版，第2257頁。

五、「閽」之守王門職能評述

《周禮》記載閽人的主要執掌是掌中門之禁，並以時啓閉中門，掃門庭、設門燎，又因其奄人的特殊身份而擔當宿衛王內的重任。綜合銘文及先秦其它文獻，有關閽人宿衛職能的記載，主要涉及到了如下幾個方面：

第一，銘文中未計閽人，但有「閽」字的記載。《小盂鼎》記有「旟」字，唐蘭先生認爲「『旟』當是閽的本字，……閽人本是守衛在旗下的，……後來改爲守宮室的門，因而出現從門昏聲的閽字」〔註287〕。但唐蘭先生認爲銘文中「鬼旟」連稱，所指代的可能是鬼方名旟投降周的人〔註288〕，故與閽人之職沒有直接聯繫。

第二，與閽人職能相近者有小門人，載於《散氏盤》，出現在矢人參與簽訂土地契約時所列的職官中，記爲「小門人繇」〔註289〕。張亞初先生和劉雨先生認爲此職官可能是《周禮》中的司門和閽人等職〔註290〕，不過從《散氏盤》爲宗邦重器，記載的是矢、散兩國分割土地盟立契約的史實來看，小門人是否可以等同於守門之官還需進一步考量。首先，從《周禮》所記門子、司門或閽人的執掌或身份來看不具備參加契約締結的條件。門子，《周禮》小宗伯職記「掌三族之別，以辨親疏，其正室皆謂之門子，掌其政令」。鄭玄注：「正室，適子也，將代父當門者也。政令，謂役守之事」〔註291〕。《禮記·文王世子》云：「庶子以公族之無事者，守於公宮，正室守大廟，諸父守貴宮、貴室，諸子諸孫守下宮、下室」，鄭玄注：「正室，適子也」〔註292〕。由諸侯上推至天子，再加上門子從屬於小宗伯，可推測王族門子主要擔當大廟的宿衛職責，一般不會參與會盟等事宜。司門「掌授管鍵，以啓閉國門」〔註293〕，負責王城十二門的啓閉，以及出入財務、養孤老、迎賓客等。閽人則「掌王之中門之禁」〔註294〕，以及中門的啓閉、清掃和執燭等事務，從司門和閽人

〔註287〕唐蘭：《西周青銅器銘文分代史徵》（上冊），中華書局，1986年12月版，第185頁。

〔註288〕唐蘭：《西周青銅器銘文分代史徵》（上冊），中華書局，1986年12月版，第185頁。

〔註289〕張亞初、劉雨：《西周金文官制研究》，中華書局，1986年5月版，第66頁。

〔註290〕張亞初、劉雨：《西周金文官制研究》，中華書局，1986年5月版，第51頁。

〔註291〕孫詒讓：《周禮正義》，中華書局，1987年12月版，第1437頁。

〔註292〕鄭玄注，孔穎達等正義：《禮記正義》，阮元校刻《十三經注疏》，上海古籍出版社影印，1997年版，第1408頁。

〔註293〕孫詒讓：《周禮正義》，中華書局，1987年12月版，第1101頁。

〔註294〕孫詒讓：《周禮正義》，中華書局，1987年12月版，第540頁。

的執掌看，兩職多被固守於王城或王宮中，並不參與天子外事，而《周禮》、銘文和其它文獻中記載隨王出巡、軍旅和會盟的宿衛職官多爲師氏、師某、虎賁氏和虎臣等職，未見閽人伴於天子左右的情況，加上閽人身份多爲刑臣或奄人，地位極其低下也不太可能直接參與到天子或諸侯的祭祀、會盟等重大事務上。其次，小門人的實際職責與守門無關。張筱衡先生《散盤考釋（上）》對於《散盤》所記職官進行了相應考證，認爲小門子前後的職官，在參與割地議和的事務中負責占卜。「義祖微武父、西宮襄、豆人虞、考彔，貞。師氏右相。小門人鰵。原人虞、芀。準。」矢國分別由豆人貞卜、師氏輔助占卜、再由豆邑小門人卜，原人虞卜，作者認爲豆、原兩地之人參與矢國、散國割地之事，以示公平〔註295〕。因此。小門人與《周禮》閽人並沒有直接聯繫，也就不能確定小門人是否擔任守門之職。

第三，其它文獻中的昏、閽及閽人。

昏，《毛詩・大雅・召旻》：「昏椓靡共」，鄭玄箋：「昏椓皆奄人也，昏其官名也。⋯⋯王遠賢者而近任刑奄之人」〔註296〕，刑奄之人因爲是王之近臣而得以任用，進而敗壞國政。賈公彥疏：「閽人司晨昏以啓閉者，是昏其官名也」〔註297〕，而且《周禮》閽人又是奄人或墨人，所以昏可能是閽人，那麼，周幽王所重用之「昏椓」應該是守門並且親人主的近臣。

閽，《春秋》襄公二十九年：「閽弑吳子餘祭」〔註298〕，《穀梁傳》解釋：「閽，門者也」〔註299〕，《公羊傳》記：「閽者何，門人也，刑人也。〔註300〕」《左傳》莊公十九年：「鬻拳曰：『吾懼君以兵，罪莫大焉。』遂自刖也。楚人以爲大閽，謂之大伯。〔註301〕」可見，閽者身份爲刑臣，地位低賤，並且其主要職責仍是守門宿衛。

〔註295〕參見張筱衡：《散盤考釋（上）》，《人文雜誌》，1958年第3期。

〔註296〕鄭玄箋，孔穎達等正義：《毛詩正義》，阮元校刻《十三經注疏》，上海古籍出版社影印，1997年版，第579頁。

〔註297〕鄭玄箋，孔穎達等正義：《毛詩正義》，阮元校刻《十三經注疏》，上海古籍出版社影印，1997年版，第579頁。

〔註298〕楊伯峻：《春秋左傳注》，中華書局，1990年5月版，第1153頁。

〔註299〕范甯注，楊士勳疏：《春秋穀梁傳注疏》，阮元校刻《十三經注疏》，上海古籍出版社影印，1997年版，第2431頁。

〔註300〕何休注、徐彥疏：《春秋公羊傳注疏》，阮元校刻《十三經注疏》，上海古籍出版社影印，1997年版，第2312頁。

〔註301〕楊伯峻：《春秋左傳注》，中華書局，1990年5月版，第211頁。

除去《周禮》之外，對於閽人的記載主要集中於其它禮書之中，其中有明確記載閽人守門的，見於《禮記·內則》「深宮固門，閽寺守之」〔註302〕，閽寺兩職所擔當的王宮守門工作，目的是使「男不入，女不出」〔註303〕，此與《周禮》所記閽人守中門之禁及寺人掌內人之禁的宿衛職能相當。依據《周禮》所記閽人職能進行總結的話，其職主要有二類：一，掌中門之禁；二，設門燎，蹕行人。無論哪項職能均與閽人守王門的本職相關。而閽人的這些職能在其它禮書亦可以找到相關證據，如《禮記·檀弓下》記「季孫之母死，哀公弔焉。曾子與子貢弔焉，閽人爲君在，弗內也」〔註304〕，閽人拒曾子和子貢入內，使二子退而脩容，這正是《周禮》閽人掌中門之禁內容的體現。《禮記·祭統》同記「閽者，守門之賤者也」〔註305〕，說明禮書中對於閽人守門之職的記載基本一致。而且《儀禮·燕禮》和《儀禮·大射》記載閽人均「爲大燭於門外」〔註306〕，《周禮》閽人職記：「大祭祀、喪紀之事，設門燎」〔註307〕，鄭玄注《司烜氏》云：「樹於門外曰大燭，於門內曰庭燎，皆所以照眾爲明。〔註308〕」因此，閽人設大燭於中門之外，用以照明的同時，亦是爲王宮宿衛與禁戒提供服務。這樣《禮記》、《儀禮》等書對於閽人職能的記載基本上同於《周禮》所記閽人之掌「中門之禁」及「設門燎」的主體職能。另外《詩》、《春秋》、《左傳》等文獻對於昏、閽的身份及職能的記載均未出其地位低賤並負責守門的職能範圍，說明閽人作爲底層職官確實保有較大的原始性，而《周禮》對於閽人的記載也是能夠反映西周以來閽人職能的基本情況的。

〔註302〕鄭玄注，孔穎達等正義：《禮記正義》，阮元校刻《十三經注疏》，上海古籍出版社影印，1997年版，第1468頁。

〔註303〕鄭玄注，孔穎達等正義：《禮記正義》，阮元校刻《十三經注疏》，上海古籍出版社影印，1997年版，第1468頁。

〔註304〕鄭玄注，孔穎達等正義：《禮記正義》，阮元校刻《十三經注疏》，上海古籍出版社影印，1997年版，第1315頁。

〔註305〕鄭玄注，孔穎達等正義：《禮記正義》，阮元校刻《十三經注疏》，上海古籍出版社影印，1997年版，第1606頁。

〔註306〕鄭玄注，賈公彥疏：《儀禮注疏》，阮元校刻《十三經注疏》，上海古籍出版社影印，1997年版，第1044、1024頁。《大射》：「閽人爲燭於門外」；《燕禮》：「閽人爲大燭於門外」。

〔註307〕孫詒讓：《周禮正義》，中華書局，1987年12月版，第547頁。

〔註308〕孫詒讓：《周禮正義》，中華書局，1987年12月版，第2912頁。

第二章　飲食類

　　在《周禮》經文和眾多注疏中，凡涉及王室飲食的諸項記載，均以「王」為中心，后與世子多被附錄，僅通過后及世子膳食「不會」的方式來突出他們作爲王室貴族成員的特權。又通過對於「饋」、「共」等用詞的不同，來凸顯天子日常飲食的特殊，而王后及世子的飲食細節多被忽略不記。因此，本章以《周禮》所載天子的日常飲食作爲主要研究對象，討論其日常飲食的分類、日常飲食的基本環節與相關專職服務等，並對周代類似職官的職能方面進行相關討論與考察。

第一節　《周禮》所見天子日常飲食的分類

　　根據文獻記載及眾家注疏的討論來看，天子日常飲食主要由「朝食」和「燕食」兩類飲食活動組成，而燕食與燕飲〔註1〕亦合稱爲「燕飲食」，另有稍事和非食時之飲作爲天子日常飲食的重要補充。其中《周禮》經文直接記載的主要是天子的燕食、燕飲食和稍事等活動，關於朝食和非食時之飲，《周禮》雖未記其名但卻有其實，本文將特別關注此類飲食的梳理，以反映《周禮》記天子日常飲食的完整性。當然在討論天子日常飲食的類別時，我們還需要參考其它禮書的類似記載或相關注疏，以使本文此項專題的討論豐富起來。

〔註 1〕　此處燕飲爲燕居飲酒，不同於膳夫職下：「王燕飲酒」，多爲「天子之禮賓燕及族燕」時飲酒活動，並非本文所關注的天子日常燕居飲酒。參見孫詒讓：《周禮正義》，中華書局，1987 年 12 月版，第 253、254 頁。

一、朝食爲天子燕居正食

「朝食」雖然未見於《周禮》經文，但《周禮》膳夫職下：「王日一舉，鼎十有二，物皆有俎。」鄭玄注：「殺牲盛饌曰舉，王日一舉，以朝食也。〔註2〕」暫不考慮天子朝食的規模與豐盛程度的話，此記載至少說明：天子每日常食亦需殺牲舉饌，而且日舉以朝食爲重。同時《禮記‧玉藻》中記載：「（天子）皮弁以日視朝，遂以食。日中而餕，奏而食。」鄭玄注：「餕，食朝之餘也」〔註3〕，孔穎達亦云：「此一節明天子每日視朝皮弁食之禮，遂以食者，既著皮弁視朝，遂以皮弁而朝食，所以敬養身體，故著朝服」〔註4〕，強調天子朝食舉於每日常朝之後，並指出天子朝食之服爲皮弁，而皮弁既是天子禮服之一，又是天子日常朝服，這也能夠體現出朝食在天子日常飲食生活中的重要地位。《禮記‧玉藻》又記：「（天子）日少牢，朔月大牢」，孫希旦云：「月朔禮大，故用大牢」〔註5〕，孫詒讓指出：「此舉則兼朔望及常日而言，朔望大牢，日食少牢，皆每日特殺，即同謂之舉」〔註6〕。這說明，天子朝食實際上分爲兩種情況：朔望之日舉以大牢；平常之日舉以少牢，而天子日常朝食之所以會出現兩個層次，主要是因爲朔望禮大，天子需「祀加於舉」〔註7〕，故天子朔望朝食與常日朝食亦遵循禮制隆殺的基本要求，而且這一禮制要求還貫穿於天子朝食與燕食的各自規模與環節之中。除此之外，朝食還見於先秦其它文獻之中，如《詩‧陳風‧株林》：「乘我乘駒，朝食於株」，高亨注：「朝食，吃早飯」〔註8〕；《左傳》成公二年：「余（齊侯）姑翦滅此而朝食」，楊伯峻云：「『朝』爲『朝暮』之『朝』」〔註9〕；《晏子春秋‧內篇雜上》記載：「晏子之魯，朝食進饋膳，有豚焉」〔註10〕。從上述記載中可見，朝食即指早晨進餐或吃早飯，無論所記朝食的背景如何，均可說明朝食確實是天子、

〔註2〕 孫詒讓：《周禮正義》，中華書局，1987年12月版，第242頁。
〔註3〕 鄭玄注、孔穎達等正義：《禮記正義》，阮元校刻《十三經注疏》，上海古籍出版社影印，1997年版，第1473頁。
〔註4〕 鄭玄注、孔穎達等正義：《禮記正義》，阮元校刻《十三經注疏》，上海古籍出版社影印，1997年版，第1474頁。
〔註5〕 孫希旦：《禮記集解》，中華書局，1989年2月版，第777頁。
〔註6〕 孫詒讓：《周禮正義》，中華書局，1987年12月版，第242、243頁。
〔註7〕 徐元誥：《國語集解》，中華書局，2002年6月版，第516頁。
〔註8〕 高亨：《詩經今注》，上海古籍出版社，1980年10月版，第186頁。
〔註9〕 楊伯峻：《春秋左傳注》，中華書局，1981年3月版，第791頁。
〔註10〕 吳則虞：《晏子春秋集釋》，中華書局，1962年版，第346頁。

諸侯、卿、大夫等不同階層日常飲食生活中的必備環節，並且通過所舉之饌
的豐盛程度來突出朝食在日常飲食活動中的地位與進食者的身份。

二、燕食爲天子日中與夕之常食

「燕食」是《周禮》經文明確記載的天子飲食形式，膳夫職記「王燕食，
則奉膳贊祭」，鄭玄注：「燕食，謂日中與夕食」；賈疏云：「案上『王日一舉』，
鄭云謂朝食，則此云燕食者，謂日中與夕，相接爲三時。……按《玉藻》，天
子與諸侯相互爲三時食，故燕食以爲日中與夕」〔註11〕；孫詒讓云：「以王日
三食，日中與夕食饌具減殺，別於禮食及朝食盛饌，故謂之燕食」〔註12〕，
並且強調「此王燕食，非與羣臣食，唯有旦夕自食得爲燕食也」〔註13〕。綜
合諸家對於燕食的注疏，天子燕食實際上是指天子日常生活中在午間和晚間
獨立的進食行爲，其規模和豐盛程度要低於朝食。不過雖然燕食包括日中與
夕食的兩個方面，但較受重視的應爲天子夕食，如孫詒讓強調天子「旦夕自
食得爲燕食」，孫希旦疏云「日出而朝食，逮日而夕食，此每日之正食也」〔註
14〕，均未提及《禮記‧玉藻》所記的「日中而餕」，因此，天子日常飲食中朝
食重於夕食，夕食重於日中食餕。綜合看來《周禮》經文中雖未直接記載天
子日中及夕食，但眾家注疏均參考《禮記‧玉藻》所記將天子燕食劃分爲日
中食餕和夕食兩個部分，既從時間段限上突出了朝食與燕食的不同，又從食
飲活動所包含的時間跨度上體現了燕食的特殊，實際上朝食、日中食餕與夕
食（也就是燕食）共同構成了天子日常飲食活動的主要環節。

除此之外，其它禮書中亦出現了關於燕食、食餕的零星記載。燕食，《禮
記‧內則》：「大夫燕食，有膾無脯。……士不貳羹胾，庶人耆老不徒食。」
孔疏云：「士不貳羹胾謂士燕食也，若朝夕常食，則下云羹食，自諸侯以下至
於庶人無等」〔註15〕。說明各階層燕食的內容依然存在等級上的差別，但作
爲日常所用的羹食則基本一致。《禮記‧玉藻》：「凡燕食，婦人不徹」，孫希

〔註11〕鄭玄注、賈公彥疏：《周禮注疏》，阮元校刻《十三經注疏》，上海古籍出版社
　　　　影印，1997年版，第660頁。
〔註12〕孫詒讓：《周禮正義》，中華書局，1987年12月版，第251頁。
〔註13〕孫詒讓：《周禮正義》，中華書局，1987年12月版，第251頁。
〔註14〕孫希旦：《禮記集解》，中華書局，1989年2月版，第778頁。
〔註15〕鄭玄注、孔穎達等正義：《禮記正義》，阮元校刻《十三經注疏》，上海古籍出
　　　　版社影印，1997年版，第1465頁。

且云：「燕食，朝夕常食也」〔註16〕。此處學者對於燕食的注疏與天子燕食相比，最大的不同便是將燕食的指代泛化為日常飲食，弱化了朝食在日常飲食中的地位。食餕，《禮記・曲禮上》：「餕餘不祭」，鄭玄注：「食人之餘曰餕」，孔穎達疏：「凡食人之餘及日晚食饌之餘皆云餕」〔註17〕。此記載可以說明食餕常見於生活之中，同時強調在這一類型的飲食活動中並不注重食禮的基本要求，至於天子食餕是否涉及到了相關飲食之禮，我們將在天子日常飲食的專職服務中進行探討。此外，食餕多出現在子婦侍舅姑的日常飲食生活中，以及君臣分食祭餕的專門的禮儀活動中，其核心目的仍是強調尊卑與等級〔註18〕的不同，雖未涉及到天子餕食的直接記載，但由諸侯上推至天子可知：天子作為等級之核心自有其特權的同時，仍有日常或祭祀食餕的進食行為，不過因天子日常餕食專指進食朝夕之餘，故膳夫作為天子飲食的近侍之官專門承擔了奉天子「朝之餘膳」〔註19〕的專項服務。

三、燕飲食代指燕居飲食

「燕飲食」為《周禮》經文專記，僅見於內饔職記「凡燕飲食亦如之（內饔主要負責掌燕飲食的割亨之事）」〔註20〕，賈公彥云：「謂王及后、世子自燕飲食，皆須割亨，故云亦如之」，孫詒讓進一步強調：「此食與膳夫燕食同，飲亦謂燕居飲酒，則與膳夫燕飲酒異」〔註21〕。膳夫職下所記的「燕飲酒」〔註22〕主要是用於禮賓或族燕，屬於禮儀活動中的一類，而此燕食則指天子朝食

〔註16〕 孫希旦：《禮記集解》，中華書局，1989年2月版，第825頁。

〔註17〕 鄭玄注、孔穎達等正義：《禮記正義》，阮元校刻《十三經注疏》，上海古籍出版社影印，1997年版，第1243頁。

〔註18〕 孫希旦：《禮記集解》，中華書局，1989年2月版，第1242頁。「惠術也，可以觀政矣。是故尸謖，君與卿四人餕。君起，大夫六人餕，臣餕君之餘也。大夫起，士八人餕，賤餕貴之餘也。士起，各執其具以出，陳于堂下，百官進，徹之，下餕上之餘也。凡餕之道，每變以眾，所以別貴賤之等。……由餕見之矣。故曰。『可以觀政矣』。」

〔註19〕 孫詒讓：《周禮正義》，中華書局，1987年12月版，第251頁。

〔註20〕 孫詒讓：《周禮正義》，中華書局，1987年12月版，第274頁。

〔註21〕 孫詒讓：《周禮正義》，中華書局，1987年12月版，第275頁。

〔註22〕 孫詒讓：《周禮正義》，中華書局，1987年12月版，第253、254頁。膳夫「王燕飲酒，則為獻主」，孫詒讓綜合《周禮・大宗伯》、《左傳》昭公二十七年、《禮記・文王世子》等文獻所載饗燕、族燕等，認為「以此推之，則天子之禮賓燕及族燕，亦並膳夫為獻主也。」故此燕飲酒並非本文所強調的燕居飲酒或者燕飲等。

之外的日常飲食，並在上文所記「燕食」的基礎上加入了燕居飲酒的環節，偏重於天子個人較爲隨意的進食行爲。不過王后與天子同庖，世子在飲食上也享有特權，因此，各自的燕居飲食均有專官負責，只是《周禮》記起居突出王事而已，故此處燕飲食的指代便可延展至包括天子、王后及世子在內的王室貴族各自的日常飲食行爲。不過還需考慮的是：在《周禮》經文中僅出現了燕食與燕飲食的確切名目，並沒有涉及到天子朝食名目的相關記載，雖然學者們參考《禮記》諸篇的內容，及《周禮》膳夫「王日一舉」的記載，合理地論述了天子朝食與燕食的各自區別與特點，但若僅以《周禮》經文所記爲出發點的話，燕飲食所指代的具體範圍可能要有所調整。內饔「凡宗廟之祭祀，掌割亨之事。凡燕飲食亦如之。」此內饔所掌的是王室飲食活動所需的所有割亨之事，除宗廟祭祀等禮儀活動的需求外，其它總記爲「燕飲食亦如之」，故此處燕飲食所指代的範圍便廣泛起來，可能包括了天子朝食、燕食所需的割亨之事，亦包括王后、世子日常飲食所需的割亨之事。因此，從《周禮》經文本身考慮的話，燕飲食便是指除去王室祭祀等禮儀進食外的整個王室日常飲食的代名詞。

四、稍事的幾種情況

「稍事」亦爲《周禮》經文所專記，見於膳夫之職「凡王之稍事，設薦脯醢」〔註 23〕。關於稍事的討論，學者注疏中存在兩種主流意見：其一，鄭司農云：「稍事，謂非日中大舉時而閒食，謂之稍事，膳夫主設薦脯醢」〔註 24〕，賈疏云「脯醢者，是飲酒肴羞，非是食饌」〔註 25〕；其二，鄭玄謂：「稍事有小事而飲酒」〔註 26〕。則王之稍事的內容便有兩解：依先鄭與賈疏所云，王之稍事應該是天子朝食、日中而餕和夕食等正食之外的間食，此間食偏向於飲酒。後鄭認爲稍食是天子小事飲酒的行爲。無論哪種情況，「稍事」均可視作天子日常生活中常見的飲酒行爲，均需要膳夫所奉之「脯醢」爲飲酒時的佐飲荣肴。另外《周禮》漿人記載有「稍禮」，鄭玄注：「稍禮，非飧饔之禮，留閒，王稍所給賓客者。漿人所給亦六飲而已。〔註27〕」孫詒讓指出：「爲

〔註 23〕 孫詒讓：《周禮正義》，中華書局，1987 年 12 月版，第 252 頁。
〔註 24〕 孫詒讓：《周禮正義》，中華書局，1987 年 12 月版，第 252、253 頁。
〔註 25〕 孫詒讓：《周禮正義》，中華書局，1987 年 12 月版，第 253 頁。
〔註 26〕 孫詒讓：《周禮正義》，中華書局，1987 年 12 月版，第 253 頁。
〔註 27〕 孫詒讓：《周禮正義》，中華書局，1987 年 12 月版，第 370 頁。

留閒王稍所給」〔註28〕。此處稍禮所強調的是饗饗賓客之後，天子致飲賓客的稍禮，根據漿人供應職責來看，天子所致內容爲六飲即水、漿、醴、涼、醫、酏，未見酒類飲品。而且天子稍事與稍禮的最大區別還在於：前者可指天子自飲的行爲，後者指天子致飲的行爲；前者強調膳夫供應脯醯以佐酒，後者則側重漿人所供應的六飲，用於賓客間飲。曾釗又云：「曰凡王之稍事者，王之稍，有故不親饗之稍，有賓未去留閒之稍，故曰凡以舉之」〔註29〕。此述又將天子稍事進行了擴展，將天子致稍的情況也納入到天子稍事之中，那麼天子稍事所需飲品便涵蓋了漿人所供應的稍禮之六飲。綜合以上，天子稍事便被賦予了一個較大的範圍，既有天子小事而飲酒、飲漿之類，又有天子致稍賓客的情況，所側重的是：天子非正餐或宴饗等重大饌飲之外的自飲或致飲的間食活動，其中以天子爲參與主體的稍事情況便可視爲天子起居生活中常見的飲食形式。

五、非食時之飲

《周禮》漿人「掌共王之六飲」的同時，又特別強調「凡飲共之」，鄭玄注：漿人「凡飲共之」爲「非食時」之飲，賈疏亦云：「上共王六飲，食時以共訖；此又云凡飲共之，故云謂非食時」〔註30〕。因此，漿人此處所共之飲是天子非食時之飲，而天子食時之飲則自然地涵蓋於其朝食和燕食的活動之中。所謂「非食時」之飲的功用，孫詒讓強調「共渴時之飲，非食時酳口、漱口之飲也」〔註31〕，而且孫希旦對於非食時之飲的不同情況和共飲之基本要求也做出了相應總結：「食畢飲酒謂之酳，飲漿謂之漱，……是則禮之重者，食畢用酒以酳而無漿，輕者兼設酒漿，而食畢但飲漿也」，孫詒讓評此說爲「甚覈」〔註32〕，可見孫詒讓將食畢之飲也算入非食時之飲的類別中，其中飲之功用便與食時之飲類同。綜上，非食時之飲大體上有兩種功用：一爲食畢酳口或飲漿，此類非食時之飲包括酒類飲品；一爲渴時飲用，所共以六飲之屬爲主體。此外，孫詒讓認爲《周禮》經文記載職官共酒漿用於食時之飲時，

〔註28〕孫詒讓：《周禮正義》，中華書局，1987年12月版，第370頁。

〔註29〕曾釗：《周官注疏小箋》，王先謙編《清經解續編》第三冊，上海書店出版，1988年10月版，第1247頁。

〔註30〕孫詒讓：《周禮正義》，中華書局，1987年12月版，第371頁。

〔註31〕孫詒讓：《周禮正義》，中華書局，1987年12月版，第371頁。

〔註32〕孫詒讓：《周禮正義》，中華書局，1987年12月版，第371、372頁。

只求數目之全與規模之大，實際上並非全部供應，如「食時雖有飲以酳漱，然唯用酒漿二物，不全共也。上言共王之六飲，雖據王舉言之，然亦通舉大數，不全用也」〔註33〕。但是非食時之飲的供應卻與之不同，孫詒讓強調「明此亦具六飲與上同，而與食禮唯用酒漿異也」〔註34〕。實際上，就非食時之飲的目的是用於漱口、解渴的功能而言，便帶有較大的隨意或不確定性，也就需要漿人供六飲俱全以備不時之需。

綜上所述，我們對天子的日常飲食所涉及到的食飲類別進行了梳理，大體上天子日常的進食行為主要有：朝食、日中食餕和夕食，後兩者被統稱為燕食，若將飲酒漿等活動列入其中，天子燕居飲食則又被合稱為燕飲食。無論燕食或者燕飲食，其地位均低於天子朝食之食與飲。此外，根據《周禮》及眾家注疏所論，天子三時常食之外，還存在非食時的飲食活動，主要包括天子因小事而飲酒、飲漿，日中以後至夕食之前天子自稍事或渴時自飲等情況，其中仍有膳夫所薦脯醢作為佐酒之肴。

第二節　《周禮》所見天子日常食飲專職

如前文所述，我們將天子日常飲食的不同分類進行了總結，在此基礎上，將進一步對天子日常飲食生活中的專職服務進行系統討論。首先簡述《周禮》所構建的龐大的食官團體，然後提煉出以天子為核心的食飲專職，這些職官便是天子日常飲食服務的主體，為區別《周禮》記天子飲食重禮制的特點，本節所關注的是飲食類職官為天子日常飲食的不同環節所提供的細節服務。

一、《周禮》所構建的食官團體

按照天官敘官所言，《周禮》所記食官團體實際上自有統屬，形成了兩個相對獨立的服務團體，分別是膳夫及其職下庖人、內饔、外饔、亨人等職和酒正及其職下酒人、漿人、凌人、籩人、醢人、醯人、鹽人、冪人等職，兩類職官總體掌控王室飲食膳羞的加工及供應，前者側重食飲膳羞政令的掌控和牲畜肉食的供應與煎和之事，後者則側重酒漿飲品、庶羞調味及食飲覆物等方面的加工和供應之事。在兩大團體之間，醫官列入其中，主要執掌王室

〔註33〕孫詒讓：《周禮正義》，中華書局，1987年12月版，第372頁。
〔註34〕孫詒讓：《周禮正義》，中華書局，1987年12月版，第372頁。

飲食的調和之事，合理的膳食搭配和監督是天子、王后及世子飲食健康的根本保證。同時，在這兩大團體之外，還有諸多聯職作爲食飲諸官的附屬團體存在，以保證王室食飲體系的完備和職能之間的環環相扣。如甸師及其職下獸人、鵋人、鱉人及臘人掌共獸物、野物；地官之牧人、牛人、春官之雞人、夏官之羊人、秋官之犬人，分別負責王室食飲、祭祀、賓客、喪紀等六牲、牛牲、雞牲、羊牲、犬牲等畜類的飼養和分門別類的供應；地官之山虞、林衡、川衡、澤虞、掌蜃等職分掌山林川澤所生之物，取其珍異者供入王宮；地官之囿人、場人供應生獸、死獸及果蓏珍異之物；地官之廩人、舍人、倉人、司稼、舂人、饎人、槀人等並掌米、穀、禾、稼之事的賦斂和供應；春官之鬱人、鬯人、司尊彝、司几筵等職負責食飲之器用的供應；夏官之量人掌獻脯燔、俎實；秋官之大行人、司儀、掌客等主掌賓客擯相之禮及牢禮餼獻。

綜合看來，《周禮》所記的食官團體實際上是一個龐大的職官體系，除了膳夫、酒正等作爲食飲加工、製作和供應等方面的專職存在外，在六官體系中均含有王室飲食的供應類職官，諸職聯合形成了一個完備的王室飲食供應體系，此體系是保證王室飲食之充裕、式樣之繁複、品質之珍異的基本保障。

二、以天子爲核心的食飲諸官

前文所述針對的是《周禮》所構建的食飲諸官的整體而言，涵蓋了整個王宮食飲體系中的各個層面，其中服務於王室飲食當然是諸官職能之所共向，不過王、后及世子，尤其是周王作爲《周禮》官制構建所服務的核心及其天子身份的權威，決定了周王的食飲之事必有專官負責，保證其飲食生活健康周全的同時，亦顯示其地位的特殊。故現將《周禮》經文所記以天子爲核心的飲食專職列述如下：

《周禮》所見以天子爲核心的飲食諸官

職　官	服務對象	主要職能	備　注
天官·膳夫	王及后、世子	食飲膳羞及天子飲食進御之事	唯王及后世子之膳不會
天官·庖人	王及后、世子	膳羞	唯王及后之膳禽不會
天官·內饔	王及后、世子	膳羞之割亨煎和之事	

職　官	服務對象	主要職能	備　注
天官・亨人	王及后、世子	共鼎鑊，職外內饔之爨亨煮。	
天官・鱉人	王	辨魚物爲鮮薧。以共王膳羞。	
天官・食醫	王	掌和王之六食、六飲、六膳、百羞、百醬、八珍之齊	
天官・酒正	王及后、世子	以共王之四飲三酒之饌，及后世子之飲與其酒。	唯王及后之飲酒不會
天官・漿人	王	王之六飲	
天官・醢人	王及后、世子	共內羞	
天官・醯人	王及后、世子	王舉，則共齊菹醯物六十甕。共后及世子之醬齊菹。	
天官・鹽人	王及后、世子	膳羞之飴鹽	
天官・冪人	王	王巾皆黼	
地官・饎人	王及后、世子	共王及后之六食	

注：未特別注明出處者均爲《周禮》原文。

上述職官分別以食、調和、飲三項主職作爲其職能的基本特徵，分團體或個職並列於《周禮》天官體系之下，是冢宰所統領宮廷職官系統中的重要組成部分。因其服務對象均以天子爲主體，兼及王后與世子，故可共述爲以天子爲核心的王室食飲專職。無論大型禮食還是起居常食，上述諸官所掌進饋、供應、加工及調和等方面的服務均爲王室飲食生活中的必備環節。而且凡涉及到膳羞、牲禽及酒漿等飲食基本方面的供應時，王及后、世子的用量均不參與歲末的會計，既保證其食飲的充盈又是王室食飲特權的突出表現。

在先秦文獻關於起居生活的相關記載中亦尤重飲食，飲食活動又多以天子、諸侯、大夫等貴族階層爲討論對象，這便決定了其飲食活動多帶有政治和等級色彩，而且飲食禮儀的要求也遍佈於祭祀、賓客、喪紀、婚嫁、敬老等各種吉凶活動之中。再加上諸類文獻對於貴族飲食結構、方式、器用、制度及職官等方面的記載和討論，使我們看到，與起居生活的其它方面相比，天子、貴族等各階層的飲食活動和相關禮制均備受矚目和重視。但需要指出的是：《周禮》對於以天子爲核心的王室飲食專職的安排卻有其特殊之處。除去大宰、小宰及宰夫等總體政令掌控類職官外，《周禮・天官》敘官將膳夫及其下屬官列於宮正、宮伯等宮室宿衛職官之後。宮正作爲宮官之長，膳夫

作爲食官之長，其官首均爲上士，可知爵等不能成爲衡量其地位高下的主要指標，不過賈公彥認爲《周禮》六官敘官之法重視「以義類相從」，並「以緩急爲次第」〔註35〕，因此，在《周禮》所構建的官制體系中以天子或王室的日常安全爲先，次爲膳食，又次醫官之調和，再次酒漿之食飲。所以，以緩急次第作爲職官重要性的標準，天子飲食專職居於宮官之後。

還需指出的是：上述職官職能的重點側重於天子禮制飲食的服務之上，此爲禮書記天子飲食活動的主要特點，但在《周禮》對於這些職官職能的具體記載中，我們依然能夠找到天子日常飲食的相關線索，用以說明上述職官對於天子日常飲食的專門服務，詳細討論見於下文。

三、天子日常飲食的專職服務

前文所列以天子爲核心的飲食職官的職能方向，主要集中於對天子食、飲及調和等總體方面的供應和加工之上，當然這也是天子日常飲食生活的基本要求。實際上，決定天子食飲專職職能的因素不止於此，天子日常飲食諸項環節所需要的細節服務，更是此類職官職能的具體體現。根據上述表格所列，還需指出的是：在王室日常飲食的專職服務中，存在王與后、世子分離的現象，爲突出天子的權威，《周禮》經文實際上專門設置了負責天子食飲進御等服務的諸類職官，而且這類職官又直接構成了王室飲食服務體系的主體。不過諸職進御王前的特權是由其地位決定的，因此，膳夫作爲食官之長便成爲了天子日常飲食諸項環節有序進行的主要執掌者。本文以《周禮》經文及相關注疏爲研究基礎，兼採先秦其它文獻的相關記載，以天子日常飲食的基本環節爲線索，討論膳夫等職在天子日常飲食各項環節中的具體職能。

1. 日常食器與陳器諸職

禮書中對飲食器皿的記載，往往集中於祭、饗、昏、喪、冠、賓、聘等大型吉凶禮儀程序之中，通過食器的組合與使用標準的不同來體現各階層之間的等級差別，這也是寓於飲食文化之中的禮制思想的體現。而《周禮》的特殊與可貴之處在於：通過對於相關諸職細節職能的設定，爲我們構建了天子日常飲食生活中所使用飲食器皿的規模，並且通過陳器職官的專門服務，體現了天子日常飲食生活中器皿使用的大體情況，其中突出天子之尊貴依然是諸職服務的核心所在。

〔註35〕孫詒讓：《周禮正義》，中華書局，1987 年 12 月版，第 24 頁。

　　第一，內饔主陳鼎俎羞豆。關於天子日常飲食所需要的膳食器用，主要
見於《周禮》膳夫職記：「王日一舉，鼎十有二，物皆有俎」，鄭玄注：「王日
一舉，以朝食也」〔註36〕，《禮記·玉藻》：天子「日少牢，朔月大牢」〔註37〕，
孫詒讓綜合諸家討論認為：「此舉則兼朔望及常日而言，朔望大牢，日食少牢，
皆每日特殺，即同謂之舉」〔註38〕。因此，就天子日常飲食而言，朔望大牢，
常日少牢，所用飲食器具均需鼎俎共舉。與此相配，《周禮》內饔職記：「王
舉，則陳其鼎俎，以牲體實之」〔註39〕，內饔便承擔起天子日常飲食器物陳
列的職責，而陳列的器物正是膳夫職記「王日一舉」所需的鼎俎組合。

　　關於天子日常飲食用鼎之數的相關討論，主要見於禮書及相關注疏之
中，據鄭玄《膳夫》注：「鼎十有二，牢鼎九，陪鼎三」〔註40〕，同注《秋官·
掌客》「鼎、簋十有二」云：「鼎十有二者，餁一牢，正鼎九與陪鼎三」〔註41〕。
《儀禮·聘禮》：「鼎九，羞鼎三」，鄭玄注：「羞鼎則陪鼎也，以其實言之則
曰羞，以其陳言之則曰陪」〔註42〕。因此，內饔所陳「十二鼎」便可能是正
鼎九，陪鼎三。另據《左傳》桓公二年記：「武王克商，遷九鼎于雒邑」〔註
43〕，《公羊傳》桓公二年何休注：「禮祭：天子九鼎，諸侯七，卿大夫五，元
士三也」〔註44〕，說明天子用鼎以其牢鼎或正鼎數為準〔註45〕。不過值得注
意的是：本文所關注的是天子的日常飲食，如前文所述，天子日常飲食除去
朔望大牢用九鼎之外，其日食則以少牢為主，孫詒讓云：「天子時祭及大舉皆
大牢，故正陪有十二鼎。若少牢，則牢鼎無牛，陪鼎無膷。特牲則正鼎又無
羊，陪鼎又無臐。數皆不備十二，經舉多晐少也」〔註46〕。按照孫詒讓所言

〔註36〕孫詒讓：《周禮正義》，中華書局，1987年12月版，第242頁。
〔註37〕孫希旦：《禮記集解》，中華書局，1989年2月版，第777頁。
〔註38〕孫詒讓：《周禮正義》，中華書局，1987年12月版，第242、243頁。
〔註39〕孫詒讓：《周禮正義》，中華書局，1987年12月版，第269頁。
〔註40〕孫詒讓：《周禮正義》，中華書局，1987年12月版，第242頁。
〔註41〕孫詒讓：《周禮正義》，中華書局，1987年12月版，第3068頁。
〔註42〕鄭玄注、孔穎達正義：《禮記正義》，阮元校刻《十三經注疏》，上海古籍出版
　　　　社影印，1997年版，第1052頁。
〔註43〕楊伯峻：《春秋左傳注》，中華書局，1981年3月版，第89頁。
〔註44〕何休注、徐彥疏：《春秋公羊傳注疏》，阮元校刻《十三經注疏》，上海古籍出
　　　　版社影印，1997年版，第2214頁。
〔註45〕參見孫詒讓：《周禮正義》，中華書局，1987年12月版，第244頁。云「此皆
　　　　專據正鼎而言」。
〔註46〕孫詒讓：《周禮正義》，中華書局，1987年12月版，第244頁。

天子日食少牢的用鼎之數少於大牢實爲定制，但天子日常飲食用鼎實際上並無確切之數，遵從「舉多」或「舉大數」的原則，這也與天子日常飲食存在較大隨意性相關。

　　不過根據《儀禮·聘禮》所記，十二鼎所實之物包括「牛、羊、豕、魚、腊、腸胃同鼎、膚、鮮魚、鮮腊，設扃鼏。腳、臄、臇，蓋陪牛、羊、豕」〔註47〕。加上《周禮》所記庖人掌畜、獸、禽，外饔掌實魚、腊，鼈人「辨魚物，爲鱻薧〔註48〕」的記載來看，天子日常飲食的供應所講求的仍然是舉多備全，以保證天子飲食的充裕，按照孫詒讓所注「若少牢，則牢鼎無牛，陪鼎無腳」，天子日食少牢的用鼎之數便成爲正鼎八、陪鼎二，這顯然不符合周代以來九、七、五、三、一的列鼎原則，因此，孫詒讓籠統地總結：天子日常用鼎數目皆達不到十二鼎之數，實際上是舉多實少的表現，也就是說天子日常飲食所需要的鼎數達不到一般的天子食禮之制的要求。另外俞偉超先生、高明先生總結古籍中所記周代用鼎的複雜情況時指出「各級貴族由於用禮隆殺的不同，除了允許使用所能達到的最高規格的鼎制外，還可使用較低規格的鼎制」〔註49〕，那麼天子日常飲食生活的用鼎規格的降低也應屬於此類情況，則天子常食用鼎之數便可能出現如《儀禮·聘禮》「鼎七、羞鼎三」〔註50〕；《儀禮·少牢饋食禮》「雍人陳鼎五」〔註51〕等情況。

　　根據《周禮》膳夫和內饔職記，天子日常飲食也需要「物皆有俎」，鄭玄注：「物謂牢鼎之實，亦九俎。〔註52〕」並且內饔負責「陳其鼎俎」，鄭玄注：「取於鼎以實俎」〔註53〕，另《說文·且部》：「俎，禮俎也」〔註54〕，因此，鼎俎相配，共爲禮器，作爲西周禮制食飲等級的主要標識，天子日常生活中鼎俎齊備更突出了天子等級核心的地位，而內饔所陳俎數遵從以九俎搭配天

〔註47〕 鄭玄注、賈公彥疏：《儀禮注疏》，阮元校刻《十三經注疏》，上海古籍出版社影印，1997 年版，第 1059 頁。

〔註48〕 孫詒讓：《周禮正義》，中華書局，1987 年 12 月版，第 303 頁。

〔註49〕 俞偉超、高明：《周代用鼎制度研究（上）》，《北京大學學報（哲學社會科學版）》，1978 年第 1 期。

〔註50〕 鄭玄注、賈公彥疏：《儀禮注疏》，阮元校刻《十三經注疏》，上海古籍出版社影印，1997 年版，第 1052 頁。

〔註51〕 鄭玄注、賈公彥疏：《儀禮注疏》，阮元校刻《十三經注疏》，上海古籍出版社影印，1997 年版，第 1197 頁。

〔註52〕 孫詒讓：《周禮正義》，中華書局，1987 年 12 月版，第 242 頁。

〔註53〕 孫詒讓：《周禮正義》，中華書局，1987 年 12 月版，第 269 頁。

〔註54〕 許慎：《說文解字》，中華書局，1963 年 12 月版，第 299 頁。

子日舉牢鼎爲九之數的基本原則。依據上文天子日常飲食以少牢爲主，內饔列俎原則也應包括：「若少牢則俎五，特牲則俎三，皆不備九，經亦舉多晐少也」〔註55〕。

除此之外，賈公彥疏《膳夫》云「物皆有俎」時指出：俎所實之物取自牢鼎也就是正鼎，而「陪鼎三牲臐膮謂庶羞，在於豆」〔註56〕，孫詒讓亦云：「又陪鼎之實，實於三豆，此不言者，文略」〔註57〕。因此，天子日常飲食的主要食器，除了鼎俎之外，還包括盛裝陪鼎之實所需的豆，《周禮》經文中雖未記陳豆之職，但考慮到「羞豆恒法」的原則，以及內饔主陳牢鼎與俎，又陳陪鼎的職責來看，內饔亦可能擔當起來陳豆的職責，已形成牢鼎與俎、陪鼎與豆成組的配合，也爲醢人「實豆」之職提供了基礎服務。

第二，舍人主陳簠簋。《禮記·玉藻》：「朔月少牢，五俎四簋。」鄭玄注：「朔月四簋，則日食粱稻各一簋而已」〔註58〕；《詩·秦風·權輿》：「於我乎，每食四簋。」注云：「四簋，黍稷稻粱」〔註59〕。因此，簋是日常生活的常用食器，稻、粱也是日常飯食。《周禮·地官》舍人：「凡祭祀，共簠簋，實之，陳之。」鄭玄注：「盛黍稷稻粱器」〔註60〕，江永云：「簋盛黍稷爲正饌，簠盛稻粱爲加饌。……簠皆少於簋……天子蓋四簠」〔註61〕。考慮到簠簋並舉，同爲黍稷稻粱之器，因此，簠也是日常食器，雖然「凡祭祀」，舍人陳簠簋，但以內饔兼掌祭祀禮食與日食陳鼎俎的情況來看，舍人也可能負責爲天子日常飲食陳列盛飯之簠簋。

第三，司尊彝主陳尊彝。《周禮·春官》司尊彝「掌六尊、六彝之位」〔註62〕，與酒正爲官聯，酒正「以共王之四飲三酒之饌，……以實八尊，大祭三貳，中祭再貳，小祭一貳」，賈疏云：「饌者，謂饌陳具設之也。〔註63〕」鄭玄注：「三貳再貳一貳者，謂就三酒之尊而益之也，……益之者，以飲諸臣，

〔註55〕孫詒讓：《周禮正義》，中華書局，1987年12月版，第244頁。
〔註56〕孫詒讓：《周禮正義》，中華書局，1987年12月版，第244頁。
〔註57〕孫詒讓：《周禮正義》，中華書局，1987年12月版，第244頁。
〔註58〕鄭玄注、孔穎達等疏：《禮記正義》，阮元校刻《十三經注疏》，上海古籍出版社影印，1997年版，第1474頁。
〔註59〕鄭玄箋、孔穎達等疏：《毛詩正義》，阮元校刻《十三經注疏》，上海古籍出版社影印，1997年版，第374頁。
〔註60〕孫詒讓：《周禮正義》，中華書局，1987年12月版，第1229頁。
〔註61〕孫詒讓：《周禮正義》，中華書局，1987年12月版，第1229頁。
〔註62〕孫詒讓：《周禮正義》，中華書局，1987年12月版，第1513頁。
〔註63〕孫詒讓：《周禮正義》，中華書局，1987年12月版，第353頁。

若今常滿尊也」〔註64〕。孫詒讓強調:「(酒正八尊)並據五齊三酒之正尊言
之」〔註65〕,其中「三酒則盛以甒尊,各隨其事而用之也」〔註66〕。綜合起
來,在賓客、祭祀等禮儀場合,三酒用於人飲,以尊盛酒,並根據飲用情況
隨時增益,再結合天子日食舉牢並稍事飲酒和六飲常備的情況來看,尊很可
能是日常盛酒器,而陳酒器則主要由司尊彝、酒正同時負責,其中司尊彝偏
重於陳器,而酒正則主要負責實尊彝。

第四,天子日常生活中取飲器的使用。《周禮·天官》酒正:「皆有酌數」,
所謂酌鄭玄注:「器所用注尊中者」〔註67〕,另外孫詒讓強調:「蓋酒在尊中,
必以勺枓之,然後實於爵也」〔註68〕。《周禮·天官》大宰和小宰均「贊玉爵」,
雖然玉爵多被用在祭祀、朝覲、會同和喪紀等重要的禮典場合,但《周禮·
考工記》梓人記「梓人爲飲器,勺一升,爵一升,觚三升。」孫詒讓云:「『爲
飲器』者,飲酒所用之器也」〔註69〕。飲酒又是天子日常飲食中的常見行爲,
因此,勺、爵等器物也便成爲日常所必備者,而且這些器物多爲鼎、尊、彝
等器的附屬物。《周禮·春官》司尊彝「詔其酌」便與酒正形成官聯,也可以
說明這些附屬器物的陳列可能多爲主器陳列者負責,亦可將其歸入酒正、漿
人、司尊彝等職兼掌。

除此之外,《儀禮》、《禮記》等重要禮典文獻中還記載了大量禮食中所使
用的諸類器皿,如用於取食的匕、畢、盛粥的盛、飲器壺等,從這些器皿的
功用來看,應屬於日常飲食器用的範疇。只不過這些器皿並非《周禮》經文
直接記載,也不能明確其具體陳列職官,但器物的使用無疑常見於膳夫、酒
人、漿人等飲食供奉者的服務環節中。

2. 選饌諸職的地位

就天子日常飲食而言,其膳食的選擇及安排實際上也是有專人負責的。
主要職官有:庖人「掌共六畜、六獸、六禽,辨其名物。凡其死生鱻薧之物,
以共王之膳與其薦羞之物。〔註70〕」內饔「辨體名肉物,辨百品味之物。……

〔註64〕 孫詒讓:《周禮正義》,中華書局,1987年12月版,第354頁。
〔註65〕 孫詒讓:《周禮正義》,中華書局,1987年12月版,第355頁。
〔註66〕 孫詒讓:《周禮正義》,中華書局,1987年12月版,第354頁。
〔註67〕 孫詒讓:《周禮正義》,中華書局,1987年12月版,第354頁。
〔註68〕 孫詒讓:《周禮正義》,中華書局,1987年12月版,第355頁。
〔註69〕 孫詒讓:《周禮正義》,中華書局,1987年12月版,第3385頁。
〔註70〕 孫詒讓:《周禮正義》,中華書局,1987年12月版,第257、259頁。

選百羞、醬物、珍物以俟饋。……辨腥臊羶香之不可食者。……以待共膳。〔註71〕亨人「辨膳羞之物」〔註72〕；獸人「掌罟田獸，辨其名物。冬獻狼，夏獻麋，春秋獻獸物」〔註73〕；鼈人：「春獻王鮪。辨魚物，爲鱻薧，以共王膳羞。〔註74〕」酒正「辨五齊之名……辨三酒之物……辨四飲之物。〔註75〕」饎人「共王及后之六食」〔註76〕。上述諸官的職能共性體現在「辨」某物之上，也就是辨別或選擇某物之意。根據上述所列，諸職主要是負責對於天子及王室日常飲食中膳、羞、醬、珍、酒、飲等物類的辨別和選擇，他們是飲食體系中的中間環節，下接天官漿人、醯人、醢人、籩人、夏官校人、羊人、地官牛人、春官雞人、秋官犬人、冬官豕人等職官的物類供應，經過辨別和選擇之後，上呈給膳夫、酒正等主饋天子食飲的諸官。如鄭玄注《內饔》：「先進食之時，恒選擇其中御者。〔註77〕」孫詒讓云：「王之膳羞，內饔但主選，不主饋，王尊於后、世子也。……謂於王未進食之時，先選擇珍美堪中王御者以進之也。〔註78〕」以此類推，庖人、亨人、鼈人、酒正等對於天子飲食中各項食材或成品的辨別及選擇均在天子食前完成，目的是剔除食之害人者，取可食者用於烹享進而「俟饋」。實際上，此類職官是天子日常飲食質量的根本保證，在王室飲食專職體系中佔有重要地位。

3. 膳夫主饋天子常食

《周禮》記天子飲食負責饋食的職官僅爲膳夫，而且爲天子所專屬，以示天子之尊貴。膳夫「掌王之食飲膳羞。……凡王之饋，食用六穀，膳用六牲，飲用六清，羞用百有二十品，珍用八物，醬用百有二十甕。」鄭玄注：「進物於尊者曰饋。此饋之盛者，王舉之饌也。〔註79〕」只不過《周禮》記天子飲食多以禮食爲主，膳夫所饋亦爲盛饌，經文不具天子日常飲食的直接記載，僅以膳夫職下「王日一舉」和「王燕食」爲天子日常飲食的主要依據，孫詒

〔註71〕孫詒讓：《周禮正義》，中華書局，1987 年 12 月版，第 268、270、271、274 頁。

〔註72〕孫詒讓：《周禮正義》，中華書局，1987 年 12 月版，第 282 頁。

〔註73〕孫詒讓：《周禮正義》，中華書局，1987 年 12 月版，第 296、297 頁。

〔註74〕孫詒讓：《周禮正義》，中華書局，1987 年 12 月版，第 302、303 頁。

〔註75〕孫詒讓：《周禮正義》，中華書局，1987 年 12 月版，第 342、347、350 頁。

〔註76〕孫詒讓：《周禮正義》，中華書局，1987 年 12 月版，第 1240 頁。

〔註77〕孫詒讓：《周禮正義》，中華書局，1987 年 12 月版，第 270 頁。

〔註78〕孫詒讓：《周禮正義》，中華書局，1987 年 12 月版，第 271 頁。

〔註79〕孫詒讓：《周禮正義》，中華書局，1987 年 12 月版，第 235、236 頁。

讓云：「王舉則此官依法數共而親饋之。……此謂膳夫親進饋於王也。……食膳飲羞珍醬六者咸備其物，是饋饌之至盛者，故下注云『殺牲盛饌曰舉』。但此皆通舉大數，不必盡用；其常食亦取具於是，而數尤少，唯王所欲而進之。〔註80〕」說明膳夫主饋盛饌的同時，亦饋天子常食，只不過天子常食主要依照天子意願進行饋御。就天子日常飲食而言，主要包括朝食、燕食、燕飲食、稍事和非食時之飲等不同類別，再結合《禮記・玉藻》對於天子日常飲食的相關記載和膳夫饋御的主要職責來看，天子日常飲食的進御亦離不開膳、羞、食、飲四個方面。

首先，膳夫主饋天子常食之膳羞。膳夫日常饋食的主要依據是「王日一舉，鼎十有二，物皆有俎」。鄭玄注：「王日一舉，以朝食也」〔註81〕，在天子的日常飲食中，膳夫所待饋的主要是十二鼎所實之物。據《儀禮・聘禮》記載，十二鼎所實之物主要包括「牛、羊、豕、魚、腊、腸胃同鼎、膚、鮮魚、鮮腊，設扄鼏。臐、膮、膮，蓋陪牛、羊、豕」〔註82〕。按照膳夫「王日一舉」需要十二鼎的規模來看，《禮記・玉藻》所記十二鼎所實的內容也可以作為天子朝食膳牲、庶羞等盛饌的物類和規模的重要參考。而膳夫職記「王燕食，則奉膳贊祭」，鄭玄注：「奉膳，奉朝之餘膳」〔註83〕，則可以進一步說明膳夫以王日舉十二鼎所實之物為主饋內容，負責天子朝食、日中食餕、夕食等不同時段的食飲饋御工作。另據《儀禮・玉藻》記載天子日常飲食分為兩種情況即「日少牢，朔月大牢。〔註84〕」就天子日食少牢的情況而言，孫詒讓強調：「若少牢，則牢鼎無牛，陪鼎無臐」〔註85〕。不過還需考慮的是：內饔陳「鼎俎」的原則是舉其大數，而不全用，而膳夫主饋天子飲食的原則是「唯王所欲」，所以，天子日常飲食的進御存在較大的隨意性，但食飲供應的及時則是前提。除上述膳羞之外，《周禮》還特別強調魚物的供應，如《天官・鱉人》「春獻王鮪，辨魚物，為鱻薧，以共王膳羞。〔註86〕」《禮記・少儀》：「羞濡魚者進尾，冬右腴，夏右鰭。」孔疏云：此「皆謂尋常燕食所進

〔註80〕孫詒讓：《周禮正義》，中華書局，1987年12月版，第236、237頁。

〔註81〕孫詒讓：《周禮正義》，中華書局，1987年12月版，第242頁。

〔註82〕鄭玄注、賈公彥疏：《儀禮注疏》，阮元校刻《十三經注疏》，上海古籍出版社影印，1997年版，第1059頁。

〔註83〕孫詒讓：《周禮正義》，中華書局，1987年12月版，第250、251頁。

〔註84〕孫希旦：《禮記集解》，中華書局，1989年2月版，第777頁。

〔註85〕孫詒讓：《周禮正義》，中華書局，1987年12月版，第244頁。

〔註86〕孫詒讓：《周禮正義》，中華書局，1987年12月版，第302、303頁。

魚體」〔註87〕。因此，魚當是天子燕食所常備之物。另外王之稍事，膳夫「薦脯醢」，爲飲酒肴羞，亦屬膳夫所進御的庶羞一類。綜上，膳夫實際主掌了天子朝食盛饌、燕居常食、食間稍事等諸項飲食所需膳羞、魚物、脯醢等物的饋御工作。

其次，膳夫主饋天子簋簋之飯食。膳夫「凡王之饋，食用六穀」〔註88〕，說明膳夫除了主饋天子日常鼎俎所實的膳羞之外，所進御的內容還包括六穀飯食，但六穀飯食的具體要求還要參照《儀禮・玉藻》所記：天子「朔月少牢，五俎四簋」〔註89〕；《詩・秦風・權輿》：「於我乎，每食四簋。」毛傳：「四簋，黍稷稻粱」〔註90〕。孔穎達據此推測「天子朔月大牢，當六簋，黍稷稻粱麥苽各一簋也」〔註91〕，孫詒讓進一步指出：「天子唯朔食備用六穀，常食亦止四簋，與諸侯朔食同也」〔註92〕。此觀點符合禮制隆殺的特點，依其所言，天子日常飲食中，膳夫所饋主食以黍、稷、稻、粱爲主。

再次，酒正奉酒漿於王前，膳夫主饋於王。膳夫職記「凡王之饋，……飲用六清」〔註93〕，說明膳夫亦承擔主饋天子飲品之責，不過強調的是天子盛饌所需六清之飲，鄭司農云：「六清，水漿醴醫醬酏」〔註94〕，此同於《周禮》漿人所共王之六飲。實際上，天子盛饌設「四飲三酒」，「王之稍事」爲間食飲酒，漿人又「凡飲共之」〔註95〕，或禮事飲酒，或稍事飲酒，或醴清漱口，或卒食飲漿，或非食時飲以解渴等，飲酒、飲漿、飲水等不同需求已經成爲天子飲食生活中的必然行爲。《禮記・玉藻》：「日中而餕，奏而食。日少牢，朔月大牢。五飲，上水，漿、酒、醴、酏。卒食，玄端而居」〔註96〕。說明

〔註87〕 鄭玄注、孔穎達等正義：《禮記正義》，阮元校刻《十三經注疏》，上海古籍出版社影印，1997 年版，第 1515 頁。

〔註88〕 孫詒讓：《周禮正義》，中華書局，1987 年 12 月版，第 236 頁。

〔註89〕 鄭玄注、孔穎達等正義：《禮記正義》，阮元校刻《十三經注疏》，上海古籍出版社影印，1997 年版，第 1474 頁。

〔註90〕 鄭玄箋、孔穎達等正義：《毛詩正義》，阮元校刻《十三經注疏》，上海古籍出版社影印，1997 年版，第 374 頁。

〔註91〕 鄭玄注、孔穎達等正義：《禮記正義》，阮元校刻《十三經注疏》，上海古籍出版社影印，1997 年版，第 1474 頁。

〔註92〕 孫詒讓：《周禮正義》，中華書局，1987 年 12 月版，第 241 頁。

〔註93〕 孫詒讓：《周禮正義》，中華書局，1987 年 12 月版，第 236 頁。

〔註94〕 孫詒讓：《周禮正義》，中華書局，1987 年 12 月版，第 236 頁。

〔註95〕 孫詒讓：《周禮正義》，中華書局，1987 年 12 月版，第 371 頁。

〔註96〕 鄭玄注、孔穎達等正義：《禮記正義》，阮元校刻《十三經注疏》，上海古籍出版社影印，1997 年版，第 1473 頁。

天子日常飲品主要包括：水、漿、酒、醴、酏五類。而天子諸飲的供奉則主要由酒正、酒人和漿人三者完成，其中酒人、漿人主供應，將酒、漿等飲品入於酒府守藏，再由酒正奉之於王前，如鄭玄注漿人：「王之六飲，亦酒正當奉之」〔註97〕，孫詒讓亦云：「燕飲酒，王親與，故酒正奉之」〔註98〕，強調酒正奉酒漿諸飲於王前，再由膳夫饋之於王。

4. 天子日常飲食中的以樂侑食

侑食是祭祀、喪紀、燕飲酒、饗宴、朝聘、饋食等重大禮儀或聚飲場合的主要環節之一，其方式也較爲多樣，如「王饗醴，命公胙侑」〔註99〕、「饗之以璧侑」〔註100〕、「公受宰夫束帛以侑」〔註101〕、「以侑幣致之」〔註102〕、「以樂侑食」〔註103〕等，在諸類侑食方式中僅「以樂侑食」被明確地用於天子日常飲食的生活中。如《周禮》膳夫職記：「王日一舉，……以樂侑食」〔註104〕；《禮記・王制》：「天子食，日舉以樂」〔註105〕；《禮記・玉藻》天子「皮弁以日視朝，遂以食；日中而餕，奏而食」〔註106〕。日中而餕，在天子日常飲食中次於朝食和夕食，食餕尙奏樂而食，則朝、夕兩食以樂侑便可視爲常制。

另外《大戴禮記・保傅篇》引《青史氏記》：「……王后腹之七月，而就宴室。太史持銅而御戶左，太宰持斗而御戶右」，注云：「『史』當爲『師』」，引盧注云：「大師，瞽者」〔註107〕；《詩・周頌・有瞽》：「有瞽有瞽，在周之庭。」鄭玄箋：「瞽，樂官也。……瞽，矇也。以爲樂官者，目無所見，於音聲審也。〔註108〕」瞽者作爲樂官持銅器隨侍於王后身邊，其主要職責便是以

〔註97〕孫詒讓：《周禮正義》，中華書局，1987 年 12 月版，第 368 頁。
〔註98〕孫詒讓：《周禮正義》，中華書局，1987 年 12 月版，第 362 頁。
〔註99〕徐元誥：《國語集解》，中華書局，2002 年 6 月版，第 351 頁。
〔註100〕徐元誥：《國語集解》，中華書局，2002 年 6 月版，第 489 頁。
〔註101〕鄭玄注、賈公彥疏：《儀禮注疏》，阮元校刻《十三經注疏》，上海古籍出版社影印，1997 年版，第 1082 頁。
〔註102〕鄭玄注、賈公彥疏：《儀禮注疏》，阮元校刻《十三經注疏》，上海古籍出版社影印，1997 年版，第 1086 頁。
〔註103〕孫詒讓：《周禮正義》，中華書局，1987 年 12 月版，第 244 頁。
〔註104〕孫詒讓：《周禮正義》，中華書局，1987 年 12 月版，第 242、244 頁。
〔註105〕孫希旦：《禮記集解》，中華書局，1989 年 2 月版，第 340 頁。
〔註106〕孫希旦：《禮記集解》，中華書局，1989 年 2 月版，第 777 頁。
〔註107〕王聘珍：《大戴禮記解詁》，中華書局，1983 年 3 月版，第 59 頁。
〔註108〕鄭玄箋、孔穎達等正義：《毛詩正義》，阮元校刻《十三經注疏》，上海古籍出版社影印，1997 年版，第 594 頁。

樂侑食，而瞽者作爲宮廷樂官隨侍於天子也理所當然。又《左傳》哀公十四年所記：「左師每食，擊鍾。聞鐘聲，公曰：『夫子將食。』既食，又奏。〔註109〕」更能夠說明日常以樂侑食已經成爲普遍現象。

　　不過《周禮》所記，「以樂侑食」是作爲膳夫進御侍食天子的主要程序之一而存在的，因此，相應樂官團體便與膳夫形成官聯，在膳夫的安排下適時奏樂以完成「侑食」的工作。關於侑食的目的：孔穎達疏《禮記・玉藻》所記載「侑食」爲「明勸食於尊者之法」〔註110〕，孫希旦又強調「侑之以樂，不然，則有所不安於是也」〔註111〕。說明，膳夫作爲食官之長，負責料理天子日常飲食的同時，還專門安排以樂勸食的禮儀程序，無疑顯示了天子之尊，而「以樂侑食」本身又是爲了昭示天下之安然和諧，此亦爲天子常食以樂侑的重要目的所在。

5. 膳夫授祭與贊祭的區別

　　膳夫職記：「王日一舉，……以樂侑食，膳夫授祭，……王燕食，則奉膳贊祭。」鄭玄注：「王日一舉，以朝食也〔註112〕」，並言「禮，飲食必祭，示有所先……燕食，謂日中與夕食。〔註113〕」如鄭注說言，則膳夫的「授祭」與「贊祭」活動實際上涵蓋了天子一日三食食前的祭祀活動。所不同之處在於：天子日常飲食中，凡舉大牢時或者朝食祭祀時，由膳夫直接「授祭」；凡日中及夕之燕食則由膳夫「贊祭」。關於朝食膳夫「授祭」之物，可參考《周禮・春官》大祝「饗食，授祭」，鄭玄注：「授賓祭肺」，孫詒讓云：「凡酒食膳羞皆有祭，而肺爲重。〔註114〕」又《儀禮・燕禮》：「公祭如賓禮，膳宰贊授肺」〔註115〕，膳宰即爲膳夫。故在天子日常飲食生活中，膳夫因近侍於王，而擔當天子食祭前的「授肺」之職。關於燕食膳夫「贊祭」之物，鄭玄注：「所祭者牢肉」〔註116〕。所祭爲牢肉的原因見於：《禮記・玉藻》：「夕深衣，祭牢

〔註109〕楊伯峻：《春秋左傳注》，中華書局，1981 年 3 月版，第 1687 頁。

〔註110〕鄭玄注、孔穎達等正義：《禮記正義》，阮元校刻《十三經注疏》，上海古籍出版社影印，1997 年版，第 1476 頁。

〔註111〕孫希旦：《禮記集解》，中華書局，1989 年 2 月版，第 340 頁。

〔註112〕孫詒讓：《周禮正義》，中華書局，1987 年 12 月版，第 242、244、250 頁。

〔註113〕孫詒讓：《周禮正義》，中華書局，1987 年 12 月版，第 244、251 頁。

〔註114〕孫詒讓：《周禮正義》，中華書局，1987 年 12 月版，第 1476 頁。

〔註115〕鄭玄注、賈公彥疏：《儀禮注疏》，阮元校刻《十三經注疏》，上海古籍出版社影印，1997 年版，第 1017 頁。

〔註116〕孫詒讓：《周禮正義》，中華書局，1987 年 12 月版，第 251 頁。

肉」，孔疏云：「早起初殺之時，將食，先祭肺，以周人重肺。至夕將食之時，切牢肉爲小段而祭之，故云異於始殺也」〔註117〕。可見，在天子日常三食中，朝食最重，日中與夕食居次，三食之用祭物品也遵守隆殺要求，因此，日中與夕之食祭僅取牢肉以用，而膳夫也不再親自負責「授祭」工作，孫詒讓對膳夫「授祭」與「贊祭」的行爲進行推測：「其禮略殺，或中士以下更迭侍御與？〔註118〕」認爲天子日中與夕食的授祭情況可能由膳夫負責協助或準備祭食，由膳夫職下的中士、下士諸職更替授祭於天子。

6. 膳夫嘗食以示天子之尊

根據《周禮》所記，在天子正式進食之前，需要接受膳夫「品嘗食」的進御服務，而後「王乃食」〔註119〕。鄭玄注：「品者，每物皆嘗之，道尊者也」，賈公彥疏：「膳夫品物皆嘗之，王乃食也。〔註120〕」孫詒讓云：「膳夫共王食，故掌爲王嘗羞，道王使食之」〔註121〕。膳夫「品嘗食」的目的是爲了引導天子進食，並示天子之尊貴。其它禮書中亦有侍食、先飯或嘗食情況的存在，如《禮記·少儀》：「燕侍食於君子，則先飯而後己」〔註122〕；《禮記·曲禮上》：「侍食於長者」〔註123〕；《禮記·玉藻》：「侍食於先生、異爵者，後祭先飯」〔註124〕。從接受侍食的對象來看，侍食的目的主要是爲了侍君、侍長、侍賢或侍尊，侍食因此而作爲飲食活動中一個重要的禮儀環節存在，常見於各種飲食場合中，其中亦包括燕居飲食。還需要注意的是侍食的主要方式是：先飯，鄭玄注「所以勸也」，賈疏言：「先飯，先君子之飯，若嘗食」〔註125〕。

〔註117〕鄭玄注、孔穎達等疏：《禮記正義》，阮元校刻《十三經注疏》，上海古籍出版社影印，1997年版，第1474頁。

〔註118〕孫詒讓：《周禮正義》，中華書局，1987年12月版，第245頁。

〔註119〕孫詒讓：《周禮正義》，中華書局，1987年12月版，第244頁。

〔註120〕鄭玄注、賈公彥疏：《周禮注疏》，阮元校刻《十三經注疏》，上海古籍出版社影印，1997年版，第660頁。

〔註121〕孫詒讓：《周禮正義》，中華書局，1987年12月版，第247頁。

〔註122〕鄭玄注、孔穎達等正義：《禮記正義》，阮元校刻《十三經注疏》，上海古籍出版社影印，1997年版，第1515頁。

〔註123〕鄭玄注、孔穎達等正義：《禮記正義》，阮元校刻《十三經注疏》，上海古籍出版社影印，1997年版，第1242頁。

〔註124〕鄭玄注、孔穎達等正義：《禮記正義》，阮元校刻《十三經注疏》，上海古籍出版社影印，1997年版，第1483頁。

〔註125〕鄭玄注、孔穎達等正義：《禮記正義》，阮元校刻《十三經注疏》，上海古籍出版社影印，1997年版，第1515頁。

因此，在侍食程序中，先飯便可以理解為嘗食，則《周禮》膳夫「品嘗食」便是天子日常生活中侍食的主要方式。

關於嘗食也常見於諸侯飲食過程中，如《禮記·玉藻》：「若有嘗羞者，則俟君之食，然後食。」鄭玄注：「（臣）不嘗羞，膳宰存也。〔註126〕」這說明嘗食確實是存在於諸侯饗宴的程序中，而膳宰實際上就是君主日常嘗食、嚮導飲食的主要負責者，也因此而參與到各種禮食場合中來，為君主提供嘗食的專職服務。當膳宰不在時，則嘗食的工作由臣子擔當，如《禮記·玉藻》同記：「若賜之食而君客之，則命之祭，然後祭。先飯，辯嘗羞，飲而俟。」鄭玄注：「君將食，臣先嘗之，忠孝也。〔註127〕」另外，古禮侍奉尊長不僅體現在品嘗食物之上，如《禮記·曲禮下》：「君有疾，飲藥，臣先嘗之；親有疾，飲藥，子先嘗之。〔註128〕」《穀梁傳》昭公十九年：「許世子不知嘗藥，累及許君也。〔註129〕」實際上，無論嘗食還是嘗藥，已經不僅僅單純地作為進食之環節而存在，而是通過嘗食之行為來體現尊君、忠孝的思想觀念，《周禮》所記膳夫以食官之長的重臣身份為天子「品嘗食」，無疑是這一觀念的集中體現。

7. 天子日常飲食中的卒食與徹食

在禮食或常食中，卒食與徹食均是一項必要的環節，所不同之處在於：卒食指主人或者賓客飲食完畢，從飲食主體來講標誌著飲食活動進入尾聲；而徹食則是對於侍食者職能方面的要求，標誌其侍食工作的結束。在天子的日常飲食中，天子卒食與徹食的相關服務均由膳夫負責。《周禮》膳夫職記：王食，膳夫「以樂侑食，……卒食，以樂徹於造」〔註130〕，說明天子日常飲食活動，無論從禮儀程序還是從專職服務上均是一個完整的過程，而膳夫以樂徹食則從程序上宣告此次飲食活動的結束。考慮到王日一舉，日中而餕的情況，孫詒讓總結：「王卒食，則分徹於二簋，庋置以俟餕」〔註131〕，膳夫將

〔註126〕鄭玄注、孔穎達等正義：《禮記正義》，阮元校刻《十三經注疏》，上海古籍出版社影印，1997 年版，第 1475 頁。

〔註127〕鄭玄注、孔穎達等正義：《禮記正義》，阮元校刻《十三經注疏》，上海古籍出版社影印，1997 年版，第 1475 頁。

〔註128〕鄭玄注、孔穎達等正義：《禮記正義》，阮元校刻《十三經注疏》，上海古籍出版社影印，1997 年版，第 1268 頁。

〔註129〕何休注、徐彥疏：《春秋穀梁傳注疏》，阮元校刻《十三經注疏》，上海古籍出版社影印，1997 年版，第 2439 頁。

〔註130〕孫詒讓：《周禮正義》，中華書局，1987 年 12 月版，第 247 頁。

〔註131〕孫詒讓：《周禮正義》，中華書局，1987 年 12 月版，第 247 頁。

朝食之餕餘徹入二簋，保持恒溫以待日中而食。類似記載見於《儀禮・公食大夫禮》：「卒食，徹于西序端〔註132〕」；《禮記・內則》：「君已食，徹焉，使之特餕，遂入御。〔註133〕」徹入兩簋和西序之端均是爲了以備「食餕」之需，此爲「既食恒餕」的表現，多指日常飲食而言。另外膳夫掌控「以樂侑食」與「以樂徹於造」亦是「善終者如始」〔註134〕思想在日常飲食上的體現。而且《大戴禮記・保傅篇》亦云：「食以禮，徹以樂」〔註135〕，《左傳》襄公二十六年：「不舉則徹樂」〔註136〕。說明除不舉的特殊情況外，飲食之間均不忘禮樂，已經成爲天子或諸侯等飲食活動的常見禮法。而且《周禮》內宗「薦加豆籩，及以樂徹」〔註137〕；外宗：「眡豆籩，及以樂徹亦如之」〔註138〕，加上樂師本職便有「及徹，帥學士而歌徹」〔註139〕的記載，表明《周禮》經文確實構建了一個祭祀、喪紀甚至日舉飲食等活動中用樂及徹樂的完整環節，而天子日常飲食前後用樂的工作則有膳夫、大司樂、樂師及瞽矇等樂官聯合完成。

綜合看來，《周禮》記天子飲食，同重禮食與常食。注重禮食的排場、規模及不同層級的服務事項和要求，注重常食的細節與專職服務，從天子日常飲食的專職服務與食飲細節上看，更突出的是天子的核心與權威。在天子日常飲食與專職服務中，以膳夫執掌爲最重。膳夫：「掌王之食飲膳羞，以養王及后世子。……掌后及世子之膳羞……歲終則會，唯王及后世子之膳不會」〔註140〕。此爲王室起居飲食的一般概括。膳夫作爲食官之長既是王室飲食的總體掌控者，又是天子飲食的近身服御者，其特殊地位爲其他食飲諸官所不及。在飲食進御的專職服務上，膳夫實際上是爲王所專用，負責天子饋食、王舉、王燕食、稍事、賓客、饗宴等食、膳、飲、羞、珍、醬等盛饌的進御；在天子進

〔註132〕鄭玄注、賈公彥疏：《儀禮注疏》，阮元校刻《十三經注疏》，上海古籍出版社影印，1997年版，第1086頁。

〔註133〕鄭玄注、孔穎達等正義：《禮記正義》，阮元校刻《十三經注疏》，上海古籍出版社影印，1997年版，第1470頁。

〔註134〕鄭玄注、孔穎達等正義：《禮記正義》，阮元校刻《十三經注疏》，上海古籍出版社影印，1997年版，第1604頁。

〔註135〕王聘珍：《大戴禮記解詁》，中華書局，1983年3月版，第54頁。

〔註136〕楊伯峻：《春秋左傳注》，中華書局，1981年3月版，第1120頁。

〔註137〕孫詒讓：《周禮正義》，中華書局，1987年12月版，第1690頁。

〔註138〕孫詒讓：《周禮正義》，中華書局，1987年12月版，第1692頁。

〔註139〕孫詒讓：《周禮正義》，中華書局，1987年12月版，第1809頁。

〔註140〕孫詒讓：《周禮正義》，中華書局，1987年12月版，第235、254、257頁。

食環節中，膳夫專為天子提供侑食、嘗食、徹造等細節服務，這些細節服務存在於天子饋食、王舉、王燕食、稍事、賓客、饗宴等諸項飲食活動之中，其中天子燕食無疑對於膳夫日常工作的精細和持之以恒提出了更高的要求。

第三節　周代存在以膳夫為核心的食官群體

　　銘文材料與先秦文獻中所記食官較多，而對於食官團體或制度的討論也是歷來是學者在討論周代飲食制度或飲食文化時必備的研究專題。總體看來，學者們關注的是對於諸食官職能、特點的討論，並在文獻研究的基礎上，結合銘文資料，對相應職官進行歷史考察，對相應職官所反映的時代背景與職能特點進行相關討論。本文在前人研究的基礎上，在考察天子食飲專職的同時，所關注的是對於諸職職能中所涉及到的周代天子或貴族日常飲食諸項環節的梳理和討論。

一、膳夫的食官本職

　　關於膳夫一職的職能和地位，無論青銅銘文還是文獻記載均較為常見，除去膳夫在政治上參政情況的討論外，其食飲近侍職能得到學界一致認可。無論膳夫地位顯赫還是低賤，參政或是傳令，其核心職能仍以掌王室飲食，並專司天子食飲的饋、獻為主，膳夫的其它職能均是建立在此核心職能基礎上的進一步衍生。如《詩經·小雅·十月之交》：「皇父卿士，番維司徒，家伯維宰，仲允膳夫。」鄭玄箋：「膳夫，上士也，掌王之飲食膳羞。〔註141〕」又《詩經·大雅·雲漢》：「旱既太甚，散無友紀。鞫哉庶正，疚哉冢宰。趣馬師氏，膳夫左右。」鄭玄箋：「歲凶，年穀不登，……膳夫徹膳，左右布而不脩，大夫不食粱，士飲酒不樂。〔註142〕」可見，膳夫雖與卿士、冢宰、司徒等王室要職並列，但是膳夫成為天子職官體系中的一個重要組成部分的原因，仍是其作為天子食飲生活的專職而存在，其職能的核心亦如《國語·周語》諸篇中所記「膳宰致饗」〔註143〕；「宰夫陳饗，膳宰監之，膳夫贊王」〔註

〔註141〕鄭玄箋、孔穎達等正義：《毛詩正義》，阮元校刻《十三經注疏》，上海古籍出版社影印，1997 年版，第 446 頁。

〔註142〕鄭玄箋、孔穎達等正義：《毛詩正義》，阮元校刻《十三經注疏》，上海古籍出版社影印，1997 年版，第 562 頁。

〔註143〕徐元誥：《國語集解》。中華書局，2002 年 6 月版，第 67 頁。

144〕，也就是說無論膳夫的政治地位如何，膳夫一職的存在仍離不開其致膳於王的本職。所不同的是西周金文對於膳夫職能和地位的記載確實存在較大出入，例如《大鼎》、《大克鼎》、《吳虎鼎》等記載善夫負有傳達王命的職能，但不能否認善夫這些職能的賦予均與其作爲天子飲食近侍的特殊地位相關，而且《善夫山鼎》：「令汝官司飲獻人〔註145〕」及《大鼎》：「王饗醴，王呼膳夫駿召大以乒入玎」〔註146〕，從善夫之職或專司食飲、或參與天子食飲宴饗隨侍於天子左右的記載來看，膳夫的核心身份仍以食官爲主。《周禮》膳夫一職地位及具體職能的設定，無疑秉承了膳夫主掌膳羞的一貫職能，而淡化了其出入王命的政治職能，使得膳夫回歸其食官本職，也體現了《周禮》六官涇渭分明、各司其職的理想化構建。

二、膳夫所掌天子飲食基本環節的考察

《周禮》所記天子日常飲食活動主要集中於膳夫職下，從器物的陳放到膳饌的進饋，從侑樂的奏起到食祭的授贊，從食物的辨嘗到以樂徹食的安排，均在膳夫的掌控之下，可以說與諸多禮食相比，《周禮》記天子日常飲食在進食規模上遵循隆殺的同時，更注重過程的完整和環節的緊湊。在先秦文獻中，亦有膳夫及天子飲食環節的相關記載。如《國語·周語上》：「及籍，……畢，宰夫陳饗，膳宰監之。膳夫贊王，王歆太牢，班嘗之，庶人終食。〔註147〕」《儀禮·燕禮》中又詳細記載了膳夫職能及其職下諸侯食飲的基本環節，如「膳宰具官饌于寢東，樂人縣，……膳宰薦脯醢，……膳宰設折俎，……膳宰贊授肺……膳宰徹公俎」〔註148〕，另《禮記·玉藻》：「皆造於膳宰」〔註149〕，亦同於《周禮》膳夫「以樂徹於造」，說明膳夫所掌「造」確實是食物恒放與存儲之處，並在整個燕禮的過程中，大師、樂正、樂人等樂官均參與其中，

〔註144〕徐元誥：《國語集解》。中華書局，2002 年 6 月版，第 19 頁。

〔註145〕陝西省博物館：《陝西省博物館新近徵集的幾件西周銅器》，《文物》，1965 年第 7 期。

〔註146〕楊樹達：《積微居金文說》，中華書局，1997 年 12 月版，第 256 頁。

〔註147〕徐元誥：《國語集解》。中華書局，2002 年 6 月版，第 18、19 頁。

〔註148〕鄭玄注、賈公彥疏：《儀禮注疏》，阮元校刻《十三經注疏》，上海古籍出版社影印，1997 年版，第 1014、1016、1017、1022 頁。

〔註149〕鄭玄注、孔穎達等正義：《禮記正義》，阮元校刻《十三經注疏》，上海古籍出版社影印，1997 年版，第 1483 頁。

按照進食環節演進的要求而奏響不同的音樂加以侑食，而且在不同的禮儀場合中，膳夫或膳宰均負責陳器、設饌、授祭、贊祭、徹食等工作，保證天子或諸侯進食程序地順利演進。另外《禮記・文王世子》：「《世子之記》：……朝夕之食上，世子必在視寒煖之節；食下，問所膳羞。必知所進，以命膳宰，然後退。若內豎言『疾』。則世子親齊玄而養，膳宰之饌，必敬視之；疾之藥。必親嘗之。〔註150〕」也證明了膳宰（即膳夫）對於周天子日常飲食生活的照顧，其職能主要是進饋膳饌，只是膳宰嘗食的職能由文王代替。從膳夫職能與天子或諸侯燕禮的環節來看，《周禮》所記膳夫與天子日常飲食諸項環節同文獻中所記天子燕禮或諸侯燕禮的諸項環節基本一致，說明《周禮》對於天子日常飲食諸項環節的構建以及膳夫的進饋服務符合一般禮制的要求，只是更注重環節的緊促和程序的完整。

三、其他重要食官職能的考述

如前文所述，膳夫是天子日常飲食全局的總體掌控者，但這並不能說明膳夫需要事事親為，需要膳夫所屬如陳器、選饌、饋食等職官的有序配合。因此，除膳夫所掌外，還需要內饔、庖人、亨人、獸人、鱉人、酒正、饎人等職負責食、飲、膳、羞等飲食基本方面的選擇和辨別，以及飲食器物的陳列和填實。保證天子日常飲食質量的同時，亦保障食飲環節的有序演進。上述職官鮮少見於金文，故將文獻可考者列述如下：

庖人，《周禮》記庖人主要「掌共六畜、六獸、六禽，辨其名物」〔註151〕。首先負責獸物或畜禽的初步辨別與選擇，將適用於天子飲食的畜禽供於膳夫、內外饔等職，再進行下一步選擇和加工。文獻中另有庖正、庖宰等職，《左傳》哀公元年：「（夏少康）逃奔有虞，為之庖正。」杜預注：「庖正，掌膳羞之官。〔註152〕」《韓非子・難言》：「（伊尹）身執鼎俎，為庖宰。〔註153〕」說明庖人一職有一定的歷史傳承，而且職能均是圍繞鼎俎、膳牲展開。又如《孟子・萬章下》：「庖人繼肉」〔註154〕；《呂氏春秋・精通》：「宋之庖丁好解牛」

〔註150〕孫希旦：《禮記集解》，中華書局，1989年2月版，第579、580頁。

〔註151〕孫詒讓：《周禮正義》，中華書局，1987年12月版，第257頁。

〔註152〕杜預注、孔穎達等正義：《春秋左傳正義》，阮元校刻《十三經注疏》，上海古籍出版社影印，1997年版，第2154頁。

〔註153〕王先慎：《韓非子集解》，中華書局，1998年7月版，第22頁。

〔註154〕楊伯峻：《孟子譯注》，中華書局，1960年1月版，第245頁。

〔註155〕，這與《周禮》經文所記庖人相比，其對膳牲肉食掌控或加工方面的職能基本一致。

內饔，《周禮》記內饔職能傾向於其掌王室：「膳羞之割亨煎和之事」〔註156〕，但在天子日常飲食生活中，除了「割亨煎和」之外，內饔還主要負責膳食的辨別、挑選、供應，以及鼎俎等器物的陳列。金文記內饔之職並不多見，徐宗元《金文中所見官名考》引《鄭饔邊父鼎》：「鄭饔邊父鑄鼎，其萬年子孫永用」，並指出：「鼎銘之饔，既曰鄭饔，自為侯國之饔官，蓋即《儀禮》、《左傳》之饔人也」〔註157〕。因金文中對於「饔」職能的記載並不詳細，因此，其考察範圍仍以文獻為主。《左傳》襄公二十八年：「公膳日雙雞，饔人竊更之以鶩，御者知之。〔註158〕」饔人能夠竊換大夫飲食所用的膳禽，則可以說明饔人確實利用了其辨別和選饌的特權，但是饔人不負責進饋食物。《禮記・喪大記》：「雍人出鼎」〔註159〕；《儀禮・公食大夫禮》：「雍人以俎入，陳于鼎南」〔註160〕；《儀禮・少牢饋食禮》：「雍人摡鼎匕俎于雍爨。……雍人陳鼎五」〔註161〕；《儀禮・有司》：「雍人合執二俎，陳于羊俎西。……雍人授次賓疏匕與俎，受于鼎西」〔註162〕。上述所列雍人之職多集中在其對於鼎、俎、匕等食器的陳列以及膳食選擇供應之上，而《周禮》內饔執掌便包括「王舉，則陳其鼎俎，以牲體實之。選百羞、醬物、珍物以俟饋」〔註163〕，可見，「三禮」及《左傳》對於雍人、饔人和內饔職能的記載存在較大的一致性，所不同的是《儀禮》、《禮記》關注的是周代貴族食飲盛饌場合下雍人陳器的主要職能，而《周禮》則將內饔之職提升並細化至「王舉」盛饌，甚至在「王日一舉」也就是天子日常飲食活動中擔當陳器、選饌、供應等諸項職能。

〔註155〕陳奇猷：《呂氏春秋新校釋》，上海古籍出版社，2002年版，第514頁。

〔註156〕孫詒讓：《周禮正義》，中華書局，1987年12月版，第268頁。

〔註157〕徐宗元：《金文中所見官名考》，《福建師範學院學報》，1957年第2期，第10頁。

〔註158〕楊伯峻：《春秋左傳注》，中華書局，1981年3月版，第1146頁。

〔註159〕鄭玄注、孔穎達等正義：《禮記正義》，阮元校刻《十三經注疏》，上海古籍出版社影印，1997年版，第1574頁。

〔註160〕鄭玄注、賈公彥疏：《儀禮注疏》，阮元校刻《十三經注疏》，上海古籍出版社影印，1997年版，第1080頁。

〔註161〕鄭玄注、賈公彥疏：《儀禮注疏》，阮元校刻《十三經注疏》，上海古籍出版社影印，1997年版，第1197頁。

〔註162〕鄭玄注、賈公彥疏：《儀禮注疏》，阮元校刻《十三經注疏》，上海古籍出版社影印，1997年版，第1207、1208頁。

〔註163〕孫詒讓：《周禮正義》，中華書局，1987年12月版，第269、270頁。

　　酒正，《周禮》記酒正職能除了「掌酒之政令」〔註164〕外，與天子日常飲酒相關的便是辨別三酒、四飲，並爲天子親奉飲酒，故酒正在酒政的掌控或食飲的辨別、選擇與進奉方面，具有相對的權威，上聽命於膳夫，下率酒人、漿人等職專門負責天子祭祀、賓客、喪紀及日常食飲的安排和進御。文獻中不見酒正一職，但有大酋一職，在職能上與酒正相當。《說文·酋部》：「酋，繹酒也。……禮有大酋，掌酒官也」〔註165〕。《禮記·月令》：「（仲冬之月）乃命大酋，秫稻必齊，麴蘗必時，湛熾必絜，水泉必香，陶器必良，火齊必得。兼用六物，大酋監之，毋有差貸。」鄭玄注：「大酋者，酒官之長也」〔註166〕。同時《呂氏春秋·仲冬紀》高誘注：「大酋，主酒官也」〔註167〕。顯然大酋對於釀酒所用穀物、水、器物及火候等方面的監督，相當於酒正「以式灋授酒材」〔註168〕。另有《墨子·天志下》：「婦人以爲舂、酋」〔註169〕，王念孫《讀書雜志·墨子三》：「據此，則酒官謂之酋者，以其掌酒也。然則女奴之掌酒者，亦得謂之酋矣。〔註170〕」相當於酒人職下的女奚。只不過文獻所記大酋傾向於其造酒職能，而《周禮》酒正執掌則更傾向於「三酒四飲」之酒政的全面掌控。

　　司尊彝，《周禮》記司尊彝主要負責天子飲食活動中尊、彝之類酒器的陳實。類似的職官見於《國語·周語上》：「王乃淳濯饗醴，及期，鬱人薦鬯，犧人薦醴，王祼鬯，饗醴乃行，百吏、庶民畢從。〔註171〕」天子入住齋宮之後，鬱人與犧人分別作爲進御職官專司「薦鬯」與「薦醴」，負責天子祭祀所用的鬯、醴之類，另據徐元誥注：「犧人司尊，掌共酒醴」〔註172〕，再加上《周禮》鬱人「和鬱鬯，以實彝而陳之」〔註173〕，司尊彝：「掌六尊、六彝之位，詔其酌，辨其用與其實」〔註174〕。說明《國語》所記犧人司尊與郁人司彝等

〔註164〕孫詒讓：《周禮正義》，中華書局，1987年12月版，第341頁。
〔註165〕許慎：《說文解字》，中華書局，1963年12月版，第313頁。
〔註166〕鄭玄注、孔穎達等正義：《禮記正義》，阮元校刻《十三經注疏》，上海古籍出版社，1997年版，第1383頁。
〔註167〕陳奇猷：《呂氏春秋新校釋》，上海古籍出版社，2002年版，第578頁。
〔註168〕孫詒讓：《周禮正義》，中華書局，1987年12月版，第341頁。
〔註169〕吳毓江：《墨子校注》，中華書局，1993年10月版，第321頁。
〔註170〕王念孫：《讀書雜志（中冊）》，北京市中國書店，1985年3月版，第76頁。
〔註171〕徐元誥：《國語集解》。中華書局，2002年6月版，第18頁。
〔註172〕徐元誥：《國語集解》。中華書局，2002年6月版，第18頁。
〔註173〕孫詒讓：《周禮正義》，中華書局，1987年12月版，第1490頁。
〔註174〕孫詒讓：《周禮正義》，中華書局，1987年12月版，第1513頁。

職能，同於《周禮》之司尊彝和鬱人等職，只不過所述陳酒器之職多服務於天子祭祀、賓客等大型禮食場合，而天子日常飲食中飲酒、稍事、非食時之飲等眾多飲酒活動中所使用的器用，由犧人、鬱人或司尊彝等職陳之、實之，實有可能。

獸人，《周禮》記載獸人「掌罟田獸，辨其名物。冬獻狼，夏獻麋，春秋獻獸物。〔註175〕」在天子飲食生活中，主要負責牲獸的捕獲與供應，而且分時段供應應季的獸類動物，顯然，獸人所擔當「辨其名物」不能僅視為是基本獸類的區分，注重的是選其善者獻入王宮，是膳牲選饌的第一層保障。同類職官亦見於《左傳》、《國語》，如宣公十二年：「獸人無乃不給於鮮」〔註176〕，襄公四年：「獸臣司原，敢告僕夫。」楊伯峻注：「獸臣，主管禽獸之臣，即虞人之變稱。〔註177〕」《國語・魯語上》：「獸虞於是乎禁罝羅」，韋昭注：「獸虞，掌鳥獸之禁令。〔註178〕」說明獸人享有牲獸捕殺的權限，在此基礎上其所供應的膳牲必須以應季或新鮮為標準，因此，獸人在負責供應的前提是辨別與選擇，保證獸物的質量。

綜上所述，前文所考職官的共同特點是：為天子日常飲食生活提供陳器、選饌、饋食等專職服務。不能代表天子或王室食官體系的全部，但卻是王室食飲諸官體系中地位較高者，如膳夫、酒正等自身便是食官、酒官之長，諸職職能除專御天子以示其尊外，亦能夠反映出天子或王室禮食或常食生活中的基本環節。而《周禮》對於上述諸官本職的記載與文獻所記職官之本職基本一致，所不同的是《周禮》在此基礎上，為散記於不同文獻下的膳夫、庖人、酒正、內饔、司尊彝、獸人等職設定了一個施職的共同目標即為天子禮食與常食提供專職服務，將其職能細緻劃分甚至衍生的同時，使諸職之間有了一個必然的聯繫，成為天官統屬下天子食官團體的重要組成部分。

〔註175〕孫詒讓：《周禮正義》，中華書局，1987年12月版，第296、297頁。
〔註176〕楊伯峻：《春秋左傳注》，中華書局，1981年3月版，第736頁。
〔註177〕楊伯峻：《春秋左傳注》，中華書局，1981年3月版，第939頁。
〔註178〕徐元誥：《國語集解》。中華書局，2002年6月版，第169頁。

第三章　醫官類

　　《周禮》醫師職下領有：食醫、疾醫、瘍醫和獸醫四官，屬天官統屬，處於食、飲諸官之間。按照《天官・敘官》的記載，醫官之長醫師與食官之長膳夫同為上士，說明兩者之間不存在上下統屬的關係，均並列於大宰所掌的天官體系之中。不過醫官所特有的調和職能，使得食、醫、飲等關乎王室日常飲食的諸類要職得以有序地配合起來，以保證王室飲食生活的安全和健康。醫官的這一特點決定了《周禮》中的醫官不可能完全獨立於天官系統中，因此，本文以醫官諸職為線索，考述《周禮》所記王室起居生活中食、醫、飲等諸官的聯事情況，其中特別關注食醫與王室日常飲食的關係。在此基礎上，再對《周禮》醫官的相關問題進行專門討論，如食醫的特殊性、王室貴族醫療、王室疾病防禦體系等。另外，本文還以先秦文獻所記巫職及醫職作為考察對象，對巫之醫事、醫職起源與發展、巫、醫性質以及兩者關係等進行專題討論，進而對《周禮》醫官所反映的時代進行探究。

第一節　《周禮》醫官及諸職聯事

　　《周禮・天官》大宰職云：「以八灋治官府：……三曰官聯，以會官治；四曰官常，以聽官治……」，鄭司農云：「官聯謂國有大事，一官不能獨共，則六官共舉之。……官常謂各自領其官之常職，非聯事通職所共也」〔註1〕。從《周禮》醫官的總體執掌來看，其職應屬各司常職，並非聯事通職，與六官所共舉的國之大事也不直接相關，因此，諸醫職的官聯實非大宰職記

〔註1〕孫詒讓：《周禮正義》，中華書局，1987年12月版，第62頁。

和先鄭所述之官聯，而更傾向於小宰所記「凡小事皆有聯」〔註2〕的情況。

一、醫師之職及相關聯事

醫師「上士二人，下士四人，府二人，史二人，徒二十人」〔註3〕，根據《周禮》記載，其執掌主要分爲三個方面：一、掌醫事政令，「掌醫之政令，聚毒藥以共醫事」；二、掌醫職之分工，「凡邦之有疾病者、有疕瘍者造焉，則使醫分而治之」；三、掌醫職的年終考察，「稽其醫事以制其食」〔註4〕。其中第二、三項職能屬於醫師專職，第一項職能則需要與他職發生聯事。

實際上，醫師之「聚毒藥」是《周禮》所記王室物品供應系統中的一環，主要儲備的是出於山澤的毒藥之物，此爲醫師的府藏職能，那麼毒藥之物的供應者便與醫師發生聯事。此類職官包括：委人，掌「斂野之賦，斂薪芻，凡疏材、木材，凡畜聚之物」，鄭玄注：「凡疏材，草木有實者也」〔註5〕，委人將百疏之財賦斂聚集，而醫師則挑去其中毒藥之物積聚儲藏。山虞，鄭玄注「虞，度也，度知山之大小及所生者」〔註6〕，林衡，鄭玄注「衡，平也。平林麓之大小及所生者」〔註7〕；川衡，賈疏云「平知川之遠近、寬狹及物之所出」〔註8〕；澤虞，韋注云「掌度知川澤之大小及所生育者」〔註9〕，除了此四職專司通曉山、林、川、澤所生物種之外，還有迹人通曉禽獸蹤跡、角人掌「以時徵齒角凡骨物于山澤之農」〔註10〕、掌蜃「掌斂互物蜃物」〔註11〕及場人斂「樹之果蓏珍異之物」〔註12〕。上述列舉說明：委人、山虞、林衡、川衡、澤虞、迹人、角人、掌蜃、場人等職各自承擔著王室生活物品供應體系的某一環節，諸職聯合構成了王室龐大的物品供應體系，保證了王室飲食、服飾、器用、珍異、賞賜等物品的及時供應，這正是大宰以九職任萬民中「三

〔註2〕 孫詒讓：《周禮正義》，中華書局，1987年12月版，第164頁。
〔註3〕 孫詒讓：《周禮正義》，中華書局，1987年12月版，第31頁。
〔註4〕 孫詒讓：《周禮正義》，中華書局，1987年12月版，第315～317頁。
〔註5〕 孫詒讓：《周禮正義》，中華書局，1987年12月版，第1173頁。
〔註6〕 孫詒讓：《周禮正義》，中華書局，1987年12月版，第673頁。
〔註7〕 孫詒讓：《周禮正義》，中華書局，1987年12月版，第674頁。
〔註8〕 孫詒讓：《周禮正義》，中華書局，1987年12月版，第675頁。
〔註9〕 徐元誥：《國語集解》，中華書局，2002年6月版，第223頁。
〔註10〕 孫詒讓：《周禮正義》，中華書局，1987年12月版，第1211頁。
〔註11〕 孫詒讓：《周禮正義》，中華書局，1987年12月版，第1218頁。
〔註12〕 孫詒讓：《周禮正義》，中華書局，1987年12月版，第1221頁。

曰虞衡，作山澤之材；四曰藪牧，養蕃鳥獸」〔註 13〕的具體體現，當然上述所列物類中，醫官選取所需的醫用藥材加以儲備守藏，而且委人諸職也會將毒藥之賦斂直入醫師手中，再進行分類加工，以待行醫之用。

二、食醫之職及相關聯事

《周禮》記載食醫執掌主要是調和王之飲食，僅「中士二人」〔註 14〕，賈公彥云「腊人、食醫之等府史俱無者，以其專官行事，更無所須故也」〔註 15〕，食醫之職無府、史、胥、徒等輔助，卻又擔任王之飲、食、膳、羞的調和與劑量，其職能的行使便不可避免地需要與他職聯事。

食醫「掌和王之六食、六飲、六膳、百羞、百醬、八珍之齊」〔註 16〕。根據食醫職能來看，食醫首要職責應該是輔助膳夫總控王之飲食膳羞的齊和，在此前提下，食醫配合王室飲食各環節下的其它諸職，對各自所掌的相關物品，在量和味方面進行細化地調控。食醫與膳夫下屬的聯事具體分為兩個層次：

首先，食醫「掌和王之六食、六飲、六膳、百羞、百醬、八珍之齊」，目的是「會膳食之宜」〔註 17〕，使牲穀相配，氣味相宜，而上述諸類物品齊和與劑量的掌控也不可能由食醫獨立完成，食醫的主要職責應該是對上述物品的調和與劑量進行總控。這便需要與以下諸官發生聯事：庖人、內饔、饎人、亨人、醢人、醯人、場人等。庖人「掌共六畜、六獸、六禽，辨其名物」〔註 18〕，負責王室所用牲禽之生、鮮、乾、薧，以及禽獻的煎和調味等事；內饔則主要掌王室「膳羞之割亨煎和之事，辨體名肉物，辨百品味之物」，並「選百羞、醬物、珍物以俟饋」〔註 19〕；饎人「共王及后之六食」〔註 20〕；酒正、酒人和漿人共王之三酒、四飲、五齊、六飲之齊和；亨人共羹之齊和；醢人和醯人共掌醯醬之物的齊和；場人、山師、川

〔註 13〕孫詒讓：《周禮正義》，中華書局，1987 年 12 月版，第 78 頁。
〔註 14〕孫詒讓：《周禮正義》，中華書局，1987 年 12 月版，第 32 頁。
〔註 15〕孫詒讓：《周禮正義》，中華書局，1987 年 12 月版，第 21 頁。
〔註 16〕孫詒讓：《周禮正義》，中華書局，1987 年 12 月版，第 318 頁。
〔註 17〕孫詒讓：《周禮正義》，中華書局，1987 年 12 月版，第 321 頁。
〔註 18〕孫詒讓：《周禮正義》，中華書局，1987 年 12 月版，第 257 頁。
〔註 19〕孫詒讓：《周禮正義》，中華書局，1987 年 12 月版，第 268、270 頁。
〔註 20〕孫詒讓：《周禮正義》，中華書局，1987 年 12 月版，第 1240 頁。

師等專供「珍異之物」。食醫與上述諸官聯事的根本原則是：按照四時，會膳食之宜。其中庖人講求「凡用禽獸，春行羔豚，膳膏香；夏行腒鱐，膳膏臊；秋行犢麛，膳膏腥；冬行鱻羽，膳膏羶」〔註21〕。內饔：「辨腥臊羶香之不可食者」〔註22〕，獸人講求：「冬獻狼，夏獻麋，春秋獻獸物」〔註23〕。而食醫無疑對上述理論進行了詳細總結：「凡食齊眡春時，羹齊眡夏時，醬齊眡秋時，飲齊眡冬時。……凡會膳食之宜，牛宜稌，羊宜黍，豕宜稷，犬宜粱，雁宜麥，魚宜苽」〔註24〕。食醫的齊和理論實際上針對了上述飲食諸官的具體職責，綜合春夏秋冬、食羹醬飲及膳食搭配的宜忌等諸多元素，對王室龐大飲食體系的進行整體調和。

其次，輔助食醫調和的相關聯職。食醫除了負責王室飲食膳羞的齊和搭配外，還有一類專職：以調五味為主，「凡和，春多酸，夏多苦，秋多辛，冬多鹹，調以滑甘」〔註25〕。食醫這一職責需亨人、鹽人、醢人、凌人、籩人等輔助完成。

亨人用水、火以調生、熟、淡、焦。《周禮·天官》亨人「掌共鼎鑊以給水火之齊」，孫詒讓解釋：「凡亨煮或多洎，或少洎，此用水多少之量也。或爛或熟，此用火多少之量也。〔註26〕」鄭玄《士師》注：「洎，謂增其沃汁」〔註27〕，《呂氏春秋·應言》中同記：烹雞「多洎之則淡而不可食，少洎之則焦而不熟」〔註28〕。實際上，亨人所掌關係食物的生、熟、淡、焦，是飲食之最基本環節，亨人為食醫提供的是經過初步加工的食材，食醫以此為基礎再聯合鹽人、醢人等做進一步的調味工作。

鹽人調鹹、甘，主要職責是「掌鹽之政令，以共百事之鹽」〔註29〕。《周禮》鹽人職中提到鹽的種類主要有：苦鹽、形鹽、散鹽、飴鹽。孫詒讓辨析：「苦鹽味大鹹，為鹽之最貴者。散鹽則味微淡，用多而品略賤，祭祀則次於

〔註21〕 孫詒讓：《周禮正義》，中華書局，1987年12月版，第264頁。

〔註22〕 孫詒讓：《周禮正義》，中華書局，1987年12月版，第271頁。

〔註23〕 孫詒讓：《周禮正義》，中華書局，1987年12月版，第297頁。

〔註24〕 孫詒讓：《周禮正義》，中華書局，1987年12月版，第319、321頁。

〔註25〕 孫詒讓：《周禮正義》，中華書局，1987年12月版，第319頁。

〔註26〕 孫詒讓：《周禮正義》，中華書局，1987年12月版，第281、282頁。

〔註27〕 孫詒讓：《周禮正義》，中華書局，1987年12月版，第2792頁。

〔註28〕 許維遹：《呂氏春秋集釋》，北京市中國書店，1985年5月版（據1935年清華大學版影印），卷十八之《應言》，第24、25頁。

〔註29〕 孫詒讓：《周禮正義》，中華書局，1987年12月版，第411頁。

苦鹽，賓客則次於形鹽，故謂之散」〔註30〕，其中散鹽比苦鹽和形鹽品類低但更爲常用，既用於祭祀又用於飲食，不過散鹽多用於「燕食及小賓客」〔註31〕，形鹽在食用鹽中品類較散鹽略高一等，而苦鹽因味道大鹹多用於祭祀。實際上，上述鹽類中飴鹽才是鹽人專用於調和王、后及世子的膳羞，如鹽人職記：「王之膳羞，共飴鹽，后及世子亦如之」〔註32〕，飴鹽即是王室膳羞的專用鹽。而鹽人與食醫的聯職則表現在：鹽人「凡齊事，鬻鹽以待戒令」，鹽人提供諸類鹽的目的是：待「和五味之事」。因爲，食醫「和王之六膳、百羞、百醬、八珍之齊，須調和五味者，皆用鹽以爲鹹也」〔註33〕。所以，鹽人根據不同層級和具體事務的要求，供應諸類鹽以聽命於食醫的安排，其中苦鹽專用祭祀，散鹽、形鹽均被用來食飲或調和，二者也可能與飴鹽一起常用於王室飲食。

醯人調酸。其職記：「凡事，共醯」，鄭玄注：「齊菹醬屬醯人者，皆須醯成味」，孫詒讓認爲「《內則》說麋鹿魚爲菹等，並切蔥若薤，實諸醯以柔之，」並進一步總結：「至將食時，又有以醯和醬。是齊菹醬之類，並須醯以柔之，且成其酢味，故醯人兼掌之也」〔註34〕，所謂酢味便是酸味。實際上，《周禮》記醯人的調味職責，直接與肉食相關，醯人用酸去牲肉中的腥臊羶香等特殊氣味，也類似於鹽人輔助食醫而「和五味之事」。

凌人用冰調溫、寒以保鮮。凌人掌冰政，負責膳羞和酒醴的用冰之事。用冰的原因主要是：「春夏之時，食物得溫氣則易敗，故用鑑盛冰，置食物於冰上以寒之也」〔註35〕，而且鄭玄注《凌人》「酒醴見溫氣亦失味」〔註36〕。《楚辭·招魂》專記「挫糟凍飲，酎清涼些」，朱熹注：「凍，冰也。酎，醇酒也，言盛夏則爲覆蘗乾釀，捉去其糟，但取清醇，居之冰上，然後飲之。酒寒涼，又長味好飲也」〔註37〕。從調味角度來看，凌人主要職責是用冰使食、飲保鮮。

籩人執掌「饋食之籩」中包括棗、栗、桃、乾梅和榛，是宗廟之祭，第

〔註30〕　孫詒讓：《周禮正義》，中華書局，1987 年 12 月版，第 412 頁。
〔註31〕　孫詒讓：《周禮正義》，中華書局，1987 年 12 月版，第 412 頁。
〔註32〕　孫詒讓：《周禮正義》，中華書局，1987 年 12 月版，第 413 頁。
〔註33〕　參見孫詒讓：《周禮正義》，中華書局，1987 年版，第 413 頁。
〔註34〕　孫詒讓：《周禮正義》，中華書局，1987 年 12 月版，第 410～411 頁。
〔註35〕　孫詒讓：《周禮正義》，中華書局，1987 年 12 月版，第 374 頁。
〔註36〕　孫詒讓：《周禮正義》，中華書局，1987 年 12 月版，第 375 頁。
〔註37〕　朱熹：《楚辭集注》，上海古籍出版社，2001 年 12 版，第 136、137 頁。

二次所薦之籩，《禮記·內則》所舉庶羞包括「棗、栗、榛、柿、瓜、桃、李、梅、杏、楂、棃、薑、桂」鄭玄注：「為人君燕食所加庶羞」〔註38〕，非用於祭祀，而且《內則》強調：「棗、栗、飴、蜜，以甘之」〔註39〕，所以，棗、栗、飴、蜜在人君飲食中有調甘之用，薑、桂亦用以調味，而籩人則是此類食材的供應者，直接服務於食醫，用之以調滑、調甘。

綜合看來，上述諸食官聯合起來構成了王室飲食的供應和服御體系，但諸職的執掌卻為專司專職，彼此之間看似整體實則並行，食醫無疑將並行的專職職官橫向聯合起來，呈網狀結合，相互輔助。食醫與其它食官聯事，不僅保證了王室飲食的合理與科學，還保證了王室飲食供應與服御體系的系統和完善。

三、疾醫、瘍醫和獸醫之職事及相關聯職

疾醫「掌養萬民之疾病」，萬民四時之病體現在「春時有痟首疾，夏時有痒疥疾，秋時有瘧寒疾，冬時有嗽上氣疾」〔註40〕，四時之病大多是因為氣之不通而導致頭痛、咳嗽、逆喘、寒熱、癢疥、瘧症等疾病，而疾醫則主要以「五味、五穀、五藥」調養上述疾病，疾醫所醫疾病的類型及用藥、調養方式成為現代學者將其等同於「內科」醫生的主要依據。不過從疾醫「以五氣、五聲、五色眡其死生，兩之以九竅之變，參之以九藏之動」〔註41〕來看，疾醫療疾還會觀察耳、目、五臟、六腑等器官在人之生死關頭的變化，並針對各器官的不同表象進行及時救治，儘管這些診斷類似於現代的「內科」，但若將疾醫等同於現在的「內科」，顯然縮小了疾醫的職能範圍，也低估了疾醫的行醫能力。與疾醫職責有關聯的職官主要有：司爟「掌行火之政令，四時變國火，以救時疾」，孫詒讓言：「時氣太盛，則人感而為疾，故以異木為燧，而變國中公私炊爨之火以調救之」，司爟調四時癘疾主要依靠火的使用，應該屬於日常常備之預防救治，至疾醫處時癘疾當已嚴重，需要藥物的救治。

瘍醫「掌腫瘍、潰瘍、金瘍、折瘍之祝藥劀殺之齊」，針對各種疾病分別

〔註38〕 參見鄭玄注、孔穎達等正義：《禮記正義》，阮元校刻《十三經注疏》，上海古籍出版社影印，1997 年版，第 1464 頁。

〔註39〕 鄭玄注、孔穎達等正義：《禮記正義》，阮元校刻《十三經注疏》，上海古籍出版社影印，1997 年版，第 1461 頁。

〔註40〕 孫詒讓：《周禮正義》，中華書局，1987 年 12 月版，第 323 頁。

〔註41〕 孫詒讓：《周禮正義》，中華書局，1987 年 12 月版，第 328、330 頁。

「以五毒攻之，以五氣養之，以五藥療之，以五味節之」〔註42〕，瘍醫行醫
的主要原則與疾醫一致，吳廷華云：「醫以五行爲宗……凡食醫疾醫皆然」〔註
43〕，其中五味和五藥又爲疾醫和瘍醫所通之處，當然根據病症，各自所用味、
藥的劑量不同。現代學者根據瘍醫所治的腫瘍、潰瘍、金瘍、折瘍等病症，
將瘍醫等同於「外科」醫生，大體上可被認同。

　　獸醫，主要療獸病和獸傷。從王室肉食供應的角度來看，獸醫應該監督
作爲肉食來源的畜、禽的健康，以保證王室的飲食安全。

　　上文列述主要集中在疾醫、瘍醫和獸醫的基本職能之上，從三職的具體
執掌來看，此三職當屬專職，因其技術性強很少存在與他職聯事的現象。但
需要指出的是：雖然諸醫職自守其職，但其內部還是存在聯事的現象。主要
表現在：醫師具有「聚毒藥」的府藏職能，並且依據「分而治之」的原則，
爲疾醫、瘍醫分類病人、提供醫藥，成爲其它醫職行醫的基本保證；食醫五
味調和的職能，則爲疾醫、瘍醫和獸醫的用五穀、五味治病的療法提供了基
本的指導。所以，這些特點也就構成了《周禮》醫官的特殊性，作爲一個相
對獨立的官職類型存在於王室官制體系中，再通過諸醫官之間及醫官與他職
之間的聯職和聯事的配合，保證王室生活的健康和安全。

四、食醫的特殊性

　　《周禮》所記諸醫官中，食醫的特殊性主要表現在如下幾個方面：其一，
食醫不參與療疾活動。諸醫職中包括醫師在內均參與醫事事務，醫師負責執
掌政令、聚斂藥物、接收並分類病人、考覈諸醫官的功績，疾醫掌養萬民四
時之疾、瘍醫整治腫瘍、潰瘍、金瘍、折瘍等病症，獸醫專司畜疾，今人甚
至用內科、外科和獸醫對此三職加以界定。而食醫卻未直接參與到醫事療疾
的工作中去，當然，也有相關學者將食醫調和飲食的職能認定爲中醫食療的
起源，若從保健、養生和預防疾病的角度來看，存在合理之處。不過，食醫
職能中並未涉及到依靠飲食的搭配針對某一疾病治療的功效，因此，對食醫
食療職能的認定依據是將食醫的調和理論等同於食物療法，則是對食醫職能
進行了牽強地擴充。其二，食醫人數少地位高。在《周禮》諸醫官中，醫師
爲眾醫之長「上士二人、下士四人」再領有府、史、徒諸職；食醫「中士二

〔註42〕孫詒讓：《周禮正義》，中華書局，1987 年 12 月版，第 334、335、336 頁。
〔註43〕孫詒讓：《周禮正義》，中華書局，1987 年 12 月版，第 337 頁。

人」；疾醫「中士八人」；瘍醫「下士八人」；獸醫「下士四人」〔註44〕。食醫
居於醫師之下、疾醫之上，與膳夫執掌下的庖人、內饔、外饔、酒正等擔任
王室飲食服務體系中要職的諸官爵等一致，不過食醫人數極少，僅兩人擔當，
突出了其精而專的職能特點。而食醫地位高於其它醫職的根本原因在於：「凡
人之疾未有不生於飲食之不謹」〔註45〕，食醫嚴防的便是因飲食的不合理搭
配而致疾的情況出現。其三，諸醫職中僅食醫直接服務於王的起居。《周禮》
食醫職記：「凡君子之食恒放焉」，孫詒讓指出：「此經君子，當以王爲主」〔註
46〕。食醫擔當天子四時飲食的齊和之事，雖不似藥物療疾，確是通過對天子
日常飲食的調和來保證天子的健康和安全。

第二節　《周禮》所見王室醫療與防禦體系

前文中，我們對於《周禮》所構建醫官群體的聯職情況進行了詳細地
梳理，通過梳理可知，醫官確實是一個多層面的職官群體。不過在諸醫官
防病治病的本職基礎上，還會衍生出一些相關問題，本節仍以《周禮》所
記爲本，兼採其它文獻記載，對王室貴族的醫療、王室疾病防禦體系進行
專題討論。

一、王室貴族的醫療

從《周禮》所記諸醫職職能來看，直接參與療疾事務的是醫師、疾醫和
瘍醫，賈疏言「不來造醫師者，食醫主齊和飲食，不須造醫師。獸醫畜獸之
賤，便造獸醫，故亦不須造醫師」〔註47〕。因此，醫師、疾醫和瘍醫三者各
司專職的同時又上下統屬，構成了一個專門的醫療服務機構，眞正地從事疾
病預防和救治的工作。《周禮》中所記醫師、疾醫和瘍醫雖然列述於宮室、飲
食等王官之後，同時歸屬於天官統屬，但是其療疾對象卻並非專爲王室貴族，
甚至《周禮》原文中並沒有出現三醫職服務王室的任何職能記載，相反其醫
療對象的範圍非常廣泛，例如：醫師「凡邦之疾病者、有疕瘍者造焉，則使

〔註44〕孫詒讓：《周禮正義》，中華書局，1987年12月版，第31、32頁。
〔註45〕納蘭性德輯：《通志堂經解》之第十三冊《禮經會元》，江蘇廣陵古籍刻印社，
　　　　1996年3月版，第564頁。
〔註46〕孫詒讓：《周禮正義》，中華書局，1987年12月版，第322頁。
〔註47〕孫詒讓：《周禮正義》，中華書局，1987年12月版，第317頁。

醫分而治之」〔註 48〕；疾醫「掌養萬民之疾病……凡民之有疾病者，分而治之」〔註 49〕；瘍醫雖未直記掌治萬民之疾，但瘍醫與疾醫職司和療疾的方法不同，承擔疾醫不治而醫師分而治之的另一部分「邦之疾病者」。可見，王室貴族的醫療問題還需要進一步梳理。賈公彥云：疾醫「此直言萬民，不言王與大夫，醫師雖不言，或可醫師治之」〔註 50〕，此言將醫師之「邦之有疾病者」和「萬民」分別開來，認爲醫師不言萬民的原因，或許是因爲醫師可能專治王與大夫，而疾醫則專治王室貴族之外的萬民。這一觀點被後世學者加以肯定，陳邦賢在《中國醫學史》中指出：「當時王與卿大夫的疾病由醫師診治，平民的疾病則由疾醫診治」〔註 51〕；俞慎初《中國醫學簡史》亦云：「醫師是負責診治王與卿大夫的疾病」〔註 52〕。我們不能否認醫師作爲眾醫之長確有治病的能力，亦可能負責診治王室貴族，但是就醫師、疾醫和瘍醫各自專長來看，醫師本職掌醫政，並非療疾，甚至《周禮》經文中沒有提及任何醫師的醫療技能，而疾醫和瘍醫在療疾專長上似更高一籌，因此，疾醫亦或瘍醫應該有聽醫師指派而負責爲王室貴族療疾的可能，正如孫詒讓疏《疾醫》時所言：「此官掌治疾病，通於上下，廣言之，故云萬民」〔註 53〕，所以，王室療疾亦當根據其患病成因而接受醫師對於病症的基本辨識、再由疾醫或瘍醫的進行診治，只不過諸醫官應當率先做到唯王命是聽，隨侍於王室貴族左右。

那麼爲什麼《周禮》記醫官不似對宮室類諸職和飲食職官的職能記載，在具體執掌下直記醫官如何爲「王」、「后」、「世子」等提供醫療服務的情況呢？首先：王、后、世子之尊和公卿大夫之貴非萬民所及，而疾病又非常人所樂見，加上古代社會本身就注禁重諱，《禮記・曲禮上》便記有：「入竟而問禁，入國而問俗，入門而問諱」〔註 54〕，又有諱名、諱老、諱死的諸多禁忌和俗信，而《周禮》所創建的官制體系及經文內所蘊含的禮法限制均是爲了服務於周王室並體現天子的至尊，這也就決定了《周禮》不可

〔註 48〕孫詒讓：《周禮正義》，中華書局，1987 年 12 月版，第 316 頁。

〔註 49〕孫詒讓：《周禮正義》，中華書局，1987 年 12 月版，第 323、333 頁。

〔註 50〕孫詒讓：《周禮正義》，中華書局，1987 年 12 月版，第 323 頁。

〔註 51〕陳邦賢：《中國醫學史》，商務印書館，1937 年 12 月版，第 12 頁。

〔註 52〕俞慎初：《中國醫學簡史》，福建科學技術出版社，1983 年版，第 18 頁。

〔註 53〕孫詒讓：《周禮正義》，中華書局，1987 年 12 月版，第 323 頁。

〔註 54〕鄭玄注、孔穎達等正義：《禮記正義》，阮元校刻《十三經注疏》，上海古籍出版社影印，1997 年版，第 1251 頁。

能將王、后、世子或大夫等與疾病並記，受嚴格的封建等級和禮法束縛的同時亦避免落有預讖之嫌。其次，《周禮》作為經國治民的典範，其中大宰之「八統」、「九兩」，大司徒之「十二教」、「八刑」，加上六隧官職對萬民的教化職能，使我們看到，《周禮》所構建的理想化管理體系中，除去突出天子王室的等級權威之外，治萬民亦是全書的目的所在。不過上述治萬民則體現在對於百姓綱常、刑法和教化的束縛，而醫師、疾醫和瘍醫對於邦之疾病者和萬民之有疾病者的及時救治，使百姓安然，無疑體現了天子的仁民之心，使嚴、慈、刑、教、仁結合才是「馭萬民」思想的全面體現。再次，王室療疾以防禦為先。《周易・家人》載：「無攸遂，在中饋，貞吉」，指盡婦人之道：「在於家中饋食供祭而已」〔註55〕，《周易・頤》：「《象》曰：山下有雷，頤。君子以慎言，節飲食」，嚴防「禍從口出，患從口入」〔註56〕，因此，良好的飲食衛生習慣是人們日常健康的基本保證，人們也已經有了嚴防病從口入的觀念。《周禮・天官》敘官將諸醫排在宮正、宮伯及諸食官之後，賈公彥認為：「醫亦有齊和飲食之類，故設在食飲之間」〔註57〕，指出諸醫列於王官之中的原因是其職能關乎王室飲食，諸醫相配合既保證了天子及貴族日常飲食的安全和健康，又保證疾患的防禦與及時救治，以達到「在君與臣治其疾於未然」〔註58〕的目的。

二、王室疾病防禦體系

上文中已經提到王室貴族的醫療以防禦為重，但若真能夠做到防患於未然，則並非食醫幾職能夠做到，因此，王室的日常生活需要有一個專門的疾病防禦體系。

葉時在《禮經會元》中總結：「天官自宰夫而下第一項是宮官，所以防肘腋之變而弭之於無形之始；第二項是食官，所以保身體之安而養之於無事之日；第三項是醫官，所以全性命之正而藥之於無病之時。三者體統雖殊，而

〔註55〕《十三經注疏》整理委員會整理，李學勤主編：《十三經注疏・周易正義》，北京大學出版社，1999 年 12 月版，第 159 頁。

〔註56〕《十三經注疏》整理委員會整理，李學勤主編：《十三經注疏・周易正義》，北京大學出版社，1999 年 12 月版，第 122 頁。

〔註57〕孫詒讓：《周禮正義》，中華書局，1987 年 12 月版，第 31 頁。

〔註58〕納蘭性德輯：《通志堂經解》之第十三冊《禮經會元》，江蘇廣陵古籍刻印社，1996 年 3 月版，第 564 頁。

脈絡則一，皆關國本民命之大者」〔註59〕。其中宮官「弭之於無形之始」、食官「養之於無事之日」和醫官「藥之於無病之時」均是爲了提前防護，而宮、食、醫三大職官體系相互配合共同構築了王室日常疾病防禦體系的主體，但眞正參與到這一體系的職官卻突破了宮、飲、食等層面的束縛。（附表：《周禮》所見王室疾病防禦體系的職官分佈）。

第一，宮室居寢的清潔，是王室疾病防禦系統的基本環節。

王之宮寢的清潔主要由宮人負責：「掌王之六寢之脩，爲其井匽，除其不蠲，去其惡臭」〔註60〕，負責清除王宮寢中的漏井、水池或路廁中的污物。閽人與宮人官聯「掌埽門庭」〔註61〕，負責清掃路寢之外各個門庭。宮人及其從屬和閽人承擔了王室衛生防禦系統中最基本的清潔工作，爲王、后及世子的日常生活提供良好清潔的環境。

除去基本的清掃之外，王宮內外還要定期驅疫防蠱。方相氏「帥百隸而時難，以索室毆疫」〔註62〕，《太平御覽・禮儀部》引《禮記外傳》云「方相氏之官，歲有三時，率領群隸，驅索癘疫之氣於宮室之中，亦攘送之義也」〔註63〕。赤犮氏「掌除牆屋，以蜃炭攻之，以灰洒毒之。凡隙屋，除其狸蟲。」孫詒讓云：「除宮廟、官府諸牆屋有蟲豸者」〔註64〕，赤犮氏既然掌宗廟、官府牆壁縫隙狸蟲，更應負責定時清理天子宮寢牆壁的蟲豸，而這些夾藏於牆壁縫隙的害蟲無疑會污染起居環境，形成疫氣危害健康。

另外，王宮內起居所用的器物也需要定期清理。翦氏「掌除蠱物」〔註65〕、庶氏「掌除毒蠱」〔註66〕，兩者官聯。蠱物，鄭玄注「穿食人器物者」〔註67〕，《說文・蟲部》云：「蠱，木中蟲」〔註68〕。《左傳》昭公元年記：「於文，皿

〔註59〕納蘭性德輯：《通志堂經解》之第十三冊《禮經會元》，江蘇廣陵古籍刻印社，1996年3月版，第564頁。
〔註60〕孫詒讓：《周禮正義》，中華書局，1987年12月版，第417、420頁。
〔註61〕孫詒讓：《周禮正義》，中華書局，1987年12月版，第547頁。
〔註62〕孫詒讓：《周禮正義》，中華書局，1987年12月版，第2493頁。
〔註63〕任明、朱瑞平、李建國校點：《太平御覽》（第五卷），河北教育出版社，1994年7月版，第202頁。
〔註64〕孫詒讓：《周禮正義》，中華書局，1987年12月版，第2934、2935頁。
〔註65〕孫詒讓：《周禮正義》，中華書局，1987年12月版，第2932頁。
〔註66〕孫詒讓：《周禮正義》，中華書局，1987年12月版，第2924頁。
〔註67〕孫詒讓：《周禮正義》，中華書局，1987年12月版，第2932頁。
〔註68〕許慎：《說文解字》，中華書局影印，1963年12月版，第284頁。

蟲爲蠱，穀之飛亦爲蠱」，杜預注：「皿，器也，器受蟲害者爲蠱。〔註69〕」這些蠱物會潛藏於日常生活所需的木質器物中，需要翦氏對日常器物進行定期清潔以防止其演化成毒蠱，而當器皿中出現蠱毒時，便需要庶氏清除。

第二，天子及貴族自身清潔，是王室疾病防禦體系的基本保證。

《周禮》記自潔，以天子爲最詳。根據起居和非常起居的不同需要，天子沐浴分爲四類：其一，天子日常沐浴清潔，由宮人負責；其二，天子齋戒淬浴，由鬯人供秬鬯；其三，仲春解療生疾之時，女巫負責用香薰草藥供王沐浴。其四，大喪時，女御掌天子沐浴。可見，除了祭祀、喪葬所需的沐浴齋戒外，在天子起居和非常起居中，天子自潔尤其重要，主要目的依舊是衛生防禦。另外《禮記·內則》記載全家上下人等「雞初鳴，咸盥漱，衣服，斂枕簟，灑掃室堂」〔註70〕，（子事父母）「冠帶垢，和灰請漱；衣裳垢，和灰請澣；衣裳綻裂，紉箴請補綴。五日則燂湯請浴，三日具沐；其間面垢，燂潘請靧；足垢，燂湯請洗」〔註71〕。《內則》是男女居室事父母的一般禮法，常人的居家生活尚需盥漱、灑掃、除垢及定期沐浴等日常衛生清潔，《周禮》記天子起居雖未記盥漱細則，但以此上推只可能去簡就繁，當然自身衛生的清潔也並不單指周王而言，更適用於整個王室。

第三，日常飲食的衛生防禦，是王室疾病防禦系統的根本保證。

「凡人之疾未有不生於飲食之不謹」〔註72〕，因此，有食醫專門負責天子飲食的齊和，食醫雖然並不直接用藥石療疾，但食醫調和王之六食、六飲、膳羞醫珍的目的確是爲了保證天子日常飲食的健康，防患於無病之時，靠飲食的合理搭配使疾病消除於其未成形之時，破除因不健康飲食累積而成疾的隱患，因此，食醫在天子日常飲食中擔當他職不可比擬的重任。在天子的食官體系中，除了供應王室日常飲食之外，還有職官專門擔當飲食中的衛生防禦職能，例如膳夫在王食之前，試辨食物的味道，再導王飲食，以示忠孝，實際上是爲王之飲食的安全奠定了一道檢驗的屏障；內饔「辨腥臊羶香之不

〔註69〕 杜預注、孔穎達等正義：《春秋左傳正義》，阮元校刻《十三經注疏》，上海古籍出版社影印，1997年版，第2025頁。

〔註70〕 鄭玄注、孔穎達等正義：《禮記正義》，阮元校刻《十三經注疏》，上海古籍出版社影印，1997年版，第1462頁。

〔註71〕 鄭玄注、孔穎達等正義：《禮記正義》，阮元校刻《十三經注疏》，上海古籍出版社影印，1997年版，第1462頁。

〔註72〕 納蘭性德輯：《通志堂經解》之第十三冊《禮經會元》，江蘇廣陵古籍刻印社，1996年3月版，第564頁。

可食者」，孫詒讓云：「此辨禽牲之不中膳羞者。凡牲病則失味且害人，故內外饔不以共也」〔註73〕；凌人掌「掌冰正……春始治鑑，凡外內饔之膳羞，鑑焉，凡酒漿之酒醴亦如之」〔註74〕。凌人供應冰鑒給內外饔、酒人、漿人等職，用以降溫防暑，冷藏膳羞、酒、漿等食飲之物，達到保潔防腐的目的；冪人「掌巾冪……凡王巾，皆齍」〔註75〕，孫詒讓云：「此官唯掌賓祭及王飲食覆物之巾」，「尊、彝、瓺、壺、籩、豆、簠、簋皆有冪」〔註76〕，這些覆於食器和飲器之外的巾冪，除了有禮儀裝飾的功能外，亦有防塵保潔的作用。壺涿氏「掌除水蟲」，亦負責「殺其神」即斬除水怪，使「淵為陵」〔註77〕，雖然壺涿氏負責的是王宮外水質的清潔，但這也可視作是王室飲食安全的基礎。

　　第四，除醫職外的疾病防治，是王室疾病防禦系統的有效補充。

　　醫職外的疾病防治可以從主觀和客觀上分成兩個層次：

　　其一，以巫術驅疾防疫。《儀禮·士喪禮》注曰：「巫掌招弭以除疾病」〔註78〕，《周禮》中亦專記巫職除疾，女巫「掌歲時祓除、釁浴」〔註79〕，男巫「春招弭，以除疾病」〔註80〕，春季解療生疾之時，女巫被除不詳，男巫負責招福納吉，目的均是安凶除疾。女祝「掌以時招、梗、禬、禳之事，以除疾殃」〔註81〕，類似男巫之職，但不同之處在於：女祝「以時者，謂隨其事時，不必要在四時也」〔註82〕。也就是男巫與女祝相官聯，使得四時與他時都能夠及時做到求福去疾殃。若將女巫、男巫、女祝視作日常和非常起居中，處於宮廷內部小型的祈福除疾活動的話，那麼方相氏和占夢所擔當的則是：主持驅除癘疫的大型祭祀活動。方相氏「掌蒙熊皮，黃金四目，玄衣朱裳，執戈揚盾，帥百隸而時難，以索室歐疫」〔註83〕，方相氏負責春、夏、秋、

〔註73〕孫詒讓：《周禮正義》，中華書局，1987年12月版，第271頁。
〔註74〕孫詒讓：《周禮正義》，中華書局，1987年12月版，第374頁。
〔註75〕孫詒讓：《周禮正義》，中華書局，1987年12月版，第414、416頁。
〔註76〕孫詒讓：《周禮正義》，中華書局，1987年12月版，第414頁。
〔註77〕孫詒讓：《周禮正義》，中華書局，1987年12月版，第2937～2938頁。
〔註78〕鄭玄注、賈公彥疏：《儀禮注疏》，阮元校刻《十三經注疏》，上海古籍出版社影印，1997年7月版，第1141頁。
〔註79〕孫詒讓：《周禮正義》，中華書局，1987年12月版，第2075頁。
〔註80〕孫詒讓：《周禮正義》，中華書局，1987年12月版，第2074頁。
〔註81〕孫詒讓：《周禮正義》，中華書局，1987年12月版，第563頁。
〔註82〕孫詒讓：《周禮正義》，中華書局，1987年12月版，第563頁。
〔註83〕孫詒讓：《周禮正義》，中華書局，1987年12月版，第2493頁。

冬四季時難，率領百隸跳難舞於宮室內外，以達到驅疫辟邪的目的；占夢「遂令始難歐疫」，鄭玄注：「令，令方相氏也，難，謂執兵器以有難卻也」〔註84〕。占夢令方相氏主持的是冬季大難，從天子至百姓皆可參加，以送寒氣，逐除厲鬼，畢止災難。

其二，與科學防治相關的諸職。司爟「掌行火之政令，四時變國火，以救時疾」〔註85〕，時疾，疾醫職云：「四時皆有癘疾」〔註86〕。孫詒讓認為：「時氣太盛，則人感而為疾，故以異木為燧，而變國中公私炊爨之火以調救之」〔註87〕。司爟救四時之癘疾與疾醫不同，運用物物相剋的原理，用火驅除四時滋長並致人生疾的時氣，司爟職能屬於四季長時間的隨時防禦，所就治之癘疾較疾醫輕緩。庶氏「掌除毒蠱，以攻說禬之，以嘉草攻之」，鄭玄注：「毒蠱，蠱物而病害人者」〔註88〕，《諸病源候總論》中對「蠱毒」進行了解釋：「凡蠱毒有數種，皆是變惑之氣。人有故造作之，多取蟲蛇之類，以器皿盛貯，任其自相啖食，唯有一物獨在者，即謂之為蠱，便能變惑，隨逐酒食，為人患禍。……又有飛蠱，去來無由，漸狀如鬼氣者，得之卒重。凡中蠱病，多趨於死。以其毒害勢甚，故云蠱毒」〔註89〕。此類蠱毒的共同特點均是借助蟲蛇之類，人為造作而成，目的是致病害人，《周禮》醫職行醫未見如何療治蠱毒，掌除蠱毒乃是庶氏專司，療治蠱毒需要結合巫、醫所掌的兩類療法，即祝禱求神和藥物薰除。另外酒可以療疾，《說文·酉部》：「醫，治病工也。殹，惡姿也。醫之性然，得酒而使，從酉。王育曰說，一曰殹，病聲，酒所以治病也。《周禮》有醫酒。〔註90〕」在《禮記·曲禮上》和《喪大記》中提到居喪者若有疾則可以飲酒，可能也是因為酒具有療疾功效的原因。而酒之供應者歸為酒正，「辨五齊之名……辨三酒之物……辨四飲之物」〔註91〕，其中四飲之中專有「醫」酒，常備誤認為專門用於療疾，孫詒讓指出：「五齊三

〔註84〕孫詒讓：《周禮正義》，中華書局，1987年12月版，第1976頁。
〔註85〕孫詒讓：《周禮正義》，中華書局，1987年12月版，第2396頁。
〔註86〕孫詒讓：《周禮正義》，中華書局，1987年12月版，第323頁。
〔註87〕孫詒讓：《周禮正義》，中華書局，1987年12月版，第2396頁。
〔註88〕孫詒讓：《周禮正義》，中華書局，1987年12月版，第2924頁。
〔註89〕南京中醫院校釋：《諸病源候總論校釋》（上冊），人民衛生出版社，1980年10月版，第714頁。
〔註90〕許慎：《說文解字》，中華書局影印，1963年12月版，（《說文》十四下酉部），第313頁。
〔註91〕孫詒讓：《周禮正義》，中華書局，1987年12月版，第342、347、350頁。

酒，皆可治病，四飲之醫，雖亦名醫酒，然治病之酒，實際不必專用醫也。〔註92〕」所以，除去諸醫所掌的專用療疾藥物外，酒正管理酒政、酒人供應諸酒的同時，也應知曉酒的藥用和保健價值。

附表：《周禮》所見王室疾病防禦體系的職官分佈

	天　官	春　官	夏　官	秋　官
宮室寢庭的清潔	宮人：中士四人 閽人			
王宮內外驅疫防蠱			方相氏：狂夫四人	赤犮氏：下士一人
王宮起居器物清潔				翦氏：下士一人 庶氏：下士一人
天子盥洗沐浴	宮人：中士四人 女御	鬯人：下士二人 女巫		
日常飲食衛生防禦	食醫：中士二人 膳夫：上士二人 內饔：中士四人 凌人：下士二人 羃人			壺涿氏：下士一人
醫職之外的疾病防禦與醫治	酒正：中士四人	男巫、女巫 女祝 占夢：中士二人	方相氏：狂夫四人 司爟：下士二人	庶氏：下士一人

綜合看來，在王官體系中諸醫職雖為醫療救治的專職，但是出於「君與臣治其疾於未然」的考慮，在王室的日常生活中疾病防禦更為重要，因此，本文根據諸官的職能特點及服務於天子和王室的基本要求，從《周禮》官制中進行重新提煉、篩選，總結出《周禮》職官設置中所隱含的疾病防禦體系，《周禮》經文雖直錄天子居多，但並不妨礙這一體系對於王室貴族的延展覆蓋。這樣一個隱含體系的存在，也使我們看到《周禮》之根本確實是為了服務於天子及王室。

〔註92〕孫詒讓：《周禮正義》，中華書局，1987 年 12 月版，第 352 頁。

第三節　巫之醫事和醫職的起源與發展

在討論醫官的發展演變時，不可避免地要涉及到巫、醫關係問題的討論，本節將結合《周禮》及先秦其它文獻記載，以巫之醫事和醫職的起源與發展作爲考察重點，進而參與到巫、醫關係問題的討論中去。

一、巫之醫事

本文分別從如下兩個方面對巫之醫事進行討論：一爲意識層面的主觀救治，此方面是巫之事鬼神本職的體現，也就是巫術行醫；二爲醫藥層面的科學救治，此方面經驗的積纍則爲後來醫職的分立奠定了基礎。

1. 巫之醫事的主觀救治

馬克思在《摩爾根〈古代社會〉一書摘要》中指出：原始巫術和宗教逐步形成的前提是因爲人對自然界和自身種種自然現象的不理解，而「在宗教領域中發生了自然崇拜和關於人格化的神靈」〔註93〕，因此而產生了一個特殊群體巫，其身份特徵表現爲「民之精爽不攜貳者，而又能齊肅衷正，其智能上下比義，其聖能光遠宣朗，其明能光照之，其聰能聽徹之，如是則明神降之」〔註94〕，巫因其智、聖、明、聰等品行和才能的出眾而成爲負責溝通天地、人神、幽明之間的特殊群體。張光直先生認爲：《國語・楚語》所追溯的「巫術制度基本上在殷商時代是存在的，而且殷商的巫術制度比之還要繁縟些」〔註95〕。殷商甲骨所記殷人筮卜的內容，也確實能夠體現出殷商巫術文化的諸多方面，而有相當一部分涉及到了對於疾病占驗的記載，毋庸置疑這些疾病占卜的執行者大多是巫。

關於殷人疾病和療疾方面的討論，多以殷商甲骨文記載爲主要依據，主要研究成果有：胡厚宣《殷人疾病考》〔註96〕、《論殷人治療疾病之方法》〔註97〕、陳世輝《殷人疾病補考》〔註98〕、范毓周《〈殷人疾病補考〉辨正》〔註

〔註93〕中國科學院歷史研究所翻譯組：馬克思：《摩爾根〈古代社會〉一書摘要》，人民出版社，1965 年初版，第 54 頁。

〔註94〕徐元誥：《國語集解》，中華書局，2002 年 6 月版，第 512、513 頁。

〔註95〕張光直：《中國青銅時代》（二集），三聯書店出版發行，1990 年 5 月版，第 41 頁。

〔註96〕齊魯大學國學研究所出版：《甲骨學商史論叢初集》，1944 年版，第 417 頁。

〔註97〕胡厚宣：《論殷人治療疾病之方法》，《中原文物》，1984 年第 4 期。

〔註98〕陳世輝：《殷人疾病補考》，《中華文史論叢》第 4 輯，上海古籍出版社，1963 年。

99〕、趙榮俊（韓國）《甲骨卜辭所見之巫者的醫療活動》〔註100〕、宋鎮豪《商代的疾患醫療與衛生保健》〔註101〕、馬力、楊柱《論殷人疾病觀念及其對醫學發展的影響》〔註102〕等。研究成果中均不同程度的涉及到了關於殷人疾病類型的考證、療疾方法的考證及巫醫不分、醫療俗信等方面的討論。其中學者們對於殷人疾病類型的考證，經歷了一個相對漫長並逐漸完善的過程，疾病類型由胡厚宣先生最初考證的 16 種病症發展到了宋鎮豪先生總結的 55 種疾患。甲骨文所載商代疾病已經涉及到了首、目、耳、鼻、口、齒、舌、咽、唇、腦、心、胸、頸、腰、腹、肩、背、脾、手、朧、肘、胯、足、膝、脛、踵、趾等人體的各個部位〔註103〕。關於殷人疾病的治療方法，胡厚宣先生曾提出：「殷人既以疾病之原因，係由於天神所降，或人鬼作它，故其唯一治療之方法亦只是希望天神之賜愈及禱於其祖妣而已」〔註104〕，後來曾進一步補充自己的觀點指出：「惟過去以爲殷人對於疾病，多禱告於祖先析求神靈之賜愈，尚不知有什麼治療之方法，於今觀之，則實有不然。……在豐富的甲骨卜辭中，用藥物治病的記載雖不甚明晰，但以灸刺按摩的方法治療疾病，似已不成問題。〔註105〕」上述論斷奠定了後來學者們對於商人療疾的討論基礎，在討論過程中無一例外的均會將祝禱、醫藥和針石等療疾方法納入其中，不過以祝禱、占卜等爲主的行醫方式卻是學者們公認商代療疾最普遍的方法，巫也就被公認爲當時的行醫主體。加上諸多巫醫同職的文獻記載，使得殷商時期巫醫交合現象也被普遍認同。由於甲骨文對於醫藥的使用記載較少，僅參考傳世文獻對於上古醫藥的記載，還不能形成確切定論，所以殷商醫藥療疾便被歸入到醫療俗信的討論範疇，還需要進一步的考察。

關於殷商巫術行醫，我們僅以明確者加以舉例。例如：利用祭祀儀式驅除病疫「丙申卜，巫御，不禦」〔註106〕。「貞巫妝不禦」」〔註107〕；《逸周書·

〔註99〕范毓周：《〈殷人疾病補考〉辨正》，《東南分化》，1998 年第 3 期。

〔註100〕趙榮俊（韓國）：《甲骨卜辭所見之巫者的醫療活動》，《史學集刊》，2004 年第 3 期。

〔註101〕宋鎮豪：《商代的疾患醫療與衛生保健》，《歷史研究》，2004 年第 2 期。

〔註102〕馬力、楊柱：《論殷人疾病觀念及其對醫學發展的影響》，《南京中醫藥大學學報》，2008 年第 4 期。

〔註103〕參見宋鎮豪：《商代的疾患醫療與衛生保健》，《歷史研究》，2004 年第 2 期。

〔註104〕齊魯大學國學研究所出版：《甲骨學商史論叢初集》，1944 年版，第 440 頁。

〔註105〕胡厚宣：《論殷人治療疾病之方法》，《中原文物》，1984 年第 4 期。

〔註106〕胡厚宣主編：《甲骨文合集釋文》（一），中國社會科學出版社，1999 年 8 月版，5651 條。

世俘》:「戊辰,王遂御,循自祀文王」,朱右曾云:「《說文》云:『御,祀也。』蓋祀天即位也」〔註108〕,御應該是一種祭祀禮儀或占卜流程,宋鎮豪先生認為:「御爲御除病殃的儀式,其中容或有『百藥愛在』的作醫程序,妝象女巫在病榻邊跪而禱祝意」〔註109〕,所以,此處巫御的目的可以被視爲巫利用祭祀儀式來御除病疫。另有商王占疾的記載:「王占曰:茲鬼魅。……乙巳卜,**殷**,貞**輪**□亡疾。」〔註110〕;「庚戌卜,聯耳鳴,……庚戌卜,余自御」〔註111〕。陳夢家先生根據卜辭中常見王卜、王貞之辭的情況,提出:「王者自己雖爲政治領袖,同時仍爲群巫之長」,並舉王咸、王恒、王亥、王矢、巫尪等例證明:「王乃由群巫之長所演變而成的政治領袖。〔註112〕」此命題被學界視爲卓見,而甲骨文關於商王卜疾、自御的記載較爲常見,無疑爲巫之醫事的主觀救治行爲提供了有力的例證。不過在詳細的貞、占記載中依然較少直錄巫之身份和職能,記錄者關注的是病症的占、驗之辭,多記載爲:疾、有疾、亡疾、不延、亡延、隹害、不隹害,既是爲了表明所患病症的狀態,也是爲了表述占卜程序和結果。從此類問疾的卜辭記載可以看出人們對於不可預知疾病的關注和恐懼。問卜本身也表明:由於當時人們對自然神祇、祖先、人鬼的崇拜,使得這些疾患和疾病不可治癒等現象,加重了人們因神、祖、鬼的作用而得病的恐懼心理。在當時落後的生產條件和鬼神崇拜的禁錮下,巫作爲溝通人鬼之間的主要媒介,便被賦予了利用貞、占、卜並祝禱等巫術行醫治病的重要職責,這也就是巫之神職中的一個重要方面。

隨著商周時期「帝」、「天」觀念的轉變,及禮樂觀念的繁盛,使得史、宗、祝、卜、筮等職的分化日益凸顯出來,從而打破了巫在殷商時期對政治和宗教的壟斷,巫之祭祀、占卜等宗教職能逐漸縮小,多集中於求雨、驅鬼、招福、袚除和療疾等職能之上,服務的層面越來越小也越來越具體〔註113〕。

〔註107〕胡厚宣主編:《甲骨文合集釋文》(一),中國社會科學出版社,1999 年 8 月版,5652 條。

〔註108〕黃懷信、張懋鎔、田旭東:《逸周書彙校集注》,上海古籍出版社,1995 年 12 月版,第 442、443 頁。

〔註109〕宋鎮豪:《夏商社會生活史》,中國社會科學出版,1994 年 9 月版,第 429 頁。

〔註110〕胡厚宣主編:《甲骨文合集釋文》(一),中國社會科學出版社,1999 年 8 月版,13751(正)條。

〔註111〕胡厚宣主編:《甲骨文合集釋文》(二),中國社會科學出版社,1999 年 8 月版,22099 條。

〔註112〕陳夢家:《商代的神話與巫術》,《燕京學報》,1936 年第 20 期,第 535 頁。

〔註113〕參見呂靜:《春秋戰國時期的巫與巫術研究》,《史林》,1992 年第 1 期。

隨之便出現了巫職發展過程中一個重大變化，即爲學界所公認的巫醫分流現象。

　　暫且不論醫之起源與發展，我們依然可以看見巫之醫事的主觀救治職能被保存下來，甚至在巫之原本已經越來越小的職能範圍中，此項職能反而凸顯出來。例如：《史記‧魯周公世家》載：「初，成王少時，病，周公乃自揃其蚤沈之河，以祝於神……成王病有瘳」〔註114〕。《公羊傳》隱公四年：「鍾巫之祭」，何休注云：「巫者，事鬼神禱解以治病請福者也。〔註115〕」明確地指出：巫之事鬼神及祝禱職能是其行醫治病的主要方式。另外《左傳》昭公元年有記載：晉侯有疾，如晉問疾時，子產提到了「禜」祭，楊伯峻認爲：「蓋即聚草木而束之，設爲祭處，以祭品求神鬼，去禍祈福」〔註116〕，目的是驅除癘疫之災。而巫之醫事的主觀救治職能，在《韓詩外傳》中扁鵲又加以追溯：「吾聞上古醫曰茅父，茅父之爲醫也，以莞爲席，以蒭爲狗，北面而祝之，發十言耳，諸扶輿而來者皆平復如故。」〔註117〕。文中所記醫的治病方式無疑是茅父跪坐在莞草編織的席子上，依仗茅草束紮的狗，進行祝禱驅邪以達到「平復如故」的目的，郝懿行云：「此蓋後世符咒治病之始」〔註118〕。可見，時至巫醫已經完成分流的西漢，學者在追溯古醫之淵源時也還是非常明確地將巫術行醫歸入到古醫治病的範疇，側面反映出漢代學者在論述巫之醫事時也集中突出其主觀救治的特點。

　　2.《周禮》巫職的自身特點及對巫術行醫的認知

　　《周禮‧春官》大宗伯下領有司巫、男巫和女巫等職，雖然強調的是巫參與王室各項祭祀、喪葬活動，擔任祝禱、舞雩、守瘞、溝通神鬼等職能，但並沒有忽視巫職療疾職能的記載。

　　首先，巫職僅成爲了王室宗教體系中的一個環節，卻保留了巫之原始職能。按照《周禮》的敘官順序，巫職從屬於《周禮》春官之大宗伯，與大卜

〔註114〕司馬遷：《史記》，中華書局，1959年版，第1520頁。
〔註115〕何休注，徐彥疏：《春秋公羊傳注疏》，阮元校刻《十三經注疏》，上海古籍出版社影印，1997年版，第2205頁。
〔註116〕楊伯峻：《春秋左傳注》，中華書局，1981年3月版，第1219頁。
〔註117〕韓嬰撰、許維遹校釋：《韓詩外傳集釋》，中華書局，1980年6月版，第345、346頁。
〔註118〕韓嬰撰、許維遹校釋：《韓詩外傳集釋》，中華書局，1980年6月版，第346頁。

諸職、占夢、眠祲、大祝諸職、大史等職並列，從諸官職能來看，原屬於巫的占卜、占夢、觀陰陽辯吉祥、祭祀等職能均被分離出來，列官另掌，既相分又統屬，共同構成了王室內外的宗教服務體系。諸巫職設置如《國語‧楚語》所記「在男曰覡，在女曰巫」〔註119〕，司巫爲諸巫之長，率領男巫、女巫參與王家內外的宗教事務，不過我們需要注意的是《周禮》所記巫職對於宗教事務的參與，與殷商時期截然不同，多爲服務性的參與，但其中「舞雩」依然是巫職最原始行職方式。《說文‧巫》記：「巫，祝也。女能事無形，以舞降神者也」〔註120〕，此記載爲巫的最典型形象，王國維先生也明確地指出：「巫之事神，必用歌舞」〔註121〕，巫職歌舞以祝禱確實是巫之原始行爲方式的繼承和延續。參考何休注《公羊傳》隱公四年特別指出巫爲「事鬼神祝解，以治病請福者也」〔註122〕，那麼「舞雩」也將是巫職行醫的主要方式。

其次，巫之醫事的主觀救治方面更爲突出，也是巫之原始職能的延續。巫醫分流之後，巫之醫事的主觀救治和科學救治的職能也完成了分離，而《周禮》所記的巫職則延續了傳統巫術行醫的原始職責，男巫「春招弭，以除疾病」〔註123〕，負責招福弭禍，以除疾病；女巫掌「歲時祓除、釁浴」〔註124〕，負責主持祓除之祭祀及洗滌、薰浴，去宿垢疢以爲大潔，預防和解療煩熱之病。惠士奇云：「古者巫彭初作醫，故有祝由之術，移精變氣以治病。春官大祝、小祝、男巫、女巫，皆傳其術焉。……男巫祀衍旁招弭寧疾病，女巫歲時釁浴祓除不詳」〔註125〕，因此，巫祝皆能治病。而男、女巫還是利用其傳延下來溝通人神的職能特點，招福納吉、招魂續魄，以防病治病。此外與諸巫相類似的職官還有：方相氏「掌蒙熊皮，黃金四目，玄衣朱裳，執戈揚盾，帥百隸而時難，以索室毆疫」〔註126〕，方相氏亦是以戴面具舞蹈的方式驅疫。

〔註119〕徐元誥：《國語集解》，中華書局，2002年6月版，第513頁。

〔註120〕許慎：《說文解字》，中華書局，1963年12月版，第100頁。

〔註121〕王國維：《宋元戲曲史》，上海古籍出版社，1998年12月版，第2頁。

〔註122〕何休注，徐彥疏：《春秋公羊傳注疏》，阮元校刻《十三經注疏》，上海古籍出版社影印，1997年版，第2205頁。

〔註123〕孫詒讓：《周禮正義》，中華書局，1987年12月版，第2074頁。

〔註124〕孫詒讓：《周禮正義》，中華書局，1987年12月版，第2075頁。

〔註125〕惠士奇：《禮說》，阮元編《清經解》（第二冊），上海書店出版，1988年10月版，第74頁。

〔註126〕孫詒讓：《周禮正義》，中華書局，1987年12月版，第2493頁。

從《周禮》所記來看，巫職的行醫方式主要以禱解治病，其性質屬意識層面上的醫事行爲，與醫官行醫性質截然不同，因此兩職之間也不存在聯事關係，這也是春秋戰國以來巫、醫分流的最明確體現。而《周禮》關於巫職的記載基本上忠於巫職本身發展變化的歷史順序，是對於巫職衰落及其職能轉變的全面的總結：時至戰國，巫職地位降低，也僅剩下了巫術行醫、舞蹈祈福及參與和服務祭祀、喪葬等幾項職能。

再次，《周禮》關於巫職的記載亦反映出當時人們對於巫職尤其是對於巫術行醫的基本認知。《周禮》一書對於男巫「春招弭，以除疾病」和女巫「掌歲時祓除、釁浴」職能的記載，本身就說明了周王室對於巫術行醫的認可，巫術行醫和醫職的科學救治相結合，從意識層面和科學方面對得病者進行雙重救治。在其它文獻中也明確記載了對於巫術行醫的認可，例如《公羊傳》隱公四年何休注及《國語‧楚語》觀射父所言，既說明了巫職的男女之別，又體現了了巫以祝禱形式治病的特點，而且《左傳》昭公元年記晉侯有疾，進行「祭」祭，以驅除癘疫之災。實際上，巫術行醫或者巫之醫事的主觀救治職能一直被認可，先秦文獻中巫、醫分別行醫的現象（詳後）大量並存。至西漢初期天子有病依然「巫、醫無所不致」〔註127〕，東漢時期，百姓療疾還是需要「降志屈節，欽望巫祝」〔註128〕。實際上，與醫學興起並長足發展的同時，巫者借助超自然力量進行療疾的傳統一直存在於各個朝代，被百姓視爲問醫療疾的常選形式。

綜上所述，從甲骨文和文獻中所記載的巫之醫事職能的發展變化來看，《周禮》所記巫職基本上忠實於巫職的歷史演變，巫的大多數職能已經被分流，所留存的主要集中在祈福、療疾、舞雩及對祭祀、喪葬活動的服務之上，也反映了至春秋戰國巫醫分離後，巫職地位的下降以及人們對於巫術的質疑，才使得醫學脫開「神鬼崇拜」的束縛迅速地發展起來。《周禮》對於巫之醫事的記載從性質上講，與《周禮》所記醫職職能截然不同，二者之間也絕不會越俎代庖，但兩職的目的一致：均服務於王室，在王室起居生活中擔任清潔、預疾、防疾和治疾的重任，從主觀和科學角度相互配合以保證王室日常生活的健康和安全。

〔註127〕班固：《漢書》，中華書局，1964 年 11 月版，第 1220 頁。

〔註128〕劉渡舟主編：《傷寒論校注》之《傷寒卒病論集》，人民衛生出版社，1991 年 6 月版，第 19 頁。

3. 巫之醫事的科學救治

　　金景芳先生在論述殷商宗教時專門指出：巫是同鬼神經常打交道的一種專門職業，而且特別強調：「我們不要簡單地說巫都是騙子，實際當時的知識分子就是巫，……巫不僅婆娑降神，而且天文曆法、醫藥、卜筮等皆出於巫」〔註129〕。依照金先生之言，我們可以這樣理解：巫的職能雖然交雜著濃厚的迷信因素，但其中卻也有相應的科學成分。而其中與醫事相關的便是巫對於醫藥及其它科學救治方法的掌握，這也就是巫之醫事中科學救治方面的體現。

　　文獻記載了傳說時代藥物療疾的現象：《帝王世紀》記載伏犧氏使「百病之理，得以有類。乃嘗味百藥而制九針，以極夭枉焉」〔註130〕；神農氏「嘗味草木，宣榮療疾，救夭傷人命」〔註131〕。伏犧氏、神農氏被公認為傳說時代的巫者，而巫者遍嘗百草以身試藥的記載，又說明了巫術行醫的同時，還有一定的科學成份，這些科學成份便源自於巫者在行醫過程中對於草藥、針石等實物加以應用的經驗積纍，逐漸形成了早期的醫藥常識。而且據《山海經》所記，醫藥常識均由巫者掌握。如《大荒西經》「有靈山，巫咸、巫即、巫盼、巫彭、巫姑、巫真、巫禮、巫抵、巫謝、巫羅十巫，從此升降，百藥爰在」，郭璞云：「群巫上下此山采之也」，袁珂先生指出：「諸巫所操之主業，實巫，而非醫也。〔註132〕」此觀點客觀，不過即便採百藥被視為巫之餘業，亦可說明巫職確掌握醫藥常識，擔當行醫職責。又《海內西經》載：「開明東有巫彭、巫抵、巫陽、巫履、巫凡、巫相，夾窫窳之尸，皆操不死之藥以距之」，郭璞注云：「皆神醫也」〔註133〕，此處記載更明確地指出諸巫以藥物療疾，亦體現了巫者行醫中的科學成份。除此之外，《山海經》中還出現了以飲食療疾的類比聯想：《南山經》載：「赤鱬……食之不疥」〔註134〕；《北山經》載：「鶄鶄……食之不疽」〔註135〕；《東山經》載：「箴魚……食之無疫疾」〔註

〔註129〕金景芳：《中國奴隸社會史》，上海人民出版社，1982年版，第98頁。

〔註130〕皇甫謐：《帝王世紀》，山東省古籍整理規劃項目《二十五別史》版，齊魯書社，2000年版，第3頁。

〔註131〕皇甫謐：《帝王世紀》，山東省古籍整理規劃項目《二十五別史》版，齊魯書社，2000年版，第4頁。

〔註132〕袁珂：《山海經校譯》，巴蜀書社，1992年版，第453、454頁。

〔註133〕袁珂：《山海經校譯》，巴蜀書社，1992年版，第352～353頁。

〔註134〕袁珂：《山海經校譯》，巴蜀書社，1992年版，第7頁。

〔註135〕袁珂：《山海經校譯》，巴蜀書社，1992年版，第82頁。

〔註136〕袁珂：《山海經校譯》，巴蜀書社，1992年版，第122頁。

136〕。這些類比聯想中揀其可行者被繼承下來，而與此相關《周禮》食醫的執掌細則或調和理論應是累積所得。

在甲骨文中，人們已經意識疾病致人死亡的可怕，因此常見「疾」與「亡」連記的情況，並且關注疾病的症狀、延續等現象，但是甲骨文中在疾病的救治往往依賴於占卜，缺少巫者用藥等科學救治方面的直接記載。

不過《尚書・說命》中記有：「若藥弗瞑眩，厥疾弗瘳」〔註 137〕，說明藥不能攻人之疾，便不能達到治癒的目的。類似記載還有：《國語・楚語上》：「若藥不瞑眩，厥疾不瘳」〔註 138〕；《孟子・滕文公上》：「書曰：『若藥不瞑眩，厥疾不瘳。』〔註 139〕」《國語》和《孟子》引《尚書》的目的均是以藥爲喻，比喻忠言或者良策，攻己之急，以達到有效治理國家的目的，這正說明當時人們對於藥物攻疾方面的作用和以藥療疾行爲的肯定。雖然材料所記的背景被記爲武丁時期，但從古文《尚書》成書較晚的實際考慮，上述材料不能確切地說明商代時期已經有了巫者用藥療疾的現象，但至少說明醫藥治病的長期存在，其療效也得到了人們的普遍認可，才有可能上陞爲「以藥喻國」的忠言良策。甲骨文對藥物療疾的記載雖不明晰，但是在商代考古中卻發現殷商時期存在藥用植物貯藏的現象，1973 年河北省博物館、文管處在藁城臺西商代遺址，發現植物種子三十餘枚，其中有桃仁及鬱李仁，專家考證這兩樣植物可能是「用作治病的藥物」加以貯藏〔註 140〕，而且東漢時期《神農本草經》中已經明確記錄了桃仁和鬱李仁的藥用價值〔註 141〕。若按照上古巫醫交合的傳統觀點來看，加上《山海經》等文獻記載諸巫通曉草藥常識的記載，殷商時期的醫藥療疾也應該由巫來掌握。

除去藥物救治外，文獻中還記載了傳說時代伏犧氏「制九針」，這可能是巫者利用針石器物救治的較早記載，又如《山海經・東山經》：「高氏之山，

〔註 137〕孔安國傳，孔穎達等正義：《尚書正義》，阮元校刻《十三經注疏》，上海古籍出版社影印，1997 年版，第 174 頁。

〔註 138〕徐元誥：《國語集解》，中華書局，2002 年 6 月版，第 503 頁。

〔註 139〕楊伯峻：《孟子譯注》，中華書局，1960 年 1 月版，第 112 頁。

〔註 140〕耿鑒庭、劉亮：《藁城商代遺址中出土的桃仁和鬱李仁》，《文物》，1974 年 8 期。

〔註 141〕顧觀光輯、楊鵬舉校注：《神農本草經》，學苑出版社，2007 年 4 月版，第 198 頁、第 274 頁《桃核仁》云：「桃核仁，味苦，平。主瘀血、血閉癥瘕；邪氣；殺小蟲。」《鬱李仁》：「味酸，平。主大腹水腫；面目，四肢浮腫，利小便水道，根，主齒齗腫，齲齒，堅齒。」

其上多玉，其下多箴石」，郭璞注：「可以爲砭針治癰腫者。〔註142〕」此後巫職的此項醫事職能逐漸轉移到了醫職身上，並廣泛的傳延下來，如《淮南子・說山訓》：「醫之用針石」，注云：「石針所抵，殫人雍痤，出其惡血。〔註143〕」而《周禮》瘍醫執掌卻爲此類記載的最全面者。

　　綜上所述，《周禮》中所記的巫職作爲王室的服務類職官亦必不可少，但文中側重的是巫職溝通鬼神、參與祭祀和巫術行醫的主要職能，而巫之醫事的科學救治方面則完全被分流出去，歸入到了諸醫職職下，因此，《周禮》對於巫職的記載是符合其歷史發展趨勢的，而《周禮》明確地將巫、醫徹底分流，學界又將巫、醫分離的年代確定爲春秋戰國時期，爲《周禮》一書的成書年代不會早於戰國的觀點提供了又一論據。

二、醫職的起源與發展

　　在專門醫職產生之前，醫療經驗的積纍主要是通過人類自救和巫職行醫完成，而在商周相當長的一段時間裏，一直存在著巫、醫不分的現象，以往學者多以巫職研究爲基礎，討論巫、醫兩職的關係及發展，本節則專門立足於文獻中對醫職的記載，考察醫職起源與發展的同時對巫、醫兩職關係及其職能性質的轉變進行相關討論。

1. 西周及之前的醫職

　　《韓詩外傳》和《說苑・辨物》中同記上古之醫茅父或苗父、踰跗等名醫的行醫事蹟〔註144〕，茅父或苗父療疾的方式主要是「以菅爲席，以芻爲狗，北面而祝之，發十言耳」，屬於祝禱性質的巫術行醫；踰跗行醫「搦腦髓，抓荒莫，吹區九竅，定腦脫」，雖誇張但其間卻含有通竅疏絡等較爲高深的行醫技藝，從職能上看顯然超出了春秋以前巫醫合流時巫者的行醫技能和經驗，這明顯是後人將醫之名稱及後世醫之職能冠以巫職之上，也進一步說明上古巫代行醫職已爲古代學者認可。前文提到《山海經》之《大荒西經》「巫咸」

〔註142〕袁珂：《山海經校注》，上海古籍出版社，1980年版，第123、124頁。
〔註143〕何寧：《淮南子集釋》，中華書局，1998年版，第1153頁。
〔註144〕韓嬰撰、許維遹校釋：《韓詩外傳集釋》，中華書局，1980年6月版，第346、347頁。「吾聞上古醫曰茅父，茅父之爲醫也，以菅爲席，以芻爲狗，北面而祝之，發十言耳，諸扶輿而來者皆平復如故」；「踰跗之爲醫也，搦腦髓，爪荒莫，吹區九竅，定腦脫，死者復生。」趙善詒疏證：《說苑疏證》，東華師範大學出版，1985年2月版，第553頁。

等十巫採百藥，《世本八種》：宋衷注「巫彭作醫」，宋衷曰：「巫咸，堯臣也，以鴻術爲帝堯之醫」〔註145〕。《海內西經》「巫彭」等巫掌「不死之藥」以距「窫窳之尸」，郭璞注云：「皆神醫也」〔註146〕，《呂氏春秋‧勿躬》：「巫彭作醫」〔註147〕，《說文‧酉》：「醫，治病工也。……古者巫彭初作醫」〔註148〕。巫咸、巫彭及苗父是古巫中名望最高也最爲常見的巫者，雖三者所處的時代存在爭議，但均屬西周之前的古巫則較爲可信。殷商甲骨及相關文獻中無「醫」職的記載，而當時大量醫學行爲的承載者又是巫，因此，西周之前確實巫醫不分。不過在「鬼神崇拜」的上古時期，巫的除疾職能並非其主業，依靠巫術或百藥祛病消災，從根本上講還是爲了服務於其溝通天、神、人、鬼的本職，以維護巫的特殊身份和地位。

西周銘文及文獻資料中也沒有關於「醫」職的記載，根據春秋戰國文獻記載醫職自成體系的現象進行估計，西周時期應該是巫、醫開始分流時期或者說醫職開始獨立的時期。

2. 春秋戰國時期的醫職

首先，「醫」職地位提高，已經擁有獨立的職官系統。《國語‧晉語八》中曾明確記載醫官的設置：「上醫醫國，其次疾人，固醫官也」〔註149〕，這是直記醫官的最早記錄，醫和在給晉平公視疾之後不僅診斷出晉平公生疾的原因在於淫亂，還特別指出晉侯將因此失掉盟主霸業。醫和將疾人的經驗延伸成醫國的理論，將醫官的職能昇華，對後世影響深遠，也可以說明醫職地位的提升。

除《周禮》外，先秦其它文獻中再無醫官的直接記載，卻記有眾多「醫」職，如《左傳》僖公三十年：「晉侯使醫衍酖衛侯」〔註150〕；《左傳》文公十八年：「齊侯戒師期，而有疾。醫曰：『不及秋，將死』」〔註151〕；《左傳》襄公二十一年：「楚子使醫視之（蓬子馮）。復曰：『瘠則甚矣，而血氣未動。』

〔註145〕宋衷注、秦嘉謨等輯：《世本八種‧王謨輯本》，商務印書館出版，1957年初版，第27頁。
〔註146〕袁珂：《山海經校譯》，巴蜀書社，1992年版，第352頁。
〔註147〕許維遹：《呂氏春秋集釋》，北京市中國書店，1985年5月版（據1935年清華大學版影印），卷十七之《勿躬》，第十六頁。
〔註148〕許慎：《說文解字》，中華書局影印，1963年12月版，第313頁。
〔註149〕徐元誥：《國語集解》，中華書局，2002年6月版，第435頁。
〔註150〕楊伯峻：《春秋左傳注》，中華書局，1981年3月版，第478頁。
〔註151〕楊伯峻：《春秋左傳注》，中華書局，1981年3月版，第629頁。

乃使子南爲令尹」〔註152〕；《左傳》成公十年和昭公元年，晉侯有疾皆「求醫于秦」〔註153〕秦公所派視疾的醫緩與醫和實際上就是秦國的醫官。從上述材料中可知在晉、齊、秦、楚等諸侯之中，醫官的設置已較爲普遍，醫官經常隨侍於諸侯左右，聽候差遣，以保證日常疾患的及時診斷和救治。而且，醫官高超的技藝和豐富經驗也經常服務於當時的政治，醫官「上可醫國」則足以說明其在政治事務中的地位和作用，而且醫衍便曾聽命於晉侯直接參與到晉、衛之間的矛盾鬥爭中，甚至楚國令尹的選拔也需要醫官「視疾」，以判斷蓮子馮是否以疾辭令尹之職。另外韓非子在《定法》中批駁申不害和商鞅的術、法主張時特別強調：「今有法曰『斬首者令爲醫匠』則屋不成而病不已。夫匠者手巧也，而醫者齊藥也；而以斬首之功爲之，則不當其能。〔註154〕」韓非子強調：醫爲專職，專門調配藥方以治病救人，更反對「以斬首之功爲之（醫匠）」，並指出「今治官者，智能也」〔註155〕。而在《禮記・王制》中將「祝、史、射、御、醫、卜及百工」並列，強調：「凡執技以事上者，不貳事，不移官，出鄉不與士齒。〔註156〕」說明醫爲專職，因專業技能的特殊而獨立爲官。

其次，對於「醫」職的基本職能及其行醫經驗的認可。

如果「醫國」作爲醫官職能的昇華可以體現醫官的政治地位的話，那麼「疾人」則是醫官的基本職能，文獻中關於醫官「疾人」本職的記載非常之多，而且學者們在此方面的論述已不再拘泥於點到爲止，而是對醫職或醫官任職的基本要求和行醫經驗等方面均作出了相關討論。

良醫要有豐富的行醫實踐和經驗。《左傳・定公十三年》記：「三折肱知爲良醫」〔註157〕，《楚辭・九章・惜誦》又記載「九折臂而成醫兮，吾至今而知其信然」〔註158〕，無論是「三折肱」還是「九折臂」，其落腳點均是：成就良醫的根本條件即經驗的積纍，而且此類良醫的鍛造需要更歷方藥，才能自知其病。《呂氏春秋・察今》用行醫喻變法指出「譬之若良醫，病萬變，藥亦

〔註152〕楊伯峻：《春秋左傳注》，中華書局，1981年3月版，第1058頁。
〔註153〕楊伯峻：《春秋左傳注》，中華書局，1981年3月版，第849、1221頁。
〔註154〕王先慎：《韓非子集解》，中華書局，1998年7月版，第399頁。
〔註155〕王先慎：《韓非子集解》，中華書局，1998年7月版，第399頁。
〔註156〕鄭玄注、孔穎達等疏：《禮記正義》，阮元校刻《十三經注疏》，上海古籍出版社影印，1997年版，第1343頁。
〔註157〕楊伯峻：《春秋左傳注》，中華書局，1981年3月版，第1591頁。
〔註158〕朱熹：《楚辭集注》至卷七《招魂》，上海古籍出版，2001年12版，第76頁。

萬變。病變而藥不變，嚮之壽民，今爲殤子矣」〔註159〕。《禮記・曲禮下》中亦有類似總結：「醫不三世，不服其藥」〔註160〕，說明任何良醫成就的前提均需要長時間的行醫實踐及在實踐中總結精準的行醫理論。《左傳・成公十年》記晉景公「求醫於秦。秦伯使醫緩爲之。未至……醫至，曰：『疾不可爲也，在肓之上，膏之下，攻之不可，達之不及，藥不至焉，不可爲也。』公曰：『良醫也。』〔註161〕」醫緩被稱之爲良醫的原因便是其言之入理，而且與晉侯所夢「二豎子」之一所言：「居肓之上，膏之下」相一致，當然我們不能否認其中存在夢占預言的成份，但醫緩豐富的行醫經驗和理論是不容質疑的。《左傳・昭公元年》晉侯（晉平公）再次求醫於秦，秦伯使醫和視疾，醫和結合「五節」、「六氣」、「五味」、「五色」、「五聲」、「六疾」等理論，得出結論晉侯「疾不可爲也」，並斥責晉侯之疾的根本原因是晉侯對女色「不節不時」，致使「室疾如蠱」。趙孟因此感歎：醫和「良醫也」〔註162〕。《墨子・兼愛上》以行醫理論喻聖人治天下「譬之如醫之攻人之疾者然，必知疾之所自起，焉能攻之；不知疾之所自起，則弗能攻。〔註163〕」其核心還是要找到疾病的成因，從根本上行醫療疾，以達到治癒的目的，文中不僅強調對身體疾病常態的觀察，還特別注重意識在療疾方面上的導向作用。

　　從上述記載中，我們可以看出春秋時代醫職在行醫過程中已經有了一套較爲完備的行醫理論，將聲、色、氣、味等作爲行醫的基本著眼點，將陰陽作爲事物相互轉化的基本界限，強調節制時、度，以達到諸事的平衡，從而知曉疾病之所起，治疾之所本。醫和指出「室疾如蠱」即「淫溺惑亂之所生也」〔註164〕，而且在分析「蠱」之形成時，所憑藉的是積纍下來的行醫經驗而不再依賴於除蠱的巫術行爲，加上晉侯療疾直接求醫於秦的記載，使我們看到，在春秋戰國時期，良醫及其專業的行醫經驗已經成爲王室或貴族日常之首選。

〔註159〕許維遹：《呂氏春秋集釋》，北京市中國書店，1985 年 5 月版（據 1935 年清華大學版影印），卷十五之《察今》，第三十三頁。

〔註160〕鄭玄注、孔穎達等正義：《禮記正義》，阮元校刻《十三經注疏》，上海古籍出版社影印，1997 年版，第 1268 頁。

〔註161〕楊伯峻：《春秋左傳注》，中華書局，1981 年 3 月版，第 849～850 頁。

〔註162〕楊伯峻：《春秋左傳注》，中華書局，1981 年 3 月版，第 1221～1223 頁。

〔註163〕吳毓江：《墨子校注》，中華書局，1993 年 10 月版，第 154 頁。

〔註164〕楊伯峻：《春秋左傳注》，中華書局，1981 年 3 月版，第 1223 頁。

三、對巫、醫關係及其職能性質的討論

從文獻記載來看,關於「醫」職的明確記載大體上出現在春秋戰國時期,其中最明顯的特點是「巫」、「醫」兩職的分別而記,從中我們也可以看出春秋戰國以來學者們對於巫、醫兩職關係的討論及對兩職性質的明確區分。

《周禮》夏官司馬所轄諸職中有「巫馬」一職,其責任為「掌養疾馬而乘治之,相醫而藥攻馬疾」〔註165〕。《廣雅·釋詁》:「醫,巫也。」王念孫疏證:「巫與醫皆所以除疾,故醫字或從巫作毉」〔註166〕,故清人俞樾平議:「巫馬非巫也。巫,猶醫也。……巫、醫古得通稱。蓋醫之先亦巫也……巫馬即馬醫」〔註167〕。這一記載是被學界公認的醫出自巫的力證。實際上,學者疏證和評議的主要依據是巫馬治馬疾的職責,而這一執掌使得「巫」與巫馬職責後隱含的「醫」職性質聯繫在一起,因此,從療疾這一職能來探究巫、醫的關係確實是一個較為可信的角度,也就是說從行醫治病角度來看,醫出自巫或者說醫職發展了巫職原有的療疾職能還是有一些道理的。顯然,巫早於醫,因除疾的職能兩者共存,因治療的方法不同,巫逐漸走向主觀方面的占測、驅邪、除疾,醫則走向了科學方面的預防和救治。所以,我們不能籠統的將巫、醫在職能某一方面(即療疾)的繼承關係定義為巫、醫的同源關係,若僅從這一方面將巫等同於醫,便忽視了早期巫職溝通天人的職能,亦縮小了其職能範圍,而將巫的起源加注於醫則更不可取。

在先秦眾多文獻記載中學者們已經不再糾結於「巫」、「醫」是否同源這一問題,而是偏重於對兩職職能的分別描述,這實際上為「巫」、「醫」兩職的分離提供了大量的疏證。前文例舉《左傳》中諸侯貴醫的現象,但巫職仍然同時見諸於文獻。如《公羊傳·隱公四年》:「於鍾巫之祭焉。」何休注:「巫者,事鬼神禱解以治病請福者也」〔註168〕;《左傳·成公十年》:「晉侯夢大厲……公覺,召桑田巫。巫言如夢」〔註169〕。晉侯請桑田巫則類似於請巫職占夢預言的情況,而後又「求醫于秦」。《墨子·閒詁》:「舉巫、醫、卜有所,長具

〔註165〕孫詒讓:《周禮正義》,中華書局,1987年12月版,第2625頁。
〔註166〕王念孫:《廣雅疏證》,中華書局,1983年版,第126頁。
〔註167〕俞樾:《群經平議·孟子》,《續修四庫全書》版(一七八·經部·群經總議類),第217頁,上海古籍出版社。
〔註168〕何休注,徐彥疏:《春秋公羊傳注疏》,阮元校刻《十三經注疏》,上海古籍出版社影印,1997年版,第2205頁。
〔註169〕楊伯峻:《春秋左傳注》,中華書局,1981年3月版,第849頁。

藥，宮之，善爲舍。〔註170〕」巫、醫、卜等官各有其所，巫掌敬神，醫官負責守藏醫藥以備常用，而且巫、醫同卜、筮等職均是諸侯貴族日常生活中的常職，這無疑正是巫、醫職能性質最明確的區分。《列子·周穆王篇》宋陽里華子中年得病「謁史而卜之，弗占；謁巫而禱之，弗禁；謁醫而攻之，弗已」〔註171〕，說明人們在對抗疾病的過程中存在占、卜、祝禱和醫藥等多種形式的求醫行爲，而卜、史、巫、醫等也憑藉各自的專職參與到治病療疾的活動中。其中巫、醫同治確實是人們日常生活中的普遍現象，如《韓非子·解老》總結「人處疾則貴醫，有禍則畏鬼」〔註172〕，畏鬼則求助於巫職；《韓非子·說林》記載諺曰：「巫咸雖善祝，不能自祓也；秦醫雖善除，不能自彈也。〔註173〕」這裏巫咸是巫的代表，而秦醫則被視爲良醫的代稱，顯然各自存在弊端的前提是巫、醫分流，職能性質明確區分開來的同時卻又長期並存，類似記載還出現於《鶡冠子·環流》：「積往生跂，工以爲師。積毒成藥，工以爲醫」。孫詒讓認爲：「跂，當作『跛』；工，當作『巫』，形近而誤。」黃懷信：「案跛者所以足趾行，行之若舞也，故巫學之以舞降神也」。又云：「毒，指各種草藥。工，技巧之人。醫，治病」〔註174〕。也說明了巫、醫行醫方法迥然不同，巫「以舞降神」而除疾，醫利用草藥治病，但兩者長期共存確實是普遍現象。

　　不過，從治病療疾的功效出發，學者對巫、醫兩職的職能性質確有中肯的評價，如《呂氏春秋·盡數》：「今世上卜筮禱祠，故疾病愈來……故巫醫毒藥，逐除治之，故古之人賤之也，爲其末也。〔註175〕」文中特別指出：求巫祝禱反而會導致病情加劇，而且巫醫毒藥亦被善於養生之人輕視，被認定爲捨本逐末。而這裏的巫醫顯然是指巫職，而且巫職已爲人們所輕賤，《論語·子路》子曰：「南人有言曰：『人而無恒，不可以作巫醫。』善夫！」〔註176〕。

　　當巫、醫完全分離之後，當人們對於醫職在行醫方面的獨特作用有了充分地認識之後，便出現了對於「醫」的獨立定義：《說文·酉部》：「醫，治病

〔註170〕孫詒讓：《墨子閒詁》，中華書局，2001年4月版，第574頁。
〔註171〕楊伯峻：《列子集釋》，中華書局，1979年10月版，第109頁。
〔註172〕王先慎：《韓非子集解》，中華書局，1998年7月版，第142頁。
〔註173〕王先慎：《韓非子集解》，中華書局，1998年7月版，第192頁。
〔註174〕黃懷信：《鶡冠子彙校集注》，中華書局，2004年10月版，第88、89頁。
〔註175〕許維遹：《呂氏春秋集釋》，北京市中國書店，1985年5月版（據1935年清華大學版影印），卷三之《盡數》第八、九頁。
〔註176〕楊伯峻：《論語譯注》，中華書局，1980年12月版，第141頁。

工也。殹惡姿也，醫之性然，得酒而使從酉。王育說。一曰殹，病聲。酒，所以治病也。《周禮》有醫酒，古者巫彭初作醫。〔註177〕」從定義中，我們可以看出：學者們從治病療疾的本職出發，完全將「醫」或者「毉」職視作一個獨立且自成體系的行業，摒除掉原來巫職對於醫的影響，「醫」職也從最初依附於巫職，到依靠本職中科學的行醫經驗和理論不斷地發展，再經過長時間的實踐檢驗，終被人們認可爲獨立的「治病工也」，在以後的歷史演進中繼續走向系統和科學。

第四節 《周禮》醫官所反映的時代

前文中，我們從巫術行醫、巫之行醫的科學救治、先秦文獻中所記醫官的起源和發展等諸多方面對醫官及與醫相關的巫職進行了系統論述，並且參與了巫、醫起源問題的討論。在這一過程中，我們對《周禮》巫職及其行醫職能的所反映的時代特徵進行了概括，但並沒有對《周禮》所記醫職的時代特徵進行總結，現總結如下：

第一，從對醫職的歷史考察來看，文獻中確爲醫官的應爲《左傳》和《國語》所記齊醫，晉醫衍，秦醫緩、醫和，楚醫等，其中醫和自言：「上醫醫國，其次疾人，固醫官也」，是關於醫官的最早明確記載。除此之外，周代相關文獻中再沒有出現對醫官具體分職的記載，更沒有如食醫、疾醫、瘍醫及獸醫等專職的明確分類，甚至相關療疾方式的記載也僅集中於醫療經驗的總結而缺少分專職療疾的實例。因此《周禮》所構建的醫官體系僅爲《周禮》所獨有，能夠反映兩周以來醫職逐漸發展，並越發爲人們所重視，不過也可以看出《周禮》所構建的醫官團體是具有一定理想化成分的。

第二，除《左傳》、《國語》外，其它文獻如《山海經》、《儀禮》、《禮記》、《韓非子》、《墨子》、《列子》、《呂氏春秋》及《說文》、《廣雅》等文獻中亦有「醫」職的記載，但諸「醫」職並沒有被冠以「醫官」職名，再從諸「醫」職的具體職能記載來看，多屬於醫療經驗的總結，而這些醫療經驗的積纍又並非僅來自於諸「醫」職對王室貴族的服務，相反多來自於對萬民的療疾積纍。《周禮》醫師職記「邦之疾病者」和疾醫「掌萬民之疾病」，說明《周禮》「重民」的同時，諸醫職職能和經驗的記載也可能來自於對百姓醫療實踐的

〔註177〕許慎：《說文解字》，中華書局影印，1963 年 12 月版，第 313 頁。

積纍，加上《周禮》療疾方式和醫療經驗同其它文獻記載又存在諸多重合之處，例如《左傳·昭公元年》記載醫和的「五節」、「六氣」、「五味」、「五色」、「五聲」、「六疾」等行醫理論與疾醫之「四時」、「五味」、「五穀」、「五藥」、「五氣」、「五聲」、「五色」，瘍醫之「五毒」等基本相似，而《周禮》食醫、疾醫和瘍醫等職下所記的行醫理論較其它文獻更爲先進和完備，這說明《周禮》所記醫官職能和理論是對春秋以來「醫」職行醫經驗的全面總結。

　　第三，商代以後巫職地位逐級下降，張光直指出：「巫的本事和巫在社會上的地位，在商代似乎遠較周代爲高」〔註178〕，自西周時期巫、醫開始分離，至春秋戰國時期巫、醫分離更爲明顯。《周禮》對於巫、醫兩職的記載恰好爲這一觀點提供了有效的例證：首先《周禮》按照兩職職能性質的不同，明確將巫、醫分職而記，自有統屬，各司其職，互不逾越；其次，醫職地位高於巫職，醫官之長醫師爵等屬上士，巫官之長司巫爵等屬中士，而且醫職直接服務天子和王室的日常生活，隨侍於王族左右。另外「到了春秋戰國，我們通常所見到的關於巫的司職不再包羅一切宗教事務，他們所作的事情種類越來越少……被『祝、宗、卜、筮』等專人取代」〔註179〕，當然其中亦包含醫對於巫療疾職能的分流，而且《周禮》春官大宗伯下便分立小宗伯、大卜、大祝、龜人、占人、占夢等職及其從屬與諸巫分職並列。綜合看來，根據《周禮》所記巫與醫的關係及與「祝、宗、卜、筮」等職的關係來看，能夠反映出《周禮》成書晚於春秋時期。

〔註178〕張光直：《中國青銅時代》（二集），三聯書店出版發行，1990 年 5 月版，第44 頁。

〔註179〕呂靜：《春秋戰國時期的巫與巫術研究》，《史林》，1992 年第 1 期。

第四章 女官類

　　《周禮》所記女子擔任職事者共有兩個類別：女官和女奴〔註1〕。在《周禮》所構建的官制體系中，女官雖少但其職能卻不可替代，而且是天子及王室起居服御類職官的重要組成部分。

　　《國語·魯語上》曰：「男女之別，國之大節也，不可無也」〔註2〕；《禮記·昏義》記載：「敬慎重正，而後親之，禮之大體。而所以成男女之別，而立夫婦之義也」〔註3〕。而男女有別亦爲《周禮》所本，體現在職官設置上便是天子外官和內官的配備，其中女官在天子內官之中佔有重要地位。依據女官服務對象的不同，本文暫時將女官分成兩個類別：天子女官與王后女官。對《周禮》女官特點進行總結，並於相關專題之下，對所涉及到的女官及其職能進行系統考察。

第一節　天子女官職事及特點

　　以《周禮》爲基礎，將服務於天子的女官列表如下：

〔註1〕對於女奴群體的研究，我們將附錄在《王室起居相關的服務人員》專題之後做詳細討論。

〔註2〕徐元誥：《國語集解》，中華書局，2002年6月版，第147頁。

〔註3〕鄭玄注、孔穎達等正義：《禮記正義》，阮元校刻《十三經注疏》，上海古籍出版社影印，1997年版，第1681頁。

《周禮》所見服務天子的女官設置

服務類別	職名	身份或歸屬	人數	具體職能
侍御	九嬪	王之妾御（天官）	九人	「各帥其屬而以時御敘於王所」。
	世婦	王之妾御（天官）	無數	從九嬪御敘於王所
	女御	王之妾御（天官）	無數	「掌御敘於王之燕寢。」
供應服飾	女御	內司服（天官）	二人	鄭玄注：「有女御者，以衣服進，或當於王。〔註4〕」
縫線之事	女御	縫人（天官）	八人	「蓋以王及后尊貴，其裁縫衣服自有法式，縫人不敢專爲，故使女御監涖其事」〔註5〕。

注：表格中引用除特別注釋外均屬《周禮》原文所記。

從表格列述來看，服務於天子的女官主要存在於《周禮》天官之下，其中九嬪、世婦、女御構成了天子女官的主體。從職能上看女官主要擔當「御」職，蔡邕《獨斷》云：「御者，進也。凡衣服加於身，飲食入於口，妃妾接於寢，皆曰御也」〔註6〕，與天子起居中服官與食官相官聯，嬪妃等女職所突出的便是其「御」職即爲御寢。而《周禮》所記服務於天子的女官職事也較爲單一，除女御擔任縫線和進獻天子服飾的職能外，諸女官的主要職責便是「御敘」於王寢，因此，這些女官亦是天子的妾御。九嬪、世婦和女御雖爲女官但並無爵等，所以名官的原因在於「無所繫屬，故以職事相近者附列各官，亦大宰八法官屬之變例也」，孫詒讓歸類爲「以事類屬之」〔註7〕。這也就決定了天子女官的主要特徵：在以天子爲核心，強調男尊女卑的百官體系中，女官實際上是天子官制的變例，因其「進御」事類的特殊而不可或缺。

按照列述順序，針對天子女官御寢的特殊職責，本文對諸職進行相應考察。

在相關文獻中，天子女官多被視爲一個整體加以記載，而這一整體的身份便是天子妾御。《禮記·月令》：「天子親往，后妃帥九嬪御，乃禮天子所御」。鄭玄注：「御，謂從往侍祠。《周禮》天子有夫人，有嬪，有世婦，有女御，

〔註4〕 孫詒讓：《周禮正義》，中華書局，1987年12月版，第54頁。
〔註5〕 孫詒讓：《周禮正義》，中華書局，1987年12月版，第597頁。
〔註6〕 蔡邕：《獨斷》，載於《抱經堂叢書》，乾隆庚戌雕，抱經堂校本，民國十二年夏五月北京直隸書局影印，第3頁。
〔註7〕 孫詒讓：《周禮正義》，中華書局，1987年12月版，第50頁。

獨云『帥九嬪』，舉中言也」；孔穎達疏：「祝官乃禮接天子所御幸有娠之人」
〔註8〕。此為天子所舉行的祈嗣之祭，王后和天子御妾均隨侍於左右，其中有
娠者祈求得男。可見，天子重「御」的根本原因是在於後代的繁衍，而且眾
御妾中也以有子者為貴。《禮記·昏義》構建了天子妾御的等級和數量區分：
「古者天子后立六宮，三夫人、九嬪、二十七世婦、八十一御妻」〔註9〕。此
為天子妻妾尊卑等級的直接記載，其中九嬪、世婦及御妻與《周禮》所記的
天子女官基本一致。

　　除此之外，天子女官亦可稱御、妃嬙、內御。《國語·周語上》：「王御不
參一族」，韋昭注：「御，婦官也」〔註10〕，這裏婦官即為天子妾御。另有《國
語·晉語四》：「備嬪嬙焉」，韋昭注；「嬪嬙，婦官」〔註11〕；《左傳》哀公元
年：「宿有妃嬙、嬪御焉」，杜預注：「妃嬙，貴者；嬪御，賤者，皆內官」〔註
12〕，可見，所謂妃嬙嬪御均可指內宮女官。《列子·湯問》：「王以為實人也，
與盛姬內御並觀之」〔註13〕，內御相當於世婦、女御等女官。甚至《後漢書·
皇后紀序》將《周禮》所記天子妾御和《禮記·昏義》所構建的天子內官相
結合，直接認為「《周禮》王者立后，三夫人，九嬪，二十七世婦，八十一御
女，曰備內職焉」〔註14〕。

　　綜合看來，天子女官隨侍於天子左右，照顧其日常生活，但不容忽視，
而且更為重要的則是：諸女官擔任進御和王室子嗣繁衍的重任。甚至在考量
世婦、女御等女官的地位時，也往往先以是否生子和是否為王所幸作為決斷，
正如黃以周引《義疏》所言：「世婦，則有子而可以為王繼世者，其無子而賢
德出眾者，或附焉。女御則良家子眹姓于王宮，王所幸御乃有其位，故其數
皆不可定也」〔註15〕。這也是本文將原屬於王后內治之下的九嬪、世婦、女
御等職專列的原因，以強調此類女官專御天子的特殊性。

〔註8〕 鄭玄注、孔穎達等正義：《禮記正義》，阮元校刻《十三經注疏》，上海古籍出
　　　　版社影印，1997年版，第1361頁。
〔註9〕 鄭玄注、孔穎達等正義：《禮記正義》，阮元校刻《十三經注疏》，上海古籍出
　　　　版社影印，1997年版，第1681頁。
〔註10〕 徐元誥：《國語集解》，中華書局，2002年6月版，第10頁。
〔註11〕 徐元誥：《國語集解》，中華書局，2002年6月版，第333頁。
〔註12〕 楊伯峻：《春秋左傳注》，中華書局，1981年3月版，第1609頁。
〔註13〕 楊伯峻：《列子集釋》，中華書局，1979年10月版，第180頁。
〔註14〕 王先謙：《後漢書集解》，中華書局，1984年2月版，第151頁。
〔註15〕 黃以周：《禮書通故》，中華書局，2007年4月版，第1461頁。

第二節　王后女官職事及特點

先秦文獻在討論天子立官時有如下記載：

《國語‧晉語中》：「先王豈有賴焉，內官不過九御，外官不過九品」，韋昭注：「九御，九嬪也」〔註16〕，內官相較於外官而言，九嬪代指天子內官。

《禮記‧昏義》：「古者天子后立六宮、三夫人、九嬪、二十七世婦、八十一御妻，以聽天下之內治，以明章婦順，故天下內和而家理。天子立六官、三公、九卿、二十七大夫、八十一元士，以聽天下之外治，以明章天下之男教，故外和而國治。故曰：『天子聽男教，后聽女順；天子理陽道，后治陰德；天子聽外治，后聽內職。教順成俗，外內和順，國家理治，此之謂盛德』」〔註17〕。

上述兩則材料均反映出天子立官的根本原則是：男女有別、王后分立、內外兼治。從材料中亦明確地看出：王后所領的內官，在天子的官制體系中佔有重要地位。而《周禮》確實也爲天子構建了一個由王后統領並且相對完備的內官體系，因本於男、女及內、外有別的根本要求，在天子內官體系中女子便佔據了絕大多數的官職，除去九嬪、世婦、九御需要專門進御於王的特殊要求外，均聽命並服務於王后，因此，我們稱之爲王后女官。

以《周禮》爲基礎，將王后統領下諸女官及其職能列表如下：

《周禮》所見王后統領下的女官諸職

名稱	人數	身份（歸屬）	相關職能	具體執掌
九嬪	九人	王之妾御（天官）	女子教育	「掌婦學之法。」
			贊后禮事	掌祭祀、賓客、喪紀之事。
世婦	無數	王之妾御（天官）	贊禮事	掌祭祀、賓客、喪紀之事。
女御	無數	王之妾御（天官）	獻婦功	「以歲時獻功事。」
			贊禮事	掌祭祀、賓客、喪紀之事。

〔註16〕徐元誥：《國語集解》，中華書局，2002 年 6 月版，第 52 頁。
〔註17〕鄭玄注、孔穎達等正義：《禮記正義》，阮元校刻《十三經注疏》，上海古籍出版社影印，1997 年版，第 1681 頁。

名稱	人數	身份（歸屬）	相關職能	具體執掌
女祝	四人	後宮之官（天官）	王后內祭內禱之事	「掌王后之內祭祀，凡內禱祠之事。」 「掌以時招、梗、禬、禳之事，以除疾殃。」
女史	八人	後宮之官（天官）	記「陰事」佐后內政詔后禮事	「掌王后之禮職，掌內治之貳，以詔后治內政」；「逆內宮，書內令」；「凡后之事，以禮從。」
女御	二人	後宮之官（天官·內司服）	掌后六服	「以王后尊貴，其衣服自有法式，故以女御內官監領之」〔註18〕。
女御	八人	後宮之官（天官·逢人）	縫線之事	「縫人掌王宮之縫線之事。以役女御，以縫王及后之衣服」。
世婦〔註19〕	每宮卿二人、下大夫四人、中士八人	外命婦（春官）	掌宿戒	「掌女宮之宿戒，及祭祀，比其具。」
			詔相禮事	為王后、內外宗服務，參與祭祀、賓客、喪紀之事。
			掌通令	「凡內事有達於外官者，世婦掌之」。
內宗	無常數	內女之有爵者（春官）	與九御官聯	掌宗廟祭祀、賓客、喪紀之事
外宗	無常數	外女之有爵者（春官）	與九御官聯	掌宗廟祭祀、賓客、喪紀之事

〔註18〕 孫詒讓：《周禮正義》，中華書局，1987年12月版，第54頁。

〔註19〕 惠士奇對天官之世婦與春官之世婦的異同進行了總結：「世婦屬天官內宰，而職掌禮事，故兼屬春官，其職本同，文有詳略。《春官·世婦》云『掌女宮之宿戒及祭祀，比其具』，《天官·世婦》亦云『祭之日，泲陳女宮之具』。《春官·世婦》『帥六宮之人共齍盛』，《天官·世婦》亦云『帥女宮而濯摡為齍盛』。《春官·世婦》則曰大賓客云云，大喪云云，《天官·世婦》則一言以蔽之曰『掌祭祀賓客喪紀之事』。彼列其目，此舉其綱也。獨內外宗女不屬天官，然內宗云『凡卿大夫之喪掌其弔臨』，《春官·世婦》則曰『相內外宗之禮事』。《天官·世婦》亦云『掌弔臨於卿大夫之喪』，則又未嘗不同也，但此略而彼詳耳」。孫詒讓案：惠謂此世婦與春官世婦職同，已經攷之，良是。（參見惠士奇：《禮說》，阮元編《清經解》第二冊，上海書店，1988年版，第39頁。孫詒讓：《周禮正義》，中華書局，1987年12月版，第52頁。）

名稱	人數	身份（歸屬）	相關職能	具體執掌
女巫	無數	（春官）	掌事鬼神	「掌歲時祓除、釁浴。」 「若王后弔，則與祝前。」

注：表格中引用除特別注釋外，其它所引均屬《周禮》原文所記。

結合表格所列諸職的具體職責，我們對於《周禮》所記王后女官的特點進行總結的同時，亦對所涉及的女官進行相應考察：

首先，王后女官的設置遵守「王后象王」的立官原則，但王、后立官僅注重職官配備的形式或框架上的一致，落實到職官職能或地位等實質性問題時王、后所立諸官則絕不對等。

《國語·晉語中》將「內官九御」和「外官九品」相對立，《禮記·昏義》又以三、二十七、八十一等數字將天子內職與外治諸官加以對仗，使我們看到，王后所立女官皆本於天子的諸官體系，甚至會有天子女官體系的完備等同於男官體系的傾向。而實際上，就《周禮》而言，天子內官與外官，無論在職官設置上還是職官數量上均不對等。《周禮》六官體系中共有職官 370 多種，其中女官僅上述 10 種，即便是加上內小臣、閹人、寺人、內豎等奄人和童豎等與女官聯職者，內宮之官也不到 20 種，雖然內宮之中還有爲王室日常生活服務的女酒、女漿、女醢、女醯、女鹽、女冪、女宮等女職，參與到了天子宮室服御類職官的諸項工作中，但均被認定通曉某種技能的女奴，地位低等，無官職可言。可見，王后所立諸官職能均以服務天子或王后爲主，行陰禮、理內事，使天子內官形成了一個相對獨立的體系，但卻被禁錮在天子內宮之中，故雖然「王后象王」而立官，所追求的僅是形式上的對等，其附屬地位顯而易見。另外，就婦、御等職設置的數目而言，《周禮》所記世婦、女御均無數目要求，鄭玄解釋：世婦「不言數者，君子不苟於色，有婦德者充之，無則闕」〔註 20〕，而女御除內司服職下有女御二人，縫人職下有女御八人外，再無數字記載，不過孫詒讓還是對《昏義》所記女御之數與《周禮》女御無數的記載進行了點評：「《昏義》御妻八十一人，儗八十一元士，與此經元士之數不合，不宜據彼以定此女御之數」〔註 21〕。實際上，《周禮》女官的設置不重形式也不拘泥於數目，注重的是王宮事務的完成，因此，孫詒讓

〔註20〕孫詒讓：《周禮正義》，中華書局，1987 年 12 月版，第 52 頁。

〔註21〕孫詒讓：《周禮正義》，中華書局，1987 年 12 月版，第 53 頁。

將女官歸爲「以事類屬之」，女官因服務於王宮事務而列於《周禮》天官宮室類職官之後。

其次，以天子內宮爲限，女官職能範圍被禁錮在六宮之內，不參與政事。

《周禮》及先秦其它文獻在記載女官或注疏嬪、御等職時，習慣以「內」作爲界定，以別於天子之外官。所謂「內」，即指路寢以裏，王、后、夫人等所居之所，這也成爲女官稱內官的原因之一，如《左傳》襄公十九年，楊伯峻注：「內官者，諸侯、天子姬妾之別名，居宮內，有官階，故云內官」〔註22〕。另外內小臣、閹人、寺人、內豎等職執掌中均涉及到了與「內人」相關的內容，雖然歷代學者對於「內人」的具體指代有所爭議，卻也沒有離開九嬪、世婦及九御的範圍。所以，《周禮》女官居「內」並被冠以「內人」之稱，使得其職能所掌有了固定的範圍，即主掌路寢以內的事務。

實際上，上至王室貴族下至平民百姓均將男女有別、女子主內作爲了立家治內的根本，《周易·家人》：「《象》曰：『家人，女正位乎內，男正位乎外。男女正，天地之大義也』」〔註23〕；《左傳》昭公二十五年「爲夫婦外內，以經二物」，杜注：「夫治外，婦治內，各治其物」〔註24〕。而《禮記·昏義》則對王后統領女官所掌進行了總體的概括：「以聽天下之內治，以明章婦順，故天下內和而家理」〔註25〕。說明王后帥諸女官所處理的事務根本上是爲了「名章婦順」，以達到「內和而家理」的目的。而且據黃以周《禮書通故》引《義疏》所言：「古者內官九御，自夫人、嬪婦以下，皆贊王后舉內治，以供祭祀、賓客之事，以獻蠒桑穜稑、織文組就之功」〔註26〕，與《周禮》相比，這是對天子王后、夫人及所帥女官職事的整體總結，而《周禮》所記女官職能則是以類相從，並做到各司其職，其職能也無外乎是女子所參與的祭祀、賓客、喪紀等禮事和桑蠶、絲線等婦職，絕不含任何與政務相關的事宜。甚至爲了嚴格做到男女內外有別，《周禮》對於女官所掌之事做出嚴格限定的同

〔註22〕楊伯峻：《春秋左傳注》，中華書局，1981年3月版，第1048頁。
〔註23〕王弼等注、孔穎達等正義：《周易正義》卷四，阮元校刻《十三經注疏》，上海古籍出版社影印，1997年版，第50頁。
〔註24〕杜預注，孔穎達等正義：《春秋左傳正義》，阮元校刻《十三經注疏》，上海古籍出版社影印，1997年版，第2108頁。
〔註25〕鄭玄注、孔穎達等正義：《禮記正義》，阮元校刻《十三經注疏》，上海古籍出版社影印，1997年版，第1681頁。
〔註26〕黃以周：《禮書通故》，中華書局，2007年4月版，第1461頁。

時，在事務傳達上亦有一個明確的內外區分。如內豎「掌內外之通令，凡小事」〔註27〕，凡王之小事，命令內豎負責傳令於六宮。世婦（春官）：「凡內事有達於外官者，世婦掌之」，賈疏云：「王后六宮之內有徵索之事，須通達於外官者，世婦宮卿主通之，使相共給付授之也」〔註28〕。雖然內豎和世婦分別負責事令的內傳與外達，但「小事」通令於內和「內事」通達於外，從性質上講並不對等，「內事」須通達於外者顯然是向王及諸外官徵求意見，以獲得認可和扶助，而王之「小事」傳於內，則僅爲告知或者命令。所以《周禮》嚴格限制女官對政務的參與，甚至在處理內政上依然突出天子的權威。類似的要求還出現在諸侯之中，《國語‧吳語》亦記「王乃入命夫人，……王曰：『自今日以後，內政無出，外政無入。內有辱，是子也。外有辱，是我也。』」韋昭注：「內政，婦職。外政，國事」〔註29〕。夫人爲諸侯正妻，其職能類似王后，諸侯內治亦由夫人負責，嚴格做到內外分立，實際上所強調的應該是禁止夫人等女子參政。

再次，女官內部存在明裏與隱含的高下不同。

爲突出《周禮》女官之特點，本文根據其服務對象的不同將女官分爲天子女官和王后女官，這樣的區分使我們看到在《周禮》女官中，存在著明裏與隱含的等級區分：其一，后、夫人、嬪、婦、御，這是《周禮》所構建天子內宮明確的等級劃分，甚至《禮記‧昏義》中還附記以明確的數字，以突出其作爲天子妻妾貴賤有別的特點。另外《周禮》所記女官中，除了嬪、婦、御等天子御妾之外，另有女史、女祝、女巫等職，相比之下，顯然前者處於主位屬王室貴族，後者則是專門服務於王后的諸類女官，這又使《周禮》所構建的女官整體的內部出現了明顯的等級劃分。其二，包括王后在內，對具有進御職能的嬪、婦、御等女官而言，評定其地位的另一個標準爲是否有娠或是否爲王所幸，這也是我們分立天子女官的原因所在。顯然有娠者居先，次爲被幸者，而縫線之女御、供六服之女御地位低等，從事除御寢外的其它御職。因此，就天子御妾內部而言又存在著隱含的高下之別。其三，天官世婦與春官世婦的執掌基本上一致，概括起來均直接服務於王后，參與內宮的祭祀、賓客和喪紀等禮事。二者迥異之處主

〔註27〕孫詒讓：《周禮正義》，中華書局，1987年12月版，第550頁。
〔註28〕孫詒讓：《周禮正義》，中華書局，1987年12月版，第1689頁。
〔註29〕徐元誥：《國語集解》，中華書局，2002年6月版，第558頁。

要表現在身份上的差別：天官世婦爲內命婦，春官世婦爲外命婦。其中內命婦多指天子的妃、嬪、世婦、女御等，不包括後與夫人，如《周禮・天官》內宰：「佐后使治外內命婦」，鄭玄注：「內命婦謂九嬪、世婦、女御」〔註30〕；又如《禮記・喪大記》：「夫人坐于西方，內命婦姑姊妹子姓，立于西方」〔註31〕。外命婦多指卿、大夫之妻，《禮記・喪大記》同記：「外命婦率外宗哭于堂上北面」，鄭玄注：「卿、大夫之妻爲外命婦」〔註32〕。整體看來，天官之世婦在諸女官中的地位僅略高於女御，不過因其是天子妻妾的特殊身份，地位應高於卿、大夫之妻即春官之世婦，而春官世婦之下又領有內、外宗等禮事女官，其地位又明顯高於女史、女巫、女祝等職。其四，女巫、女祝、女史地位最低，僅因其職能技藝的特殊而不可缺少，地位僅高於女奴，故列於女官之末。

第三節　女官相關群體考

《周禮》和先秦其它文獻對於女官的記載或注疏中，多用「內官」、「內人」或「婦官」等詞語對其加以指代或注釋，但通過細微比較，我們會發現這些詞語所指代的相關群體與《周禮》所記之女官存在一定出入。另外，《周禮》中還存在一類職官，因其職能與諸女官相關聯，與女官的關係及自身地位也較爲複雜，我們將其統稱爲與女官關聯者。現將內官、內人、婦官及與女官相關聯者的具體所指及其與《周禮》所記女官的異同，討論如下：

一、內官

根據先秦文獻對於內官的記載或注疏來看，其所指可分爲兩個層次。

其一，內官專指姬妾，類似《周禮》所記嬪、世婦、御等女官。《左傳》昭公元年記：「內官不及同姓，其生不殖」〔註33〕，所指的是男女「同姓不婚，

〔註30〕孫詒讓：《周禮正義》，中華書局，1987年12月版，第522頁。
〔註31〕鄭玄注、孔穎達等正義：《禮記正義》，阮元校刻《十三經注疏》，上海古籍出版社影印，1997年版，第1572頁。
〔註32〕鄭玄注、孔穎達等正義：《禮記正義》，阮元校刻《十三經注疏》，上海古籍出版社影印，1997年版，第1572頁。
〔註33〕楊伯峻：《春秋左傳注》，中華書局，1981年3月版，第1220頁。

惡不殖也」〔註34〕的禮俗原則，因爲涉及到子孫繁衍，這裏的內官所指便是諸侯國君的御妻；《左傳》昭公三年「不腆先君之適以備內官」〔註35〕，所記背景是：少姜卒，齊景公請求晉平公仍娶繼室於齊，言語中謙稱少姜曾塡充晉國的內官之數，希望晉繼續惠顧齊國，選齊女「以備嬪嬙」〔註36〕。這裏「以備嬪嬙」對應「以備內官」，而《左傳》昭公二年又明確記載少姜「非伉儷也」，楊伯峻注：「非正室，不能與夫相匹敵，即非伉儷」〔註37〕。那麼，這裏內官指代的便是除諸侯正妻之外的御妾。而「嬪」、「嬙」又出現在《左傳》哀公元年，記爲「宿有妃嬙、嬪御焉」，杜預注「妃嬙，貴者；嬪御，賤者，皆內官」〔註38〕。所謂「嬪」、「嬙」即爲諸侯國君之內官實爲共徵，故楊伯峻對《左傳》之內官進行了總結：「內官者，諸侯、天子姬妾之別名，居宮內，有官階，故云內官」〔註39〕。

同時《國語・周語中》記載「內官不過九御，外官不過九品」〔註40〕與《周禮・匠人》「內有九室，九嬪居之；外有九室，九卿朝焉」〔註41〕相對，這裏以女官之居中的九嬪指代內官整體。《國語・晉語四》：「諸姬之良，掌其中官」，韋昭注：「中官，內官」〔註42〕，類似的還有《管子・戒》記載「中婦諸子」自稱「妾人」，可以調動內宮宮人，房玄齡注云：「中婦諸子，內官之號」〔註43〕，因此，諸姬和中婦諸子都被認定爲內官，而且「諸姬之良」與《周禮・天官》世婦敘官鄭玄注「有婦德者充之」〔註44〕異曲同工，說明良好的德行是姬、嬪、世婦、御等內官素質的基本要求。

綜上所述，《周禮》女官中嬪、婦、御等地位較高者，與《左傳》、《國語》等文獻所記嬪、嬙、妃等職的性質存在較大的一致性，專指除王后、夫人等天子、諸侯正妻之外的御妾而言，因此，以內官解《周禮》之嬪御女官有其合理之處。

〔註34〕徐元誥：《國語集解》，中華書局，2002 年 6 月版，第 330 頁。
〔註35〕楊伯峻：《春秋左傳注》，中華書局，1981 年 3 月版，第 1233 頁。
〔註36〕楊伯峻：《春秋左傳注》，中華書局，1981 年 3 月版，第 1234 頁。
〔註37〕楊伯峻：《春秋左傳注》，中華書局，1981 年 3 月版，第 1230 頁。
〔註38〕楊伯峻：《春秋左傳注》，中華書局，1981 年 3 月版，第 1609 頁。
〔註39〕楊伯峻：《春秋左傳注》，中華書局，1981 年 3 月版，第 1048 頁。
〔註40〕徐元誥：《國語集解》，中華書局，2002 年 6 月版，第 52 頁。
〔註41〕孫詒讓：《周禮正義》，中華書局，1987 年 12 月版，第 3467 頁。
〔註42〕徐元誥：《國語集解》，中華書局，2002 年 6 月版，第 350 頁。
〔註43〕房玄齡注：《管子》，上海古籍出版社，1989 年 9 月版，第 95 頁。
〔註44〕孫詒讓：《周禮正義》，中華書局，1987 年 12 月版，第 52 頁。

其二，內官亦可指天子、諸侯或王后、夫人的近侍之臣。《左傳》宣公十二年：「內官序當其夜，以待不虞，不可謂無備」，杜預注：「內官，近官」，孔穎達疏：「其內官親近王者，爲次序以當其夜，若今宿直遞持更也」〔註45〕。邲之戰前，晉楚兩國對峙的情況下，欒武子中肯地分析楚國的備戰情況，強調內官在戰時對楚王的日常防備「不可謂無備」，從職能上看，此處內官屬宿衛近臣，職能相當於師、隸、虎臣等兼有天子日常宿衛和戰時出征的職官，此與《周禮》所備內官職能出入較大。《儀禮·公食大夫禮》記有「內官之士」，鄭玄注：「夫人之官，內宰之屬也」，賈公彥疏：「內官，按《周禮·天官》內宰下大夫掌王后已下，彼天子內官，諸侯未必有……舉內宰況之也」〔註46〕。根據注疏所言，包括內宰在內及其從屬均被視作內官，而且賈公彥認爲內宰所掌爲王后以下之內官，不過孫詒讓強調：內宰「與下內小臣、閽人、寺人、內豎等爲長……其九嬪以下內官，雖亦內宰所教詔，然非其屬官」〔註47〕。我們認可孫詒讓所說，主要原因在於嬪、世婦、御等作爲天子、諸侯姬妾而爲內官，具有特殊身份和特殊職能，內宰不可能擔當天子姬妾之長，擔任職責主要是監控王宮政令、宿衛等以保證六宮秩序井然。另外「內官之士」，被釋爲「奄人而爲士者」〔註48〕，《管子·五行》又記：「天子出令，命左右士師內御，總別列爵」，內御「謂內侍之官也」〔註49〕，這裏內御參與朝內理事的工作，當爲內官之士，近侍於天子左右。故「內官之士」所指並非一般意義上的士人，所指代的應該是隨侍於天子或諸侯左右的近侍之臣，或隨侍於王后、夫人身邊的內宰之屬。

綜上所述，從《周禮》所記內宮之官的設置來看，亦符合上述內官所涉及的兩個層次：內官和內官之士，內官指以嬪、世婦、御等爲主的女官；而內官之士當屬與女官相關聯的內宰之屬，此類職官多爲奄人，包括內宰及其從屬內小臣、閽人、寺人和內豎等職，在聽命於天子的前提下，服務於王后及內官的教化、祭祀、喪紀和賓客等內宮事宜，亦掌王之內政宮令和內宮的

〔註45〕杜預注，孔穎達等正義：《春秋左傳正義》，阮元校刻《十三經注疏》，上海古籍出版社影印，1997 年版，第 1880 頁。

〔註46〕鄭玄注、賈公彥疏：《儀禮注疏》，阮元校刻《十三經注疏》，上海古籍出版社影印，1997 年版，第 1080 頁。

〔註47〕孫詒讓：《周禮正義》，中華書局，1987 年 12 月版，第 43 頁。

〔註48〕楊天宇：《儀禮譯注》，上海古籍出版社，2004 年 7 月版，第 271 頁。

〔註49〕黎翔鳳撰、梁運華整理：《管子校注》，中華書局，2004 年 6 月版，第 868～869 頁。

出入安全等。因此，《周禮》女官的注釋便不能籠統的以「內官」釋之，兩者的指代範圍存在明顯的不同。當嬪、婦、御等職被稱為內官時，可等同於天子女官中地位較高者，但當內官指代天子或王后近侍之臣的內官之士時，則並不屬於《周禮》女官所指代職官群體，可將其視作女官之聯職。

二、內人

《周禮》關於內人的記載均出現在天官屬下內官之士的執掌中，與前文內官既涵蓋女官又包括內官之士的範圍相比，此內人所指群體的涵蓋範圍要小的多：

內宰「會內人之稍食」，鄭玄注：「內人，主謂女御」〔註50〕。

內小臣「詔后之禮事，相九嬪之禮事，正內人之禮事」，鄭玄注：「詔、相、正者，異尊卑也」〔註51〕，顯然，天子妻妾中，內人低於后與九嬪，可指天官世婦和九御。

閽人「凡內人、公器、賓客，無帥則幾其出入。……凡外內命夫命婦出入，則為之闢」〔註52〕，閽人掌管王宮出入，其監察對象中有內人，同時又為內、外命婦出入時規避行人，故此處內人與嬪、世婦、御等內命婦當不屬一類，沈彤認為此「內人謂女酒、女籩之等，而上及女府、女史」，「女給事自外而入役宮中，非刑女有家者，食當視在官庶人也」〔註53〕。至此內人指代對象出現了變化，去除了嬪、婦、御等地位較高者，範圍有所擴大但整體地位下降。既包括了女史、女祝、女巫等低級女官在內，還包括了類似於女酒、女籩等女職，不過女酒、女籩等既非刑女亦非女官，是女奴中因某項技能突出而地位較高者。

寺人「掌王之內人及女宮之戒令。……佐世婦治禮事。掌內人之禁令，凡內人弔臨於外，則帥而往，立于其前而詔相之。」鄭玄注：「內人，女御也」〔註54〕，「從世婦所弔，若哭其族親」〔註55〕。寺人佐世婦禮事，因此其所禁限之內人的地位當低於世婦，但此處內人由寺人詔相，需要跟從王后、世婦

〔註50〕孫詒讓：《周禮正義》，中華書局，1987年12月版，第530頁。
〔註51〕孫詒讓：《周禮正義》，中華書局，1987年12月版，第538頁。
〔註52〕孫詒讓：《周禮正義》，中華書局，1987年12月版，第545、546頁。
〔註53〕孫詒讓：《周禮正義》，中華書局，1987年12月版，第531頁。
〔註54〕孫詒讓：《周禮正義》，中華書局，1987年12月版，第548、549頁。
〔註55〕孫詒讓：《周禮正義》，中華書局，1987年12月版，第549頁。

等參與外出弔臨之事，可說明內人所指應該是較世婦低、較女史等高的女御。

內豎「爲內人蹕」，鄭玄注：「內人，從世婦有事於廟者」〔註56〕，說明此內人與寺人所詔相的內人相同，即爲女御。不過惠士奇認爲此「內人，六宮之人，則蹕之名通上下矣」，孫詒讓認同惠氏所說〔註57〕。按此說來看，此內豎「爲內人」蹕的範圍較爲廣泛，包括后、嬪、世婦、御等，凡王之妻妾均包含在內。

典婦功「以授嬪婦及內人女功之事齎」〔註58〕，此處內人有三解：其一，按照《周禮》嬪、世婦、女御的尊卑設定，嬪婦居前，內人在後，則此處內人應該是指女御。其二，鄭玄謂此內人是包括嬪婦在內的「國中婦人賢善工於事者」〔註59〕，此範圍最爲廣泛，無論宮內宮外凡善於女功者均算入其中。其三，孫詒讓認爲「此內人即典絲之內工，蓋通女御以下內嬪婦之賤者言之」，並且強調「鄭意九嬪世婦亦內人，而經云『以授嬪婦及內人』爲殊別之詞者，以嬪婦爲大名，所晐甚廣，容外嬪婦之賢善工於事者亦得與焉。其內人則專屬宮人而言，故經言及以殊之」〔註60〕。按照孫詒讓所云：嬪婦包括內外嬪婦，內人專指宮人，或典絲之內工地位顯然在內命婦之女御以下，凡宮中賢善工於事的婦人無論是低等女官還是女奴均歸入內人之列。

綜上所述，在《周禮》關於「內人」的注疏中，所涉及到的人員類別共有四種。其一，鄭玄「內人，主謂女御」，這是關於「內人」所指的主流觀點，內宰、寺人職所記之「內人」即爲此例。其二，「內人」指嬪、婦、御等內官。如內小臣職記「內人」可指世婦與九御，而內豎又爲六宮之人規避，此類「內人」與女官所指存在較多一致之處。其三，「內人」指女史、女祝、女巫等低級女官，甚至包括女酒、女籩等女奴中地位較高者，如閽人所掌控「內人」的出入。此點與第二點結合則基本上涵蓋了所有女官。其四，「內人」指包括外內命婦及宮人，甚至凡善於絲線之事的婦女均納入其中，如典婦功之內人和典絲之內工、外工。此觀點進一步將「內人」所指的範圍由內宮女子擴至國中女子中善於絲線之事者。

綜合看來，在諸職的注疏中，對於「內人」所涵蓋的群體大體上均以女

〔註56〕孫詒讓：《周禮正義》，中華書局，1987年12月版，第550頁。
〔註57〕孫詒讓：《周禮正義》，中華書局，1987年12月版，第550頁。
〔註58〕孫詒讓：《周禮正義》，中華書局，1987年12月版，第566頁。
〔註59〕孫詒讓：《周禮正義》，中華書局，1987年12月版，第566頁。
〔註60〕孫詒讓：《周禮正義》，中華書局，1987年12月版，第567頁。

御爲主，在其基礎上進行上下增減，使得涵蓋範圍非常廣泛，上至王后下至女奴，內至王宮，外至邦國之善於女功者。不過本文認可「內人」主謂女御的觀點，女御並非女官中的尊者，因此，需「嬪婦」和「內人」加以區分，並用寺人詔相「明以其賤」〔註61〕，而女史等低級女官又不可能親自從世婦參與喪葬禮事，此爲女御與其它女官之不同所在。又根據女御是承擔內宮縫線之事的主體，而典婦功所考之婦功，典絲頒絲之對象，就宮內諸官而言，主要指的還是女御，因此，《周禮》經文所記之「內人」多指女御。

三、婦官

文獻和注疏中對於「婦官」的記載較少，不過根據其所指範圍的不同，「婦官」仍能分成兩個層次：

其一，婦官專指王或諸侯的御妾，也就是女官的上層。如《詩·豳風·東山》：「鸛鳴于垤，婦歎於室」〔註62〕，婦，相當於妻；《國語·周語上》：「王御不參一族」，韋昭注：「御，婦官也」〔註63〕；《國語·齊語》：「九妃、六嬪，陳妾數百」，注曰：「嬪，婦官也」〔註64〕；《國語·晉語四》：「備嬪嬙焉」，注曰：「嬪嬙，婦官」〔註65〕。《史記·齊太公世家》記「桓公好內」，《集解》：「服虔曰：內，婦官也」〔註66〕。從《國語》、《史記》及前文論「內官」時所引《左傳》所記「嬪嬙」的相同記載與注疏來看，當婦官和內官指代天子或諸侯妻妾時，兩者一致均爲王或諸侯的嬪、婦、御等女官中的上層。

其二，婦官專指與女官相關聯的諸職。《禮記·月令》：「是月也，命婦官染采黼黻文章，必以法故，無或差貸。」鄭玄注：「婦官，染人也」，孔穎達疏：「按《周禮》婦官有典婦功、典枲、染人等」〔註67〕，顯然注疏中將與染彩、縫線等婦功相關的職官劃分爲婦官。再根據《周禮》天官敘官所云：「典婦功，中士二人，下士四人」；「典絲，下士二人」；「典枲，下士二人」；「染

〔註61〕孫詒讓：《周禮正義》，中華書局，1987年12月版，第549頁。

〔註62〕鄭玄箋、孔穎達等正義：《毛詩正義》，阮元校刻《十三經注疏》，上海古籍出版社影印，1997年版，第396頁。

〔註63〕徐元誥：《國語集解》，中華書局，2002年6月版，第10頁。

〔註64〕徐元誥：《國語集解》，中華書局，2002年6月版，第217頁。

〔註65〕徐元誥：《國語集解》，中華書局，2002年6月版，第333頁。

〔註66〕司馬遷：《史記》，中華書局，1959年版，第1493、1494頁。

〔註67〕鄭玄注、孔穎達等正義：《禮記正義》，阮元校刻《十三經注疏》，上海古籍出版社影印，1997年版，第1371頁。

人，下士二人」〔註68〕，明確可知，這些婦官由男子擔任而且自有爵等，因參與女功的相關事宜而列於女官之後，既不屬於女官也不屬於以奄士或奄人為主的內官之士。

綜上所述，根據《左傳》和《國語》記載與注疏可見，當婦官所指是天子或諸侯的御妾時，與女官確有一致之處。不過《禮記·月令》的記載又為我們提供了婦官的另一層含義，代表的是與女官婦功相關聯的諸職，幫助我們擴充女官的外延群體，使天子內官得成系統。

四、與女官相關聯者

在討論內官、內人及婦官與女官的關係時，本文已經涉及到了與女官相關聯的諸職，如內官之士和婦官，本節將簡述此類職官與女官的聯職關係，理清與女官關聯的諸類職官。

內官之士，主要包括內宰、內小臣、閽人、寺人、內豎。此類職官以內宰為官長，負責內宮政令與宿守。內宰所領屬官多為奄職，其中內小臣、閽人、寺人的身份為奄士或刑臣，負責內宮宿衛與查禁；內豎為童稚，負責傳達內事之令。亦有學者認為內宰也有可能是奄士，如《禮記·月令》：「命奄尹申宮令，審門閭，謹房室，必重閉」，鄭玄注：「奄尹，主領奄豎之官也。於周則為內宰，掌治王之內政宮令，幾出入及開閉之屬」〔註69〕。從職官身份和具體執掌來看，奄尹所掌與《周禮》所記內宰及內官之士的主要職責大體一致，為嬪、世婦、御等內宮女官形成了層層安全屏障。另外《國語·吳語》記「一介嫡男，奉槃匜以隨諸御。」韋昭注：「御，近臣宦豎之屬」〔註70〕，突出了諸御的持攜職能。這裏近臣宦豎，便類似與《周禮》的內宰之屬，因隨侍於嬪、婦、御之左右，故以奄人為主，在女官日常生活中擔當教詔、贊相、規避、持攜等職事。

婦官，主要包括典婦功、典絲、典枲等掌女官婦功之事，內司服、縫人、染人、追師等掌后、嬪、婦、御及其它宮中女子之服飾，因其職事均與女官或女子相關聯，因此而歸類為婦官。其中內司服、縫人等涉及到內宮衣服的供應、測量與裁剪，直接接觸宮中女子，故多為奄人及女奴擔當，

〔註68〕孫詒讓：《周禮正義》，中華書局，1987年12月版，第54、56頁。
〔註69〕鄭玄注、孔穎達等正義：《禮記正義》，阮元校刻《十三經注疏》，上海古籍出版社影印，1997年版，第1382頁。
〔註70〕徐元誥：《國語集解》，中華書局，2002年6月版，第539頁。

其它婦官則由男子擔當，官爵等分列爲中、下士。綜合看來，婦官是以技能見長的專職，列於女官之後的原因是爲女官之婦職及服飾等方面，提供專職服務。

第四節　《周禮》所見女官教育體系

在《周禮》所構建的內官體制中，內宰之屬與諸女官聯繫密切，將兩者密切聯繫在一起的一個重要條件便是：宮廷內部女子（以女官爲主體）的教育工作需要內宰和女官配合完成，而女官在宮廷內部女子教育中的特殊性便表現在其既是施教者又是受教者的雙重身份。本文將結合先秦文獻對於女子教育的相關記載，對《周禮》女官教育所涉及到的施教者、受教者、教育類型及教育內容等問題進行系統研究。《周禮》經文明確記載的女官教育的施教者是：內宰和九嬪。此二職所承擔的教育職能便成爲本文對《周禮》女官教育體系進行系統研究的分類標準。

一、內宰之教

《周禮·內宰》職記：「以陰禮教六宮，以陰禮教九嬪，以婦職之灋教九御，使各有屬以作二事，正其服，禁奇衺，展其功緒」〔註71〕，依經文所言內宰所教對象有：六宮、九嬪、九御；所教內容主要是陰禮、婦職，以及對女御的相關服位要求和宮禁諸端進行嚴格的監督和限制。不過根據女官諸職的地位和職能不同，內宰的施教對象和授教內容均存在較大不同。

1. 陰禮之教相關問題討論

陰禮之教屬內宰專職，且居於內宰諸教之首，但《周禮》經文未記陰禮之教的具體內容。本節結合先秦其它文獻，對內宰陰禮之教的內容、目的及陰禮之教居首的原因和陰禮之教的施教對象進行討論。

第一，陰禮之教的內容和目的。

內宰：以「陰禮」教六宮和九嬪，而且佐后立市「祭之以陰禮」。所謂「陰禮」，鄭司農注：「婦人之禮」〔註72〕，鄭玄注：「婦人之祭禮」〔註73〕。此處

〔註71〕孫詒讓：《周禮正義》，中華書局，1987年12月版，第514、515頁。
〔註72〕孫詒讓：《周禮正義》，中華書局，1987年12月版，第514頁。
〔註73〕孫詒讓：《周禮正義》，中華書局，1987年12月版，第524頁。

對於陰禮的解釋較爲籠統，可以理解爲天子內宮之中，與婦人相關的禮和事，而內宰本身就擔當對后、九嬪所參與祭祀、喪紀、賓客等禮事的詔贊，這無疑成爲內宰掌教陰禮的前提條件。

《周禮・地官》大司徒職記：「三日以陰禮教親則民不怨」，鄭玄注：「陰禮，謂男女之禮。昏姻以時則男不曠女不怨。」賈公彥疏：「昏姻之禮不可顯露，故曰陰禮也」〔註74〕。而且《周禮・春官》大宗伯職記：「以昏冠之禮親成男女」〔註75〕，所以陰禮是男女之禮，亦可指婚姻之禮。不過需要指出的是陰禮作爲男女之禮，其制約力不僅僅存在於婚嫁之時，還包括對於日常生活禮儀的最基本約束，因此，當出現違禮之事時，則需要媒氏聽「男女之陰訟」〔註76〕。那麼，落實到天子內宮當中，內宰所教之陰禮，便是教詔后、夫人、嬪、婦、御等天子妻妾守男女之禮，這無疑是內宮秩序井然的基礎。

若陰禮即爲「婦人之禮」，那麼《禮記・昏義》中對於「婦禮」的記載，便可視爲陰禮的相關內容。《昏義》：「夙興，婦沐浴以俟見。質明，贊見婦於舅姑，婦執笲，棗、栗、段脩以見。贊醴婦，婦祭脯、醢，祭醴，成婦禮也。……成婦禮，明婦順，又申之以著代，所以重責婦順焉也。婦順者，順於舅姑，和於室人，而后當於夫」〔註77〕。此處「婦禮」是指行新婦之禮，包括進見公婆、祭祀先祖等禮儀形式，行「婦禮」的目的是爲了「明婦順」，新婦除了要順於公婆、夫婿之外，還要與夫家之「女妐、女叔、諸婦」〔註78〕等女眷保持和睦，所謂「妻妾不和，長少无序，庶人之憂也」〔註79〕，更何況貴族乃至王室，因此，只有「婦順備而后內和理，內和理而后家可長久也」〔註80〕，此爲婦禮之根本。而且《昏義》還進一步強調，王后內外分治的具體表現及根本目的是「天子聽男教，后聽女順；天子理陽道，后治陰德；天子聽外治，

〔註74〕鄭玄注、賈公彥疏：《周禮注疏》，阮元校刻《十三經注疏》，上海古籍出版社影印，1997 年版，第 703 頁。

〔註75〕鄭玄注、賈公彥疏：《周禮注疏》，阮元校刻《十三經注疏》，上海古籍出版社影印，1997 年版，第 760 頁。

〔註76〕鄭玄注、賈公彥疏：《周禮注疏》，阮元校刻《十三經注疏》，上海古籍出版社影印，1997 年版，第 733 頁。

〔註77〕孫希旦：《禮記集解》，中華書局，1989 年 2 月版，第 1419、1420 頁。

〔註78〕孫希旦：《禮記集解》，中華書局，1989 年 2 月版，第 1421 頁。

〔註79〕郭慶藩：《莊子集釋》，中華書局，1961 年 7 月版，第 1027 頁。

〔註80〕孫希旦：《禮記集解》，中華書局，1989 年 2 月版，第 1420 頁。

后聽內治。教順成俗，外內和順，國家理治，此之謂盛德」〔註81〕，因此「婦順」亦是國家理治、天下盛德的重要保證。

鄭玄箋注《昏義》云：「昏義者，以其記娶妻之義，內教之所由成也」〔註82〕，天子六宮妻妾本身就是一個龐大的女眷群體，更需「婦順」之備，而內宰被公認為主內教之官，那麼其所教之根本亦當是明「婦順」。另外《周禮》本身又有大量經文記載王后所行賓客、祭祀、喪紀之禮，同時夫人、嬪、婦、御等均按照尊卑等級相序於尊者以參與諸項禮事，因此，內宰所教陰禮的主要內容很可能是：將「婦順」寓於禮教之中，通過對於婦人進見、祭祀、賓客、喪紀及女職等相關禮儀的教詔，以成天子妻妾之「婦順」的規範。

第二，陰禮之教居諸教之首的原因。

我國古代哲學認為宇宙萬物的本源是「道」，如《老子》言：「有物混成，先天地生……吾不知其名，字之曰道」〔註83〕；《韓非子・解老》云：「道者，萬物之所然者，萬理之所稽也」〔註84〕；《易・繫辭上》又對何為「道」，進行定義：「一陰一陽之謂道」，高亨注：「一陰一陽，矛盾對立，互相轉化，是謂規律」〔註85〕。因此，綜合起來，陰陽之道便是任何物質或事務得以發展的本源，而陰陽也就成為了任何物質或事務得以存在的兩大對立面。《易・否》又對陰陽的性質作出了解釋：「內陰而外陽，內柔而外剛」〔註86〕，《易・雜卦》中同記：「《乾》剛《坤》柔」，高亨以此將天地、乾坤和剛柔相互統一，認為：「乾為天，天道剛健；坤為地，地道柔順」〔註87〕。

若將上述理論落實於人情，陰陽之道則可指夫婦之義，如《禮記・郊特牲》：「玄冕齊戒，鬼神陰陽也」。孔穎達疏：「『鬼神陰陽也』者，陰陽謂夫婦也。著祭服而齊戒親迎，是敬此夫婦之道如事鬼神，故云『鬼神陰陽也』」〔註88〕；再進一步延展則「君臣、父子、夫婦之義，皆取諸陰陽之道。君為陽，

〔註81〕 孫希旦：《禮記集解》，中華書局，1989 年 2 月版，第 1422 頁。

〔註82〕 鄭玄注、孔穎達等正義：《禮記正義》，阮元校刻《十三經注疏》，上海古籍出版社影印，1997 年版，第 1680 頁。

〔註83〕 朱謙之：《老子校釋》，中華書局，1984 年 11 月版。第 100、101 頁。

〔註84〕 王先慎：《韓非子集解》，中華書局，1998 年 7 月版，第 146 頁。

〔註85〕 高亨：《周易大傳今注》，齊魯書社，1979 年 6 月版，第 514 頁。

〔註86〕 王弼注、孔穎達等正義：《周易正義》，阮元校刻《十三經注疏》，上海古籍出版社影印，1997 年版，第 29 頁。

〔註87〕 高亨：《周易大傳今注》，齊魯書社，1979 年 6 月版，第 654 頁。

〔註88〕 鄭玄注、孔穎達等正義：《禮記正義》，阮元校刻《十三經注疏》，上海古籍出版社影印，1997 年版，第 1456、1457 頁。

臣爲陰；父爲陽，子爲陰；夫爲陽，妻爲陰。陰道無所獨行。〔註89〕」因此，就夫婦之義而言，夫爲陽，婦處陰，陰陽和則家可長久，上陞至王室貴，則「天子之與后，猶日之與月，陰之與陽」〔註90〕，「天子理陽道，后治陰德」〔註91〕，所謂陰德可同於陰道，孔穎達疏「坤」卦指出：「坤是陰道，當以柔順爲貞正」〔註92〕，因此，較之於天子之剛健而言，王后所治陰德的核心即爲「柔順」或「貞順」，那麼對於天子御妾這一群體的基本要求也就是《昏義》所述之「婦順」。

　　再根據前文所述，陰禮本身就是內宰將「婦順」寓於禮教之中，通過對於天子御妾進見、祭祀、賓客、喪紀及女職等相關禮儀的教詔，以成天子內宮之和順。所以，王后六宮治陰事的前提便是以「婦順」爲核心的陰禮，因此，女官教育陰禮爲先。

　　第三，對於陰禮之教施教對象的討論。

　　內宰「以陰禮教六宮，以陰禮教九嬪」，同一施教內容，不同之處在於受教對象分別是六宮和九嬪。鄭司農認爲「六宮後五前一」〔註93〕是天子內宮的總括，依先鄭之意內宰所教對象是居於內宮之中的后、夫人、嬪、婦和御。鄭玄謂：「六宮，謂后也……教者，不敢斥言之（后），謂之六宮」〔註94〕，也就是內宰教后以陰禮。而後代學者在此基礎上，對於內宰所教對象的具體所指，形成了相關討論：賈公彥認爲：「司農意上文教六宮之人訖，此復教九嬪者，先鄭意以九嬪掌婦學之法，使之教九御，故內宰更別教之也」〔註95〕，鄭玄在注釋「以陰禮教九嬪」時，特別指出：「不言教夫人、世婦者，舉中，省文」〔註96〕，而且根據內宰所教陰禮的施教對象「六宮」和「九嬪」的不同，指出六宮指代王后，「九嬪」指代后以下天子諸御妾；孫詒讓解釋：「後

〔註89〕蘇輿：《春秋繁露義證》，中華書局，1992年12月版，第350、351頁。
〔註90〕鄭玄注、孔穎達等正義：《禮記正義》，阮元校刻《十三經注疏》，上海古籍出版社影印，1997年版，第1682頁。
〔註91〕鄭玄注、孔穎達等正義：《禮記正義》，阮元校刻《十三經注疏》，上海古籍出版社影印，1997年版，第1681頁。
〔註92〕王弼注、孔穎達等正義：《周易正義》，阮元校刻《十三經注疏》，上海古籍出版社影印，1997年版，第17頁。
〔註93〕孫詒讓：《周禮正義》，中華書局，1987年12月版，第514頁。
〔註94〕孫詒讓：《周禮正義》，中華書局，1987年12月版，第514頁。
〔註95〕鄭玄注、賈公彥疏：《周禮注疏》，阮元校刻《十三經注疏》，上海古籍出版社影印，1997年版，第684頁。
〔註96〕孫詒讓：《周禮正義》，中華書局，1987年12月版，第515頁。

鄭意下文別出九嬪，則此六宮不得通晐嬪御，其三夫人班秩雖在九嬪之上，究不可與后並言，明此六宮當專屬后，故不從先鄭說也」〔註97〕。綜合上述注疏，無論「六宮」指代爲何，內宰陰禮之教所教授的對象均包括了后、夫人及嬪、婦、御等女官。只是賈公彥推測先鄭之意認爲內宰所教六宮中已經包含九嬪，而再教九嬪則是因爲九嬪本身還擔當教授任務，需內宰專門另教。後鄭則將內宰對王后陰禮的教詔和對夫人、嬪、婦、御等的陰禮之教區分開來，以體現王后之尊。

其實上述爭論的焦點是：內宰爲什麼又對九嬪進行陰禮之教？或者六宮（王后）與九嬪爲何同教卻分記？我們舉例加以討論。

首先，內宰陰禮之教，教六宮之後再教九嬪，鄭司農認爲再教九嬪的原因是：九嬪還擔當教授任務而需內宰另教。此觀點並不合理，原因有二：其一，若「六宮」指代天子內宮后、妃、嬪、御，則內宰當以尊卑先後對其進行陰禮的詳細教詔。作爲維護內宮穩定的基礎，內宰的職責便是將婦人之禮的基本要求落到實處，而九嬪本身又是有婦德守禮的典範之人，再對其進行雙重的陰禮教育，便顯得重複難解。其二，內宰再教九嬪陰禮是因爲其還需擔當對於九御的教育，內宰教九嬪陰禮，但九嬪所教卻是「婦學之法」，並非內宰所教授之陰禮。加上賈疏所言：「以九嬪掌婦學之法，使之教九御，故內宰更別教之也」〔註98〕，則內宰對九嬪所教又變成了婦學之法，明顯不同於《周禮》經文所載內宰：「以陰禮教九嬪」。顯然，若按照先鄭和賈疏所言，內宰的施教內容和施教對象，甚至九嬪的施教內容均存在前後重複的現象，而且混淆了《周禮》經文對於內宰陰禮之教和九嬪婦學之法等內容的記載。

其次，《周禮》經文後與嬪御分記的現象較爲常見，目的是突出王后之尊。內宰陰禮之教即是一例，分記六宮、九嬪，而且以六宮代王后，以九嬪代三夫人以下王之御妾。除此之外，內宰所詔相之禮事均以后、九嬪、外內命婦加以區分。類似記載還有內小臣「詔后之禮事，相九嬪之禮事，正內人之禮事」，鄭玄注：「詔、相、正者，異尊卑也」〔註99〕。另有內司服：「凡祭祀、

〔註97〕 孫詒讓：《周禮正義》，中華書局，1987年12月版，第514頁。
〔註98〕 鄭玄注、賈公彥疏：《周禮注疏》，阮元校刻《十三經注疏》，上海古籍出版社影印，1997年版，第684頁。
〔註99〕 孫詒讓：《周禮正義》，中華書局，1987年12月版，第538頁。

賓客，共后之衣服；及九嬪世婦凡命婦，共其衣服」〔註100〕；追師：「掌王后之首服，……爲九嬪及外內命婦之首服」〔註101〕；屨人「掌王及后之服屨，……辨外內命夫命婦之命屨、功屨、散屨」〔註102〕。上述后與嬪御分記的情況，大多出現在《周禮》經文對於天子內宮禮事、服飾等某一類事務的記載中，而且在每類事務中，諸職官擔任的均是詔相或供應等服務性質的職事，因此，在具體服務中直記「后」加以區分的同時，更是爲了突出內宮之中王后、嬪、婦、御之間的尊卑等次，這樣的記載在《周禮》經文中實際上已形成慣例，甚至爲突出王室之尊貴，《周禮》往往將王、后及世子並列。那麼內宰陰禮之教將「六宮」、九嬪分記便有了合理的依據，不過內宰主內教並非服務性質的事務，而后又與王同尊，所以不能直言教后，因此，以「六宮」代指王后也較爲合理，再根據同一事物中后與嬪御分記的慣例，「九嬪」是舉中代三夫人至女御的提法也較爲可取，那麼內宰陰禮之教的施教對象便包括后、嬪、婦、御等天子的內宮妻妾。

　　陰禮之教的特殊之處在於其施教對象最爲廣泛，除去嬪、婦、御等女官之尊者外，還包括后與夫人，《周禮》經文僅此一例。加上《周禮》眾多內教類型中以陰禮之教爲首，說明陰禮之教地位尤重，是實現內宮禮法約束的根本。不過，需要說明的是：后與夫人因爲處位尊貴，內宰不能直教后與夫人，所擔當的職能多數爲詔相性質，達到相應的提醒或約束目的即可。所以，內宰教陰禮的主要對象應該是嬪、婦及御等女官，此亦爲本節命名爲女官教育研究的原因所在。

2. 內宰婦職之教的特點

　　內宰「以婦職之灋教九御」，鄭玄注：「婦職，謂織絍組紃縫線之事」〔註103〕；九嬪教九御婦學之法中包含婦功，鄭玄注：「婦功謂縫枲」〔註104〕。兩者的施教對象同爲女御，施教內容又均涉及到了縫線之事，不過就內宰「治王內之政令」〔註105〕的職能性質來看，內宰婦職之教與九嬪的婦功之教還是存在較大的不同，前者更具有內宰總控政令方面的傾向性。

〔註100〕孫詒讓：《周禮正義》，中華書局，1987 年 12 月版，第 594 頁。
〔註101〕孫詒讓：《周禮正義》，中華書局，1987 年 12 月版，第 607 頁。
〔註102〕孫詒讓：《周禮正義》，中華書局，1987 年 12 月版，第 620、631 頁。
〔註103〕孫詒讓：《周禮正義》，中華書局，1987 年 12 月版，第 515 頁。
〔註104〕孫詒讓：《周禮正義》，中華書局，1987 年 12 月版，第 552 頁。
〔註105〕孫詒讓：《周禮正義》，中華書局，1987 年 12 月版，第 512 頁。

　　首先，內宰主要任務是讓九御明確各自需承擔的「婦職」。內宰與小宰、宮正、宮伯統屬大宰，所不同的是內宰因專治王寢之事而處內，將大宰、小宰及宮正的政令、教治、宮刑、糾禁等相關職能或教戒延續至內宮諸寢之中。大宰職記：「以九職任萬民，……七曰嬪婦，化治絲枲」〔註106〕，孫詒讓指出：「此嬪婦指外嬪婦，即《典絲》之外工，與九嬪世婦等內嬪婦異」〔註107〕。那麼居於王寢之內嬪婦的絲線之事的教授，則由專主王寢之事的內宰擔當，其職能重點則是教詔九御所應該從事的織紝、組紃、縫線等婦職之事，對嬪御婦職之事進行有效而合理的安排，如王引之所言：內宰「即此所謂以婦職之灋教九御，使各有屬也」，也就是將九御分組，使之分別從屬於九嬪，目的是讓九御「各從其長，以施教作事也」〔註108〕。

　　其次，輔佐九嬪教九御，此項職能主要體現在內宰對於婦職之法的掌教。前文中內宰集中對於九御所承擔的婦職之事進行安排，但是因內宰為下大夫，而婦職織紝、組紃、縫線之事為女子專掌，所以內宰並不通曉其中具體的技術要求，此類執掌便由九嬪主治。而內宰所負責的是：與女職相關的校比考覈，或者與女御自身相關的禮儀監督及禁戒要求，如「正其服，禁其奇衺，展其功緒」，鄭玄注：「正其服，止踰侈。奇邪，若今媚道。展猶錄也。〔註109〕」具體說來，這些執掌均是內宰掌王宮政令本職的表現，因女御無數，所佔據的是內宮女官或者是內宮女子的主體，因此，除去后、夫人、九嬪、世婦等內宮中地位尊貴者，內宰便主要以九御作為約束對象，對其服位禮儀、行為禁戒及職事考課均作出全面地監督和掌控。

　　綜上所述，內宰之教的施教對象幾乎涉及到了后、夫人、嬪、婦、御等天子內宮的主要群體，而且從內宰施教內容來看主要集中在對於內宮女子的禮儀教詔及行為的約束之上。不過《周禮》所記內宰之教實際上存在等級區分，如內宰以「陰禮」教詔后與夫人，教育嬪、婦等宮中女子之貴者，而「婦職」之教則主要針對的是女御即天子御妾中地位較低者。

二、九嬪之教

　　在天子眾多妻妾中，九嬪居王后、夫人之後，但是在《周禮》所記女官

〔註106〕孫詒讓：《周禮正義》，中華書局，1987年12月版，第78、79頁。
〔註107〕孫詒讓：《周禮正義》，中華書局，1987年12月版，第88頁。
〔註108〕孫詒讓：《周禮正義》，中華書局，1987年12月版，第515頁。
〔註109〕孫詒讓：《周禮正義》，中華書局，1987年12月版，第515頁。

中卻處於首位，這一職官除了承擔近侍天子和贊王后禮事的職事外，所擔當的主要職能便是掌教婦學之法。本節針對九嬪執教原因、施教對象及內容進行討論。

1. 九嬪擔當執教者的原因

首先，嬪是女官之中有德者。《周禮・天官》大宰職記「嬪婦，化治絲枲」，鄭玄注：「嬪，婦人之美稱也」〔註110〕，賈公彥疏：「嬪婦謂國中婦人有德行者」〔註111〕。《禮記・曲禮下》記：天子「有嬪」，孔穎達疏：「嬪，婦人之美稱，可賓敬也」〔註112〕；又記「曰嬪」，鄭玄注：「嬪，婦人有法度者之稱也」〔註113〕；《釋名・釋親屬》：「天子妾有嬪，嬪，賓也，諸妾之中見賓敬也」〔註114〕。綜合上述汪疏，嬪在天子眾多御妾當中，因有德而受到尊重，也可能因德、言、容、功的出眾，而掌婦學之法的教授。

其次，九嬪掌教符合男女之別的基本要求。《周禮》官制安排的本身便嚴守男女之別，其中最爲突出的是天子內寢事務的主體承擔者均爲女官，凡直接參與天子妻妾相關事宜的男子多爲奄人或童稚，如內小臣、閽人、寺人及內豎。內宰雖主內教，但其爵等在士人以上，便決定了內宰對於的嬪婦之教必然有男女之別的嚴格限制，因此，內宰所教以陰禮、婦職安排、宮禁諸端等方面的詔贊和約束爲主，不能對天子御妾進行細節教育和近身監督。而九嬪作爲天子御妾，又是婦德之佼佼者「既習於四事，又備於從人之道」〔註115〕，使得九嬪具有了承擔天子內寢女御之教的主要條件。

再次，九嬪的女官地位及其職能特點，加上其天子御妾的身份，使九嬪成爲天子內寢之教的合適人選。《禮記・昏義》記載王后象天子立官「三夫人、九嬪、二十七世婦、八十一御妻」〔註116〕，九嬪居於后、夫人之下，而「夫

〔註110〕孫詒讓：《周禮正義》，中華書局，1987 年 12 月版，第 78、79 頁。
〔註111〕鄭玄注、賈公彥疏：《周禮注疏》，阮元校刻《十三經注疏》，上海古籍出版社影印，1997 年版，第 647 頁。
〔註112〕鄭玄注、孔穎達等正義：《禮記正義》，阮元校刻《十三經注疏》，上海古籍出版社影印，1997 年版，第 1261 頁。
〔註113〕鄭玄注、孔穎達等正義：《禮記正義》，阮元校刻《十三經注疏》，上海古籍出版社影印，1997 年版，第 1269 頁。
〔註114〕《融經館叢刊》之《釋名疏證》卷三《釋親屬》，第 18 頁，融經館校刊。
〔註115〕孫詒讓：《周禮正義》，中華書局，1987 年 12 月版，第 552 頁。
〔註116〕鄭玄注、孔穎達等正義：《禮記正義》，阮元校刻《十三經注疏》，上海古籍出版社影印，1997 年版，第 1681 頁。

人之於后，猶三公之於王，坐而論婦禮，無官職」〔註117〕，說明夫人以上，因其身份尊貴而不承擔內宮之職，因此，九嬪居《周禮》所記女官之首，又是婦人中有德者居之，九嬪便成爲與內宰官聯掌女御之教的合適人選。鄭玄在對天子御妾進御程序進行總結時，亦參考《昏義》對於天子御妾數字的設定，同時提出來九嬪的施教模式，「教各帥其屬者，使亦九九相與從於王所息之燕寢」〔註118〕，但其屬的分配已經由內宰完成「使各有屬以作二事」，鄭玄注：「使之九九爲屬，同時御又同事也」〔註119〕，賈疏云：「皆九人相配」〔註120〕，也就是九嬪一人領女御九人，儘管《周禮》未記女御人數，但根據實際人數將女御分爲九屬，爲九嬪所領則多被認可，如經文直記九嬪、九御等。而且匠人云：「內有九室，九嬪居之」，賈公彥疏：「九室是教九御之所也」〔註121〕，孫詒讓也認爲九室是「嬪婦教學之宮」〔註122〕，所以九嬪作爲天子御妾的身份居內宮九室，亦爲王寢內部女御之教提供了施教場所。

2. 九嬪之教的施教對象及其受教原因

九嬪主教「九御」，即爲《周禮》之女御，但女御與九嬪、世婦同爲天子御妾，卻需要內宰和九嬪對其進行專門教育，其原因如下：

首先，女御居天子內宮女官之主體，人數眾多。《昏義》記天子「八十一御妻」，《周禮》女御雖不記數目，但也是根據職能需要隨時補充，因此，女御是天子內宮較爲龐大的服務群體，在尤重禮制的天子內宮之中，就需要有專人對這一群體進行專門的教育和約束。

其次，女御地位低下但執掌多樣，需要不同職能方面的指導與約束。上至侍御天子、禮贊世婦，下至內羞滷陳之事、縫線之事，女御均參與其中，而且女御是天子內宮女職的主要承擔者，如典婦功之「內人」，典絲之「內工」，內宰所會「內人之稍食」，均指女御而言，而九嬪又教婦功於女御、內宰教婦職之法於九御，凡涉及到內宮織紝、組紃、縫線等女職之事，均以女御作爲主要承擔者。因此，需要內宰、九嬪對女御進行婦職之法的教授、分組及具

〔註117〕孫詒讓：《周禮正義》，中華書局，1987年12月版，第49頁。
〔註118〕孫詒讓：《周禮正義》，中華書局，1987年12月版，第552頁。
〔註119〕孫詒讓：《周禮正義》，中華書局，1987年12月版，第515頁。
〔註120〕鄭玄注、賈公彥疏：《周禮注疏》，阮元校刻《十三經注疏》，上海古籍出版社影印，1997年版，第687頁。
〔註121〕孫詒讓：《周禮正義》，中華書局，1987年12月版，第3467、3469頁。
〔註122〕孫詒讓：《周禮正義》，中華書局，1987年12月版，第552頁。

體縫線之事的指導。另外，女御「掌御敘于王之燕寢」〔註 123〕，凡進御於王者則更需要德、言、容、辭方面的周全，則需九嬪婦學之法的教育。同時女御從后、夫人、嬪、世婦等參與或服務內宮祭祀、喪紀、賓客等諸多禮事中去，亦需要內宰陰禮之教。女御的上述特點，也成為凡王宮內教均涉及女御的主要原因。

3. 九嬪施教的主要內容

九嬪「掌婦學之灋，以教九御婦德、婦言、婦容、婦功」，鄭玄注：「婦德謂貞順，婦言謂辭令，婦容謂婉娩，婦功謂絲枲」〔註 124〕。此為《周禮》經文明確記載九嬪所掌教的婦學之法，共婦德、婦言、婦容、婦功四項要求。類似記載還出現在《禮記·昏義》之中：「古者婦人，先嫁三月，……教以婦德、婦言、婦容、婦功」〔註 125〕。後漢曹昭依據《周禮·九嬪》及《禮記·昏義》，在《後漢書·列女傳·女誡》中，對女子四性的具體要求進行了詳細總結：「清閒貞靜，守節整齊，行己有恥，動靜有法，是謂婦德。擇辭而說，不道惡語，時然後言，不厭於人，是謂婦言。盥浣塵穢，服飾鮮潔，沐浴以時，身不垢辱，是謂婦容。專心紡績，不好戲笑，潔齊酒食，以奉賓客，是謂婦功」〔註 126〕。上述記載的共同之處在於：所描述對象均是針對貴族女子而言，亦是將貴族女子的言、容、行、績作為考評對象，取其典範者進行總結，進而形成了一套對於女子行為進行有效約束的示範理論，而且影響深遠。不過需要指出的是：九嬪對於女御的教育是建立在女子嫁前教育的基礎之上，當女御進入天子內宮體系，完成了天子御妾及內宮女官的身份轉換後，九嬪所擔當的便是對於女御在德、行、言、容、績等方面強化教育，以保證服務於天子、王后之女官的德行出眾，也使天子內宮成為守禮重績、莊重嚴謹、謙讓有序之地，為天子日常生活創建良好的生活環境及服務體系。而且《禮記·昏義》確實特別強調，女子嫁後明「婦順」的一項重要內容便包括「以成絲麻布帛之事。以審守委積，蓋藏。〔註 127〕」說明女子嫁後仍然需要嚴守「婦

〔註 123〕 孫詒讓：《周禮正義》，中華書局，1987 年 12 月版，第 560 頁。
〔註 124〕 孫詒讓：《周禮正義》，中華書局，1987 年 12 月版，第 552 頁。
〔註 125〕 鄭玄注、孔穎達等正義：《禮記正義》，阮元校刻《十三經注疏》，上海古籍出版社影印，1997 版，第 1681 頁。
〔註 126〕 王先謙：《後漢書集解》，中華書局，1984 年 2 月版，第 975 頁。
〔註 127〕 鄭玄注、孔穎達等正義：《禮記正義》，阮元校刻《十三經注疏》，上海古籍出版社影印，1997 版，第 1681 頁。

功」之職，而九嬪「婦學之法」中的「婦功」之教，無疑是針對女子嫁後「婦功」方面的再教育。

綜上所述，雖然《周禮》所記女子教育所涉及的對象較爲廣泛，上至王后、下至女御。不過從身份的尊卑來看，王后是內治的主宰者、夫人與后「坐而論婦禮」，此二者是內宮尊者，這就決定了后與夫人不可能成爲內宮教育的受教對象，即便是內宰陰禮之教的施教對象涉及到了后與夫人，因身份尊卑的限制，內宰對其所教並非教育，而是輔助性質的禮儀贊相或提示。因此，《周禮》女子教育的落腳點便集中在了九嬪、世婦、女御等女官身上，這也是我們取名女官教育的原因。其中內宰是女官禮儀教育的總體掌控者，但考慮到男女之別的限制，九嬪又承擔起了對於女官婦德、婦容、婦言、婦功等方面的細節教育，女御因其數量和職能眾多的特點而成爲了女官教育的主要受教者，實際上《周禮》所構建的女官教育體系從禮與職兩個方面將女官教育落到了實處。

三、《周禮》女官教育的特點

按照《周禮》所記，女官教育可分爲內宰之教和九嬪之教。內宰之施教對象雖然上至王后下至九御，但其主體是內宮女官。《周禮》女官有：九嬪、世婦、女御、女史、女祝、女巫等職，但其中受教者僅爲九嬪、世婦及女御，其它女官則屬於女子之有識者所擔當的專門職事，因地位低下而不列於受教之列。其中九嬪既爲內宰之施教對象又爲女御之授教者，可見內宮女官的施教者及受教者均存在很大的不同，同時因尊卑之別，女官所受教育的內容亦有所側重。

1. 女官之貴者重視禮教

《周禮》所記內官之士和諸女官的諸項職能時，非常重要的一項職事內容便是對於王、后及天子御妾所參加的禮事的教詔及贊相職能，甚至凡涉及到的重大禮事現場中，天子與王后同爲主要行禮者，其後夫人、嬪御等按照其尊卑等級層層相贊，天子之御妾均需要參與到各項禮事中去。從女官教育的角度來看，《周禮》女官教育的內容實際上可以分爲兩個方面：陰禮之教和婦職之法，其中陰禮之教，孫詒讓總結「凡禮之涉婦人者，通謂之陰禮」〔註

〔註128〕孫詒讓：《周禮正義》，中華書局，1987 年 12 月版，第 514 頁。

128〕，而《周禮》記內宰教陰禮的施教對象是：六宮與九嬪，雖然先鄭、後鄭對六宮和九嬪所指代對象的認識存在出入，但均認可陰禮之教的對象應涵蓋天子諸妻妾，當然這是學者推論的結果。不過，若僅從《周禮》經文記載考慮的話，陰禮之教專記六宮（代之王后）與九嬪，又「夫人之於后，猶三公之於王，坐而論婦禮，無官職」〔註129〕的原因，也可說明陰禮的施教對象主要針對的是天子妻妾之貴者。另外，本文曾強調后與夫人因位尊而不受內宰教導，所以，九嬪作爲女官之貴者便成了陰禮之教的主體。除九嬪之外，天子諸妾擔當女官者還有世婦與女御，鄭玄注世婦爲「有德者充之」，而且其主要職事就是「掌祭祀、賓客、喪紀之事」，說明世婦本身就是陰禮之通曉者，內宰若教也應屬提醒之類。另據寺人疏：「寺人詔相女御等則立於其前，明以其賤，故不與他詔相禮同也」〔註130〕，女御爲女官之賤，所習禮法自不與九嬪同。綜合上述原因，《周禮》內宰陰禮之教又專提九嬪，與其爲女官之貴者且又擔當婦職之教密不可分，而且九嬪具有「贊后禮」的禮儀職能，則單記九嬪也顯示了這一群體在身份與職能上的特殊性。

而且，王后、夫人及嬪婦這些內宮之貴者，所重視的禮教之中也包含了與婦職相關的大量禮法，只不過王后、夫人、嬪婦等所參與的是禮事活動，通過行禮教詔的方式，表明王室貴族對女子婦功的重視。如《禮記·祭義》曰：「古者天子諸侯必有公桑、蠶室……及大昕之朝，君皮弁、素積，卜三宮之夫人、世婦之吉者，使入蠶于蠶室」〔註131〕；《呂氏春秋·上農》：「后妃率九嬪蠶於郊，桑於公田。是以春秋冬夏皆有麻枲絲繭之功，以力婦教也」〔註132〕。在進行桑蠶嘉禮的祭祀時，直接參與的是后、夫人、九嬪及世婦之吉者，說明天子妻妾中的貴者才有資格直接參與到禮儀祭祀中去，因此，女官或者內宮女子之貴者重視禮教便有所依據。加上《禮記·月令》：「（季春之月）后妃齊戒，親東鄉躬桑。禁婦女毋觀，省婦使以勸蠶事。」鄭玄注：「婦，謂世婦及諸臣之妻也……婦使，縫線組紃之事」〔註133〕；《周官·天官》內宰：「中

〔註129〕孫詒讓：《周禮正義》，中華書局，1987年12月版，第49頁。

〔註130〕孫詒讓：《周禮正義》，中華書局，1987年12月版，第549頁。

〔註131〕孫希旦：《禮記集解》，中華書局，1989年2月版，第1223頁。

〔註132〕許維遹：《呂氏春秋集釋》卷二十六《上農》，北京市中國書店，據1935年清華大學版影印，1985年5月版，第七頁。

〔註133〕鄭玄注、孔穎達等正義：《禮記正義》，阮元校刻《十三經注疏》，上海古籍出版社影印，1997年版，第1363頁。

春，詔后帥外內命婦始蠶于北郊，以爲祭服」〔註134〕。文中所提及諸侯耕助，以及夫人、妃嬪等內宮之貴者的親蠶之禮，其目的顯然是利用禮儀祭祀的方式以加強對內宮麻枲、絲繭及縫線等婦功之事的重視。

2. 女官之賤者重視職教

《禮記‧內則》：「古者天子后立六宮、三夫人、九嬪、二十七世婦、八十一御妻」〔註135〕與《周禮》不記世婦、九御之數形成對比，歷代學者對於天子御妻的數目亦形成了相關討論，多數認爲《內則》所記尤其是女御並非實數。不過現代學者葛志毅先生從王室后妃的經濟地位及作用方面對天子后妃之數進行了衡量，認爲《禮記‧昏義》關於周王后妃人數眾多的記載完全有其可能，因爲以王后爲首的後宮嬪妃對於蠶織生產的參與和監督，使其承擔著創造增值王室財富的經濟職責，因此，儘量擴大后妃數量是符合周王利益的〔註136〕。實際上，葛志毅先生所述后妃經濟地位的基礎便是天子後宮中對於女子尤其是女御婦職的基本要求。就女官教育的主要內容而言，婦職之教與陰禮之教共同構成了內宮嬪御也就是女官教育的兩個基本方面，所不同是陰禮之教突出的是禮儀約束，所謂婦德、婦言、婦容均可納入其中，而婦職之教則因其職分的實效性與功利性被獨立出來，其目的如貴族女子閨門之教所述：「執麻枲，治絲繭，織紝、組、紃，學女事、以共衣服」〔註137〕，只不過內宮女子婦職所承擔的是王、后衣服的縫線之事。在《國語‧魯語下》中提到：「王后親織玄紞，公侯之夫人加之以紘、綖，卿之內子爲大帶，命婦成祭服，列士之妻加之以朝服，自庶士以下皆衣其夫」〔註138〕。可見，貴賤皆有婦職並各盡其責，但是若以量爲衡量標準的話，婦人地位越低其所承擔的婦職工作量就越大。

《周禮》婦職之教的施教者有內宰和九嬪，但其婦職之教的共同受教者便只有九御。內宰「以婦職之法教九御，使各有屬以作二事」；九嬪「掌婦學之法，以教九御婦德、婦言、婦容、婦功」。賈公彥疏內宰教九御時指出：「世

<hr/>

〔註134〕孫詒讓：《周禮正義》，中華書局，1987 年 12 月版，第 528 頁。

〔註135〕鄭玄注、孔穎達等正義：《禮記正義》，阮元校刻《十三經注疏》，上海古籍出版社影印，1997 年版，第 1681 頁。

〔註136〕參見葛志毅：《論周代后妃在王室經濟中的地位與作用》，《管子學刊》，2005年第 1 期。

〔註137〕孫希旦：《禮記集解》，中華書局，1989 年 2 月版，第 772 頁。

〔註138〕徐元誥：《國語集解》，中華書局，2002 年 6 月版，第 197、198 頁。

婦以上皆直言陰禮不言職，此言職者，以世婦以上貴，無絲枲等職業之法故也」〔註139〕，再加上諸女官中，只有九御「以歲時獻功事」〔註140〕，等同於典婦功之「及秋獻功」〔註141〕，縫人所注：「女御裁縫王及后之衣服」〔註142〕，說明在《周禮》所構建的女官體系中只有女御是承擔婦職的主體，那麼，內宰與九御的婦職之教便落實在了女御群體之上。

第五節　先秦文獻中的貴族女子教育

　　先秦女子教育見諸於文獻記載的，多以貴族爲主，但因爲受到禮法綱常的限制，女子被固守於閨門之內，因此，其教育形式也被限定爲家內教育。本文以文獻直錄貴族女子的施教者爲線索，對先秦貴族女子教育的目的、內容、形式等進行考察。

一、母、姆、傅姆和女師的關係

　　先秦貴族教育，無論男女均有母教，如《禮記・內則》記：「異爲孺子室於宮中，擇於諸母與可者，必求其寬裕、慈惠、溫良、恭敬、愼而寡言者，使爲子師，其次爲慈母，其次爲保母，皆居子室」。鄭玄注：此爲「此人君養子之禮也，諸母，眾妾也」。孔穎達疏：「大夫以上則具三母」〔註143〕。此三母的身份爲國君眾妾之德行出眾者，分別任子師、慈母和保母三職，以擔當幼子的學前教育，其中「子師」因「寬裕、慈惠、溫良則近於仁，恭敬、寡言則近於禮」〔註144〕的出眾品質而被選爲幼子之師，因此「母」就是女師。當幼子三月之後：「妻抱子出自房，當楣立，東面。姆先相，曰：『母某敢用時日祇見孺子。』夫對曰：『欽有帥』。」鄭玄注：「欽，敬也；帥，循也。言教之敬使有循也」〔註145〕。此處姆所擔當的是相佐並應辭之職，但君主囑託

〔註139〕孫詒讓：《周禮正義》，中華書局，1987年12月版，第516頁。
〔註140〕孫詒讓：《周禮正義》，中華書局，1987年12月版，第560頁。
〔註141〕孫詒讓：《周禮正義》，中華書局，1987年12月版，第568頁。
〔註142〕孫詒讓：《周禮正義》，中華書局，1987年12月版，第596頁。
〔註143〕鄭玄注、孔穎達等正義：《禮記正義》，阮元校刻《十三經注疏》，上海古籍出版社影印，1997年版，第1469頁。
〔註144〕孫希旦：《禮記集解》，中華書局，1989年2月版，第763頁。
〔註145〕鄭玄注、孔穎達等正義：《禮記正義》，阮元校刻《十三經注疏》，上海古籍出版社影印，1997年版，第1469頁。

姆的言辭及目的是：令姆教育幼子，並讓幼子恭敬循善，可見，此處「姆」當等同於「母」所擔任的「子師」。而且據《禮記・內則》所記，幼子不分男女，十歲之前，所學相同。值得肯定的是，貴族女子的幼年教育多由「母」來完成。

不過，文獻記載凡涉及到女子教育之時，施教者則多被記為「姆」。《內則》記載女子十歲，恒居於室內，直至出嫁，所受教育均由「姆」來完成。《儀禮・士昏禮》女子出嫁離家前，「姆纚笄宵衣在其右……婿御婦車授綏，姆辭不受。婦乘以几，姆加景，乃驅」，鄭玄注：「姆，婦人年五十無子，出而不復嫁，能以婦道教人者」〔註 146〕。此處「姆」作為新娘陪嫁侍從，照顧新娘的同時，代替新娘應對婚禮的相關禮儀，而後便隨侍於新婦左右。因此，《內則》又記「妻將生子……，作而自問之，妻不敢見，使姆衣服而對」，鄭玄注：「姆，女師也」〔註 147〕，妻因生產而婦容不整，故使貼身女師請辭以對。《說文・㜘》：「㜘，女師也。從女，每聲，讀若母」〔註 148〕，可見，「㜘」、姆相同，均指女師。

綜合看來，從女子教育的施教者「母」和「姆」的職能記載上看：母即為姆，也就是女師。

傅姆同於傅母，其職能與「姆」相同。《左傳》襄公三十年：「甲午，宋大災。宋伯姬卒，待姆也」，杜預注：「姆，女師」〔註 149〕；《穀梁傳》同記此事：「伯姬之舍失火，左右曰：『夫人少辟火乎？』伯姬曰：『婦人之義，保母不在，宵不下堂。』〔註 150〕」《公羊傳》又記「有司復曰：『火至矣，請出。』伯姬曰：『不可，吾聞之也，婦人夜出，不見傅母不下堂』。傅至矣，母未至也，逮乎火而死」。何休注：「禮，后夫人必有傅母，所以輔正其行，衛其身也。選老大夫為傅，選老大夫妻為母。本又作姆，同」〔註 151〕。綜合三經及

〔註 146〕鄭玄注、賈公彥疏：《儀禮注疏》，阮元校刻《十三經注疏》，上海古籍出版社影印，1997 年版，第 965 頁、第 966 頁。

〔註 147〕鄭玄注、孔穎達等正義：《禮記正義》，阮元校刻《十三經注疏》，上海古籍出版社影印，1997 年版，第 1469 頁。

〔註 148〕許慎：《說文解字》女部，中華書局，1963 年 12 月版，第 259 頁。

〔註 149〕楊伯峻：《春秋左傳注》，中華書局，1981 年 3 月版，第 1174 頁。

〔註 150〕范甯注、楊士勳疏：《春秋穀梁傳注疏》，阮元校刻《十三經注疏》，上海古籍出版社影印，1997 年版，第 2432 頁。

〔註 151〕何休注、徐彥疏：《春秋公羊傳注疏》，阮元校刻《十三經注疏》，上海古籍出版社影印，1997 年版，第 2314 頁。

何注所言，貴族女子的傅母可能是分別而設，但事件本身所突出的是「姆」或「母」職，其職等同於女師。不過《毛詩・國風・南山》：「葛屨五兩」，鄭箋云：「文姜與姪姊及傅姆同處」，孔疏云：「獨舉五而言，明五必有象，故以喻文姜與姪姊、傅母五人俱是婦人，不宜以襄公往雙之。〔註152〕」說明此「傅」專指女子，而且阮諶《三禮圖》記：「傅母，婚禮從者，袗衣。古者傅母選無夫與子而老賤，曉習婦道者，使之應對也」〔註153〕，此處傅母當專指老而無夫、無子的婦女，可從女而嫁，隨侍於左右，掌教女子婦道者，其職等同於前文之「姆」職，亦是女師。

　　就女子教育而言，「傅母」或者「傅姆」多指代以婦德見長，擔當教導、撫育的老年婦人。其突出者當屬劉向《列女傳》，所記傅母眾多，均為隨侍於眾貴族女子身邊的有德婦人，而傅母的主要職能仍是代替夫人致辭和端正女子之德行，其中最受稱頌的當為齊女傅母，因見莊姜婦道不正而諭教莊姜〔註154〕。此外《後漢書・帝紀》又記「肅宗先聞后有才色，數以訊諸姬傅」〔註155〕；《後漢書・章帝八王傳》東漢清河孝王劉慶「賞傅母以求之（左姬）」〔註156〕，前者竇皇后已入於長樂宮，後者左小娥也已經被漢和帝賜入慶王府，其所隨侍於身邊的傅母以母代之，為女子無疑，可見，女子的傅母之教的影響深遠。

　　綜上所述，我們根據文獻記載，分別論述了母、姆、傅姆及傅母在貴族女子教育中的職能，其共同之處在於：名異而職同，均是有德之女子，掌教幼子之教育，因此，在眾多文獻記載與注疏中均認為其身份就是女師。於女子而言，從出生至出嫁再至生子等等，凡重大禮儀場合均有傅母參與，因此，女子傅母之教尤其重要。不過需要特別指出的是，上文中所論承擔貴族女子教育的女師或傅姆大約有三種身份：其一，幼子庶母，即為國君眾妾之德行出眾者，主要擔任幼子之「子師」，亦被稱為「姆」，但不從女子出嫁；其二，大夫之妻，如何休《公羊傳》襄公三十年注：「選老大夫妻為母」，亦需婦人

〔註152〕鄭玄箋、孔穎達等正義：《毛詩正義》，阮元校刻《十三經注疏》，上海古籍出版社影印，1997年版，第352頁。
〔註153〕阮諶：《三禮圖》，載於《漢魏遺書鈔》經翼二集，金谿王氏鈔本，汝麋藏版，第7頁。
〔註154〕張濤：《列女傳譯注》，山東大學出版社，1990年8月版，第22頁。
〔註155〕王先謙：《後漢書集解》，中華書局影印，1984年2月第1版，第156頁。
〔註156〕王先謙：《後漢書集解》，中華書局影印，1984年2月第1版，第629頁。

有德者居之，但不從女子出嫁；其三，年老無夫無子且通曉婦道者，如鄭玄《士昏禮》注「姆」和阮諶《三禮圖》所記之「傅母」。《詩・葛覃》孔疏強調：「鄭知女師之姆必是無子而出者，以女已出嫁，母尚隨之。又襄三十年〈公羊傳〉曰：宋災，伯姬存焉。傅至，母未至，逮火而死。若非出而不嫁，何以得隨女在夫家。〔註157〕」所以，凡從嫁之姆、母的首要條件當是無夫無子。

二、女師的身份

前文已述，負責女子教育的母、姆、傅母、傅姆從職能上講均等同於女師，也被認定為女師，不過文獻中記載貴族女子教育的施教者時，確實有女師一職的存在。

《詩・國風・葛覃》：「言告師氏，言告言歸」，箋曰：「言，我也。師，女師也」〔註158〕，魯說曰：「婦人所以有師者何？學事人之道也」〔註159〕。貴族女子常備有女師以教「事人之道」，出於對女師的尊敬，女子歸家特向女師告明。《禮記・昏義》云：「是以古者婦人先嫁三月，祖廟未毀，教于公宮，祖廟既毀，教于宗室」，鄭玄注：「嫁女者，必就尊者教成之。教成之者，女師也」〔註160〕，而且孫希旦總結「按《內則》：『女子十年，不出，使姆教之』，明前此恒教，但嫁前三月特就公宮教之，尊之也」〔註161〕。可見，貴族女子十歲之後直至出嫁之前，其教育工作均由女師承擔。再從《葛覃》女子歸家特告女師記載來看，加上《毛詩》序特記：「后妃在父母家，則志在於女功之事；躬儉節用，服澣濯之衣；尊敬師傅，則可以歸安父母，化天下以婦道也」〔註162〕，女師很可能是既擔當女子家內教育，又從女出嫁，因此，女子歸寧父母特告女師以示尊敬。綜合看來，女師教育從內容上和職能上均與「姆」或傅母之教重合，所以女師即為「姆」或傅母，而且是傅母中可從嫁者。

〔註157〕鄭玄箋、孔穎達等正義：《毛詩正義》，阮元校刻《十三經注疏》，上海古籍出版社影印，1997年版，第277頁。

〔註158〕鄭玄箋、孔穎達等正義：《毛詩正義》，阮元校刻《十三經注疏》，上海古籍出版社影印，1997年版，第277頁。

〔註159〕王先謙：《詩三家義集疏》，中華書局，1987年2月版，第21頁。

〔註160〕鄭玄注、孔穎達等正義：《禮記正義》，阮元校刻《十三經注疏》，上海古籍出版社影印，1997年版，第1681頁。

〔註161〕孫希旦：《禮記集解》，中華書局，1989年2月版，第1421頁。

〔註162〕鄭玄箋、孔穎達等正義：《毛詩正義》，阮元校刻《十三經注疏》，上海古籍出版社影印，1997年版，第276頁。

　　通過對上述關於女子施教者的文獻和相關注疏的梳理，我們發現文獻中並沒有任何直錄「女師」的記載，相反卻將女子施教者記爲母、姆、傅母或傅母，而在諸家注疏中卻將這些施教者的身份均注明爲「女師」，這無疑強調的是：因受教者是女子，其教育者也必爲女子，故稱之爲女師，這又是男女有別禮之所本的體現。

三、貴族女子教育的內容

　　根據貴族女子的不同的年齡階段，其受教的內容大體分爲三個層次：學前之教、閨門之教、嫁前之教。

1. 學前教育

　　　　《禮記‧內則》：「子能食食，教以右手；能言，男唯女俞。男鞶革，女鞶絲。六年，教之數與方名。七年，男女不同席，不共食。八年，出入門戶及即席飲食，必後長者，始教之讓。九年，教之數日」〔註163〕。

　　就女子而言，上述教育均由女師完成，從教育內容來看其核心者當是男女之別的禮儀教育。「男唯女俞」均指應答之辭，但應答之辭中亦體現男女的不同，所謂「唯之聲直，俞之聲婉，故以爲男女之別」〔註164〕。服飾上講求「男鞶革，女鞶絲」，通過「革勁而絲柔」〔註165〕以示男女之別。加上男女不同席的禮制要求，使得貴族子女自幼兒時便從言辭、衣飾及行爲上受到了男女有別的嚴格教育。

　　其中需要指出的是：「八年，出入門戶」，當專指男子而言，據《大戴禮記‧保傅》記載：「古者年八歲而出就外舍」〔註166〕；《公羊傳》僖公十年何休注：「禮，諸侯之子八歲，受之少傅，教之以小學」〔註167〕，自此以後男子進行詩、樂、射、御、書、數、儀等方面的學習，完成小學、大學的教育，爲二十而冠打下良好的基礎。而女子從六歲開始學習數字、名

〔註163〕孫希旦：《禮記集解》，中華書局，1989 年 2 月版，第 768、769 頁。

〔註164〕孫希旦：《禮記集解》，中華書局，1989 年 2 月版，第 768 頁。

〔註165〕孫希旦：《禮記集解》，中華書局，1989 年 2 月版，第 768 頁。

〔註166〕王聘珍：《大戴禮記解詁》，中華書局，1983 年 3 月版，第 60 頁。

〔註167〕何休注、徐彥疏：《春秋公羊傳注疏》，阮元校刻《十三經注疏》，上海古籍出版社影印，1997 年版，第 2253 頁。

物，此爲日常生活基本認知的基礎，至九歲學習朔、望及六甲，因「二者切於日用」〔註168〕而成爲女子學習的內容。可見，八歲至九歲期間，貴族男女的學習已經截然不同，男子學習名目繁多而且已成系統，爲日後成禮入仕夯實基礎，而女子教育所針對的僅是日常所用算、數等科目的教授，所以，從教學內容來看，男女之別亦爲根本區分，此後女子便被限制在閨門之內，繼續其閨門之教。

2. 閨門之教

《禮記‧內則》：「女子十年不出」，鄭玄注：「不出，恆居內也」〔註169〕。《大戴禮記‧本命》又言：「教令不出閨門，事在饋食之間而已矣，是故女及日乎閨門之內」〔註170〕，孔廣森曰：「及日，猶終日」〔註171〕。

顯然女子十歲之後便不出閨門，這也成爲女子閨門之教的基本前提即女子足不出戶，亦是「在家從父」女子三從之道的直接表現。而貴族女子所謂的「言如男子之教，而長其義理者也」〔註172〕，也只是在閨門之內完成。

關於女子閨門之教的內容也出現在《內則》之中：「女子十年不出，姆教婉、娩、聽從；執麻枲，治絲繭，織紝、組、紃，學女事、以共衣服；觀於祭祀、納酒漿、籩豆、菹醢，禮相助奠」〔註173〕。其中姆爲女師，是女子閨門之教的主要負責者。女子十歲禁足於閨門之內，至出嫁之前，女師所教授的內容均是爲了待嫁而備，培養女子事人、事事的禮法與技能。

不過文獻中涉及到女子閨門之教的相關記載較爲常見，但零碎散亂。因此本文需要在《內則》所記的基礎之上，結合先秦其它文獻，對女子閨門之教進行全面把握，以揭示女子閨門之教的核心內容。

首先，關於婦言、婦容與婦順。

《內則》：「姆教婉、娩、聽從」。鄭玄注：「婉謂言語也，娩之

〔註168〕孫希旦：《禮記集解》，中華書局，1989年2月版，第769頁。
〔註169〕孫希旦：《禮記集解》，中華書局，1989年2月版，第772、773頁。
〔註170〕王聘珍：《大戴禮記解詁》，中華書局，1983年3月版，第254頁。
〔註171〕黃懷信主撰，孔德立、周海生參撰：《大戴禮記彙校集注》，三秦出版社，2004年8月版，第1386頁。
〔註172〕王聘珍：《大戴禮記解詁》，中華書局，1983年3月版，第254頁。
〔註173〕孫希旦：《禮記集解》，中華書局，1989年2月版，第772、773頁。

言媚也，媚謂容貌也」，孔穎達疏：「此分婉爲言語，娩爲容貌者。
鄭意以此上下備其四德，以婉爲婦言，娩爲婦容，聽從爲婦順，執
麻枲以下爲婦功」〔註174〕。

文獻記載「婉」確實有言辭委婉之意，如《左傳》成公十四年：「《春秋》
之稱，微而顯，志而晦，婉而成章」，杜預注：「婉，曲也。謂屈曲其辭，
有所辟諱，以示大順，而成篇章」〔註175〕，言辭委婉不僅是言語的基本要
求，更是記事筆法之一。對婦人而言，教之以言辭委婉更能夠顯示女子之
柔順。而且「婉」本身便可形容女子的貌美和溫順，如《毛詩·鄭風·野
有蔓草》：「清揚婉兮」，鄭玄箋：「清揚，眉目之間婉然，美也」〔註176〕；
《左傳》昭公二十六年：「姑慈而從，婦聽而婉」，杜預注：「婉，順也」〔註
177〕。說明「婉」無論是指言辭還是指容貌，適用在女子身上，其核心所
指均是：以順從爲本。

　　文獻中「娩」也多用來形容柔順嫵媚。如《荀子·禮論》記「娩澤」，注
曰：「娩，媚也」〔註178〕。形容的便是女子的姿態，《呂氏春秋·不屈》：「人
有新取婦者，婦至，宜安矜，煙視媚行」〔註179〕，形容的是新婦矜持柔順慢
行的儀容。

　　因此，《內則》所記「婉、娩」的核心即是爲了體現女子以順從爲本，而
「聽從」本就有順從之意，如《大戴禮記·本命》專記女子三從之道：「在家
從父，適人從夫，夫死從子」，王聘珍云：「從，相聽也」〔註180〕。所以，《內
則》：姆教之「婉、娩、聽從」的根本就是教女子之柔和順從。鄭玄雖分別釋
爲婦言、婦容、婦順三事，但從本質上講閨門之教的根本即是女子之柔順。
另外，關於女子的言辭之教，從選女師「愼而寡言」的條件來看，寡言是有

〔註174〕鄭玄注、孔穎達等正義：《禮記正義》，阮元校刻《十三經注疏》，上海古籍出
　　　　版社影印，1997年版，第1471頁。
〔註175〕杜預注、孔穎達等正義：《春秋左傳正義》，阮元校刻《十三經注疏》，上海古
　　　　籍出版社影印，1997年版，第1913頁。
〔註176〕鄭玄箋、孔穎達等正義：《毛詩正義》，阮元校刻《十三經注疏》，上海古籍出
　　　　版社影印，1997年版，第346頁。
〔註177〕杜預注、孔穎達等正義：《春秋左傳正義》，阮元校刻《十三經注疏》，上海古
　　　　籍出版社影印，1997年版，第2115頁。
〔註178〕王先謙：《荀子集解》，中華書局，1988年9月版，第364頁。
〔註179〕許維遹：《呂氏春秋集釋》卷十八《不屈》，北京市中國書店，據1935年清華
　　　　大學版影印，1985年5月版，第二十二頁。
〔註180〕王聘珍：《大戴禮記解詁》，中華書局，1983年3月版，第254頁。

德之婦人的標準之一，那麼女師對貴族女子的言辭之教也應當有寡言的要求，以寡言示恭順。

其次，關於女事。

《內則》：「執麻枲，治絲繭，織紝、組、紃，學女事、以共衣服」。孔穎達疏：「『執麻枲』以下為婦功」〔註181〕；孫希旦認為：「執麻枲，績事也。治絲繭，蠶事也。織紝組紃，織事也。此三者，皆女工之事，學之以供衣服也」〔註182〕。

文獻記載女工之事眾多，或稱為女事、女功、女職、婦功、婦職等，涵蓋了女子未嫁與出嫁之後所擔當的女職或婦職之事。不過女子閨門之教對象是未嫁之女，因此，其所受教織紝之事如何稱呼，與出嫁女子有何區別，便需要加以注意。

文獻中確有「女」指未嫁之女的記載，如《詩‧周南‧關雎》：「窈窕淑女，君子好逑」〔註183〕；《詩‧豳風‧七月》：「猗彼女桑」，朱熹集傳：「女桑，小桑也」〔註184〕，女桑指代未長成之小桑；甚至《禮記‧雜記上》：「女子附於王母則不配」，鄭玄注：「女子，謂未嫁者也」〔註185〕。實際上，除去「女」可以指代女子性別和女性群體外，凡涉及到未婚女子及其相關事宜時均稱之為女或冠以「女」字，至女子出嫁後則多被稱為「婦」，其典型者便是《禮記‧昏義》所記「成婦禮，明婦順」，此後，女子之職分、禮法等事宜多被冠以「婦」字。因此，《內則》所記「女事」專指未嫁女子從「姆」所學的織紝、絲枲之事。不過《大戴禮記‧本命》：「女及日乎閨門之內」，王聘珍解詁「及日，猶及時，謂及時而脩婦功也」〔註186〕，此婦功等同於未嫁女子之女事，強調女子入閨門之後，修習婦功是其日常受教的主要內容之一。而且《毛詩‧周南‧葛覃》序記：「《葛覃》后妃之本也。后妃在父母家，則志在於女功之事」〔註

〔註181〕鄭玄注、孔穎達等正義：《禮記正義》，阮元校刻《十三經注疏》，上海古籍出版社影印，1997年版，第1471頁。

〔註182〕孫希旦：《禮記集解》，中華書局，1989年2月版，第773頁。

〔註183〕鄭玄箋、孔穎達等正義：《毛詩正義》，阮元校刻《十三經注疏》，上海古籍出版社影印，1997年版，第273頁。

〔註184〕朱熹集注：《詩集傳》，中華書局，1958年7月版，第91頁。

〔註185〕孫希旦：《禮記集解》，中華書局，1989年2月版，第1053頁。

〔註186〕王聘珍：《大戴禮記解詁》，中華書局，1983年3月版，第255頁。

〔註187〕鄭玄箋、孔穎達等正義：《毛詩正義》，阮元校刻《十三經注疏》，上海古籍出版社影印，1997年版，第276頁。

187〕。強調的是：無論女子嫁前之女事還是嫁後之婦功均是女子日常恒教的主要內容。

女子十歲之後學習女事的主要原因是：古者，女子無論貴族還是平民，均承擔布屢、絲帛之征。如《周禮·閭師》：「凡任民，……任嬪以女事，貢布帛」〔註 188〕，嬪，指民家婦女；《周禮·酇長》：「趨其耕耨，稽其女功」，鄭玄注：「女功，絲枲之事」〔註 189〕，酇長所稽之女功，亦當之民女而言；而且《孟子·盡心下》：「有布縷之征」〔註 190〕，說明民間女子均承擔受功征稅的責任。《周禮·大宰》：「以九職任萬民：……七曰嬪婦化治枲」〔註 191〕，孫詒讓指出：「此嬪婦指外嬪婦，即典絲之外工，與九嬪世婦等內嬪婦異」〔註 192〕；《周禮·典婦功》：「掌婦式之灋，以授嬪婦及內人女功之事齎」，鄭注：「嬪婦，九嬪、世婦，言『及』以殊之者，容國中婦人賢善工於事者」〔註 193〕，說明貴族女子亦承擔女工之事，而對於未嫁之女女事的訓練，無疑是爲了女子成人及出嫁後所承擔的婦職打下基礎。

再次，關於學禮之事。

　　《內則》：「觀於祭祀、納酒漿、籩豆、菹醢，禮相助奠」，孔疏：
　　「下云十有五年而筓，此觀於祭祀是未嫁之前」〔註 194〕，孫希旦云：
　　「納，謂納於廟室，以進於尸也。禮相助奠，謂以禮相長者，而助
　　其奠置祭饌也。此又學祭祀之禮也」〔註 195〕。

女子在十歲之前便已經知曉男女之別和敬長之義，這是女子早期學禮的基本儲備，十歲之後至出嫁之前，需要觀摩禮事，甚至承擔一些基本的贊相之事，以熟悉和掌握女子在諸禮事中的基本職事。實際上，在《周禮》、《儀禮》、《禮記》等禮書中，就有大量女子參與祭祀、賓客、喪紀等禮事的記載，甚至凡國之大禮事，天子與王后本就是行禮的主體，以呈男女之別，示夫婦之義，而王后的贊禮詔相者則多爲庶妻或女官，這些庶妻、女官主體來源便

〔註 188〕孫詒讓：《周禮正義》，中華書局，1987 年 12 月版，第 975 頁。
〔註 189〕孫詒讓：《周禮正義》，中華書局，1987 年 12 月版，第 1157 頁。
〔註 190〕楊伯峻：《孟子譯注》，中華書局，1980 年 12 月版，第 335 頁。
〔註 191〕孫詒讓：《周禮正義》，中華書局，1987 年 12 月版，第 78、79 頁。
〔註 192〕孫詒讓：《周禮正義》，中華書局，1987 年 12 月版，第 88 頁。
〔註 193〕孫詒讓：《周禮正義》，中華書局，1987 年 12 月版，第 566 頁。
〔註 194〕鄭玄注、孔穎達等疏：《禮記正義》，阮元校刻《十三經注疏》，上海古籍出版
　　　　社影印，1997 年版，第 1471 頁。
〔註 195〕孫希旦：《禮記集解》，中華書局，1989 年 2 月版，第 773 頁。

是貴族女子。除此之外，天子內宮之祭、諸侯、大夫、士等的家內之祭，也均由王后、各自夫人及諸妻御執掌並參與完成。所以，女子學禮便成爲了必然。

綜合看來，關於貴族女子閨門之教，雖然學者注疏過程中均依照《周禮·九嬪》、《禮記·昏義》所記，將其主要內容歸類爲婦言、婦容、婦功、婦德四個方面，但實際上《內則》閨門之教所涉及的內容主要涉及了三個方面：女順、女事和學禮，教育內容更具基礎性和實用性。貴族女子十歲之後至出嫁之前，所接受的教育是一個循序漸進的過程，還沒有成婦言、婦容、婦功及婦德等方面的系統要求，因此，才需要貴族女子嫁前教育的強化。

3. 嫁前之教。

《禮記·昏義》：「是以古者婦人先嫁三月，祖廟未毀，教于公宮，祖廟既毀，教于宗室，教以婦德、婦言、婦容、婦功。教成，祭之，牲用魚，芼之以蘋藻，所以成婦順也」〔註196〕。

孫希旦對於女子嫁前教育的必要性作出了解釋：「女子之事夫，猶男子之事君也。然男子二十而冠，其仕乃寬以二十年之久，而女子則笄而遂嫁，故雖教之有素，而深懼其未習也」〔註197〕，女子笄後成人則可許家，恐怕仍未熟悉所學之事，因此，再教以備。根據前文對於女子閨門之教的論述，我們發現閨門之教的教育內容實際上是針對女子品行、職分及相關禮儀的漸進教育，直至女子「笄而遂嫁」，這一過程時間跨度較長，屬於一般女子的成長教育，再受到封建禮教的嚴格限制，女子閨門之教缺少如何「事夫」或持家的專門教育，因此而需嫁前教育加以強化。

貴族女子的嫁前教育主要是婦德、婦言、婦容、婦功四事及相關祭祀禮儀，與前文女子閨門之教相比，突出了婦德之教。鄭玄注：「婦德，貞順」〔註198〕，孫希旦指出待嫁女子在嫁前三月，需要被教於祖廟或公室，並於教成之後行祭禮，其原因是：「爲之特舉其禮，嚴之以君宗之所，以動其禮法之慕，重之以宗廟之告，以生其恭敬之心，此婦順之所由成也」〔註199〕。而且《禮

〔註196〕孫希旦：《禮記集解》，中華書局，1989年2月版，第1421頁。
〔註197〕孫希旦：《禮記集解》，中華書局，1989年2月版，第1422頁。
〔註198〕鄭玄注、孔穎達等正義：《禮記正義》，阮元校刻《十三經注疏》，上海古籍出版社影印，1997年版，第1681頁。
〔註199〕孫希旦：《禮記集解》，中華書局，1989年2月版，第1422頁。

記・昏義》對女子婦德的根本要求就是女順，講求恭敬貞順以事舅姑、夫婿、諸婦。因此，女子嫁前之教的核心：婦德教育也就是婦順之教。同時《大戴禮記・本命》強調：「謂之信也，所以正婦德也」〔註200〕，《禮記・郊特牲》亦強調「信，事人也。信，婦德也。壹與之齊，終身不改，故夫死不嫁」〔註201〕，可見，所謂婦德實際上是教戒女子事夫要從一而終，也就是女子的三從之義的基本要求。

　　嫁前教育中，與婦德並重的當是婦功之教。《毛詩・周南・葛覃》疏：「后妃先在父母之家則已專志於婦功之事，復能身自儉約，謹節財用，服此澣濯之衣而尊敬師傅，在家本有此性，出嫁脩而不改」〔註202〕。后妃所本婦功尤重，因此，嫁前嫁後修而不改。甚至在女子離家的前一刻，女子的母親仍嚴正叮囑「勉之敬之，夙夜無違宮事」，鄭玄注：「宮事，《釋》曰：則姑命婦之事」〔註203〕；《大戴禮記・夏小正》：「執養宮事」，王聘珍云：「宮，蠶室也。事，謂蠶事」〔註204〕；再根據《昏義》所記：新婦成婦禮中與「婦順」並列，特別強調新婦「以成絲麻布帛之事，以審守委積蓋藏」〔註205〕。可知，女子職分之中宮事之重，而且前文已述，無論內命婦、外命婦還是庶人之女均承擔紡緞之事，甚至是布屢之征的主要承擔者，擔當維持生計的重任，因此，無論貴族還是平民均將女子宮事視爲女子職事之最重者。

四、《周禮》女官之教與文獻所記女師之教的關係

　　《周禮》明確記載九御掌教婦學之法，並專教九御以婦德、婦言、婦容及婦功，被冠以女子之四德，而這與《禮記・內則》所記古者女子嫁前三月在宗廟或公室所受的婦德、婦言、婦容、婦功之教如出一轍。不過，孫詒讓在總結九嬪與女師之教時特別指出：「《昏義》所云，《詩・周南・葛覃》毛傳

〔註200〕王聘珍：《大戴禮記解詁》，中華書局，1983 年 3 月版，第 255 頁。
〔註201〕孫希旦：《禮記集解》，中華書局，1989 年 2 月版，第 707 頁。
〔註202〕鄭玄箋、孔穎達等正義：《毛詩正義》，阮元校刻《十三經注疏》，上海古籍出版社影印，1997 年版，第 276 頁。
〔註203〕鄭玄注、賈公彥疏：《儀禮注疏》，阮元校刻《十三經注疏》，上海古籍出版社影印，1997 年版，第 972 頁。
〔註204〕王聘珍：《大戴禮記解詁》，中華書局，1983 年 3 月版，第 34 頁。
〔註205〕鄭玄注、孔穎達等正義：《禮記正義》，阮元校刻《十三經注疏》，上海古籍出版社影印，1997 年版，第 1681 頁。

以爲古者女師之教。若然，女官與女師所教異，而四事則同」〔註206〕，也就是說女師擔當女子嫁前的四事之教與女官所擔當的四事之教，名同實異，但疏中未記所異爲何。

第一，女官之教與女師之教的最大區別便是受教者身份的不同，女師主要教於貴族女子未嫁之時，女官則是對於宮中天子御妾所進行的再教育，而天子御妾的主要要來源便是貴族女子，因此女師對於貴族女子之教育無疑爲內宮女官之教奠定了基礎。

第二，女官之教與女師之教的側重點不同。自貴族女子出生以後，女師便伴其左右，十歲正式接受以女順、女事及禮儀方面的相關教育直至笄後許嫁，女師之教側重的是對於貴族女子的長成教育，時間跨度長，是一個循序漸進的過程。女官之教是建立在女師之教的基礎之上的，所不同的是：女官之教更嚴格並成系統。天子內宮本身就是一個禮教謹嚴之地，而《禮記・昏義》記：「后修女順，母道也」〔註207〕，並強調新婦之婦順的主要內容是：「順於舅姑，和於室人」〔註208〕，對於天子後宮而言，所需和順之人爲數眾多，更需要一個嚴格而井然的後宮秩序。女官之教的本質便是輔助王后修女順、成內治，所依靠的主要是九嬪對於九御婦德、婦言、婦容及婦功的系統教育，以此對天子諸御進行習慣性的嚴格約束。從教育的內容上講，女官之教所針對的教育對象是成年女子，除了禮教、職教之外，九嬪還需教九御「從人之道」及「事夫之事」，鄭玄注九嬪爲：「既習於四事，又備於從人之道，是以教女御也」〔註209〕，賈疏認爲所謂「從人之道」就是指九嬪「御序之事，即經各帥其屬以時御敘于王所是也」〔註210〕。綜合看來，女官之教更爲嚴格並完備。

〔註206〕 孫詒讓：《周禮正義》，中華書局，1987 年 12 月版，第 552 頁。

〔註207〕 鄭玄注、孔穎達等正義：《禮記正義》，阮元校刻《十三經注疏》，上海古籍出版社影印，1997 年版，第 1682 頁。

〔註208〕 鄭玄注、孔穎達等正義：《禮記正義》，阮元校刻《十三經注疏》，上海古籍出版社影印，1997 年版，第 1681 頁。

〔註209〕 孫詒讓：《周禮正義》，中華書局，1987 年 12 月版，第 552 頁。

〔註210〕 孫詒讓：《周禮正義》，中華書局，1987 年 12 月版，第 553 頁。

第五章　近侍類

　　前文已述宮禁和宿衛類職官的職能範圍主要集中於王室門庭的禁戒和守衛之上，其身份和職能性質決定了此類職官大都止步於路門，而路門之內天子或王室近身服侍的工作則由近侍類職官專門負責。依據王室寢制，以及王、后之寢既相統又分立的原則，近侍類職官可以分爲王之近臣和后之近臣，諸職的具體職責又可以分成日常政務與燕居瑣事等不同性質的服務。不過需要強調的是：此組職官雖爲天子或王后之近臣，其職能卻與食、飲、服飾、醫療等關係王室起居中的重要方面並不直接相關，但其侍從、使役、傳令、當直、掃除、執燭、出入等零散而瑣碎的眾多服務卻保證了天子、王后起居生活有序而健康地展開，而且天子與王后出入行爲的嚮導護衛亦是近侍類職官的主要職責，這也是王室起居生活的重要組成。從這一角度來看，此組職官實際上是王室起居職官團體的重要組成部分。

第一節　《周禮》所見近侍職官與王室日常事務

　　《周禮》所構建的王室近侍職官分爲兩個層次，也是其職能所涵蓋的兩個方面，亦是王室日常事務的主要構成：其一，以服務於天子的日常政務爲核心的近侍職官，對於王后內事提供服務的職官也併入其中；其二，以服務於天子燕居瑣屑之事爲核心的近侍職官。本節便以上述所列爲線索，以《周禮》所載王室近侍類職官爲討論對象，關注此類職官針對王室不同事務類型所提供的專職服務。

一、王室日常政務的專職服務

《周禮》經文記天子之朝有：外朝、內朝、治朝、燕朝。外朝在庫門之外，皋門之內，是斷獄弊訟之地。內朝爲天子常朝，亦可稱爲治朝，是天子處理日常政務時所處之地，居路門之外，王退朝後即入路寢門，至路門之庭後，便到了燕朝之地。因此，每日視治朝及燕朝便成爲天子日常事務的重要組成部分。相較於天子而言，王后日常政務的服務則居於次要位置，本文將其作爲王室日常政務服務職官的組成進行討論。

1. 大僕是天子日常政務的主要服務者

《周禮·夏官》敘官注：「僕，侍御於尊者之名」〔註 1〕，而天子日常政務的服務事宜則多由大僕及其從屬專門負責，因此，僕職服務於天子日常政務亦是天子權威的具體體現。大僕屬《周禮》夏官統屬，其職下領有小臣、御僕等職，但從天子日常政務的服務角度來看，上述幾職在天子日常政務的服務方面，仍有職責上的具體劃分。其中大僕因僕職官長的身份而承擔了天子日常政務的整體服務。根據大僕的具體執掌，其職能可以分爲三個方面：

第一，正朝位。《周禮》大僕職記天子日視常朝的情況有二：其一，「王眠朝，則前正位而退，入亦如之」〔註 2〕；其二，「王眠燕朝，則正位，掌擯相」〔註 3〕。因此，大僕所正朝位則有「朝」與「燕朝」之分。

所謂「朝」，指路門外之治朝。據鄭玄注大僕云：「前正位而退，道王，王既立，退居路門左，待朝畢。〔註 4〕」加上司士所治朝儀之位「大僕、大右、大僕從者在路門之左，南面西上」〔註 5〕。則大僕所正之朝位首先是指路寢門外的天子治朝，這也是天子每日常朝之所在。並且還需注意的是大僕、宰夫和司士雖然形成官聯，但三組職官的服務對象存在明顯不同，其中只有大僕是針對天子日常政務之處位而進行專門服務的，宰夫與司士所掌是治朝內公卿群吏的朝儀之位。大僕道王入路門，爲天子正位之後，大僕本人便回到司士爲自己所正的治朝內的本位，也就是立於路門之左，等待治朝完畢。

〔註 1〕 孫詒讓：《周禮正義》，中華書局，1987 年 12 月版，第 2260 頁。
〔註 2〕 孫詒讓：《周禮正義》，中華書局，1987 年 12 月版，第 2498 頁。
〔註 3〕 孫詒讓：《周禮正義》，中華書局，1987 年 12 月版，第 2507 頁。
〔註 4〕 孫詒讓：《周禮正義》，中華書局，1987 年 12 月版，第 2498 頁。
〔註 5〕 孫詒讓：《周禮正義》，中華書局，1987 年 12 月版，第 2459 頁。

所謂「燕朝」，鄭玄注：「燕朝，朝於路寢之庭」〔註6〕，江永引《玉藻》「退適路寢聽政」云：「每日常朝既畢，君自治文書於路寢，臣自治文書於官府，無所議者也。若有所議，則入內朝。〔註7〕」江永所云內朝即指燕朝，則大僕因正天子常朝之位，故凡王有事需入燕朝時，大僕亦隨天子入燕朝，繼續提供相關服務。另外，司士職記「大僕前，王入，內朝皆退」，鄭玄注：「王入，入路門也」〔註8〕，所以，天子內朝結束之後，相應列席者均退朝而出，隨天子入路門者，除了議事之臣外，服務人員便只有大僕或其從屬，那麼大僕便承擔起了天子燕朝正位的職責，而且大僕還負責贊相天子之燕飲、大射等活動的處位和禮儀〔註9〕，其服務對象均以天子為中心。關於燕朝之服位，我們將在下文小臣職下進行討論。

第二，出入王之大命。

《周禮》大僕職記「出入王之大命」，鄭玄注：「出大命，王之教也。入大命，羣臣所奉行。〔註10〕」關於天子之大命，孫詒讓云「以王所施之教令，傳達於外者」〔註11〕，則大僕負責將天子所施之教令向外傳達。文獻亦有關於「大命」性質的記載，《尚書》諸篇常見「大命」一詞，多指周天子承大命於身，任大責重，例如《康誥》「天乃大命文王」〔註12〕；《君奭》「其集大命于厥躬」〔註13〕。此大命便可衍生為治國之重任，關乎到國家興亡的一切重大決策。《左傳》莊公四年，楚武王「故臨武事，將發大命」，注云：「大命，征伐之令也〔註14〕」；襄公三年「寡人有弟，弗能教訓，使干大命，寡人之過也」，注曰「大命謂軍令」〔註15〕；成公二年「吾子布大命於諸侯」，楊伯峻云：此「齊假借『王命』以對付晉。〔註16〕」此類大命則專指軍事政令。另

〔註6〕 孫詒讓：《周禮正義》，中華書局，1987年12月版，第2507頁。

〔註7〕 江永：《鄉黨圖考》，阮元編：《清經解》（第二冊），上海書店出版，1988年10月版，第304頁。

〔註8〕 孫詒讓：《周禮正義》，中華書局，1987年12月版，第2465、2466頁。

〔註9〕 孫詒讓：《周禮正義》，中華書局，1987年12月版，第2502、2506、2507頁。大僕「祭祀、賓客、喪紀，正王之服位，詔灋儀，贊王牲事」；「王燕飲，則相其灋」；「王射，則贊弓矢」。

〔註10〕 孫詒讓：《周禮正義》，中華書局，1987年12月版，第2496頁。

〔註11〕 孫詒讓：《周禮正義》，中華書局，1987年12月版，第2497頁。

〔註12〕 孫星衍：《尚書今古文注疏》，中華書局，1986年12月版，第360頁。

〔註13〕 孫星衍：《尚書今古文注疏》，中華書局，1986年12月版，第451頁。

〔註14〕 楊伯峻：《春秋左傳注》，中華書局，1990年5月版，第164頁。

〔註15〕 楊伯峻：《春秋左傳注》，中華書局，1990年5月版，第930頁。

〔註16〕 楊伯峻：《春秋左傳注》，中華書局，1990年5月版，第797頁。

外，成公十三年記「國之大事，在祀與戎」〔註17〕，而《周禮》經文中又多次出現「邦之大事」的記載，孫詒讓總結：「全經各職所掌大祭祀、大會同、大賓客、大喪、大師、大田諸事，皆爲大事。〔註18〕」綜上，天子之大命應該是對於國之大事的總體決策或教戒，而大僕便負責傳達上述天子之大命，同時負責上報群臣奉行王命的情況，即如賈公彥所云：「群臣奉行王命，報奏者皆是也。〔註19〕」

第三，掌復逆。

大僕所掌復逆分爲兩項：其一，「掌諸侯之復逆」，鄭司農云：「復謂奏事也，逆謂受下奏」，孫詒讓總結：「先鄭此注云復謂奏事，與宰夫注訓『復』爲『請』義同，奏事即以事白請於王也。逆謂受下奏者，謂王既得所奏事，復下其奏而行之，則迎受王命，與宰夫注迎受王命之訓亦同。〔註20〕」可見，在天子日常政務的處理過程中，大僕實際上擔當了一個傳令的媒介，針對奏請之臣進行專門服務，將諸侯之奏請上傳入於王，將天子之批示下傳至於諸侯。不過，根據各階層的身份等級《周禮》經中文記天子日常政務的「復逆」工作也分爲不同層次，而大僕正因爲是侍御之長，而擔當了掌諸侯之「復逆」的任務，以示諸侯之尊。其二，待平時擊鼓者與窮達者之遽令。此項職能分兩個方面完成：首先，大僕職記：「建路鼓于大寢之門外，而掌其政」，鄭玄注：「政，鼓節與早晏」〔註21〕，孫詒讓云：「節謂擊鼓疏數多少之節，早晏謂當擊鼓之時。此謂平時擊鼓告時，與下告窮遽者異，蓋亦大僕令鼓人擊之。〔註22〕」按照《周禮》所記大僕「掌其政」與學者注疏所言，在每天的固定時限內，可能存在擊鼓告令的環節，而大僕所掌就是安排此項環節的有序進行，並將所搜集的相關信息上報於天子。其次，大僕「以待達窮者與遽令，聞鼓聲，則速逆御僕與御庶子。」鄭玄謂：「達窮者，謂司寇之屬朝士，掌以肺石達窮民，聽其辭以告於王。……大僕聞鼓聲，則速逆此二官（御僕與御庶子），當受其事以聞。」賈疏云：「以待者，大僕在王所，恒於路寢之中，若有窮者及遽令二者來擊此鼓，其御僕御庶子直在鼓所者則入告，大僕迎此

〔註17〕楊伯峻：《春秋左傳注》，中華書局，1990年5月版，第861頁。
〔註18〕孫詒讓：《周禮正義》，中華書局，1987年12月版，第223頁。
〔註19〕孫詒讓：《周禮正義》，中華書局，1987年12月版，第2497頁。
〔註20〕孫詒讓：《周禮正義》，中華書局，1987年12月版，第2497頁。
〔註21〕孫詒讓：《周禮正義》，中華書局，1987年12月版，第2498頁。
〔註22〕孫詒讓：《周禮正義》，中華書局，1987年12月版，第2499頁。

二官，以所告之事白王。〔註 23〕」依照《周禮》經文及相關注疏所言，此處大僕所擔當的依舊是傳令的任務，只不過此項任務較平時政令的傳達來講更為重要。御僕、御庶子聽擊鼓者之辭與大司寇職下「士聽其辭」〔註 24〕即士聽窮民坐肺石之辭形成官聯，構成了窮冤之民申訴於天子的兩道程序，但最終將告辭轉達給天子的還是由大僕負責。

　　綜合可見，大僕的處位是路門之左，常居之處亦為王之路寢，執掌範圍包括路門及路門內外，服務於王之內朝，輔助天子處理日常政務，但沒有參與和決策權，其職責主要是相道、正位和傳令而已。

2. 小臣負責天子燕朝及燕居政務

　　小臣作為大僕佐職而服務於天子政事，與大僕內外相備，更側重對於天子燕朝或燕居時的相關服務，這些服務主要包括天子燕朝政務、閒居儀容與服位等諸多方面。

　　首先，小臣「掌王之小命」〔註 25〕，所謂小命就是指天子在處理日常政務時，隨時傳下的敕問性政令，由小臣負責向外傳達。而且小臣所傳之小命，與大僕、御僕、內小臣、內豎等職共同構成了天子日常政務以及燕居時令等天子起居政令的傳達體系，詳細討論見下文。

　　其次，小臣掌「詔相王之小灋儀」，鄭玄注：「小灋儀，趨行拱揖之容」〔註 26〕。小臣所掌與大僕不同，大僕服務於天子內朝，並且告知和引導天子祭祀、宴賓之儀容，而小臣主要負責告知和引導天子趨行和拱揖等日常禮儀和儀容。

　　再次，小臣「正王之燕服位」〔註 27〕，告知和相導天子燕居時的服位。小臣此職與大僕形成官聯，大僕「王眂燕朝，則正位，掌擯相」〔註 28〕，兩者不同之處在於：大僕所正天子服位傾向於燕朝政務、燕飲或大射等禮儀活動，而小臣所正天子服位則為天子燕居閒暇之時，如《禮記・玉藻》云「（王）卒食玄端而居」〔註 29〕。

〔註 23〕孫詒讓：《周禮正義》，中華書局，1987 年 12 月版，第 2499 頁。
〔註 24〕孫詒讓：《周禮正義》，中華書局，1987 年 12 月版，第 2754 頁。
〔註 25〕孫詒讓：《周禮正義》，中華書局，1987 年 12 月版，第 2511 頁。
〔註 26〕孫詒讓：《周禮正義》，中華書局，1987 年 12 月版，第 2511 頁。
〔註 27〕孫詒讓：《周禮正義》，中華書局，1987 年 12 月版，第 2511 頁。
〔註 28〕孫詒讓：《周禮正義》，中華書局，1987 年 12 月版，第 2507 頁。
〔註 29〕鄭玄注，孔穎達等正義：《禮記正義》，阮元校刻《十三經注疏》，上海古籍出版社影印，1997 年版，第 1473 頁。

　　關於治朝之位、燕朝之位以及燕服位的關係，學者們也形成了相關討論。孔疏《儀禮·聘禮》云：「燕朝，燕禮是也」〔註30〕，認爲燕禮所見之朝位即爲燕朝之位。而小臣在諸侯閒暇宴請臣下的燕禮中也確實擔當了相禮的職責，例如「小臣納卿大夫，卿大夫皆入門右，北面東上。士立于西方，東面北上。〔註31〕」類此朝位記載還見於《儀禮·大射》「小臣師納諸公卿大夫，諸公卿大夫皆入門右，北面東上。士西方，東面北上。〔註32〕」從上述記載看見，在燕禮與大射禮中，小臣所擔當的朝位嚮導職責基本一致，而上述朝位又同於《周禮·夏官》司士所治治朝之位：「王南鄉，三公北面東上，孤東面北上，卿大夫西面北上」〔註33〕。故《儀禮·聘禮》孔疏云：「正朝當與二朝面位同，案《燕禮》、《大射》皆云：卿西面、大夫北面，士東面」，強調天子同諸侯「燕朝亦與正朝同也」〔註34〕。因此，大僕所治天子燕朝之位與小臣所正天子燕居閒暇之處位，同於《周禮》所記的天子治朝之位，大僕與小臣職能的一致性進一步密切了兩職之間的聯職關係。不過還需要指出的是：據《儀禮·燕禮》記載「卿大夫皆入門右，北面東上。士立于西方，東面北上。……公降立于阼階之東南，南鄉爾卿，卿西面北上爾大夫，大夫皆少進」〔註35〕。可見，《燕禮》朝位所記卿大夫之位發生了變化，由「北面東上」改變爲「西面北上」，黃以周認爲此項變化是卿入門之位和揖後所就之位的變化〔註36〕。小臣所負責的便是嚮導國君下堂立於阼階東南，並南向與卿行禮，而卿位在行揖讓之禮時發生了變化。以此可知，由國君之處位上推至天子，

〔註30〕 鄭玄注，賈公彥疏：《儀禮注疏》，阮元校刻《十三經注疏》，上海古籍出版社影印，1997 年版，第 1046 頁。

〔註31〕 鄭玄注，賈公彥疏：《儀禮注疏》，阮元校刻《十三經注疏》，上海古籍出版社影印，1997 年版，第 1015 頁。

〔註32〕 鄭玄注，賈公彥疏：《儀禮注疏》，阮元校刻《十三經注疏》，上海古籍出版社影印，1997 年版，第 1029 頁。

〔註33〕 孫詒讓：《周禮正義》，中華書局，1987 年 12 月版，第 2459 頁。

〔註34〕 鄭玄注，賈公彥疏：《儀禮注疏》，阮元校刻《十三經注疏》，上海古籍出版社影印，1997 年版，第 1046 頁。

〔註35〕 鄭玄注，賈公彥疏：《儀禮注疏》，阮元校刻《十三經注疏》，上海古籍出版社影印，1997 年版，第 1015 頁。

〔註36〕 參見孫詒讓：《周禮正義》，中華書局，1987 年 12 月版，第 2509 頁。黃以周「鄭注《曲禮》云：『卿路門內北面位』，以始入門之位言；其注《聘禮》云『卿西面』，以揖后所就之位言。」參見黃以周：《禮說略》，王先謙編《清經解續編》，上海書店，1988 年 10 月版，第 1231 頁。

由卿位的變化上推至三公、下推至大夫、士等階層，燕朝之內諸臣所處之位可能均存在入門和揖禮的變化，而此類變化的引導工作，便根據燕朝政務還是燕居燕禮等活動性質的不同，分別由大僕及其從屬小臣職責。

3. 內小臣是王后內事的主要服務者

《禮記·昏義》云：「天子聽外治，后聽內職」〔註37〕，而且《國語·周語中》強調天子「內官不過九御，外官不過九品」〔註38〕，說明天子與后內外分治，王后又像王立官，因此，王后內治另有統屬，並且多居於路門以內，集中於王后六宮。《周禮》記后之內職有：內宰、內小臣、內豎、九嬪、世婦、女御、女史、女祝等職。不過按照文中結構，此處專述后之近臣，即服務於王后日常事務的相關職官，主要包括內小臣、內豎兩職，其它職官我們在王室女官專題中已進行討論。

內小臣侍后，其職責類似於大僕侍王，隨侍王后左右，輔助王后處理內事。其執掌分為二個方面：

其一，出入王令與后命。內小臣掌「王之陰事陰令」，鄭玄注「陰事，群妃御見之事；……陰令，王所求為於北宮」〔註39〕，內小臣輔助王后、九嬪安排王寢侍御之事，此為王之陰事，而輔助王后監督管理嬪妃等在宮中所盡的職守，如縫線、絲枲、織紝之事則都可以視作是天子所求於北宮之事〔註40〕，這樣構成了天子與後宮之間命令出入的主體。同時，內小臣掌「王后之命」，鄭玄注：「命謂使令所為」，孫詒讓云：「后宮事少，故不設內大僕，則不問大命小命，皆內小臣掌之也。〔註41〕」故內小臣所掌后命，應為王后於路寢主事時，為安排和監督後宮諸事時所發佈的各種命令，內小臣則負責此類政令的傳達和溝通。

除內小臣之外，王與后之間的政令溝通另有內豎負責，內豎「掌內外之通令，凡小事」〔註42〕。內豎為未成年人，亦稱為童豎，其年幼的身份

〔註37〕鄭玄注，孔穎達等正義：《禮記正義》，阮元校刻《十三經注疏》，上海古籍出版社影印，1997年版，第1681頁。

〔註38〕徐元誥：《國語集解》，中華書局，2002年6月版，第52頁。

〔註39〕孫詒讓：《周禮正義》，中華書局，1987年12月版，第540頁。

〔註40〕孫詒讓：《周禮正義》，中華書局，1987年12月版，第540頁。賈疏云：「謂若縫人、女御為王裁縫衣裳及絲枲織紝之等，皆是王之所求索，王之所造為者也。」

〔註41〕孫詒讓：《周禮正義》，中華書局，1987年12月版，第538頁。

〔註42〕孫詒讓：《周禮正義》，中華書局，1987年12月版，第550頁。

爲出入王、后諸宮的提供了方便，保證了王宮與後宮之間日常小事和小令的迅速傳達。而且爲限制王后內事與外界的聯繫，《周禮》還專設世婦（春官）一職「凡內事有達於外官者，世婦掌之」〔註43〕，主要是利用了春官世婦多爲卿大夫、士之妻的外命婦身份，使其成爲王宮內事通傳於外官的主要媒介。

其二，正服位。內小臣「掌王后之命，正其服位」，關於王后之服位亦見於內宰職下「正后之服位而詔其禮樂之儀」〔註44〕，所不同的是內宰所正是王后在大喪、大祭等活動中輔佐天子時的禮樂服位。實際上內小臣侍后與大僕侍天子類同，內小臣所負責的多爲王后路寢處理內事時王后的服位，因內小臣一職主要承擔王后路寢內事的諸項服務，故亦可能擔當王后路寢議事時諸女官處位的導向。

綜上，《周禮》所記后之近臣，多集中於王后內治職官的記載，且身份多爲奄人、女子或未成年人，其職能也集中在後宮政令、婦功、婦職等方面的安排之上，並沒有如天子一樣專門設置諸僕以負責王后日常勞褻和燕居之事，不過按照后象王立官的原則，後宮必有照顧起居的臣婢，其身份也應該類似於負責掃除和飲食粢盛之事的奄人或女奴。

4. 天子政務的傳令體系

前文述大僕之職時，專門涉及到了天子治朝政令的出入和諸侯復逆的迎送，實際上大僕執掌多集中於天子治朝內的政令通傳。而小臣、御僕、內豎、內小臣等職依據各自本職和天子活動的不同場所，分別對大僕的傳令與復逆之職進行了相應延續。

第一，天子諸類政令的出入。

依照《周禮》所記，天子之令概有五類：大命、小命、燕令、內外小事之通令、陰事陰令，並且各類政令的傳達均有專職負責。

大命，見於大僕「出入王之大命」，是指天子對於國之大事的決策或教令，如前文所述由大僕負責傳達，並且凡天子治朝所發佈的命令以及諸臣之奏請、百姓之申訴等等均由大僕負責上傳下達。

小命，見於小臣「掌王之小命」，鄭玄注：「小命，時事所勑問也」〔註45〕，

〔註43〕孫詒讓：《周禮正義》，中華書局，1987 年 12 月版，第 1689 頁。
〔註44〕孫詒讓：《周禮正義》，中華書局，1987 年 12 月版，第 520 頁。
〔註45〕孫詒讓：《周禮正義》，中華書局，1987 年 12 月版，第 2511 頁。

此政令的發佈可能是天子退居路寢處理政務時，隨時因事而發佈的敕問，而小臣作爲大僕之佐便負責傳達天子的此類命令或要求。

燕令，見於御僕「掌王之燕令」，鄭玄注：「燕居時之令」，賈公彥云：「以御侍近臣，故使掌燕居時之令，施之於外也。〔註 46〕」此政令則是天子閒暇燕居時所發佈的命令，根據御僕聽路鼓之辭的職能來看，此類命令的指向或施諸對象還應該是群臣，或許與政務相關，實際上是天子日常政務的延續。

內外小事之通令，主要見於內豎所掌「內外之通令，凡小事」，鄭玄注：「內，后六宮。外，卿大夫也。……內外以大事聞王，則俟朝而自復」，孫讓云：「此內外之通令，謂王以小事通命於后六宮及卿大夫，皆內豎掌之。〔註 47〕」此類政令特徵是：天子以小事而令，其內容或與後宮諸事相關，或與次等政務相關，其重要性與緊要程度均低於天子之大命、小命和燕令，故以內豎小童告知即可，若所傳政令所涉及的事務可以上陞爲大事，則需諸職俟朝自復。

陰事陰令，主要見於內小臣「掌王之陰事陰令」，鄭玄注：「陰令，王所求爲於北宮」〔註 48〕。此官與典婦功等婦官形成官聯，所傳政令均與天子內宮女事有關，《周禮》經文凡與婦人相關者多以「陰」字冠之，例如「陰禮」、「陰事」、「陰訟」等，故王所求北宮也就是發佈於內宮女子之令，被命爲「陰令」。另據賈疏所云：「謂若縫人、女御爲王裁縫衣裳及絲枲織紝之等，皆是王所求索、王之所造爲者也。〔註 49〕」故天子所求北宮之事，多與內宮女子所掌天子燕居服用爲主。

綜上所述，天子政令傳達人員的分配實際上亦遵從內外男女之別的禮法約束：大僕及其從屬小臣、御僕等職主要負責天子日常政令的傳達，與天子內宮之事不存在任何交集，但凡涉及到天子通於內宮之命令時，則專需內豎小童與內小臣奄士負責。不過包括大僕在內，聯合小臣、御僕、內豎、內小臣等職共同構成了天子的傳令體系，完成了天子不同命令的逐級傳遞。

第二，各級奏請的通傳。

依照《周禮》所記，諸臣奏請的上報也分爲四個類別：諸侯之復逆、三

〔註 46〕 孫詒讓：《周禮正義》，中華書局，1987 年 12 月版，第 2517 頁。
〔註 47〕 孫詒讓：《周禮正義》，中華書局，1987 年 12 月版，第 550 頁。
〔註 48〕 孫詒讓：《周禮正義》，中華書局，1987 年 12 月版，第 540 頁。
〔註 49〕 孫詒讓：《周禮正義》，中華書局，1987 年 12 月版，第 540 頁。

公孤卿之復逆、群吏之逆和庶民之復。大僕「掌諸侯之復逆」〔註50〕；小臣「掌三公及孤卿之復逆」〔註51〕；御僕「掌群吏之逆及庶民之復」〔註52〕。由大僕、小臣和御僕的執事來看，在天子的日常政務中，以天子爲核心，諸職根據職位的高低來傳達王宮群臣各層級的奏請，以體現天子、諸侯、公、卿、大夫、士及庶民的尊卑等級，這一特點也貫穿於整個《周禮》之中。

5. 王室燕出入的道引

出入實際上是王室衣、食、住、行等起居生活的重要組成部分，但就《周禮》王室起居而言，王室貴族的出入受到王宮諸門以及王宮事務的限制，其活動區域僅以王宮爲限。而《周禮》明確記載可以隨意「出入」王宮者，僅以天子和王后爲主體，其它嬪婦、內人或近侍的出入則受到各種禁戒的限制，不具備隨意出入王宮的權利。

天子的王宮出入行爲大體上分爲兩項：其一，大僕「王出入，則自左馭而前驅」，鄭玄注「前驅，如今道引也」，孫詒讓云：此出入「謂以大事出入宮門、國門也。〔註53〕」黃以周云：「大僕居則在王左右，行則乘王之副車，……凡乘副車者從王后，而大僕爲王道引則在前。〔註54〕」大僕所負責的實際上是天子因大事出入宮門與國門的前導工作。其二，小臣主要負責天子日常出入的嚮導和宿衛，凡「王之燕出入」，小臣「前驅」〔註55〕。王之燕出入指天子出入於離宮御苑之地，或步行或乘車，小臣執戈居王前後，既擔任嚮導又護衛天子。同時，天子視朝需從路門外治朝到皋門內外朝，由路門至皋門的出入也可以被稱爲燕出入，如士師所掌「王燕出入，則前驅而辟」〔註56〕，與小臣形成官聯。天子燕出入的路徑被稱爲象路，正所謂《周禮·巾車》云「象路……以朝」〔註57〕，而道右和道僕則共掌象路。道右「掌前道車，王出入，則持馬、陪乘，如齊車之儀」〔註58〕，在王上車時立於象路之前，扶持駕車之馬，等候天子上車，跟隨左右，告教天子在車上的威儀的同時，傳

〔註50〕孫詒讓：《周禮正義》，中華書局，1987年12月版，第2497頁。
〔註51〕孫詒讓：《周禮正義》，中華書局，1987年12月版，第2511頁。
〔註52〕孫詒讓：《周禮正義》，中華書局，1987年12月版，第2516頁。
〔註53〕孫詒讓：《周禮正義》，中華書局，1987年12月版，第2503頁。
〔註54〕黃以周：《禮書通故》，中華書局，2007年4月版，第1677頁。
〔註55〕孫詒讓：《周禮正義》，中華書局，1987年12月版，第2512頁。
〔註56〕孫詒讓：《周禮正義》，中華書局，1987年12月版，第2792頁。
〔註57〕孫詒讓：《周禮正義》，中華書局，1987年12月版，第2153頁。
〔註58〕孫詒讓：《周禮正義》，中華書局，1987年12月版，第2582頁。

達天子命令；道僕「掌馭象路以朝夕，燕出入，其灋儀如齊車。〔註 59〕」道僕所針對的實際上是按照等級朝夕迎送天子之燕出入和公卿大夫入朝議事。

王后的內宮出入則較為單一，主要由內小臣負責，「后出入，則前驅」〔註 60〕，因王后出入之事較少，所以，內小臣之職兼容了王之大僕和小臣等職前驅職責，所掌出入包括后之燕出入、出宮、燕遊等王后各項出入活動。

綜上，天子日常政務主要是大僕及其職下小臣、御僕聯合內官之內小臣、內豎以及道右、道僕等完成，諸職行事的依據主要以服務於天子日常政務為核心，根據天子政令和政務層級，以及參與政務的臣級層次的不同，大僕諸職分別擔任相應的傳令、相道、迎逆服務，他們是保證天子政令暢達及政務按部就班順利展開的連接環節，因此，其職能重要性顯而易見。

二、天子燕居瑣事的專職服務

據《周禮・天官》敘官所記，不同於飲食、服飾、女官、醫官等職官團體，宮人及其徒屬實際上作為一個獨立的職官存在於天官體系之中，僅以宮人一職承擔了「掌王寢，亦主服御之事，故次飲食官之後」〔註 61〕，屬於天子起居服務體系中的重要職官，主司王寢之中的各項服御瑣事，而且是專司專職，較少存在官聯的情況。

1. 宮人主掌天子六寢中的脩除之事

《周禮》記掃除之事主要有四個層級：其一，大宰「祀五帝，則掌百官之誓戒，與其具脩」，注云：「祀五帝，謂四郊及明堂」〔註 62〕；其二，守祧｜其廟，則有司脩除之」，注云：「有司，宗伯也」〔註 63〕；其三，隸僕「掌五寢之埽除糞灑之事」，注云：「五寢，五廟之寢也」〔註 64〕；其四，宮人「掌王之六寢之脩」，注云：「六寢者，路寢一，小寢五。……路寢以治事，小寢以時燕息焉。〔註 65〕」可見，上至天子大祀之明堂，下至燕居之小寢，在天子非常起居與天子日常生活中，凡涉及到天子所居之處，必然存在專職負責

〔註 59〕孫詒讓：《周禮正義》，中華書局，1987 年 12 月版，第 2598 頁。
〔註 60〕孫詒讓：《周禮正義》，中華書局，1987 年 12 月版，第 538 頁。
〔註 61〕孫詒讓：《周禮正義》，中華書局，1987 年 12 月版，第 38 頁。
〔註 62〕孫詒讓：《周禮正義》，中華書局，1987 年 12 月版，第 134 頁。
〔註 63〕孫詒讓：《周禮正義》，中華書局，1987 年 12 月版，第 1682 頁。
〔註 64〕孫詒讓：《周禮正義》，中華書局，1987 年 12 月版，第 2518 頁。
〔註 65〕孫詒讓：《周禮正義》，中華書局，1987 年 12 月版，第 417 頁。

前期的脩除工作，而且此類職官依據廟寢之性質、地位和作用的不同，次第而下，由不同層級的職官專門負責，其中宮人所負責的是天子燕居六寢的脩除工作。

不過《周禮》記宮人的掃除之事實際上存在兩種情況：一是「掌王之六寢之脩」；一是宮人掌「寢中之事〔註66〕」。可知，宮人所掌六寢之脩與寢中的掃除之事並不能一概而論。大宰注：「脩，埽除糞灑」〔註67〕，《說文·彡部》云：「修，飾也」〔註68〕，孫詒讓云：「經典多借脩爲修，修本訓飾，引申之，埽除宮室壇兆，使之絜清，亦謂之修。〔註69〕」根據大宰、宗伯和隸僕所掌共爲脩除之事來看，三職所掌主要是爲天子不同層級的祭祀活動做好前期的清潔工作，據此推測，宮人負責清掃王六寢內的污穢糞灑或清潔壇兆之塵，也可能爲天子常祭做好清潔準備。而宮人所掌「寢中之事」的掃除之工作，則更傾向於天子燕居時的清潔工作，如孫詒讓總結此官職能是強調「此官專掌六寢以內，凡喪祭及王燕居之事，無大小皆共給之也。〔註70〕」

另外，宮人還負責「爲其井匽，除其不蠲，去其惡臭」，鄭司農云：「匽，路側也」〔註71〕，孫詒讓根據《說文·匸部》：「匸，受物之器」，「匽，匿也」〔註72〕，認爲「宮中路旁之隱匿處爲廁溷，是謂之匽」，並支持王念孫所言「宮人爲其井匽，井字疑是并字之譌。并屏古字通，屏匽謂廁也。〔註73〕」並引用《戰國策·燕策二》對於屏匽的功用亦有類似記載：「今宋王射天笞埊，鑄諸侯之象，使侍屏匽，展其臂，彈其鼻」〔註74〕。說明，井匽當爲隱蔽之處，且盛裝惡臭不潔之物，則需要宮人按時清理。

2. 宮人負責天子燕居勞褻之事

《周禮》宮人職記王寢中之事有：「共王之沐浴。〔註75〕」《周禮》記載天子沐浴之事，概有四類：邑人職下的齋戒淬浴；女巫職下解療藥浴；女御

〔註66〕孫詒讓：《周禮正義》，中華書局，1987年12月版，第422頁。
〔註67〕孫詒讓：《周禮正義》，中華書局，1987年12月版，第135頁。
〔註68〕許慎撰：《說文解字》，中華書局，1963年12月版，第185頁。
〔註69〕孫詒讓：《周禮正義》，中華書局，1987年12月版，第141頁。
〔註70〕孫詒讓：《周禮正義》，中華書局，1987年12月版，第422頁。
〔註71〕孫詒讓：《周禮正義》，中華書局，1987年12月版，第420頁。
〔註72〕許慎撰：《說文解字》，中華書局，1963年12月版，第268、267頁。
〔註73〕孫詒讓：《周禮正義》，中華書局，1987年12月版，第421頁。
〔註74〕劉向集錄：《戰國策》，上海古籍出版社，1985年3月版，第1114頁。
〔註75〕參見孫詒讓：《周禮正義》，中華書局，1987年12月版，第422頁。

職下大喪沐浴和宮人所掌燕寢沐浴。顯然，宮人所共王之沐浴常見於天子的日常生活中，屬於天子日常生活中的自潔活動，而宮人隨侍天子左右，負責供應沐浴過程中所需要的潘汁、巾、席、盤、杆之類〔註76〕。除此之外，宮人掌「凡寢中之事，埽除、執燭、共鑪炭，凡勞事。」鄭玄注：「勞事，勞褻之事」，孫詒讓云：「謂上三者之外，凡王之六寢中勞苦卑褻之事，宮人並掌之。〔註77〕」所謂掃除、執燭、共鑪碳均屬於天子的燕居常事，從事情的性質來看，宮人所掌除去固定的清潔事務外，其它事務多屬於持攜或供應之事，其行職的目的均是為天子日常的燕居生活提供便利。又因為宮人隨侍於天子左右，使得其行職的前提是唯王所欲。

3.《周禮》所載宮人職能與身份的特點

以上是對《周禮》所載宮人服御於天子日常生活的諸項職能的梳理，不過在《周禮・天官》敘官中，孫詒讓對於宮人的身份進行了相應判定：「宮人，《燕禮》、《大射儀》、《公食大夫禮》、《少牢饋食禮》，並謂之司宮」〔註78〕。實際上上述文獻所記司宮的職能並不同於《周禮》所記宮人之職，主要承擔的是大射、燕禮、食禮等場合下的陳器、設幾、鋪席等服御工作。可以說《儀禮》、《禮記》與《周禮》對於宮人或司宮職能性質的記載基本一致即均屬於服御類職官，但《周禮》所關注的是宮人對於天子日常瑣事的服御工作。

另外需要指出的是：在《周禮》所構建的天子近侍服御類職官中，僅宮人及其徒屬負責天子居寢之中所有的勞苦卑褻之事，除去女御按順序可能更值於天子燕寢外，其它女官、女奴等均按照各自所長布列於天子日常飲食、服飾等專項服務體系中，卻未見任何女職參與天子寢中之事的直接記載。而《左傳》昭公十八年：「出舊宮人」，杜注：「舊宮人，先公宮女」〔註79〕；《管子・戒》記載宮人自稱「賤妾」〔註80〕，侍從於桓公；《韓非子・外儲說右上》：「因令奄將宮人之美妾二十人並遺季也。〔註81〕」說明周代宮人卻有女子身份的存在。因此，《周禮》對於宮人或者天子寢中近侍職官的構建可能缺失了

〔註76〕孫詒讓：《周禮正義》，中華書局，1987年12月版，第422頁。
〔註77〕孫詒讓：《周禮正義》，中華書局，1987年12月版，第422頁。
〔註78〕孫詒讓：《周禮正義》，中華書局，1987年12月版，第38頁。
〔註79〕楊伯峻：《春秋左傳注》，中華書局，1990年5月版，第1396頁。
〔註80〕黎翔鳳：《管子校注》，中華書局，2004年6月版，第518頁。
〔註81〕王先慎：《韓非子集解》，中華書局，1998年7月版，第317頁。

對女子近侍服御的考慮。又或許是出於「以宮人寵〔註82〕」之利害等原因的考量，避免女子因近侍而惑主害政的可能，故不設女子之宮人。當然，其原因尚屬推測，但《周禮》經文中確實缺失了女子作為近侍直接服務於天子寢中之事或者天子起居生活的記載。

第二節　周代的僕職與小臣

　　《周禮・夏官》敘官實際上將大僕及其從屬小臣、御僕等職作為一個整體加以敘述，此組職官的主要特點是：近御於天子，所擔當的職責多集中於傳令、正位、相禮、迎逆等方面的事務，屬於天子起居服務體系中地位較高並偏重於為天子日常政務服務的一組職官。本節便以此基礎，結合青銅銘文和先秦其它文獻中的相關記載，對大僕類職官服務於天子日常政務方面的相關職能進行考察。

一、「僕」的近侍身份與職能

　　西周金文中未記大僕、御僕等職，但卻有「僕」職的記載。《趞鼎》「啻（適）官：僕、射、士」〔註83〕，三職皆從屬於大司馬，唐蘭先生認為僕相當於《周禮》中的僕夫，掌天子出行之御車。《靜簋》：「王命靜司射學宮，小子、眔服、眔小臣、眔夷僕學射」〔註84〕，張亞初先生、劉雨先生根據《周禮》中大僕「王射則贊弓」的記載，認為夷僕與大僕等職有一定關係〔註85〕。據銘文意看，靜負責「射學宮」，再根據《周禮》中有關夷隸守王宮的記載來看，夷僕是有學射用以宿衛的可能。雖不能肯定「僕」與《周禮》大僕、御僕等服務於天子日常政務的僕職存在必然聯繫，但就天子近侍之臣的身份而言，兩者存在相通之處。

　　先秦文獻中關於大僕、御僕等職名目、職能的具體劃分與詳細記載也僅

〔註82〕　王弼等注、孔穎達等正義：《周易正義》，阮元校刻《十三經注疏》，上海古籍出版社影印，1997 年版，第 38 頁。

〔註83〕　唐蘭：《西周青銅器銘文分代史徵》（下冊），中華書局，1986 年 12 月版，第 307、308 頁。

〔註84〕　唐蘭：《西周青銅器銘文分代史徵》（下冊），中華書局，1986 年 12 月版，第 357 頁。

〔註85〕　張亞初、劉雨：《西周金文官制研究》，中華書局，1986 年 5 月版，第 55 頁。

見於《周禮》和相關文獻的注疏當中。不過文獻中確實存在一個「僕」職團體，本文分別從「僕」職的身份和職能方面對其進行分析，以找出其與《周禮》所記大僕、御僕等職的相通之處。

首先，「僕」作爲王或諸侯之近臣而存在。

《尙書·立政》敘述周初官制時，將「左右攜僕」置於三事之下，與虎賁、趣馬、小尹等並列〔註 86〕。學者們關於「左右攜僕」身份和職能的討論大體上分成兩個方面：其一，「攜僕」即爲「僕」職。孔安國認爲「左右攜僕」是「攜持器物之僕」，孔穎達將「左右攜僕」引申爲「寺人、內小臣等也」〔註 87〕，蔡沈《書經集傳》云：「攜僕，攜持僕御之人」〔註 88〕，而顧頡剛先生則又將「左右攜僕」定義成「持王用的器物或御車的僕夫」〔註 89〕。從上述幾種觀點看，學者們實際上將「左右攜僕」涵蓋的範圍由簡單的攜持器物的僕人逐漸擴大到了服御之人，涉及到了包括寺人、內小臣、御僕等擔當宿衛、服御、御車等諸類職官。其二，「攜僕」分職。李學勤先生根據商末金文對於「攜」職的記載進行推論，認爲：「攜」和「僕」不是一種職官，而是地位相似的兩種職官名，而且商末金文看，「攜」多次受到王的賞賜，又奉王命對臣下進行賞賜，確應爲王的近臣，並擔當爲天子傳令的職能〔註 90〕。綜合上述兩種職官，無論「攜僕」是否分職，其實質均爲王之近臣，而且商末「攜」職保有傳達王命的職能，西周以來此職名雖然廢棄，其傳達王命的職能便有可能被與其地位相同、執掌類似的「僕」職所承擔。

其次，「僕」擔當傳達王或諸侯之命的職能。

《毛詩·大雅·既醉》：「君子萬年，景命有僕」，孔疏曰：「以僕御必附近於人」〔註 91〕；《左傳》僖公二十四年記載：頭須求見晉侯，僕人替公

〔註 86〕孫星衍撰：《尚書今古文注疏》，中華書局，1986 年 12 月版，第 472～473 頁。「立政任人：『準、夫、牧作三事，虎賁、綴衣、趣馬、小尹、左右攜僕、百司庶府、大都小伯藝人、表臣百司、太史、尹伯、庶常吉士、司徒、司馬、司空、亞旅……』」
〔註 87〕孔安國傳、孔穎達等正義：《尚書正義》，阮元校刻《十三經注疏》，上海古籍出版社影印，1997 年版，第 231 頁。
〔註 88〕蔡沈注：《書經集傳》，上海古籍出版社，1987 年版，第 117 頁。
〔註 89〕顧頡剛、劉起釪：《尚書校釋譯論》，中華書局，2005 年 4 月版，地 1676 頁。
〔註 90〕李學勤：《商末金文中的職官「攜」》，《史海偵跡——慶祝孟世凱先生七十歲文集》，2005 年 7 月 1 日。
〔註 91〕鄭玄箋，孔穎達等正義：《毛詩正義》，阮元校刻《十三經注疏》，上海古籍出版社影印，1997 年版，第 537 頁。

「辭焉以沐」，而頭須向僕人申明自己的理由，「僕人以告」後，頭須得見晉侯。《周禮‧晉語四》作「謁者」〔註92〕，楊樹達先生認為：「僕人以其位言，謁者以其職言」〔註93〕。可見，僕人負責出入王令，不過從晉侯以沐浴辭見頭須的藉口來看，此事應發生於晉侯燕寢，僕人負責侍奉晉侯沐浴，而僕人所傳之令則類似於《周禮》御僕出入「王之燕令」〔註94〕。《國語‧晉語七》：「魏絳至，授僕人書而伏劍，士魴、張老交止之。僕人授公，公讀書曰……」〔註95〕，魏絳聞公怒，欲自殺而請僕人傳書於公，此僕人便掌傳命之職。

再次，「僕」還擔任御車和守藏等職。

如《毛詩‧小雅‧出車》是周宣王時，南仲出兵玁狁的記載，其中「召彼僕夫」、「僕夫況瘁」〔註96〕均指御車之僕。《左傳‧昭公七年》記人有十等，其中包括「僚臣僕」，《正義》曰：「僕豎主藏者也」〔註97〕，此職主管守藏物品，實際上與「攜僕」為王攜持器物有相關聯之處，而守藏、攜持的職事也密不可分。

此外，其它禮書中並沒有關於大僕及其從屬職名的直接記載，但是卻有類似於大僕及其從屬的「僕人」的相關記載。其職能可以分成如下幾個層次：其一，相禮、持攜。如《儀禮‧大射》中「僕人正徒相大師，僕人師相少師，僕人士相上工」〔註98〕，僕人正為僕人之長與其佐職和屬吏左手持瑟、右手相禮，分別以等次相禮樂之官進入射宮，僕人既擔任了相禮之職又擔任了攜持之職。其二，御車，類似於《周禮》所記大僕之屬御僕一職。如《禮記‧曲禮上》中專門記載了君車將駕、已駕、效駕的「僕人之禮〔註99〕」和僕人相君臣及夫人乘車的相關禮儀。此外，《禮記‧少儀》：「執君之乘車則坐，僕

〔註92〕徐元誥撰：《國語集解》，中華書局，2002年6月版，第348頁。
〔註93〕楊伯峻：《春秋左傳注》，中華書局，1990年5月版，第416頁。
〔註94〕孫詒讓：《周禮正義》，中華書局，1987年12月版，第2517頁。
〔註95〕徐元誥撰：《國語集解》，中華書局，2002年6月版，第410頁。
〔註96〕鄭玄箋，孔穎達等正義：《毛詩正義》，阮元校刻《十三經注疏》，上海古籍出版社影印，1997年版，第415～416頁。
〔註97〕杜預注，孔穎達等正義：《春秋左傳正義》，阮元校刻《十三經注疏》，上海古籍出版社影印，1997年版，第2048頁。
〔註98〕鄭玄注，賈公彥疏：《儀禮注疏》，阮元校刻《十三經注疏》，上海古籍出版社影印，1997年版，第1033頁。
〔註99〕鄭玄注，孔穎達等正義：《禮記正義》，阮元校刻《十三經注疏》，上海古籍出版社影印，1997年版，第1252頁。

者右帶劍」〔註100〕，《禮記·月令》「命僕及七騶咸駕」〔註101〕，說明了僕人爲武職而御車。其三，服御之事。如《儀禮·大射》：「僕人師繼酌射爵，取觶實之。……僕人師洗升實觶。〔註102〕」以上《儀禮》、《禮記》等書中對於「僕人」職能的記載多集中在禮儀或生活起居御車、相禮等方面，與《周禮》之御僕職能存在較大一致性，但是卻不見有關於大僕、御僕等服務天子日常政務方面的相關記載。

綜上所述，從西周銘文及先秦其它文獻中對於「僕」職的記載來看，我們無法使各類「僕」職與《周禮》所記大僕、御僕等職形成一一對應的關係，但兩者的相通之處還在於天子或諸侯的近侍身份，而且其諸「僕」職相禮、御車、收藏、持攜等瑣碎職能，與《周禮》大僕及其從屬御僕、隸僕等諸僕的服御職能確實存在相通之處。不過除去傳令職能能夠與大僕、御僕等職政治服御職能存在關係外，銘文與文獻對於「僕」職的記載並沒有達到《周禮》對於大僕等專爲天子日常政務提供服務的具體化要求，可以說對大僕及其從屬小臣、御僕等職對於天子日常政務提供的系統服務乃是《周禮》對「僕」職近身服御職能基礎上的延展與發揮。

二、小臣的近侍職能考述

《周禮》記載小臣的職能主要分爲兩個方面：一，爲天子日常政務的提供服務，此職能前文已詳述；二，爲天子吉凶禮事的服務，如「大祭祀、朝覲，沃王盥。小祭祀、賓客、饗食、賓射掌事，如大僕之灋。掌士大夫之弔勞。凡大事，佐大僕。〔註103〕」綜合青銅銘文與先秦文獻中對於周代小臣之職的記載，其職能似乎均未超出《周禮》所記範圍，現分別將銘文與文獻中對於小臣職能的記載分述如下：

西周銘文中關於小臣的記載眾多，主要以「小臣」和「臣」兩類名目爲主，前者有官名和人名之分，後者多指作爲奴隸被用於賞賜，其中小臣爲官

〔註100〕鄭玄注，孔穎達等正義：《禮記正義》，阮元校刻《十三經注疏》，上海古籍出版社影印，1997年版，第1512頁。

〔註101〕鄭玄注，孔穎達等正義：《禮記正義》，阮元校刻《十三經注疏》，上海古籍出版社影印，1997年版，第1379頁。

〔註102〕鄭玄注，賈公彥疏：《儀禮注疏》，阮元校刻《十三經注疏》，上海古籍出版社影印，1997年版，第1040頁。

〔註103〕孫詒讓：《周禮正義》，中華書局，1987年12月版，第2512、2513頁。

名者是本文的討論對象。金文中小臣作為職官，並與本章研究天子近侍職官的主題形成關係的記載，大體集中於如下幾個方面：

其一，出入王命。《小臣宅簋》伯懋父：「錫小臣……用作乙公尊彝……其萬年用饗王出入」〔註104〕，小臣築器的目的是為了「萬年用向王出入」，馬承源先生解釋為小臣「永遠對應天子，出納王命」〔註105〕，這種解釋合乎於《周禮》所記小臣作為大僕的從屬亦傳達王命的職能。《小臣守簋》：「王事（使）小臣守事（使）于夷」〔註106〕，小臣守受賞的原因，是因為他從王命出使夷地。《小臣𧊒鼎》：「𤔲（召）公饋燕，休于小臣𧊒貝五朋，用作寶尊彝。〔註107〕」燕國之封，在成王之世，召公留佐王室，派小臣𧊒將東西送至燕國，由於完成任務，所以受到召公的賞賜。而小臣奉召公之命入燕國，無疑也是傳達命令的一種體現。

其二，掌復逆。《鬲從盨》記載王「令小臣成友逆口口內史無貯大史旟日……」〔註108〕。小臣成友奉王命替內史、太史告請周王，此職的記載可以與《周禮》中記小臣「掌三公及孤卿之復逆」〔註109〕的記載相印證。

其三，料理天子生活。《小臣夌鼎》：王「令小臣夌先省楚庢（位），王至於𩵊庢，無遣。小臣夌錫鼎、馬兩」〔註110〕，小臣夌先行省察楚庢，唐蘭先生認為庢是周王出巡時臨時性的比較簡單的宮室廟寢建築〔註111〕，而小臣前去察看的目的應該是天子行宮的安置情況，是否存在事故隱患。所謂事故自然包括王室的寢息、飲食等起居生活中的隱患，小臣則負責安排和料理諸項事宜。

〔註104〕唐蘭：《西周青銅器銘文分代史徵》（上冊），中華書局，1986 年 12 月版，第 317 頁。

〔註105〕馬承源：《商、西周青銅器銘文釋文及注釋》，文物出版社，1988 年 4 月版，第 53 頁。

〔註106〕馬承源：《商、西周青銅器銘文釋文及注釋》，文物出版社，1988 年 4 月版，第 235 頁。

〔註107〕唐蘭：《西周青銅器銘文分代史徵》（上冊），中華書局，1986 年 12 月版，第 94 頁。

〔註108〕楊樹達：《積微居金文說》，中華書局，1997 年 12 月版，第 249 頁。

〔註109〕孫詒讓：《周禮正義》，中華書局，1987 年 12 月版，第 2511 頁。

〔註110〕唐蘭：《西周青銅器銘文分代史徵》（上冊），中華書局，1986 年 12 月版，第 229 頁。

〔註111〕唐蘭：《西周青銅器銘文分代史徵》（上冊），中華書局，1986 年 12 月版，第 230 頁。

其四，參與天子禮事。《小臣靜簋》:「唯十又三月，王裸莽京，小臣靜即事。王賜貝五十朋。〔註112〕」小臣靜是由於參加王在莽京舉行的「裸」禮而受到賞賜的。《靜簋》:「唯六月初吉，王在莽京。丁卯，王令靜司射學宮，小子、夌服、夌小臣、夌夷僕學射。〔註113〕」小臣靜由於「司射學宮」，受到天子的欣賞而被賞賜。由於兩器同記一人，器物中又出現了兩層含義的小臣即小臣靜及其所教的小臣，因此學者有兩種意見:李學勤先生認為這裏的小臣是「靜」的謙稱，不能當作官職講〔註114〕;郭沫若先生和唐蘭先生等認為小臣是官名，還可能是小臣之長〔註115〕。根據銘文記載小臣靜負責教授小子、服、小臣、夷僕學射，因此，小臣靜地位高於學射之小臣毋庸置疑。而且《儀禮·大射》中又多次出現小臣正、小臣師等職直接參與射禮的情況，則小臣靜與《儀禮·大射》小臣正等相一致，是小臣之長。不過需要強調的是:《小臣靜》中周王賞賜的小臣靜，不是因為他參加天子的「裸」禮，而是「小臣靜即事」，賞賜的是小臣靜在「裸」禮過程的服務表現。類似記載還出現在西周中期的《己侯壺》中:「己侯作鑄壺，使小臣用汲，永寶用」〔註116〕，賞賜者雖為諸侯，而小臣的職能確是「汲壺」，這正與《周禮》記載中「小臣」在大祭、朝覲時「沃王盥」〔註117〕相呼應。可見，西周時期，天子和諸侯均有小臣之職，而且小臣可以參與到諸侯和天子的諸項禮事中，所從事的工作包括攜持之類的服務工作。

先秦文獻中對於小臣職能的記載大體上集中與兩個方向:

第一，參與天子政務。《尚書·君奭》:「天惟純祐命則……小臣屏侯甸，矧咸奔走。〔註118〕」說明小臣為王事而積極奔走。但《尚書·康誥》周公在論述亂政之人時又專門提到「小臣諸節」，還有「亦惟君惟長，不能厥家人，

〔註112〕唐蘭:《西周青銅器銘文分代史徵》（下冊），中華書局，1986 年 12 月版，第 362 頁。

〔註113〕唐蘭:《西周青銅器銘文分代史徵》（下冊），中華書局，1986 年 12 月版，第 357 頁。

〔註114〕李學勤:《從金文看〈周禮〉》，《尋根》，1996 年第 2 期。

〔註115〕郭沫若:《兩周金文辭大系圖錄考釋》，上海書店出版社，1999 年 7 月版，第 56 頁；唐蘭:《西周青銅器銘文分代史徵》（下冊），中華書局，1986 年 12 月版，第 363 頁。

〔註116〕馬承源:《商、西周青銅器銘文釋文及注釋》，文物出版社，1988 年 4 月版，第 247 頁。

〔註117〕孫詒讓:《周禮正義》，中華書局，1987 年 12 月版，第 2512 頁。

〔註118〕孫星衍撰:《尚書今古文注疏》，中華書局，1986 年 12 月版，第 450 頁。

越厥小臣、外正」〔註119〕，其中小臣有兩層含義：前者是指小臣之受符節者，而後者則是指諸侯或君長的家臣，均說明天子或國君無法約束掌內務的近臣，而造成小臣亂政的現象。另外《左傳》襄公十四年：「舍大臣而與小臣謀，一罪也。〔註120〕」強調的是小臣因其爲王和諸侯的近臣可以參與到王室和貴族的政治事務中去，爲避免小臣亂政的現象出現，需要天子或諸侯遠小臣而親賢臣。

第二，參與天子或諸侯禮事。《儀禮》、《禮記》等書中常見「小臣」一職的記載，而禮書中對於小臣職能的記載則主要圍繞禮事活動中小臣的服御職能而展開。首先，小臣負責正公、卿、大夫、士等各層級在禮儀活動的處位，主要見於《儀禮》之《燕禮》與《大射》篇中，詳細討論見於前文對《周禮》小臣正燕服位職能的討論。除去正服位的職能外，在大射儀與燕禮的進程中，小臣還擔當了程序嚮導的重要職能，如《儀禮》之《大射》與《燕禮》，均出現了小臣「請執冪者與羞膳者」、「自阼階下請媵爵者」、「請致者」、「辭」、「納工」等職能，小臣數度出現於燕禮、大射禮等進行的各個環節中，保證了禮儀活動中諸項環節的有序進行。其次，擔當吉凶禮儀活動中的服御之事。如《儀禮·公食大夫禮》「小臣具槃匜」〔註121〕；《儀禮·鄉射禮》「小臣以巾，執矢以授」〔註122〕；《禮記·雜記》「小臣鋪席」〔註123〕；《禮記·喪大記》「小臣復」〔註124〕等記載。上述小臣之職所擔當的主要是各種禮儀場合下的正位、攜持、迎逆、擺設、服御、相禮等瑣事服務。實際上，其它禮書對小臣職能方面的記載，與《周禮》所載小臣服務於天子祭祀、賓客、饗食、賓射、喪葬等吉凶禮事的職能基本一職，並將小臣的在各種禮儀活動中的服務職能具體化及程序化。

另外，文獻中對於小臣身份有明確記載，如《左傳》僖公四年：「與犬，

〔註119〕孫星衍撰：《尚書今古文注疏》，中華書局，1986年12月版，第368、369頁。
〔註120〕楊伯峻：《春秋左傳注》，中華書局，1990年5月版，第1013頁。
〔註121〕鄭玄注，賈公彥疏：《儀禮注疏》，阮元校刻《十三經注疏》，上海古籍出版社影印，1997年版，第1079頁。
〔註122〕鄭玄注，賈公彥疏：《儀禮注疏》，阮元校刻《十三經注疏》，上海古籍出版社影印，1997年版，第1012頁。
〔註123〕鄭玄注，孔穎達等正義：《禮記正義》，阮元校刻《十三經注疏》，上海古籍出版社影印，1997年版，第1558頁。
〔註124〕鄭玄注，孔穎達等正義：《禮記正義》，阮元校刻《十三經注疏》，上海古籍出版社影印，1997年版，第1572頁。

犬獘。與小臣，小臣亦獘」〔註125〕；《左傳》成公十年：「小臣有晨夢負公以
登天，及日中，負晉侯出諸廁，遂以爲殉。〔註126〕」孫詒讓總結：「甲文、金
文多有之，成十年傳亦有小臣，大致皆爲王左右之近侍臣。以甲文、金文觀
之，其地位甚高；然就《左傳》論之，則不過侍御之閹人而已」〔註127〕。綜
合以上《尚書》、《左傳》、《儀禮》、《禮記》等文獻來看，文獻中對於小臣近
侍之臣身份的記載較爲統一，只不過春秋以後小臣的地位明顯降低。

　　綜上所述，從西周金文、先秦其它文獻所記的小臣之職來看，二者對於
小臣職能的記載存在相同之處：首先，小臣確爲職官名，此類記載在金文和
文獻中最爲明顯。其次，小臣的職能發生了較大的變化。金文記載西周前期
小臣職能主要集中在隨軍出征〔註128〕或爲周王傳達政令之上，而西周中期以
後，小臣執掌則變得瑣碎，作爲王之近臣而擔當出入王命、料理天子生活、
參與祭祀和禮儀活動等職，軍事職能則較爲少見，加上西周中期以後記小臣
的器物增多，小臣職責也廣泛且瑣碎起來的現象，小臣的地位確實有所下降。
在《尚書》所反映的西周早期歷史中，小臣爲王事而積極奔走，而且特別提
到小臣棄王命而干政的現象，不過到了《左傳》記載的春秋時代的小臣則淪
爲侍御之閹人。因此，西周金文與文獻對於小臣職能發展趨勢的反映較爲一
致，側面也反映出小臣一職地位由高到低，由外朝官轉變成內朝服務人員的
演變過程。《儀禮》和《禮記》等禮書對於小臣職責的記載則具體而微，集中
於小臣在燕禮、大射禮等環節中所提供的細節服務，其職能均未涉及到對於
天子或國君日常政務的專門服務。與之相比，《周禮》無疑是小臣之職的集大
成者，既關注小臣作爲大僕副職而服務於周王的日常政務方面的職能，又總
結出小臣在天子祭祀、賓客、饗食、賓射、喪葬等活動中的掌事職能，只不
過相較於《左傳》小臣地位等同於閹寺的記載來看，《周禮》中小臣上士的爵
等與天子近臣的身份，說明小臣還是具有一定地位的。

〔註125〕楊伯峻：《春秋左傳注》，中華書局，1990 年 5 月版，第 297 頁。
〔註126〕楊伯峻：《春秋左傳注》，中華書局，1990 年 5 月版，第 850 頁。
〔註127〕楊伯峻：《春秋左傳注》，中華書局，1990 年 5 月版，第 297 頁。
〔註128〕商末青銅器《小臣艅犧尊》，成王時期的《小臣單鼎》和康王時期的《小臣謎
　　　　鼎》、《小臣宅鼎》均記載小臣因直接參與戰爭或戰爭中近侍天子而受獎勵，
　　　　能夠說明在商末至西周前期，小臣之職多爲武職成爲此職最突出的特點。

第六章　服職類

　　在《周禮》所構建的服官體系中，偏重於諸職對於王室禮儀服飾的專職
服務，甚至從《周禮》經文中也難以找到有關王室日常服制與相應職官的直
接記載，但這並不能否認天子、王后等起居常服的存在。本章便以此爲出發
點，以學者對於《周禮》所記服飾類別與性質的討論爲基礎，結合其它禮書
的相關記載，提煉出《周禮》所記王室的日常服制及相應的職官服務。

第一節　《周禮》所見王室日常服制

　　在《周禮》所構建的王室服官體系中，唯有小臣「正王之燕服位」〔註1〕
及玉府「掌王之燕衣服」〔註2〕的相關記載能夠說明天子日常朝服、燕居之服
以及相應職官的存在。若想理清王室日常服制及相應的職官服務，還需要參
考學者們對於《周禮》王室服飾類職官具體職能的討論，以及學者們對於王
室禮服與常服性質的區分，本文便對天子日常服制、王后起居常服、王、后
常居服次的搭配關係等問題進行專題討論。

一、天子日常服制

　　天子日常服制主要是指天子日常朝服及燕寢閒居時常穿之服的等次、類
別及搭配等方面的相關規定或禮法約束。

〔註 1〕　孫詒讓：《周禮正義》，中華書局，1987 年 12 月版，第 2511 頁。
〔註 2〕　孫詒讓：《周禮正義》，中華書局，1987 年 12 月版，第 459 頁。

　　《周禮》對天子日常朝服的相關記載，主要見於小臣與司服職下。小臣「正王之燕服位」，鄭玄注：「謂燕居時也」，孫詒讓云：「王視治朝、燕朝皆云正位」〔註3〕。又鄭玄注《大僕》職云「服，王舉動所當衣也。位，立處也。〔註4〕」那麼小臣所正之燕服位應該是指：天子燕朝或燕居時所穿之服及相關處位。司服職記：「（王）眂朝，則皮弁服」，鄭玄注：「視朝，視內外朝之事」，賈疏云：「天子三朝，外朝二，內朝一，二皆用皮弁，故經揔云眂朝則皮弁服也」〔註5〕，則皮弁服即爲天子的日常朝服。

　　《周禮》對於天子燕居常服的相關記載，主要見於玉府職下。《周禮·天官》玉府掌：「王之燕衣服」，鄭玄注：「燕衣服者，巾絮寢衣袍襗之屬」，賈疏云：「謂燕寢中所有衣服之屬」，孫詒讓依鄭注解析，認爲此處「燕衣服」並不包括「燕居上服玄端服也」〔註6〕。雖然《周禮》經文將天子燕居常服統稱爲燕衣服，但從眾家注疏的討論來看，天子燕居常服實際上存在明顯類別區分，其中玄端爲燕居上服，除玄端之外，天子燕居常服還包括襟絮、寢衣、袍襗之類。同時《周禮·司服》孫詒讓云：「王之燕衣服，別藏於玉府，此官當亦兼掌其法，與彼爲官聯也。〔註7〕」說明司服除了掌吉凶之服的禮法之外，也可能兼掌「王之燕衣服」的禮法原則。

　　另外《禮記·玉藻》對於天子起居常服的記載，成爲學者爭相引用以佐證《周禮》的主要依據。「（天子）玄端而朝日於東門之外，聽朔於南門之外。……皮弁以日視朝，遂以食；日中而餕，奏而食。……卒食，玄端而居。〔註8〕」其中天子著皮弁視朝的記載同於《周禮·司服》所記「（天子）眂朝，則皮弁服」〔註9〕，而「玄端而居」則成爲天子「燕居上服玄端服」〔註10〕的重要依據。

　　此外《禮記·玉藻》對於諸侯日常之服的記載，又爲我們研究天子日常

〔註 3〕　孫詒讓：《周禮正義》，中華書局，1987 年 12 月版，第 2511 頁。

〔註 4〕　孫詒讓：《周禮正義》，中華書局，1987 年 12 月版，第 2496 頁。

〔註 5〕　鄭玄注，賈公彥疏：《周禮注疏》，阮元校刻《十三經注疏》，上海古籍出版社影印，1997 年版，第 782 頁。

〔註 6〕　孫詒讓：《周禮正義》，中華書局，1987 年 12 月版，第 459 頁。

〔註 7〕　孫詒讓：《周禮正義》，中華書局，1987 年 12 月版，第 1620 頁。

〔註 8〕　鄭玄注、孔穎達等正義：《禮記正義》，阮元校刻《十三經注疏》，上海古籍出版社影印，1997 年版，第 1473 頁。

〔註 9〕　孫詒讓：《周禮正義》，中華書局，1987 年 12 月版，第 1638 頁。

〔註10〕　孫詒讓：《周禮正義》，中華書局，1987 年 12 月版，第 459 頁。

服制提供了有效地補充。「諸侯玄端以祭，裨冕以朝，皮弁以聽朔於大廟，朝服以日視朝於內朝。朝，辨色始入，君日出而視之，退適路寢聽政，使人視大夫，大夫退，然後適小寢釋服。又朝服以食，……夕深衣。〔註11〕」此項記載實際上將天子與諸侯日常政務及閒居之服進行了上下等級之間的延展，天子皮弁視朝，諸侯皮弁聽朔；天子玄端而居，諸侯朝服（玄端）視朝；諸侯著深衣以夕居。天子與諸侯諸服之間的差次及功能的不同，有利於我們對於天子日常服制的整體把握。

綜上所述，與天子起居相關的服飾類別主要包括：玄冕、玄端、皮弁等服。以上述材料爲基礎，我們對天子燕居服飾做如下專題討論：

1. 玄冕與玄端的區別

玄冕是天子祭祀吉服之一，是天子冕服中地位最下者。崔靈恩在《三禮義宗》中總結天子吉服有六：「一曰大裘而冕，二曰袞冕，三曰鷩冕，四毳，五絺，六玄，六者祭祀之服也。〔註12〕」此記本於《周禮》經文，而《周禮》所記玄冕主要用於「祭羣小祀」，鄭玄注：「羣小祀，林澤、墳衍、四方百物之屬。〔註13〕」與天、帝、先王、四望、山川等大型祭祀相比，玄冕用於小祭祀便表明了其在吉服中處位的低等，而玄冕的祭祀功能亦可以說明玄冕與天子起居常服並不直接相關。另外《禮記‧玉藻》中記天子「玄端而朝日於東門之外，聽朔於南門之外，閏月則闔門左扉，立於其中」〔註14〕，天子於春分、每月初一及閏月初一著玄端而行聽朔之禮，使玄端具有了類似於玄冕的禮儀功能，因此，鄭玄有注：「端當爲冕字之誤也。〔註15〕」又有《禮記‧玉藻》同記天子：「卒食，玄端而居」，鄭玄注：「天子服玄端燕居也。〔註16〕」因此，兩處玄端的功能存在明顯的不同，前者同於玄冕，後者玄端則用於天

〔註11〕鄭玄注、孔穎達等正義：《禮記正義》，阮元校刻《十三經注疏》，上海古籍出版社影印，1997年版，第1474頁。

〔註12〕崔靈恩：《三禮義宗》，載於《漢魏遺書鈔》經翼二集，金谿王氏鈔本，汝麋藏版，第24頁。

〔註13〕孫詒讓：《周禮正義》，中華書局，1987年12月版，第1620頁。

〔註14〕鄭玄注、孔穎達等正義：《禮記正義》，阮元校刻《十三經注疏》，上海古籍出版社影印，1997年版，第1473頁。

〔註15〕鄭玄注、孔穎達等正義：《禮記正義》，阮元校刻《十三經注疏》，上海古籍出版社影印，1997年版，第1473頁。

〔註16〕鄭玄注、孔穎達等正義：《禮記正義》，阮元校刻《十三經注疏》，上海古籍出版社影印，1997年版，第1473頁。

子燕居生活，相較於皮弁「以日視朝」的功能來看，玄端地位次於皮弁，顯然不及於玄冕。而且兩組服飾在搭配上亦有較大的區別：玄冕，首先冕有延、旒的搭配要求〔註17〕，其次「凡冕服者皆玄衣纁裳」〔註18〕；玄端的主要搭配則包括：玄冠、緇布衣、玄裳、緇韠或爵韠〔註19〕。從服制搭配的實用角度考慮，玄冕之冠的複雜繁瑣亦不適用於日常燕居生活，不過，天子服玄冕於四季、每月、閏月等固定時日舉行群小祀的情況，在其日常生活中還是較爲常見的。

2. 玄端爲天子燕居常服

玄端見於《周禮》經文者，僅存於司服職下「其（士）齊服有玄端素端」〔註20〕，玄端是作爲士階層齋服而存在的，孫詒讓云：「此通冢王以下至大夫士爲文，吉事齊則玄端服，凶事齊則素端服也。〔註21〕」而玄端作爲諸侯及以下階層的禮服則常見於先秦文獻之中，如《穀梁傳》僖公三十一年：「有司玄端奉送」〔註22〕；《國語‧周語上》：「太宰涖之，晉侯端委以入，太宰以王命命冕服」〔註23〕；《國語‧晉語九》：「及臣之長也，端委韠帶，以隨宰人，民無二心。」韋昭注：「端，玄端也。委，委貌也。韠，韋蔽膝也。〔註24〕」說明玄端確實是各職官在執政之時，或參與相關禮儀場合的常穿之禮服，甚至晉侯在接受周襄王賞賜命服的禮儀場合中，所穿之禮服亦爲玄端。除此之

〔註17〕 孫希旦：《禮記集解》，中華書局，第774頁。「天子以五采藻爲旒，旒十有二。前後邃延者，言皆出冕前後而垂也，天子齊肩，延冕上覆也，玄表纁裏。……天子之旒十有二就，每一就貫以玉，就間相去一寸，則旒長尺二寸，故垂而齊肩」。錢玄：《三禮通論》，南京師範大學出版社，1996年10月版，第88頁。總結冕旒之數目：「鄭玄注以爲王之五冕，其旒數遞減，即十二、九、七、五、三，凡五等。孔廣森《禮學卮言》卷二云：『經言五冕皆五采繅十二就，則王之冕無不十二旒者矣。』孔氏駁鄭玄說亦確。」

〔註18〕 參見錢玄：《三禮通論》，南京師範大學出版社，1996年10月版，第112頁。

〔註19〕 錢玄：《三禮通論》，南京師範大學出版社，1996年10月版，第117頁。錢玄先生提煉了「三禮」及相關注疏關於朝服與玄端的異同的討論，得出結論：「玄端與朝服大同小異。兩服均玄冠，緇布衣；其不同者，朝服素裳、素韠；玄端則玄裳、緇韠或爵韠。」

〔註20〕 孫詒讓：《周禮正義》，中華書局，1987年12月版，第1660頁。

〔註21〕 孫詒讓：《周禮正義》，中華書局，1987年12月版，第1662頁。

〔註22〕 范甯注、楊士勛疏：《春秋穀梁傳注疏》，阮元校刻《十三經注疏》，上海古籍出版社影印，1997年版，第2403頁。

〔註23〕 徐元誥：《國語集解》，中華書局，2002年6月版，第36頁。

〔註24〕 徐元誥：《國語集解》，中華書局，2002年6月版，第447頁。

外，在《儀禮・士冠禮》及《儀禮・士昏禮》中，無論是行禮的主體，還是擯者、贊者、使者、從者等參與者，在出席冠、昏等重大禮儀場合時均著玄端以入。

天子之玄端，還明確記載於《禮記・玉藻》：天子「玄端而朝日於東門之外。……卒食，玄端而居。」如前文所述，此處玄端有兩個功用：前者用於小祀、後者用於燕居。結合文獻中對於諸侯及其以下各階層玄端的諸多記載，學者們對於玄端的功用也展開了廣泛地討論，但對於天子玄端燕居的功能來講，諸學者在《禮記・玉藻》及其注疏基礎上均達成了一致。江永《鄉黨圖考・圖譜・服制差等圖》中記天子元端爲「緇布衣、朱裳、首服元端、朱韋爲韠」〔註25〕，是對於文獻天子所服玄端的綜合概括。任大椿《弁服釋例・元端》「又爲天子諸侯燕居之服」〔註26〕，其中元端爲諸侯之朝服，以爲視朝之用，而天子皮弁以視朝，元端以居燕寢。此處元端分爲兩類，其劃分依據朱自于元端通用冠下所配備的不同服制：元端朱裳用于天子燕居，元端緇衣素裳用于諸侯朝服。金鶚《求古錄禮說・元端服考》強調「諸侯燕居朝元端夕深衣也，天子燕居朝夕皆元端，大夫、士朝夕皆深衣。〔註27〕」可見，在天子、諸侯、大夫和士的燕居服飾之中，亦有服制的上下之別，以天子朝夕服元端爲最尊。

在《周禮・司服》職下，孫詒讓本於《周禮》對玄端齋服性質的記載，對天子與諸侯玄端的性質和類別做了細緻區分：「總而論之，凡冕弁冠諸服，並繫冠爲名，唯玄端素端是服名，非冠名，蓋自天子下達至於士，通用爲齋服；而冠則尊卑所用互異，有玄冕之玄端，有爵弁之玄端，有玄冠之玄端，有緇布冠之玄端。它服各自有常冠，故以冠名服。玄端則冠本無定，故專舉服名矣。天子諸侯大事齋，當用玄冕，小事齋則用玄冠。〔註28〕」就天子玄端而言，亦是天子齋服，其中玄冕之玄端便相當於《周禮・司服》所記「（天子）祭群小祀則玄冕」，玄冠之玄端則類似於《禮記・玉藻》「（天子）玄端而朝日於東門之外。」另外，孫詒讓對於玄端的通用搭配亦進行了總結，認爲

〔註25〕江永：《鄉黨圖考》，阮元編：《清經解》（第二冊），上海書店出版，1988 年10 月版，第 280 頁。

〔註26〕任大椿：《弁服釋例》，阮元編：《清經解》（第三冊），上海書店出版，1988 年 10 月版，第 533 頁。

〔註27〕金鶚：《求古錄禮說》，王先謙編：《清經解續編》（第三冊），上海書店出版，1988 年 10 月版，第 326 頁。

〔註28〕孫詒讓：《周禮正義》，中華書局，1987 年 12 月版，第 1663 頁。

「凡玄端皆玄冠、緇布衣、玄裳、黑屨。〔註 29〕」是以「玄冠之玄端」作爲了玄端服制的通用搭配，也可能成爲天子「卒食，玄端而居」主要搭配，而諸侯以天子常服作爲齋服，實際上合乎於《周禮》所構建的次第而下的服制等級要求〔註 30〕。

3. 皮弁服為天子日常朝服

《周禮》對於天子皮弁的型制與皮弁服的功能均有明確記載，弁師「王之皮弁，會五采玉璂，象邸，玉笄。〔註 31〕」孫詒讓云：「皮弁者，王朝服之弁。〔註 32〕」司服「（王）視朝，則皮弁服。」鄭玄注：「視朝，視內外朝之事。」賈疏云：「天子三朝，外朝二，內朝一，二皆用皮弁，故經總云眡朝則皮弁服也。〔註 33〕」實際上，弁師所掌是天子皮弁服的冠式與冠飾，而司服則依天子諸禮服的功能對天子的諸類場合所宜穿之服進行專職供應，皮弁服專門用於天子視朝，故亦被稱爲天子之朝服。同時《禮記‧玉藻》亦有天子皮弁服的記載：「（天子）皮弁以日視朝，遂以食；日中而餕，奏而食。……卒食，玄端而居。〔註 34〕」顯然，就天子皮弁服的功能而言，《禮記》與《周禮》基本一致，不過《禮記‧玉藻》對於天子皮弁服的功能進行了延展，不僅用於「以日視朝」亦用於朝夕之食，也可以說明皮弁之服是天子日常生活中的常穿之服，只是與玄端相比，皮弁朝服的功能與地位要高於燕寢閒居而穿的玄端。

除了天子皮弁之外，亦有諸侯、大夫、士等皮弁的記載。《周禮‧司服》所記的服制等級中「士之服，自皮弁而下，如大夫之服」〔註 35〕，以及《儀禮‧士冠禮》對於加皮弁之禮〔註 36〕的重視，說明皮弁是士階層非常重要的

〔註 29〕 孫詒讓：《周禮正義》，中華書局，1987 年 12 月版，第 1669 頁。
〔註 30〕 孫詒讓：《周禮正義》，中華書局，1987 年 12 月版，第 1660 頁。「公之服，自袞冕而下如王之服；侯伯之服，自驚冕而下如公之服；子男之服，自毳冕而下如侯伯之服；孤之服，自希冕而下如子男之服；卿大夫之服，自玄冕而下如孤之服，其凶服加以大功小功；士之服，自皮弁而下如大夫之服，其凶服亦如之。」
〔註 31〕 孫詒讓：《周禮正義》，中華書局，1987 年 12 月版，第 2535 頁。
〔註 32〕 孫詒讓：《周禮正義》，中華書局，1987 年 12 月版，第 2536 頁。
〔註 33〕 孫詒讓：《周禮正義》，中華書局，1987 年 12 月版，第 1638 頁。
〔註 34〕 鄭玄注、孔穎達等正義：《禮記正義》，阮元校刻《十三經注疏》，上海古籍出版社影印，1997 年版，第 1473 頁。
〔註 35〕 孫詒讓：《周禮正義》，中華書局，1987 年 12 月版，第 1660 頁。
〔註 36〕 鄭玄注，賈公彥疏：《儀禮注疏》，阮元校刻《十三經注疏》，上海古籍出版社影印，1997 年版，第 952 頁。《儀禮‧士冠禮》：「受皮弁，右執項，左執前進祝，加之如初，復位。……其他如加皮弁之儀。」

禮服，故而用於士冠禮。同時《禮記・玉藻》中諸侯「皮弁以聽朔於大廟，
朝服以日視朝於內朝。〔註 37〕」諸侯以天子朝服行聽朔之禮。綜上，天子以
皮弁爲日常朝服及常食之服，諸侯皮弁聽朔，士之吉凶禮服自皮弁而下，顯
然，在起居的服制等級中，天子的日常朝服是作爲諸侯以下不同等次的禮服
而存在，以此顯示天子的核心地位。

　　另外，除了《周禮・弁師》職下直接記載了天子朝服的冠式與冠飾之
外，經文不具皮弁服之顏色、用料與搭配的相關記載，多存於學者注疏之
中。如《周禮・司服》鄭玄注：「皮弁之服，十五升白布衣，積素以爲裳。
〔註 38〕」此注本於《儀禮・士冠禮》所記：「皮弁，服素積，緇帶，素韠。」
鄭玄注：「皮弁者，以白鹿皮爲冠，象上古也。積猶辟也，以素爲裳，辟蹙
其要中。皮弁之衣，用布亦十五升，其色象焉。〔註 39〕」上述記載是學者
們討論天子皮弁冠、服之制的主流觀點，亦有學者提出疑義，如孫希旦云：
「衣之差，繪尊於布，玄尊於白，惟深衣、麻衣之屬用白布，玄端及朝服
已緇之矣，皮弁尊於朝服，豈反用白布乎？〔註 40〕」另有金鶚《求古錄禮
說》依據天子、諸侯皮弁以祭〔註 41〕的功能爲出發點，認爲「……祭服最
重，天子諸侯祭服皆必絲衣。……皮弁既爲祭服，豈有不用絲而用麻哉！
天子朝服絲衣，諸侯朝服故用布衣，禮之等殺也。〔註 42〕」實際上，天子
皮弁冠、服之制的搭配應類似於孫詒讓所論玄端諸冠不同類別的搭配，依
照於不同場合天子皮弁小有不同的搭配要求。而且黃以周對冕弁之服的
絲、麻用度有一個基本的使用原則：「以禮服推之，首服冕爲上，弁次之，
冠爲下。冕服絲衣，裏衣用帛；冠服麻衣，裏衣用布；爵弁、皮弁次于冕，

〔註 37〕鄭玄注、孔穎達等正義：《禮記正義》，阮元校刻《十三經注疏》，上海古籍出
　　　　版社影印，1997 年版，第 1474 頁。
〔註 38〕孫詒讓：《周禮正義》，中華書局，1987 年 12 月版，第 1638 頁。
〔註 39〕鄭玄注，賈公彥疏：《儀禮注疏》，阮元校刻《十三經注疏》，上海古籍出版社
　　　　影印，1997 年版，第 950 頁。
〔註 40〕孫希旦：《禮記集解》，中華書局，1989 年 2 月版，第 778 頁。
〔註 41〕鄭玄注、孔穎達等正義：《禮記正義》，阮元校刻《十三經注疏》，上海古籍出
　　　　版社影印，1997 年版，第 1453～1454、1522 頁。《禮記・郊特牲》：「祭之日，
　　　　王皮弁以聽祭報。……皮弁素服而祭」；《禮記・學記》：「大學始教，皮弁祭
　　　　菜，示敬道也。」
〔註 42〕金鶚：《求古錄禮說》，王先謙編：《清經解續編》（第三冊），上海書店出版，
　　　　1988 年 10 月版，第 323 頁。

其衣仍用絲；冠弁近于冠，其衣則用麻。〔註43〕」則天子皮弁，其衣用絲也應該是皮弁所用搭配的類別之一。

4. 玄端、皮弁之舄屨的搭配

此項討論主要見於《周禮・天官》屨人「掌王及后之服屨。爲赤舄、黑舄，赤繶、黃繶；青句，素屨；葛屨。〔註44〕」林喬蔭總結：「王與后蓋皆二舄，一赤舄，一黑舄。赤繶以飾赤舄，黃繶以飾黑舄。燕居則王及后皆不服舄而服屨，是爲素屨。〔註45〕」從天子日常生活所常穿服飾的角度考慮，主要涉及到了日常政務所穿之皮弁和燕寢閒居所穿之玄端，依據林喬蔭所言，則天子皮弁服舄、玄端服屨。而服、屨的使用和搭配原則又詳見於《儀禮・士冠禮》：「屨，夏用葛。玄端黑屨，青絇繶純，純博寸。素積白屨，以魁柎之，緇絇繶純，純博寸。爵弁纁屨，黑絇繶純，純博寸。冬，皮屨可也。不屨繐屨。〔註46〕」孫詒讓云：「今依此經及《士冠禮》攷之，王舄實止有赤黑二種，屨則當有纁黑素三種。赤舄以配五冕服之纁裳，纁屨以配韋弁服之韎裳，素屨以配皮弁冠弁服之素裳，黑屨以配玄端服之玄裳，……黑舄者殆即玄冕玄裳黼裳之舄也〔註47〕」實際上，無論皮弁還是玄端均上通於天子下至於士，因此，學者均將《儀禮・士冠禮》所述作爲討論天子用屨之制的重要參考和補充。綜合看來，天子朝服應該是皮弁服、素積、緇帶、素韠配以素屨，燕居服應該是玄端、玄冠、緇布衣、玄裳配以黑屨，而且兩類搭配大體上均符合「衣與冠同色，帶與衣同色，裳與韠同色，屨與裳同色」〔註48〕等禮之通制的基本要求。

綜上所述，天子常穿之服主要是指皮弁服與玄端而言，前者爲天子日常朝服以及朝夕常食之服，後者爲天子燕寢閒居之服。不過還需指出的是，與天子日常生活相關的衣服類別仍不止於此，比如玄冕之玄端用於群小祀，與大裘而冕、袞冕、鷩冕、毳冕、希冕等用於大祭的禮服相比，天子玄冕而小祀的情況，在天子日常生活中較爲常見。又如「襟絮寢衣袍襗之屬」，天子燕

〔註43〕 黃以周：《禮書通故》，中華書局，2007年4月版，第143頁。

〔註44〕 孫詒讓：《周禮正義》，中華書局，1987年12月版，第620頁。

〔註45〕 孫詒讓：《周禮正義》，中華書局，1987年12月版，第621、622頁。

〔註46〕 鄭玄注，賈公彥疏：《儀禮注疏》，阮元校刻《十三經注疏》，上海古籍出版社影印，1997年版，第958頁。

〔註47〕 孫詒讓：《周禮正義》，中華書局，1987年12月版，第625、626頁。

〔註48〕 孫詒讓：《周禮正義》，中華書局，1987年12月版，第624頁。

寢常居還應該包括寢衣、中衣、褻衣、汗衣等服制類型〔註49〕，不過因《周禮》經文不具，故在此不做專題討論。

二、王后起居常穿之服

《周禮》對王后諸類首服、衣服和足服的記載主要存於追師、內司服與屨人職下。追師「掌王后之首服，爲副、編、次，追衡、笄」，鄭玄注：「副之言覆，所以覆首爲之飾，其遺象若今步繇矣，服之以從王祭祀。編，編列髮爲之，其遺象若今假紒矣，服之以桑也。次，次第髮長短爲之，所謂髲髢，服之以見王。王后之燕居，以纚笄總而已。〔註50〕」王后首服依照祭祀、耕桑、進御和燕居功能的不同劃分爲四類，其中王后燕居首服最簡，僅以纚笄束髮而居。內司服「掌王后之六服，褘衣，揄狄，闕狄，鞠衣，展衣，緣衣，素沙」〔註51〕。依據鄭玄所注，褘衣、揄狄、闕狄用於祭祀，鞠衣爲黃桑之服，展衣「以禮見王及賓客之服」，緣衣者「實作褖衣也，褖衣，御于王之服，亦以燕居」〔註52〕。屨人「掌王及后之服屨。爲赤舃、黑舃，赤繶、黃繶；青句，素屨；葛屨。」鄭玄指出：「鞠衣以下皆屨耳」〔註53〕，也就是說王后

〔註49〕眾家疏文中雖未以天子爲例，但從整體上對皮弁、玄端等禮服以內所穿之服以及貼身衣物等進行了相關討論。寢衣：《論語‧鄉黨》：「必有寢衣，長一身有半。」以周案「舊注寢衣訓被，被者寢時之衣也。」（黃以周：《禮書通故》，中華書局，2007 年 4 月版，第 167 頁。）褻服：鄭玄云「褻服，袍襗也」；王肅云：「褻，私居非公會之服」（黃以周：《禮書通故》，中華書局，2007 年 4 月版，第 171 頁。）；孫詒讓云：「凡中衣以內之衣，通爲褻衣」（孫詒讓：《周禮正義》，中華書局，1987 年 12 月版，第 460 頁。）。汗衣：《釋名‧釋衣服》「汗衣，近身受汗垢之衣也。」關於禮服或常服之下的搭配，黃以周認爲崔靈恩、皇侃、賈公彥所說近是：「先著明衣、次中衣、次裘、次禰衣，禰衣上加朝祭之服。」（黃以周：《禮書通故》，中華書局，2007 年 4 月版，第 142 頁。）賈公彥：「冬時裘上有錫衣，禰衣之上有上服皮弁祭服之等。若夏衣以絺綌，春秋衣袷褶，其上加以中衣，中衣之上加上服。」（黃以周：《禮書通故》，中華書局，2007 年 4 月版，第 143 頁。）另外，孫詒讓強調：「燕居容有不加上衣，或並不加禰衣、中衣。」（孫詒讓：《周禮正義》，中華書局，1987 年 12 月版，第 460 頁。）綜合看來，寢衣、褻衣、中衣、禰衣、汗衣等通爲天子、諸侯等禮服內部所襯之服，其中寢衣、褻衣等也是各階層燕居常見之服。

〔註50〕孫詒讓：《周禮正義》，中華書局，1987 年 12 月版，第 607 頁。

〔註51〕孫詒讓：《周禮正義》，中華書局，1987 年 12 月版，第 577 頁。

〔註52〕孫詒讓：《周禮正義》，中華書局，1987 年 12 月版，第 577 頁。

〔註53〕孫詒讓：《周禮正義》，中華書局，1987 年 12 月版，第 620、621 頁。

祭祀之足服從王而用舄，禮見或御見於王及燕居於寢時均服屨，而素屨、葛屨等需宜服而用，並且孫詒讓強調：「今以屨順裳色推之，……鞠衣黃，當服繡屨；展衣白，當服素屨；褖衣、宵衣黑，則當同服黑屨。〔註54〕」綜上所述，王后日常服飾主要是纚笄、展衣、褖衣、素屨和黑屨，而王后日常服制組合大體上可分爲三種情況：其一，禮見於天子時，主服次、展衣與素屨；其二，御見於天子時，主服次、褖衣與黑屨；其三，燕居於寢時，服纚笄、褖衣與黑屨。

此外，禮經中還有關於展衣與褖衣的相關記載。

展衣，一爲襢衣，爲大夫妻之禮服。《禮記・玉藻》：「一命襢衣」，孔穎達疏：「襢，展也。子男大夫一命，其妻服展衣也。〔註55〕」《禮記・雜記上》：「下大夫以襢衣」，鄭玄注：「下大夫，謂下大夫之妻。襢，《周禮》作『展』。〔註56〕」又《禮記・喪大記》「世婦以襢衣」參與國君招魂儀式，孔疏言：「世婦，大夫妻也，其上服唯襢衣，故用招魂也。〔註57〕」《周禮》所記「卿大夫之服，自玄冕而下」，天子群小祀之玄冕爲大夫首要禮服，而展衣爲王后禮見天子的常用服飾，大夫妻用之以唯一禮服，則展衣視玄冕實際上是構成了天子與王后、大夫與世婦之間男女服制搭配的常見組合。

褖衣，爲士妻之禮服，同記於《禮記・玉藻》「士褖衣」。實際上，《禮記・玉藻》構建了王后以下各階層女子命服的等次「王后褘衣，夫人揄狄。……君命屈狄，再命褘衣，一命襢衣，士褖衣。唯世婦命於奠繭。其他則皆從男子。」鄭玄注：「屈，《周禮》作闕。……此子男之夫人及其卿、大夫、士之妻命服也。褘，當爲鞠字之誤也。〔註58〕」《周禮・天官》內司服記王后之六服：褘衣、揄狄、闕狄、鞠衣、展衣、褖衣，襢衣相當於展衣，緣衣是爲褖衣。《周禮・春官》司服又記「公之服，自袞冕而下如王之

〔註54〕 孫詒讓：《周禮正義》，中華書局，1987 年 12 月版，第 626 頁。

〔註55〕 鄭玄注、孔穎達等正義：《禮記正義》，阮元校刻《十三經注疏》，上海古籍出版社影印，1997 年版，第 1481 頁。

〔註56〕 鄭玄注、孔穎達等正義：《禮記正義》，阮元校刻《十三經注疏》，上海古籍出版社影印，1997 年版，第 1551 頁。

〔註57〕 鄭玄注、孔穎達等正義：《禮記正義》，阮元校刻《十三經注疏》，上海古籍出版社影印，1997 年版，第 1572 頁。

〔註58〕 鄭玄注、孔穎達等正義：《禮記正義》，阮元校刻《十三經注疏》，上海古籍出版社影印，1997 年版，第 1481 頁。

服；侯伯之服，自鷩冕而下如公之服；子男之服，自毳冕而下如侯伯之服；孤之服，自希冕而下如子男之服；卿大夫之服，自玄冕而下如孤之服。……士之服，自皮弁而下如大夫之服。〔註59〕」相類似則三夫人及侯伯夫人之命服自揄狄而下，子男之夫人命服自闕狄而下，子男卿之妻命服自鞠衣而下，子男大夫之妻命服自展衣而下，士妻之服自褖衣而下。綜上所述，展衣、褖衣等大夫妻、士妻之命服爲王后日常禮見或燕居常服，亦相當於皮弁、玄端等諸侯、大夫及士之祭服爲天子之朝服或燕居常服，此爲王室貴族服制等級的又一體現。

三、天子、王后之間的服次相配

實際上，在諸禮經之中，王與后、君與夫人、士與妻、主人與主婦等均作爲行禮的主體而存在，而男女雙方和上下等級的差別使得男女祭服或常服之間已經存在了不同搭配上的區分，其中天子常服與王后常服之間的搭配關係是我們關注的重點，不過討論問題的前提還是應以理清王、后祭服之間服次相配的關係爲基礎。

《周禮·司服》記天子吉服有九：袞冕、鷩冕、鷩冕、毳冕、希冕、玄冕、韋弁服、皮弁服、冠弁服，前六類爲祭服，韋弁視軍，冠弁田獵，皮弁服爲天子朝服及常食所穿之服，是天子日常生活中最重要的服飾類別。《周禮·內司服》記王后六服有褘衣、揄狄、闕狄、鞠衣、展衣、褖衣。鄭玄注：王后「從王祭先王則服褘衣，祭先公則服揄翟（狄），祭羣小祀則服闕翟（狄）。〔註60〕」依據《周禮·司服》對於天子九服功能的記載，則王后之褘衣、揄狄、闕狄分別配天子之袞冕、鷩冕、玄冕。三組搭配之中，越過了天子袞、毳、希三冕，而袞冕，天子用以祭祀昊天、上帝，毳冕用於祭祀四望、山川，希冕，天子用之以祭社、稷、五祀，因王后無外事而不參與天子的上述祭祀活動，因此王后的三類祭服便不與天子之袞冕、毳冕、希冕形成配次關係，而且孫詒讓總結：「此注以后褘衣視王袞冕，后揄翟（狄）是王鷩冕是也」〔註61〕。前文已述，據《禮記·玉藻》、《禮記·雜記上》、《禮記·喪大記》所記大夫之妻命服以「禮衣（展衣）」爲主，《周禮·司服》「卿大夫之服，自玄冕

〔註59〕孫詒讓：《周禮正義》，中華書局，1987年12月版，第1660頁。
〔註60〕孫詒讓：《周禮正義》，中華書局，1987年12月版，第577頁。
〔註61〕孫詒讓：《周禮正義》，中華書局，1987年12月版，第582頁。

而下」，實際上，大夫之妻的展衣與卿大夫的玄冕已經形成了服次相配的關係，又孫詒讓強調：「今祭羣小祀，王玄冕則后當展衣，而鄭嫌展衣非三翟，不可以為祭服，故徑以闕翟（狄）當之」〔註62〕。綜上所述，王后褘衣、揄狄、闕狄、展衣分別與天子之袞冕、鷩冕、玄冕形成了搭配關係。其中展衣作為王后日常之禮服與天子羣小祀之玄冕存在服次相配的關係，但當王后以展衣禮見天子、或進御天子時，展衣便與天子日常所穿皮弁朝服或燕居玄端之服再次形成了搭配關係。

除此之外，在王后六服之下，還出現了其它婦人之服，如稅衣、錫衣、宵衣等，而且這些衣服類別均與男子之服相配出現。

稅衣，一為褖衣，是士妻喪紀之禮服。《禮記·喪大記》「士以爵弁，士妻以稅衣」，孔疏云：「稅衣，六衣之下也，士妻得服之。〔註63〕」《禮記·雜記上》鄭玄注：「稅衣，若玄端而連衣裳者也。〔註64〕」稅衣（褖衣）配以爵弁是為男、女組合之一。

錫衣，實際上是指服次及綃衣，《儀禮·少牢饋食禮》「主人朝服，……主婦被錫衣移袂。」鄭玄注：「被錫讀為髲鬄，……此《周禮》所謂次也，不纚笄者，大夫妻尊亦衣綃衣。〔註65〕」主婦服次、綃衣配以主人之朝服。

宵衣，即為綃衣，《儀禮·特牲饋食禮》：「主人冠端玄，……主婦纚笄宵衣。」鄭玄注：「宵，綺屬也。此衣染之以黑，其繪本名宵……凡婦人助祭者同服也。〔註66〕」主婦是以纚笄、宵衣配以主人玄端之服。

孫詒讓對於王后六服以下的婦人之服與男子之服的搭配進行了較為全面的總結：「蓋女子次褖衣，視男子之爵弁、皮弁服；女子被錫衣（服次、宵衣），視男子之冠弁朝服；女子纚笄宵衣，視男子之玄端服。〔註67〕」雖然上述衣服處於王后六服之下，但卻為我們理清天子、王后日常服飾之間的搭配關係

〔註62〕孫詒讓：《周禮正義》，中華書局，1987年12月版，第582頁。

〔註63〕鄭玄注、孔穎達等正義：《禮記正義》，阮元校刻《十三經注疏》，上海古籍出版社影印，1997年版，第1572頁。

〔註64〕鄭玄注、孔穎達等正義：《禮記正義》，阮元校刻《十三經注疏》，上海古籍出版社影印，1997年版，第1556頁。

〔註65〕鄭玄注，賈公彥疏：《儀禮注疏》，阮元校刻《十三經注疏》，上海古籍出版社影印，1997年版，第1198、1200頁。

〔註66〕鄭玄注，賈公彥疏：《儀禮注疏》，阮元校刻《十三經注疏》，上海古籍出版社影印，1997年版，第1178、1181頁。

〔註67〕孫詒讓：《周禮正義》，中華書局，1987年12月版，第579頁。

提供了借鑒。王后祭服、桑服之下的展衣與褖衣，常見於王后的起居生活之中，而天子起居常見服類主要有皮弁服與玄端服。《周禮・內司服》鄭玄注：「褖衣，御于王之服，亦以燕居」〔註68〕；《周禮・追師》鄭玄注：「次，次第髮長短爲之，所謂髲髢，服之以見王。王后之燕居，以纚笄總而已。〔註69〕」綜合來看，天子、王后常居之服的相配原則便有可能存在如下幾種情況：王后服次、展衣視天子玄冕，用以群小祀；王后服次、展衣視天子皮弁，用以禮見賓客、參與宴饗等；王后服次、褖衣視天子皮弁，用以日常禮見天子；王后服次、褖衣視天子玄端，用以御見；王后服纚笄褖衣，用以燕居。

第二節　《周禮》王室日常服官的構成

　　《周禮》所記王室服飾類職官團體主要包括：大宰、大府、玉府、外府、司裘、內宰、內小臣、典婦功、典絲、典枲、內司服、縫人、染人、追師、屨人、大僕、小臣、司服等職。《周禮》對於此類職官的記載主要集中於：諸職對於天子、王后吉凶之服的類別、功能及搭配的分理，祭祀、喪紀、賓客等不同場合的禮服供應，及諸類服飾的加工製作等方面的相關服務，而有關於王室日常服飾的專職服務，在《周禮》經文所記的服飾諸職中並不突出，與王室日常飲食、宿衛、服御、醫療等職官團體相比，王室日常服飾的相關服務僅作爲服飾諸職的某一方面而存在。因此，我們需要在理清王室服飾類職官職能的基礎上，提煉出爲王室日常服飾提供相關服務的諸項職官。

　　根據諸職職事類別和職能性質的不同，王室服飾類職官可以分成以下幾個層次，而對於王室日常服飾的各個層面的服務職能便隱含於各層次之下，本節以邊敘述邊總結的方式，對爲王室日常服飾提供相應服務的職官進行提煉：

　　其一，大宰、大府、外府主掌王室服飾的財用。大宰「以九式均節財用：……四曰羞服之式。」賈疏云：「謂王之膳羞衣服所用也。」孫詒讓云：「服即司服、內司服、弁師、屨人所共冠服，皆有法式。〔註70〕」大府同記「關市之賦，以待王之膳服。」鄭玄注：「膳服，即羞服也。〔註71〕」外府「掌邦布之

〔註68〕孫詒讓：《周禮正義》，中華書局，1987年12月版，第577頁。
〔註69〕孫詒讓：《周禮正義》，中華書局，1987年12月版，第607頁。
〔註70〕孫詒讓：《周禮正義》，中華書局，1987年12月版，第100、101頁。
〔註71〕孫詒讓：《周禮正義》，中華書局，1987年12月版，第446頁。

入出，……共王及后、世子之衣服之用。……歲終，則會，唯王及后之服不會。」孫詒讓亦云：「謂共泉與司服、內司服、追師、弁師、屨人、玉府諸官用之也。〔註72〕」根據孫詒讓所云，大宰和大府所控制的服飾之財用是針對司服、內司服、追師、弁師、屨人、玉府等直接供應天子禮儀服飾和燕居服飾等服飾職官的財用，而且王室在服飾用度的使用上亦享有「不會」之特權。

其二，大僕、內宰、小臣、內小臣分別負責詔相天子與王后之服位，而且各職所正之服位又有禮儀活動與起居生活的具體區分。

大僕「掌正王之服位」，鄭玄注：「服，王舉動所當衣也。〔註73〕」孫詒讓強調大僕所正之服「謂若司服、弁師所掌冕、弁、冠諸服是也。〔註74〕」也就是說天子在各種吉凶場合所穿的冕服、弁服、冠服，由大僕進行監督，賈公彥還特別指出：「大僕，親近王所之官，故王之衣服及位處，恐其不正，故皆正之也。〔註75〕」小臣「正王之燕服位」，鄭玄注：「謂燕居時也。〔註76〕」並引用《玉藻》王「卒食，玄端而居」〔註77〕以證小臣所正「燕服位」的具體所掌。孫詒讓「謂退居燕寢時，對大僕正王之服位，王眡治朝、燕朝皆云正位。〔註78〕」並認可玄端爲王燕居之服，特別指出「王燕服玄端當玄裳。〔註79〕」則小臣所負責監督「燕服位」範圍不僅包括燕朝之服位，燕寢閒居天子之服的端正也由小臣負責。

內宰「以婦職之灋教九御，……正服位。大祭祀，……正王后之服位。……凡喪事，佐后使治外內命婦，正其服位。〔註80〕」內宰擔當的是王后、內外命婦等貴族女子參與祭祀、喪葬等禮儀活動時，或九御等出入王宮時，所穿禮服及相關處位的監督。內小臣「掌王后之命，正其服位。」孫詒讓云：「大僕屬官又有小臣，掌王之小命，此內小臣職掌與小臣相當。……正服位者，

〔註72〕孫詒讓：《周禮正義》，中華書局，1987 年 12 月版，第 469～472、472 頁。
〔註73〕孫詒讓：《周禮正義》，中華書局，1987 年 12 月版，第 2496 頁。
〔註74〕孫詒讓：《周禮正義》，中華書局，1987 年 12 月版，第 2496 頁。
〔註75〕鄭玄注，賈公彥疏：《周禮注疏》，阮元校刻《十三經注疏》，上海古籍出版社影印，1997 年版，第 851 頁。
〔註76〕孫詒讓：《周禮正義》，中華書局，1987 年 12 月版，第 2511 頁。
〔註77〕鄭玄注、孔穎達等正義：《禮記正義》，阮元校刻《十三經注疏》，上海古籍出版社影印，1997 年版，第 1473 頁。
〔註78〕孫詒讓：《周禮正義》，中華書局，1987 年 12 月版，第 2511 頁。
〔註79〕孫詒讓：《周禮正義》，中華書局，1987 年 12 月版，第 2512 頁。
〔註80〕孫詒讓：《周禮正義》，中華書局，1987 年 12 月版，第 515、520、522 頁。

從內宰也。〔註81〕」由於內小臣執掌王后內朝之使令，故內小臣所正是王后內朝之衣服與處位。不過對於王后燕居之服，《周禮》經文及相關注疏中並沒有直接記載，若出於「內小臣執掌與小臣相當」的考慮，王后燕居之服的監督亦可能由內小臣負責。

綜合看來，從大僕、小臣、內宰、內小臣等職對於其「正服位」職能的梳理來看，《周禮》本身便非常注重天子與王后祭祀、喪葬、賓客、宴饗及朝位等非常起居與其日常燕居生活的服裝區分，而其中天子燕居之服對於天子之日常政務或起居生活來講是不可取代的，故由小臣專正天子之「燕服」。而內小臣所正王后之服位，也應該包括王后日常政務及生活之服位。

其三，典絲、典枲、典婦功、內府、縫人、染人等職及《考工記》之「攻皮之工」、「設色之工」〔註82〕，主要承擔王室諸類服飾的加工製作、材料供應、書畫染色及相關府藏的基礎性工作。

典絲「掌絲入而辨其物」〔註83〕；典枲「掌布緦縷紵之麻草之物」〔註84〕；典婦功「以共王及后之用，頒之于內府」，賈疏云：「此於典絲、典枲處受其良好者，入此典婦功藏之，待王及后之用，故藏之於內府也。〔註85〕」而典婦功所收受的「良好者」除了典絲、典枲所進獻之外，還包括辨別外、內嬪婦秋季所獻之「苦良」〔註86〕之功，選良者入於內府，加以儲備，以待王室所用。典絲、典枲及典婦功所辨別的絲、帛、布、緦、麻、紵等，是作爲冕、弁、冠、旒、盥巾之屬等起居服飾用度的基礎材料而加以儲備的，這些材料多用於祭祀、喪紀、裝飾、頒賜等重大場合。當然所「待王及后之用」的範圍也不僅於此，王室起居所用的絲、麻、布、帛之類，除了王后內宮女眷自給自足外，有相當一部分來自於外嬪婦之外貢，也就需要典絲、典枲、典婦功等職的辨別、歸類及內府的守藏。

染人則主要負責「染絲帛，……掌凡染事」，孫詒讓強調：「凡王后及公卿大夫之衣服，並染絲而織之。元士以下則服染繒。《玉藻》云『士不衣織』

〔註81〕孫詒讓：《周禮正義》，中華書局，1987年12月版，第538頁。
〔註82〕孫詒讓：《周禮正義》，中華書局，1987年12月版，第3124頁。
〔註83〕孫詒讓：《周禮正義》，中華書局，1987年12月版，第570頁。
〔註84〕孫詒讓：《周禮正義》，中華書局，1987年12月版，第574頁。
〔註85〕孫詒讓：《周禮正義》，中華書局，1987年12月版，第569頁。
〔註86〕孫詒讓：《周禮正義》，中華書局，1987年12月版，第568頁。「凡授嬪婦功，及秋獻功，辨其苦良，比其大小而賈之，物書而楬之。」

是也。內命婦女御以下，外命婦士妻以下並同。此官掌染絲帛，則亦染枲布，經不言者，亦文不具也。〔註 87〕」根據孫詒讓推測，王室宮室內部所用絲、繒、帛、枲、布的挑染均由染人掌控，甚至公卿大夫及外命婦服飾挑染工作也是由染人負責。

縫人「掌王宮之縫線之事，以役女御，以縫王及后之衣服。……凡內之縫事。〔註 88〕」鄭玄注：「女御裁縫王及后之衣服，則為役助之。宮中餘裁縫事則專為焉。〔註 89〕」實際上，在縫人職下，王室縫線之事已經有了明確的分工，而且核心目的依然是突出天子或王室的權威，其中天子與王后衣服的專門縫製主要由女御與縫人擔當，如孫詒讓所言：「蓋以王及后尊貴，其裁縫衣服自有法式，縫人不敢專為，故使女御監涖其事，縫人奄官則與女工給其使役，佐助成之。〔註 90〕」而縫人另外承擔「凡內之縫事」〔註 91〕，是王、后以下內宮的縫線之事專由縫人負責。不過還需要指出的是：女御、縫人對於天子、王后及內宮中人包括燕居服飾在內的各式衣服縫製的具體要求，還需要與司裘、司服、內司服、追師、弁師、屨人等負責服飾專職供應的職官進行溝通，以防止禮儀層面的疏漏。

《周禮·考工記》中與王室服飾服務相關的諸類職官主要有：函人、鮑人、韋氏、裘氏、畫繢、鍾氏、幌氏等職，所負責的主要是服飾用料的加工和製作，是服飾加工體系的基礎工作。函人、鮑人主掌衣服所用的堅革、柔革等生皮的加工，韋氏「專治柔孰之韋」〔註 92〕，裘氏掌裘皮之屬，凡王宮所用的各類裘皮之用則由函人、鮑人、韋氏、裘氏等「共皮之工」掌供。另外畫繢一職主要執掌文、章、黼、黻、秀等，天、地、火、山、水、鳥、獸、蛇等基本事物的色彩調配，這無疑為服飾章彩的繪製、縫秀提供色彩方面的指導。鍾氏染羽、幌氏湅絲、湅帛與染人染絲等工作相互配合，並為王室服飾原材料加工製作的基本環節。

其四，司裘、司服、內司服、追師、節服式、弁師、屨人、玉府等職負責王室諸類服飾的供應，而且諸官屬於專司專職，相互之間無法替代，其中

〔註 87〕 孫詒讓：《周禮正義》，中華書局，1987 年 12 月版，第 603 頁。
〔註 88〕 孫詒讓：《周禮正義》，中華書局，1987 年 12 月版，第 596、602 頁。
〔註 89〕 孫詒讓：《周禮正義》，中華書局，1987 年 12 月版，第 596、597 頁。
〔註 90〕 孫詒讓：《周禮正義》，中華書局，1987 年 12 月版，第 597 頁。
〔註 91〕 孫詒讓：《周禮正義》，中華書局，1987 年 12 月版，第 602 頁。
〔註 92〕 孫詒讓：《周禮正義》，中華書局，1987 年 12 月版，第 3304 頁。

司服更是因爲其執掌天子吉凶禮服而專列於春官體系之下。根據首服、衣服、足服等服飾的基本類別來看，上述諸職可以分爲三個組別：

節服式「掌祭祀朝覲衮冕」〔註 93〕；弁師「掌王之五冕，……王之皮弁，……王之弁絰」〔註 94〕；追師「掌王后之首服，爲副、編、次，追衡、笄，爲九嬪及外內命婦之首服，以待祭祀、賓客。喪紀，共笄絰，亦如之。〔註 95〕」前兩職主要執掌天子禮服之冠冕，追師所負責的是王后、九嬪及內外命婦各種禮儀場合的首服及頭飾。

司裘「掌爲大裘，以共王祀天之服」〔註 96〕；司服「掌王之吉凶衣服」〔註 97〕；內司服「掌王后之六服，……辨外內命婦之服，……凡祭祀、賓客，共后之衣服；及九嬪世婦凡命婦，共其衣服。〔註 98〕」三職所掌主要包括大裘、冕服、弁服等天子之吉凶禮服，以及王后、內外命婦在祭祀、賓客等禮儀場合所需要的諸類服飾。

屨人「掌王及后之服屨，……辨外內命夫命婦之命屨、功屨、散屨。凡四時之祭祀，以宜服之。〔註 99〕」與上述專司首服與衣服的職官設置不同，屨人一職承擔了王、后及內外命婦整個王宮屨舄的供應和各種場合「宜服」之屨舄的搭配，則王室燕居所需諸類屨舄的供應亦在屨人職事範圍之內。

從《周禮》經文記載來看，我們不能看出上述三組職官對於天子或王后起居所需首服、衣服及足服的直接服務，但從各類禮服、常服的性質或功用可以看出王室起居之服的供應，實際上已經成爲上述諸職不可缺少的職能之一。例如：弁師掌「王之皮弁」，爲天子朝服之弁；司服掌「皮弁服」，爲天子以日視朝之常服；屨人共「素屨」以宜天子皮弁冠弁之服〔註 100〕。司服職下「玄端」，爲天子燕居之服，屨人之「黑屨」爲天子燕居之屨。因此，弁師、司服、屨人等職，在具體服類供應上已經承擔天子起居服飾的相關服務。而

〔註 93〕孫詒讓：《周禮正義》，中華書局，1987 年 12 月版，第 2490 頁。
〔註 94〕孫詒讓：《周禮正義》，中華書局，1987 年 12 月版，第 2522、2535、2540 頁。
〔註 95〕孫詒讓：《周禮正義》，中華書局，1987 年 12 月版，第 607、620 頁。
〔註 96〕孫詒讓：《周禮正義》，中華書局，1987 年 12 月版，第 491 頁。
〔註 97〕孫詒讓：《周禮正義》，中華書局，1987 年 12 月版，第 1620 頁。
〔註 98〕孫詒讓：《周禮正義》，中華書局，1987 年 12 月版，第 577、590、594 頁。
〔註 99〕孫詒讓：《周禮正義》，中華書局，1987 年 12 月版，第 620、631、632 頁。
〔註 100〕孫詒讓：《周禮正義》，中華書局，1987 年 12 月版，第 625 頁。孫詒讓總結「今依此經（《周禮》）及《士冠禮》攷之，……素屨以配皮弁冠弁之素裳，黑屨以配玄端服之玄裳。」

王后日常服飾的供應亦存於王后服飾諸職的職能之下，追師掌王后首服，其中「次」多爲王后禮見天子常用之首服；內司服所掌「展衣、緣衣」分別是王后禮見或御見天子之服和王后燕居之服；屨人掌「素屨」主要是天子王后燕居之屨。因此，弁師與司服、追師與內司服、屨人便構成了天子與王后日常服飾職官的主體。除此之外，玉府所掌爲「王之服玉、佩玉、珠玉，……掌王之燕衣服、衽、席、牀、第，凡褻器。〔註101〕」玉府之職除了掌供天子之服裝飾玉之外，所掌「王之燕衣服」實際上是《周禮》經文關於天子日常燕居服飾的直接記載。

綜上所述，顯然王室服飾職官與宿衛、飲食、醫官等諸類職官團體一樣，共屬於王室起居生活中的重要組成部分，其職能設置與諸官配備上與《周禮》所構建的食飲諸官相似，從服飾所需財務用度的掌控，到絲帛布匹等服飾所需加工材料的供應與守藏，從服飾禮儀的嚮導，到王室各類服飾的專職供應，《周禮》實際上構建了一個非常完備的服飾類職官團體以保證王室起居生活各方面所需服飾的及時供應，並從服飾等級禮儀方面顯示王、后之地位的尊貴。還需強調的是：王室日常服飾的相關職官在上述體系中雖不突出，但這一層面的專職服務確實獨立存在。首先，大宰、大府、外府所掌衣服之用亦有相應財用供入玉府，作爲天子燕衣服財務用度的支配。其次，小臣「正王之燕服位」，《周禮》經文中雖不具王后燕服位的記載，但從大僕與小臣正天子服位，內宰與內小臣正王后服位的配備，以及內小臣與小臣職責類似的記載來看，內小臣也可能正王之燕服位。再次，典絲、典枲、典婦功、內府、縫人、染人等職構成王室諸類服飾材料供應、加工製作的主體。其具體職事以天子、王后及內命婦等作爲分類標準的前提，爲王室諸類服飾提供相關服務，其中王室燕居服飾的材料供應及加工製作亦是其服務的一個重要類別。最後，在司裘、司服、內司服、追師、節服式、弁師、屨人、玉府等王室諸類服飾供應的職官團體中，除了玉府職記「掌王之燕衣服」之外，弁師、追師、司服、內司服分別執掌天子與王后諸類首服和衣服，及屨人總領整個王宮屨舄的供應來看，王室燕居服飾的掌供無疑是這些職官的主要服務類別之一。

文獻中對於服飾類職官的記載並不多見，以掌冠服、衣服、足服之官爲

〔註101〕孫詒讓：《周禮正義》，中華書局，1987年12月版，第451、459頁。

劃分依據，主要包括：綴衣、司服、典衣、典冠、勃鞮和掌染彩的婦官。

綴衣，主衣服之官。《尚書・立政》：「王左右常伯、常任、準人、綴衣、虎賁」，孫星衍云：「綴衣是主衣服之官。〔註102〕」顧頡剛先生指出：「這些官是經常跟隨在周王的左右的，其中『綴衣』即後世的『尚衣』，掌管王的衣服」〔註103〕。

司服，在禮經中亦通記爲主衣服之官，除《周禮・春官》之司服掌天子吉凶之服外，《禮記・月令》「乃命司服具飭衣裳，文繡有恒，制有小大，度有長短。衣服有量，必循其故，冠帶有常」，鄭玄注：文繡「謂祭服也」，衣服「謂朝燕及他服」〔註104〕。按照鄭玄所注司服職事範圍不僅包括了天子吉凶祭服，還負責朝服及燕服的型制、色彩、紋飾、冠帶搭配等，凡與服飾相關的諸項制度，均由司服掌控。

典衣、典冠，見於《韓非子・二柄》：「昔者韓昭侯醉而寢，典冠者見君之寒也，故加衣於君之上，覺寢而說，問左右曰：『誰加衣者？』左右對曰：『典冠。』君因兼罪典衣殺典冠。其罪典衣，以爲失其事也；其罪典冠，以爲越其職也。〔註105〕」其中典冠與典衣則是作爲主管服、冠的近臣而隨侍於韓昭侯左右，類似於《周禮》之弁師與司服，並且服、冠的供應均爲專司專職，司職過程中不得越俎代庖。

勃鞮，其職類似於屨人，見於《史記・晉世家》：「蒲人之宦者勃鞮。〔註106〕」《考證》云：「勃鞮，以及履鞮、展貂、勃貂，皆官號之異，乃主屨者」〔註107〕，勃鞮主要負責革屨、皮屨的製作。

除此之外，《禮記・月令》：「命婦官染采」，鄭玄注：「婦官，染人也。〔註108〕」主要依據婦官所掌「黼黻、文章」等職，類似於《周禮》染人「掌凡染事」。

〔註102〕孫星衍：《尚書今古文注疏》，中華書局，1986年12月版，第469頁。
〔註103〕顧頡剛、劉起釪：《尚書校釋譯論》，中華書局，2005年4月版，第1663頁。
〔註104〕鄭玄注、孔穎達等正義：《禮記正義》，阮元校刻《十三經注疏》，上海古籍出版社影印，1997年版，第1373頁。
〔註105〕王先慎：《韓非子集解》，中華書局，1998年7月版，第41頁。
〔註106〕司馬遷：《史記》，中華書局，1959年版，第1646頁。
〔註107〕司馬遷撰、瀧川資言考證：《史記會注考證》（卷三十九），文學古籍刊行社，1955年7月版，第2397頁。
〔註108〕鄭玄注、孔穎達等正義：《禮記正義》，阮元校刻《十三經注疏》，上海古籍出版社影印，1997年版，第1371頁。

　　綜合看來，《周禮》所記司服、弁服、屨人、染人等職和《禮記》所記司服、婦官等職，能夠在文獻材料所反映的周代服飾諸職中找到相關依據，而綴人、典衣、典冠、勃鞮等職能的不同側重亦反映了冠、服、屨等服飾類別與供應等基本環節的存在，不過《周禮》在此基礎上，對於王室服飾體系諸項環節的科學化構建，諸官的具體職能甚至細化到天子、王后諸項禮儀服飾、朝服、燕居服飾等不同方面的服務，這無疑帶有理想化整合的成份。

第七章　王室起居相關的服務人員

　　在《周禮》所構建的官制體系中，除了經文所記載的諸類主體職官外，其下屬徒才是真正促使諸項政令、事宜能夠順利執行或完成的主要承擔者，而職官和屬徒的有效搭配也凸顯了《周禮》官制體系的完備。這些徒屬可分為三個主要類別：庶人在官者、奄人和奴隸。考慮到奴隸並非職官，但卻又與王室起居宿衛、飲食、服飾、近侍等基本環節密切相關的職能特點，本文將《周禮》奴隸群體的研究以附錄的形式，列於庶人在官者與奄人的專題之下。結合先秦文獻，對三類服務人員的職能特點、具體使役、地位和身份性質等作專題性質的討論。

第一節　庶人在官者

　　庶人的社會身份或階級屬性歷來是古史爭訟的焦點，其主要觀點包括奴隸說〔註1〕、農奴說〔註2〕、公社自由民說〔註3〕、介於奴隸與自由民之

〔註1〕郭沫若認為：「『力於農穡』的庶人在周初是人鬲中的最下等、在家內奴隸之下的，而在春秋中葉以後便提高到家內奴隸之上了。」（郭沫若：《奴隸制時代》，載於《郭沫若全集（歷史編第三卷）》，人民出版社，1984年8月版，第32頁。）李亞農的看法基本跟郭沫若一致，他認為《格伯簋》、《令簋》、《大盂鼎》等銘文資料中「不管是伯，是臣妾，是御或僕御，是百工，是牧，是庶人，統統都是奴隸」。（《李亞農史論集》，上海人民出版社，1978年，第67頁。）

〔註2〕范文瀾將庶人分為上、中、下三個層次，上層是殷滅亡後的沒落貴族，中層是農奴，下層是奴隸，不過中層的農奴是周代的主要農業生產者。（參見范文瀾：《中國通史》（第一冊），人民出版社，1954年版，第82～84頁。）呂振

間說〔註4〕、農民說〔註5〕、平民說〔註6〕等等。通過對於上述諸家觀點及其論據的梳理，隨著對奴隸身份討論的逐級深入，眾家學者討論的本身便為我們提供了庶人階層自身的發展軌跡：西周時期庶人身份較為複雜，在

羽認為：「農業生產的主要承擔者，叫作農、農夫、農人、小人、野人或民、庶民、庶人、眾人，也是主要的被統治階級。……他們和奴隸的區別……他們則有自己的生產工具和進行獨立經營」。（參見呂振羽：《論兩周社會形勢發展的過渡性和不平衡性》載於《呂振羽集》，中國社會科學出版社，2001年10月版第97、98頁。）

〔註3〕尚鉞認為：庶人自由民，是農村公社的成員。（參見：《尚鉞史學論文選集》，人民出版社，1984年5月版，第313頁。）吳大琨明確指出：西周的庶人既不是奴隸，不是農奴，而是自由民。（參見：《與范文瀾同志論劃分中國奴隸社會與封建社會的標準問題》，《歷史研究》，1954年第6期，第47頁。）

〔註4〕趙錫元先生將周代社會大體上粗劃成三個階級：自由民包括王、公、大夫、士，四個等級；平民包括庶人、工商，兩個等級；奴隸包括阜隸、牧圉，兩個等級。……庶人不是奴隸，因為他們還有一定的人身自由，但他們也不是自由民，因為他們在政治上被剝奪了公民權。（參見趙錫元：《周代的二等國民——庶人》，《史學集刊》，1982年第3期，又載於《中國古代社會論要》，黑龍江人民出版社，2009年5月版，第120頁。）

〔註5〕楊向奎在《關於西周社會性質問題》一文中總結：「自西周至春秋，凡是記載中的「民」、「甿」、「庶人」、「眾人」或者是「農人」，全是指當時被剝削的廣大農民階級而言，他們領有一小塊土地，並且有他們自己的生產工具。」（李尚英：《試述楊向奎教授的學術貢獻》，《中國社會科學院研究生院學報》，2001年04期，，第95～108頁。）童書業讀楊向奎《關於西周社會性質問題》進一步強調：「楊先生那篇文章最主要的貢獻是證實了西周的主要勞動者『民』或『庶人』都是農民，不是奴隸，這個見解是完全正確的！但我的意見應當把這些農民正名為『對貴族有隸屬關係，受著嚴重剝削的公社農民』。」（參見童書業：《關於中國古代社會性質的問題》，載於《童書業古代社會論集》第四卷，中華書局，2006年5月版第219頁。）何茲全認為：「西周春秋時期的『眾人』和『庶民』自始至終都是農民，耕田種地是他們的主要職務」。（參見何茲全：《眾人和庶民》，《史學月刊》，1985年第1期。）

〔註6〕斯維至認為庶人是沒有政治地位和政治權利的平民階級，不是奴隸。（參見斯維至：《論庶人》，《社會科學戰線》，1978年2期。）張玉勤提出：在研究庶人這個課題上應本著具體問題具體分析的原則，並且要理清庶人內涵的發展演變，指出就春秋戰國資料所記而言，庶人多為自由平民。（參見張玉勤：《也論「庶人」》，《山西大學學報》，1986年3期。）楊英對學界對於庶人的研究進行了相關綜述，從庶人在周代所享有的人身自有和從事農業生產的角度來看，庶人當屬平民，但庶人在周代卻是社會地位較低的一個階層，他們有人身自由，但處於社會最底層，是周代社會最基層的被統治者階層之一。（參見楊英：《試論周代庶人的社會身份和社會地位》，《中國歷史博物館館刊》，1996年第2期。）

青銅銘文與相關文獻中，確實有庶人指代奴隸的現象〔註7〕；春秋戰國時期，《左傳》、《國語》及「三禮」等文獻在記庶人時，往往將其與「稼穡」相聯，突出庶人致力於耕種的職事特點，同時在眾多文獻尤其是禮典的記載中，凡涉及到祭祀、喪紀、賓客甚至器用、稱謂等方面的等級劃分時，均普遍地存在上至天子下至庶人的逐次等級，庶人明確地被認定爲周代等級的最底層。因此，與西周庶人所存在的奴隸身份相比，春秋以後庶人作爲周代禮制等級的一級，是其身份獲得提升的一個表現，而且春秋以後，也再無庶人即爲奴隸的直接記載，加上庶人擁有人身自由及其主要從事農業生產的特點來看，本文認可庶人爲平民的觀點。以此爲前提，本文關注庶人中的一個特殊群體，即庶人在官者。結合《周禮》及文獻中對於庶人在官現象的記載，分析此類庶人的職事及特點，以及《周禮》對此問題記載所反映的時代傾向。

一、《周禮》之府、史、胥、徒的基本概況

《周禮》所構建的官制體系中，除了類似膳人、食醫等職爲專官行事者外，及某些特定職官如涉及到天子內宮宿衛、食飲、女官等職下領有大量奴隸外，其餘職官下均配備有府、史、胥、徒，其數量之大僅次於從事低級勞役的奴隸群體。據《周禮·天官》宰夫所掌「百官府之徵令，辨其八職：……五曰府，掌官契以治藏；六曰史，掌官書以贊治；七曰胥，掌官敘以治敘；八曰徒，掌官令以徵令」〔註8〕。此爲《周禮》對於府、史、胥、徒的明確記載。除此之外，在學者對於府史胥徒的眾多注疏中，主要涉及到了如下幾個方面的討論：

第一，府、史、胥、徒的職能。根據鄭玄所注，府掌「藏文書及器物」，史掌「若今起文書草也」，胥「次序宮中，如今侍曹伍伯傳吏朝也」，徒「趨走給召呼」〔註9〕。總體看來，各職下的府、史、胥、徒所擔當的均是與官長

〔註7〕　《大盂鼎》：「錫汝邦司四伯，人鬲自馭至于庶人六百又五十又九夫。錫夷司王臣十又三伯，人鬲千又五十夫」。人鬲被公認爲是通過戰俘俘虜而來的奴隸，因此人鬲的馭和庶人亦是奴隸，說明西周時期庶人確實有代指奴隸的情況。（唐蘭：《西周青銅器銘文分代史徵》，中華書局，1986年12月版，第171頁。）

〔註8〕　孫詒讓：《周禮正義》，中華書局，1987年12月版，第192～193頁。

〔註9〕　孫詒讓：《周禮正義》，中華書局，1987年12月版，第193頁。

職能相關的契約保藏、文書記載、隨時驅役、依令給役等職事，隨時隨地聽命並服務於其官長是其行事的根本準則。

第二，府、史的任命方式。鄭玄認爲「凡府史皆其官長所自辟除」〔註10〕，賈疏云：「官長謂一官之長，若治官六十，其下府史皆大宰辟召」〔註11〕，按照賈氏對鄭義的理解，府、史的任命便有兩層含義：一、由《周禮》六官官長任命；二、凡治官超過六十者，其下府史均由大宰任免。孫詒讓認爲賈疏歪曲了鄭義，其依據在於：《地官》敘官鄭注云「自胥師及司稽，皆司市所自辟除也」〔註12〕；《士冠禮》注云：「有司，羣吏有事者，謂主人之吏，所自辟除府史以下，今時卒史及假吏是也」〔註13〕；《特牲饋食禮》：「若有公有司私臣，皆殽脀」，鄭玄注：「私臣，自己所辟除者」〔註14〕等。依據鄭玄關於府、史任命形式的注疏，孫詒讓指出：「是職長或爲士，亦得自辟除屬吏矣」〔註15〕。因此，由鄭玄本意與孫詒讓總結可見，府、史的任命並非一定由大宰類官長負責，其直屬官長即可自任屬吏。而且《禮記・王制》孔疏云：「官長謂冢宰爲天官之長，司徒爲地官之長，自所命，或若大府爲府藏官之長，大司樂爲樂官之長是也」〔註16〕，孫詒讓評價此說最析〔註17〕。綜合可見，府、史任命的根本原則是官長自立，不過這一原則較爲寬泛，所謂官長既包括大宰類六官總長，司徒等六官官長，又包括大府、司市、諸士等各職官長，故其輔助原則應當還有：各職依事自辟府史之類。

第三，府、史、胥、徒的身份。

孫詒讓認爲：府、史的徵用不受命於王，而由其官長所自行徵召的方式，便可以說明「府史即庶人在官者」〔註18〕。鄭玄注胥、徒是「民給徭役者」〔註

〔註10〕 孫詒讓：《周禮正義》，中華書局，1987年12月版，第20頁。
〔註11〕 鄭玄注、賈公彥疏：《周禮注疏》，阮元校刻《十三經注疏》，上海古籍出版社影印，1997年版，第640頁。
〔註12〕 孫詒讓：《周禮正義》，中華書局，1987年12月版，第662頁。
〔註13〕 鄭玄注、賈公彥疏：《儀禮注疏》，阮元校刻《十三經注疏》，上海古籍出版社影印，1997年版，第946頁。
〔註14〕 鄭玄注、賈公彥疏：《儀禮注疏》，阮元校刻《十三經注疏》，上海古籍出版社影印，1997年版，第1193頁。
〔註15〕 孫詒讓：《周禮正義》，中華書局，1987年12月版，第20頁。
〔註16〕 鄭玄注、孔穎達等正義：《禮記正義》，阮元校刻《十三經注疏》，上海古籍出版社影印，1997年版，第1323頁。
〔註17〕 孫詒讓：《周禮正義》，中華書局，1987年12月版，第20頁。
〔註18〕 孫詒讓：《周禮正義》，中華書局，1987年12月版，第20頁。

19〕，而且鄭玄《駁五經異義》云：「《周禮》所謂皆征之者，使為胥徒，給公家之事，如今之正衛耳」〔註20〕。故孫詒讓總結：「鄭以胥徒卑於府史，非官長所辟除，乃平民來應徵調，供公家徭役者」〔註21〕。根據鄭、孫所言，結闔府、史與胥、徒職事特點來看，兩者的不同點主要在於：任命方式不同，一為官長親辟，一為平民自應徵調，這便決定了府、史地位高於胥、徒；職事不同，前者負責文書收藏的工作，後者則隨時待命而趨走給召，從職能上看府、史地位高於胥、徒也顯而易見。相同之處則如孫詒讓所言：「府史胥徒四者皆無爵，所謂庶人在官者也」〔註22〕。

二、《周禮》所見王室起居生活中所使用的庶人在官者

在《周禮》所構建的官制體系中，府、史、胥、徒等庶人在官者，依照其所在職官的職能需要而存在，其執掌直接關係到官家各項事務運作流程的有效銜接，以及諸項工作的順利完成。就王室起居生活的服務層面來看，由於其工作性質的繁重和瑣碎，亦需要大量庶人在官者的配備，現將其分類、數目、職事和從屬佈局列表於下：

《周禮》所見王室起居生活中的庶人在官者

職官	府	史	工	賈	胥	徒	無府徒類職官
宮正	二人	四人			四人	四十人	食醫
宮伯	一人	二人			二人	二十人	疾醫
膳夫	二人	四人			十有二人	百有二人	瘍醫
庖人	二人	四人		八人	四人	四十人	獸醫
內饔	二人	四人			十人	百人	酒人
外饔	一人	二人			五人	五十人	漿人
甸師	一人	二人			三十人	三百人	籩人
獸人	二人	四人			四人	四十人	醢人

〔註19〕孫詒讓：《周禮正義》，中華書局，1987年12月版，第21頁。
〔註20〕許慎撰、鄭玄駁：《駁五經異義》，載於《叢書集成》（初編），商務印書館發行，第17頁。
〔註21〕孫詒讓：《周禮正義》，中華書局，1987年12月版，第22頁。
〔註22〕孫詒讓：《周禮正義》，中華書局，1987年12月版，第23頁。

職官	府	史	工	賈	胥	徒	無府徒類職官
鱉人	二人	四人			三十人	三百人	醢人
鼈人	二人	二人				十有六人	鹽人
臘人	二人	二人				二十人	冪人
醫師	二人	二人				二十人	閽人
酒正	二人	八人			八人	八十人	寺人
凌人	二人	二人			八人	八十人	內豎
宮人	二人	四人			八人	八十人	九嬪
大府	四人	八人		十六人	八人	八十人	世婦
玉府	二人	二人	八人	八人	四人	四十有八人	女御
內府	一人	二人				十人	女祝
司裘	二人	四人				四十人	女史
掌皮	二人	四人				四十人	內司服
內宰	四人	八人			八人	八十人	縫人
內小臣		二人				八人	舂人
典婦功	二人	四人	四人	四人		二十人	饎人
典絲	二人	二人		四人		十有二人	槁人
典枲	二人	二人				二十人	守祧
屨人	一人	一人	八人			四人	世婦
夏採	一人					四人	內宗
師氏	二人	二人			十有二人	百有二十人	外宗
保氏	二人	二人			六人	六十人	女巫
司門	二人	四人			四人	四十人	司巫
每門	一人	二人				四人	男巫
鄙人	一人	一人				八人	方相氏
司尊彝	四人	二人			二人	二十人	大僕
司几筵	二人	一人				八人	小臣
司服	二人	一人			一人	十人	
虎賁氏	二人	八人			八十人	虎士八百人	

職官	府	史	工	賈	胥	徒	無府徒類職官
隸僕	一人	二人			四人	四十人	
弁師		二人	四人			四人	
司隸	五人	十人			二十人	二百人	
司烜氏						十有六人	
庶氏						四人	
翦氏						二人	
赤犮氏						二人	
壺涿氏						二人	

　　表格中所列職官主要涉及到了王室飲食、服飾、宿衛、服御、醫護等領域，與王室起居生活密切相關〔註23〕。從上述所列庶人在官者的使用情況來看，能夠反映出如下問題：

　　其一，庶人在官者除了府、史、胥、徒等較為常見的職類外，還包括賈、工兩類。而這兩類職官的特殊性主要在於：二者分居於專門負責府藏和天子或王室飲食、服飾體系之中，其它職類均不見此二者。賈，鄭玄注：「賈主市買，知物價」〔註24〕，孫詒讓總結：「此賈亦庶人在官者。凡諸官有市賈之事者，並有賈，列府史下，胥徒之上」〔註25〕。從表格中所見，與王室起居生活密切相關的「賈」，主要存在於庖夫、大府、典婦功、典絲等職官之下，「賈」因為知曉物價，而負責對於王室飲食用的牲畜、天子日常用度及絲枲、繒帛等物的辨別和買賣。工，鄭玄注：「工，能攻玉者」，孫詒讓云：「凡工皆庶人在官者，與賈同，諸官有造作之事者並有之」〔註26〕。與王室起居相關的「工」多集中於天子或王室用度、服、屨、弁等精細物品的加工和製作。此二者與府、史、胥、徒的主要區別是以其技藝專長而加以任命，依靠其出眾的才藝服務於天子或王室起居生活。

〔註23〕　實際上，還有供應類、禮樂類、祭祀類等與王室起居生活相關的職官存在，其下也領有大量的府、史、胥、徒。不過，因他們不直接參與王室日常的起居生活，或者多服務於王室非常起居之大型吉、凶、賓、嘉、射等禮儀活動，而不是本文所關注的範圍之內，故未列入表格。

〔註24〕　孫詒讓：《周禮正義》，中華書局，1987 年 12 月版，第 26 頁。

〔註25〕　孫詒讓：《周禮正義》，中華書局，1987 年 12 月版，第 26 頁。

〔註26〕　孫詒讓：《周禮正義》，中華書局，1987 年 12 月版，第 40 頁。

其二，府、史、胥、徒等庶人在官者並非奴隸，其地位也明顯高於奴隸。

從表格中看，府、史、胥、徒等地位高於奴隸的主要原因是其職能及其直屬職官的重要性。例如：凡配備府、史、胥、徒作爲使役的官職與配有奴隸作爲使役的職官（即無府史類職官）相比，前者的地位明顯高於後者。如膳夫至臘人整體地位高於醫官與飲官，又因膳食之重要，其使役者均爲庶人在官者，而食醫以下、酒人以下及宮官、女官等多配以奴隸爲使役。不過，酒正爲酒人類官長，醫師爲醫官類官長，內宰爲內小臣、閽寺及女官類官長，凡此類職官則專門配以府、史、胥、徒作爲徒屬，以區別於同類其它使役奴隸的官職，顯然這些庶人在官者的地位高於同一體系中所使用的奴隸。

另外，從人身依附關係與經濟來源方面進行考慮，庶人在官者的地位也高於奴隸。《周禮》所記府、史、胥、徒等通過官長辟除和平民應徵的方式，服務於官府或王家。這說明府史胥徒等庶人在官者應享有一定的人身自由，至少在其是否入宮使役的問題上可以參考一些個人意願，而且入宮之後，以「版籍」和所做使役爲憑據，享有「稍食」，並可以在適當的時候按照時令出入王宮。眾學者也參與到了關於庶人在官者之「稍食」的討論：賈疏云：「稍則稍稍與之，則月俸是也。則下士食九人，中士倍下士，上士倍中士，大夫倍上士之類。其祿與之米稟，故云祿稟也」；易祓云：「當是一命以上謂之祿，庶人在官者，稍事而已」；沈彤曰「稍食，食之小者。《校人》：『等馭夫之祿，宮中之稍事』。馭夫爲中士、下士，宮中則師圉府史以下」；孫詒讓總結「以經考之，賦祿或以田，或以米粟；奠食則一以米粟，無以田者。自卿以下至命士，皆有爵者也，故皆給祿不給食。……不命之士及庶子、庶人在官者，皆無爵而有事者也，故皆給食不給祿」〔註27〕。綜合諸家之意，其焦點在於祿稟和稍食之不同，並且其所給予的對象也不同，其中「稍食」爲月俸之少者，發放對象止於庶人在官者，故庶人是官家明確規定的享有定期收入的最底層，當然這些收入可能僅是極少的月俸或不多的賜食。綜上，庶人在官者在人身依附關係的限制不如奴隸嚴格，並按規定領有「稍食」，而且奴隸來源多爲罪人自坐、家屬從坐、戰俘、買賣而沒入官者，這無疑是庶人在官者與奴隸使役者本質上的區別。

〔註27〕 參見：《周禮·天官·宮正》：「幾其出入，均其稍食」之下涉及到庶人在官者之稍食的討論。孫詒讓：《周禮正義》，中華書局，1987年12月版，第219～220頁。

其三，王室起居生活中，府、史、胥、徒等庶人在官者的使用，亦突出內外有別、男女有別及王重於后、男重於女的基本原則。

從表格中所列府、史、胥、徒等庶人在官者，在王室起居官制體系中的分佈情況來看，有如下規律可循：首先，庶人在官者禁止入內宮使役。表格中專列無府史類職官，此類職官主要可分成三大組別即奄人統領類、專官行事類和女官類。其中奄人職下以女奴為主，醫、巫等職屬專官行事，女官亦多以女奴為主。除去巫、醫等職，無府史類職官的職能多服務於天子內宮，而且多與女子雜處或聯職，涉及到了食飲、宿衛、進御、僕侍等與天子及后、嬪等王室起居生活密切相關的基本方面，故此類諸職多用奄人和女官，庶人在官者被排除於外；其次，凡服務於天子或王室起居中的要職，多配備以府、史、胥、徒等庶人在官者。此類職官職能主要集中在對於天子或整個王室的飲食、醫護、府藏、絲枲用度、王宮宿衛等方面，其執掌範圍多與無府史類職官相合，但本於內外之別和男女有別的基本要求，此類職官不直接服務於天子內宮。不過此類職官中膳夫類、大府類、屨人、司服、弁師等職官的共性是：以直接服務天子的飲食、用度及服飾為自身的主要職責，其徒屬也均為庶人在官者而非奴隸。而天子妻妾起居諸方面的服務，卻多由奄人或女官帥職下奴隸完成，這正是天子權威、王重於后及男女之別的集中體現。

三、先秦其他文獻中所記庶人在官者

文獻中記「庶人」者不勝枚舉，而對於「庶人」的研究，如前文所述多集中在對庶人身份性質的討論及與之相關社會性質的論爭之上，對庶人在官者的提及或研究卻並不多見。

首先，涉及到庶人在官者的相關記載集中於《左傳》之中，如《左傳·昭公七年》：「士臣皂，皂臣輿，輿臣隸，隸臣僚，僚臣僕，僕臣臺，馬有圉，牛有牧，以待百事」〔註28〕。《左傳》中又多見庶人另計的情況，如「庶人、工、商，各有分親」〔註29〕；「士傳言，庶人謗」〔註30〕等。從材料中可見，庶人與皂隸等職顯然不同，其中皂隸之屬多被注為「賤官」。現代學者們也多以此材料作為討論奴隸社會性質的主要依據，以士與皂為界限，士之下者多被認定

〔註28〕楊伯峻：《春秋左傳注》，中華書局，1990年5月版，第1284頁。
〔註29〕楊伯峻：《春秋左傳注》，中華書局，1990年5月版，第94頁。
〔註30〕楊伯峻：《春秋左傳注》，中華書局，1990年5月版，第1017頁。

爲奴隸，爲官府所役使。不過黃中業先生在討論「皁隸」之屬的身份時，卻從皁隸等職的「賤官」身份出發，列舉了文獻中所記眾多皁、輿、隸、僚、僕、臺、圉、牧等低賤職官，並對此類職官與官屬奴隸之間進行了詳細比較，最後得出結論：「在春秋時期的文獻中，『皁、輿、隸、僚、僕、臺、圉、牧』；『府、史、胥、徒』；『近臣』與『小臣』；『徒』這四組不同的概念，實際上具有相同的涵義，都是指王室或公室即國家政權機關中百官屬下的職事人員而言」〔註31〕。根據黃中業先生所言，皁隸之屬實際上就是庶人在官者。再結合庶人這一階層的發展軌跡來看，庶人在官者的明確記載多見春秋以後，當然不能否認春秋以後奴隸與庶人在官者在職事上存在一致之處，將庶人在官者的皁隸之屬與爲奴者的皁隸之屬區分開來進行研究，則是較爲科學的研究方法。故本文認可黃忠業先生的研究方法，皁隸之屬雖然有奴隸擔當的情況存在，但就官制體系而言，皁隸之屬爲庶人在官者則更爲合理。

《國語・魯語下》：「列士之妻加之以朝服，自庶士以下皆衣其夫」〔註32〕，《詩・葛覃》孔疏云：「庶士，庶人在官者」〔註33〕。庶士地位在士階層之下，其身份低等，其妻沒有爵等和官服。《祭法》記載：「庶士、庶人無廟」，鄭玄注云：「庶士，府史之屬」〔註34〕，可見庶士與庶人的主要區別便在於是否爲公事所役使，庶士相當於庶人在官者。

《禮記・王制》則專門記有：「庶人在官者，其祿以是爲差也」，鄭注：「庶人在官，謂府、史之屬，官長所除不命於天子國君者」〔註35〕；《孟子・萬章下》：「北宮錡問曰：『周室班爵祿也，如之何？』孟子曰：『……下士與庶人在官者同祿，祿足以代其耕也』」，朱熹注云：「庶人在官，府、史、胥、徒也」〔註36〕；趙岐注曰「庶人在官，未命爲士者也」〔註37〕。此二則材料均將庶

〔註31〕黃中業：《春秋時期的「皁隸牧圉」屬於平民階層說》，《齊魯學刊》，1984年第2期。

〔註32〕徐元誥：《國語集解》，中華書局，2002年6月版，第197、198頁。

〔註33〕鄭玄箋，孔穎達等正義：《毛詩正義》，阮元校刻《十三經注疏》，上海古籍出版社影印，1997年版，第276頁。

〔註34〕鄭玄注、孔穎達等正義：《禮記正義》，阮元校刻《十三經注疏》，上海古籍出版社影印，1997年版，第1589頁。

〔註35〕鄭玄注、孔穎達等正義：《禮記正義》，阮元校刻《十三經注疏》，上海古籍出版社影印，1997年版，第1322頁。

〔註36〕朱熹：《孟子集注》卷十《萬章句下》，第6～8頁，小墨妙亭覆宋本。

〔註37〕趙岐注、孫奭疏：《孟子注疏》，北京大學出版社，1999年12月版，第271、272頁。

人在官者作爲周室官級爵祿的最底層，爵祿逐級遞減至庶人在官者，實際上至庶人在官者已無爵等可言，但卻享有祿稟。不過前文中專引眾家對於庶人在官者「稍食」的討論時，特別強調：此類職官屬於有事而無爵等者，故不享有祿稟而享有「稍食」以示其身份的低下。

另外《管子·小匡》記載「農之子」，除了「常爲農」之外，「其秀才之能爲士者，則足賴也。故以耕則多粟，以仕則多賢，是以聖王敬畏戚農」〔註38〕。說明庶人或平民之子存在依其賢、才出眾可以爲官的現象，他們的身份或入仕的途徑也是庶人爲官者。

綜合文獻中對於「庶人在官者」的記載及學者對其的注疏來看，府、史、胥、徒等即是庶人在官者，基本得到一致認可。不過文獻中缺乏對庶人在官者所擔當的具體官職的記載，「庶人在官者」所在的文獻時代又多爲春秋以後，並主要集中在戰國時期，說明春秋以後庶人之地位逐漸提高，而《周禮》對於府、史、胥、徒等庶人在官者的使用和安排，無疑是庶人身份獲得提高的全面體現，也能夠爲《周禮》成書於戰國晚期提供相關佐證。

第二節 奄人

在前文的討論中，我們對於負責天子或王室起居的職官群體進行了專題討論，在討論過程中，又不可避免地涉及到與其職能相關的附屬諸職的討論。其中最爲特殊的一類當屬王室起居中所使用的奄人，因此，本文專列一節以奄人爲研究對象，討論其在參與和服務王室起居生活的眾多職官中的特殊性。

一、先秦文獻中所記奄職的概況

先秦文獻中，凡涉及奄人時，多被稱爲奄尹、刑臣、刑者或宦人。如《呂氏春秋·仲冬紀》：「命閹尹，申宮令，審門閭，謹房室，必重閉。省婦事，毋得淫，雖有貴戚近習，無有不禁」〔註39〕。高誘注：「閹，宮官。尹，正也。〔註40〕」《禮記·月令》同記此條，僅以「奄尹」代替「閹尹」，鄭玄注「奄

〔註38〕 黎翔鳳：《管子校注》，中華書局，2004年6月版，第401頁。
〔註39〕 陳奇猷：《呂氏春秋新校釋》，上海古籍出版社，2002年版，第574頁。
〔註40〕 陳奇猷：《呂氏春秋新校釋》，上海古籍出版社，2002年版，第578頁。

尹，主領奄豎之官也」〔註 41〕。依高、鄭所言閽尹或奄尹的職能類似於《周禮》所記之宮人或內宰，是宮官中地位較高職能較重者。

文獻記載奄人時多強調其身份的特殊：如《左傳》僖公二十四年：「行者甚眾，豈唯刑臣」，杜預注：「披，奄人，故稱刑臣」〔註 42〕；《淮南子・說山訓》：「刑者多壽，心無累也」，注曰：「刑者，宮人也，心無情欲之累，精神不耗，故多壽也」〔註 43〕；鄭玄注《周禮》之奄人時指出「奄，精氣閉藏者，今謂之宦人」〔註 44〕。可見，奄人之所以被稱爲刑臣、刑者的原因便是其刑奄之人的身份。

上述記載所涉及到刑奄之人的職能是「申宮令」，此爲奄人此項職能較爲全面的記載。

除此之外，文獻中涉及奄人之職的記載時，多集中於掌門之晨昏啓閉之上：如《詩・大雅・召旻》：「昏、椓靡共」，鄭玄箋：「昏、椓，皆奄人也。昏，其官名也。〔註 45〕」而《禮記・祭統》直接記載：「閽者，守門之賤者也」〔註 46〕，可見，眾家關於閽的注疏皆本於《周禮》閽人之職，閽人的身份多被認爲是奄人。另外《詩・小雅・巷伯》：「寺人傷於讒」，鄭玄箋：「巷伯，奄官，寺人，內小臣也。奄官，上士四人，掌王后之命於宮中爲近，故謂之巷伯」〔註 47〕，此處奄人主要隨侍於王后，屬內宮近侍。另有《國語・晉語二》：「公令閽楚刺重耳。」章昭注：「閽，閽士也」〔註 48〕，說明閽楚也就是寺人批是侍奉於君主身邊的武職。

綜上所述，周代文獻關於奄人的記載多集中在閽、寺兩職之上，負責晨昏宮門之啓閉和宿衛，此爲其本職，因此《說文》定義「閹」爲「宮中奄閹

〔註 41〕鄭玄注、孔穎達等正義：《禮記正義》，阮元校刻《十三經注疏》，上海古籍出版社影印，1997 年版，第 1382 頁。
〔註 42〕杜預注、孔穎達等疏：《春秋左傳正義》，阮元校刻《十三經注疏》，上海古籍出版社影印，1997 年版，第 1816 頁。
〔註 43〕何寧撰：《淮南子集釋》，中華書局，1998 年 10 月版，第 1115 頁。
〔註 44〕孫詒讓：《周禮正義》，中華書局，1987 年 12 月版，第 33 頁。
〔註 45〕鄭玄箋、孔穎達等疏：《毛詩正義》，阮元校刻《十三經注疏》，上海古籍出版社影印，1997 年版，第 579 頁。
〔註 46〕鄭玄注、孔穎達等正義：《禮記正義》，阮元校刻《十三經注疏》，上海古籍出版社影印，1997 年版，第 1606 頁。
〔註 47〕鄭玄箋、孔穎達等疏：《毛詩正義》，阮元校刻《十三經注疏》，上海古籍出版社影印，1997 年版，第 456 頁。
〔註 48〕徐元誥：《國語集解》，中華書局，2002 年 6 月版，第 281 頁。

閉門者」〔註49〕。再根據《詩經》、《左傳》、《國語》、《呂氏春秋》、《禮記》等對於寺人孟子、奄尹、寺人批的記載，說明奄人不僅專司內宮之門的啓閉，還作爲近侍之臣，隨侍於天子、王后、諸侯左右，甚至被學者冠以爵等而被疏爲「奄士」，《周禮》內小臣即爲此例。

二、《周禮》奄人之職的特點

《周禮》所記之奄人主要包括：內小臣奄上士四人、酒人奄十人、漿人奄五人、籩人奄一人、醢人奄一人、醯人奄二人、鹽人奄二人、冪人奄一人、內司服奄一人、縫人奄二人、舂人奄二人、饎人奄二人、槀人奄八人、守祧奄八人、閽人和寺人。與先秦其它文獻所記載的奄人相比，《周禮》記奄人則呈現出了如下特點：

第一，《周禮》記奄人之職能，既忠實於其本職又對其職能進行了充分地擴充。

《周禮》內宰之屬有內小臣、閽人、寺人等多爲奄人，而且是奄人當職者中職能獨立、地位較高的職官，其執掌與文獻中所記奄人的本職也較爲一致。如內小臣掌「王之陰事陰令」〔註50〕；《天官》敘官云：「閽人，王宮每門四人，囿游亦如之。寺人，王之正內五人」〔註51〕，兩者內外相備，閽人主掌王宮「中門之禁」〔註52〕寺人主掌「王之內人及女宮之戒令」〔註53〕。同時掌戮職記：「宮者使守內」〔註54〕，所謂宮者即爲奄人。可見，《周禮》之內小臣、閽、寺等職與先秦其它文獻中所記奄人本職的記載基本一致，只是將奄人之本職細化分配地更加具體。

除此之外，大量奄人被使役於王室日常生活的各個方面，這無疑豐富了奄人的職能。例如酒人、漿人、籩人、醢人、醯人、鹽人、舂人、饎人及槀人等職，以奄人爲統領，負責天子、王后及世子等整個王室日常酒漿、庶羞、調味、主食及米糧的供應；內司服、縫人、冪人所負責的是天子、王后及世子等王室服飾的供應，執掌桑蠶、縫線、麻枲之女事以及王室生活中所使用

〔註49〕 許慎撰：《說文解字》，中華書局，1963年12月版，第249頁。
〔註50〕 孫詒讓：《周禮正義》，中華書局，1987年12月版，第540頁。
〔註51〕 孫詒讓：《周禮正義》，中華書局，1987年12月版，第44、48頁。
〔註52〕 孫詒讓：《周禮正義》，中華書局，1987年12月版，第540頁。
〔註53〕 孫詒讓：《周禮正義》，中華書局，1987年12月版，第548頁。
〔註54〕 孫詒讓：《周禮正義》，中華書局，1987年12月版，第2880頁。

的冪巾、服飾等各種縫線之事；內小臣、閽、寺、守祧等主要負責天子妻妾的禮事教詔、相禮、內宮禁戒宿衛及祖廟的守護。實際上，奄人被大量用於天子及王室衣、食、住、行及宿衛等起居生活的各個方面。

關於王室起居生活中大量使用奄人的原因，孫詒讓作出了合理的解釋：《周禮》「宮府小官凡與嬪婦雜處者，多以奄爲之，不徒守內也」〔註55〕，既體現了王宮使用奄人不僅用於守內，又強調了奄人更適合與天子內宮嬪婦雜處的身份。而且奄人以宮者的身份參與到天子及王室起居生活中去，既保證了王室起居生活諸多方面的及時供應和服務體系的完備，又是天子內宮御妾嚴守男女之禮、維護內宮禮法之周全和秩序之井然的保障，此爲奄人用於內宮的根本原因所在。不過需要指出的是：相較於先秦時期文獻對於奄人之職的記載，《周禮》對於奄人諸項職能的擴充或衍生，僅爲《周禮》所獨有，但《周禮》之創建卻影響深遠，此後歷朝歷代均將奄人任命爲宦官、宦吏、中官、內官、內臣、內侍、內監等，憑藉其特殊身份擔當皇室近侍，以服務於皇室的起居生活。

第二，《周禮》奄人職能繁重但無爵等以示其身份的特殊和地位的低等。

歷代學者在注疏內小臣時，涉及到了對於奄人是否稱「士」問題的討論。內小臣「奄上士四人」，鄭玄注：「奄稱士者，異其賢也」〔註56〕，孫詒讓云：內小臣「以其職掌較重，當選擇奄之賢者爲之，故特有爵也」〔註57〕，強調的是內小臣「佐王后」職能的重要性，故特舉奄中賢者並加爵以示區分。關於其它奄的身份，學者們亦形成相關討論。賈公彥云：「案上酒人、漿人等奄並不稱士，則非士也。獨此（內小臣）云以其有賢行命爲士，故稱士也」〔註58〕，並強調酒人等均屬於「奄不稱士，則此奄亦府史之類」〔註59〕。賈疏的基本觀點是除內小臣外，酒人、漿人等奄職並非士，故無爵等僅記爲奄人，相當於府史之類等庶人在官者。林頤山根據鄭玄注「奄，精氣閉藏者，今謂之宦人」〔註60〕，「奄，如今之宦者」〔註61〕，又結合鄭

〔註55〕 孫詒讓：《周禮正義》，中華書局，1987年12月版，第33頁。
〔註56〕 孫詒讓：《周禮正義》，中華書局，1987年12月版，第43頁。
〔註57〕 孫詒讓：《周禮正義》，中華書局，1987年12月版，第43頁。
〔註58〕 鄭玄注、賈公彥疏：《周禮注疏》，阮元校刻《十三經注疏》，上海古籍出版社影印，1997年版，第642頁。
〔註59〕 鄭玄注、賈公彥疏：《周禮注疏》，阮元校刻《十三經注疏》，上海古籍出版社影印，1997年版，第641頁。
〔註60〕 孫詒讓：《周禮正義》，中華書局，1987年12月版，第33頁。

玄《世婦》注：「漢始大長秋、詹事、中少秋、大僕亦用士人」〔註62〕，得出結論：「《周禮》奄是士人之精氣閉藏者，後世以奄為宮者之專稱，漢始宦者亦用士人」，並強調內小臣之奄稱上士「為士人，為奄中之卓卓者」〔註63〕。總體看來，關於奄是否稱士存在兩種觀點：賈疏明確認定除內小臣外，其它奄職非士人；林頤山認為《周禮》奄即為士人，而內小臣為奄中賢者。需要指出的是：林頤山之結論立足於《周禮》成於漢前，再將鄭玄依據漢制所注及秦漢宦官之使用情況作為《周禮》奄人為士的依據，便不能令人信服。

根據《周禮》序錄習慣，以及文獻對於「奄士」的記載，本文認為《周禮》除內小臣外，諸奄人職能繁重但並非士人，故無爵等，以示其身份的特殊及地位的低等。原因如下：

其一，《周禮》以奄稱人以立其殊。根據《天官・敘官》排序，奄人因擔當王室酒、漿諸飲和豆籩、醢、醯等膳羞之事的供應，而從屬於膳夫，並且列於食官、醫官之後，服御諸官之前，為酒正所領。《周禮》敘官以爵等高下為線索，食官、醫官爵等均在下士以上，酒正為「中士四人、下士八人」〔註64〕，酒人、漿人、凌人、籩人、醢人、醯人、鹽人、羃人等序列於後，至宮人又為「中士四人、下士八人」〔註65〕，實際上，酒正以下酒人諸官構成了一個相對獨立的專供王室酒漿食飲的職官團體，其職能之重等同於食官、醫官及宮官諸類。不過從《周禮》對於食官、醫官、宮官等列於酒正諸官前後的職官團體，均專記其爵等的習慣來看，《周禮》記酒人以下諸職，除凌人記「下士二人」〔註66〕外，其它諸職均以奄及數目加以敘錄。其後內寢之官中內小臣為「奄上士四人」、閽、寺，內宮服飾之內司服、縫人，地官之舂人、饎人、槁人，春官之守祧等職，凡涉及奄人當職者仍以奄及數目加以敘述。可見，《周禮》記奄人當職者不記爵等，不稱士人是為慣例。不過，奄人所領職能的重要性雖然直接關乎天子及整個王室的起居生活，但卻無爵等可言，

〔註61〕孫詒讓：《周禮正義》，中華書局，1987年12月版，第1255頁。
〔註62〕孫詒讓：《周禮正義》，中華書局，1987年12月版，第1262頁。
〔註63〕林頤山：《經述》，王先謙輯《清經解續編》，第五冊，上海書店出版，1988年10月版，第1408頁。
〔註64〕孫詒讓：《周禮正義》，中華書局，1987年12月版，第32頁。
〔註65〕孫詒讓：《周禮正義》，中華書局，1987年12月版，第38頁。
〔註66〕孫詒讓：《周禮正義》，中華書局，1987年12月版，第35頁。

致使其地位明顯異於職能同等重要的食、醫、宮等諸類職官。《左傳》昭公五年，楚靈王曰「若吾以韓起爲閽，以羊舌肸爲司宮，足以辱晉」，杜預注司宮「加宮刑」，楊伯峻曰：「司宮爲內宮之官」〔註67〕。楚靈王意欲通過對晉國使臣加諸刖刑、宮刑的方式來羞辱晉國，亦可說明受刖刑及宮刑者的低賤。《穀梁傳》襄公二十九年：「閽，門者也，寺人也。不稱名姓，閽不得齊於人。不稱其君。閽不得君其君也。禮，君不使無恥，不近刑人。……舉至賤而加之吳子，吳子近刑人也」〔註68〕。可見閽、寺實爲刑人，地位最爲卑賤。因此，《周禮》諸奄職執掌雖繁重，卻不能稱士，記奄爲人以突出其身份之特殊和地位之低下，亦合乎情理。

其二，文獻中，奄人稱官爲士者，多指內小臣或者奄官之長，其職能傾向於天子或諸侯之侍臣，而非酒人等內宮之食飲使役者。如《詩·小雅·巷伯》：「寺人孟子」，鄭玄箋：「巷伯，奄官；寺人，內小臣也。奄官上士寺人掌王后之命，於宮中爲近，故謂之巷伯，與寺人之官相近，讒人譖寺人，寺人又傷其將及巷伯。〔註69〕」詩文所諷刺的是幽王親近善於諂媚的奄官近侍。《左傳》襄公九年：「令司宮、巷伯儆宮」，杜注云：「司宮，奄臣；巷伯，寺人。皆掌宮內之事」，孔疏云：「奄人之官此最爲長，則司宮當天子之內小臣也。……巷者，宮內道名，伯，長也，是宮內門巷之長也」〔註70〕。《左傳》襄公二十六年「寺人惠牆伊戾爲大子內師而無寵」，孔疏云：「內師者，身爲寺人之官，公使之監知大子內事，爲在內人之長也」〔註71〕，並且伊戾自稱「小人之事君子也，惡之不敢遠，好之不敢近，敬以待命，敢有貳心乎」〔註72〕？上述材料中，巷伯即稱寺人、寺人亦爲司宮，而伊戾以寺人身份被任命爲太子內師足見其卓賢，再從其回答來看，寺人伊戾應爲諸侯、太子之侍從，

〔註67〕 楊伯峻：《春秋左傳注》，中華書局，1990年5月版，第1267頁。

〔註68〕 范甯注、楊士勛疏：《春秋穀梁傳注疏》，阮元校刻《十三經注疏》，上海古籍出版社影印，1997年版，第2431頁。

〔註69〕 鄭玄箋、孔穎達等疏：《毛詩正義》，阮元校刻《十三經注疏》，上海古籍出版社影印，1997年版，第456頁。

〔註70〕 杜預注、孔穎達等正義：《春秋左傳正義》，阮元校刻《十三經注疏》，上海古籍出版社影印，1997年版，第1941頁。

〔註71〕 杜預注、孔穎達等正義：《春秋左傳正義》，阮元校刻《十三經注疏》，上海古籍出版社影印，1997年版，第1990頁。

〔註72〕 杜預注、孔穎達等正義：《春秋左傳正義》，阮元校刻《十三經注疏》，上海古籍出版社影印，1997年版，第1990頁。

並深諳爲奄官之道，故爲奄中卓卓者，稱官爲士可被認可。另據《國語・晉語二》：「公令閹楚刺重耳。」韋昭注：「閹，閹士也」〔註73〕，亦可說明奄人稱士者，多爲諸侯之近臣，所擔當的職務性質並非內宮食飲之雜役。除巷伯、內小臣、寺人及司宮之外，文獻直記奄人爲官者並不多見，而奄人稱士者更少之又少，凡涉及到奄、宦之職時亦多集中在近臣宦豎、閹寺之屬，地位之低顯而易見，更無稱士之可能。因此，《周禮》獨記內小臣爲奄士以異其賢，另計酒人等爲奄人以突出其身份之特殊及地位之低下有其合理之處，也符合先秦文獻中對於奄人爲官者的一般記載。

第三，《周禮》奄人不同於一般奴隸，其職能與地位類似於庶人在官者。

《周禮》記奄爲人的目的是爲了突出其刑人身份，但並沒有否認其奄人在官者的特殊地位。酒人「奄十人，女酒二十人，奚三百人」，賈疏云：「以其與女酒及奚同職，故用奄人。奄不稱士，則此奄亦府史之類，以奄爲異也」〔註74〕。強調此處奄人相當於府、史等庶人在官者，而酒人職能的實際運行亦是由奄十人統領女奴三百二十人完成，專門負責王室造酒之事。內司服「奄一人，女御二人，奚八人」，賈疏云「以其衣服事多，須男子兼掌。以與婦人同處，故用奄也」〔註75〕，孫詒讓總結：「經不以女御領奄者，以內司服官府，自以奄主之，女御爲內官，特兼領其事，而不常居其寺，故經首列奄，此列女御亦變例也」〔註76〕。女御作爲內命婦應當尊於無爵之奄，但《周禮》經文敘官卻將女御居於奄人之下，孫氏故特具舉爲「變例」，那麼以「常例」而言，在無女御參與的職官下，自是奄人主掌，與其屬卜奴隸相比，其地位較高是顯而易見的。

類似的還有：漿、籩、醢、醯、冪、舂、槀、縫等職所負責的飲食、粢盛、縫線之事，皆由奄人領女奴數人分類別自行完成。可見，《周禮》之奄人並非一般意義上的奴隸，因其地位明顯高於奴隸，故以奄人在官者解之更爲合理，而且奄人之賢者亦被賜予爵等，內小臣稱奄上士即爲例證。所以，奄不同於一般奴隸的最突出特點便是：在《周禮》所構建的官制體系中，奄人

〔註73〕徐元誥：《國語集解》，中華書局，2002 年 6 月版，第 281 頁。

〔註74〕鄭玄注、賈公彥疏：《周禮注疏》，阮元校刻《十三經注疏》，上海古籍出版社影印，1997 年版，第 641 頁。

〔註75〕鄭玄注、賈公彥疏：《周禮注疏》，阮元校刻《十三經注疏》，上海古籍出版社影印，1997 年版，第 643 頁。

〔註76〕孫詒讓：《周禮正義》，中華書局，1987 年 12 月版，第 55 頁。

的服務層面多集中在王室起居諸項事宜低於宿衛、飲食、醫療等同類的其它諸職，但在各自的官制所領的職權範圍內，奄人作爲統領者，其地位要高於所屬諸奴隸。

第三節 《周禮》所見王室起居生活中所使用的奴隸

《周禮》官制注重奴隸的使用，而且尤其突出對於女奴的使用，凡涉及到王室內寢諸事的勞作，無不專設女奴予以使役。而男奴的役使則多居於王室起居生活的外圍，因其異族和罪人身份而被安置於王宮宿衛和勞辱諸事之上。男女奴隸實際上是王室起居生活中最低級的使役群體，本節以《周禮》所記王室起居生活中所使用的奴隸爲研究對象，考察《周禮》所記的奴隸來源途徑、使用情況、從屬及特點，並對文獻中所記隸、臣、臣妾等奴隸群體進行相應考察。

一、奴隸的主要來源

《周禮》所記奴隸的來源主要有三個途徑：來源於罪人自坐及其家屬從坐；來源於戰俘；來源於買賣。在討論不同來源途徑時，我們還將加入對《周禮》所記不同奴隸群體的考察，如罪隸之屬、舂槀之屬、刑女在宮中者、四夷之隸等。

1. 來源於罪人自坐及罪人家屬從坐

（1）《周禮》罪人及其家屬爲奴問題的綜合分析

據《司隸》職記：「其奴，男子入于罪隸，女子入于舂槀」〔註77〕，鄭司農與鄭玄均認爲：此處「奴」是因爲盜賊獲罪而被罰作奴隸。二鄭所論不同之處在於：先鄭認爲「謂坐爲盜賊而爲奴者，輸於罪隸、舂人、槀人之官也。由是觀之，今之爲奴婢，古之罪人也」〔註78〕；後鄭認爲「奴從坐而沒入縣官者，男女同名」〔註79〕。林頤山總結二鄭之說時強調：先鄭「用古周禮說，以明在漢制，從坐子女沒入爲奴婢，罪從重；在周禮古制，則自坐罪人沒入爲奴，罪從輕也。後鄭改先鄭舊說……謂奴從坐沒入縣官者，男女同名。後鄭以爲《漢

〔註77〕孫詒讓：《周禮正義》，中華書局，1987 年 12 月版，第 2864 頁。
〔註78〕孫詒讓：《周禮正義》，中華書局，1987 年 12 月版，第 2864 頁。
〔註79〕孫詒讓：《周禮正義》，中華書局，1987 年 12 月版，第 2864 頁。

律》盜賊子女從坐爲奴婢實即《周禮》古制男女之奴」〔註80〕。因此，前、後鄭爭論的焦點便集中在是罪人自坐爲奴還是罪人之子女從坐爲奴，也就是說《周禮》王室所使用的奴隸是直接來源於罪人還是以罪人之子女充當？

如果從先秦文獻記載來看，以罪人自坐和罪人家屬從坐這一角度對奴隸的來源進行考察的話，實際上無法形成對於前鄭或後鄭任何一方的傾向。

首先，罪人自坐爲奴實爲先秦古制。

《司隸》職下先鄭所引：《尚書·湯誓》「予則孥戮汝」〔註81〕，《論語·微子》「箕子爲之奴」〔註82〕，《左傳》「初，斐豹，隸也，著於丹書。欒氏之力臣曰督戎，國人懼之。斐豹謂宣子曰：『苟焚丹書。我殺督戎。』」〔註83〕」文獻中所引之「奴」皆爲罪隸之奴，先鄭用以證明奴隸的來源是罪人自坐爲奴。

不過《尚書·湯誓》「予則孥戮汝」〔註84〕中，對於「孥戮」一詞或者「孥」字理解的不同，使得奴隸的身份也存在差異。顏師古《匡謬正俗》中強調：「案『孥戮』者，或以爲奴，或加刑戮，無有所赦耳。此非孥子之『孥』，猶《周書·泰誓》稱：『囚孥正士』，亦謂或囚或孥也，豈得復言並子俱囚也」〔註85〕？顏氏所言「孥戮」就是以爲奴的意思，而且強調罪人自爲奴，不牽連其子。另外，文獻中記載確實有將「孥」用以指代妻、子的情況，如《詩·小雅·常棣》：「宜爾家室，樂爾妻帑」〔註86〕，這裏「帑，子也。」；《國語·晉語二》稱：「以其孥適西山」，韋昭注：「孥，妻子也」〔註87〕。那麼「孥戮」的對象便有了爭議：是孥戮罪人本身還是需要延及妻兒？古代學者在討論罪人自坐與罪人家屬從坐時，實際上有一個基本的時代劃分。《湯誓》注曰：「古之用刑父子兄弟罪不相及，今云『孥戮汝』無有所赦，權以脅之使勿犯」〔註88〕。孫星衍總

〔註80〕林頤山：《經述》，王先謙輯《清經解續編》第五冊，上海書店出版，1988年10月版，第1408頁。
〔註81〕孫星衍：《尚書今古文注疏》，中華書局，1986年12月版，第219頁。
〔註82〕楊伯峻：《論語譯注》，中華書局，1980年12月版，第192頁。
〔註83〕楊伯峻：《春秋左傳注》，中華書局，1990年5月版，第1075頁。
〔註84〕孫星衍：《尚書今古文注疏》，中華書局，1986年12月版，第219頁。
〔註85〕顏師古：《匡謬正俗》卷二，小學彙函第四，德州盧雅雨堂本，第1頁。
〔註86〕鄭玄箋、孔穎達等疏：《毛詩正義》，阮元校刻《十三經注疏》，上海古籍出版社影印，1997年版，第409頁。
〔註87〕徐元誥：《國語集解》，中華書局，2002年6月版，第285頁。
〔註88〕孔安國傳、孔穎達正義：《尚書正義》，阮元校刻《十三經注疏》，上海古籍出版社影印，1997年版，第160頁。

結：「案：三代已前，父子兄弟罪不相及。至秦，始有連坐收帑之法」〔註89〕。因此，先鄭注司隸職下奴隸的來源是罪人自坐，遵循古制，基本上能得到學者認可〔註90〕。就《周禮》而言，雖然沒有明確說明奴隸來源，但其中宦女身份之女宮、刑臣身份之奄人之中絕不乏罪人受刑而自坐爲奴者。

其次，罪人家屬從坐爲奴亦爲周制。學者們習慣性認爲自商鞅改制，連坐收帑成爲定制，此後，罪人之父母、兄弟、子女從坐現象多爲秦制、漢律所常見，因此，在進行此問題討論時，便將罪人家屬從坐的現象籠統的歸爲秦制或漢制。實際上，春秋及以前亦有罪人家屬從坐爲奴的現象。如《國語·周語下》周靈王時太子晉說：「是以人夷其宗廟，而火焚其彝器，子孫爲隸，不夷於民」〔註91〕；《呂氏春秋·開春》：「晉誅羊舌虎，叔嚮爲之奴而臞」〔註92〕，高誘注：「奴，戮也。律坐父兄沒入爲奴」〔註93〕；《呂氏春秋·精通》又記春秋楚國鍾子期之父「不幸而殺人，不得生」，其母親及子期本人均從坐而分別爲「公家爲酒」和爲「公家擊磬」〔註94〕，其職能相當於《周禮》之女酒和磬胥。

綜上所述，再看二鄭對於《周禮》奴隸來源是罪人自坐還是罪人之家屬從坐的解釋或爭訟，我們會發現將這兩種情況分割開來或單獨釋義《司隸》之「奴」的來源爲罪人之家屬從坐還是罪人自坐並不可取。而較爲可取的觀點應爲：無論漢制還是周禮古制均存在罪人自坐爲奴和罪人家屬從坐爲奴的現象，只不過罪人自坐爲奴，罪從輕；罪人子女從坐爲奴，罪從重。

（2）《周禮》罪人或其家屬爲奴的不同情況

《周禮》經文直記「奴」之來源僅爲：《司厲》職記「其奴，男子入於罪隸，女子入於舂槁。凡有爵者，與七十者，與未齓者，皆不爲奴」〔註95〕。從經文記載中僅能看出此處「奴」之來源與罪人有關，但無法分辨「奴」是罪

〔註89〕孫星衍：《尚書今古文注疏》，中華書局，1986 年 12 月版，第 213 頁。

〔註90〕陳連慶先生在其文章《〈周禮〉中所見的奴隸》中，以「罪隸」爲例，參考《周禮》經文對於「罷民」懲罰的記載，強調：「這種罷民的身份介於刑徒與奴隸之間，但他仍以自身行爲不檢而受處分，非因親屬有罪而連坐，所以《周禮》當中關於罪隸的解釋，應以先鄭爲長」。（參見陳連慶：《〈周禮〉中所見奴隸》，《史學集刊》，1989 年第 2 期。）

〔註91〕徐元誥：《國語集解》，中華書局，2002 年 6 月版，第 101 頁。

〔註92〕陳奇猷：《呂氏春秋新校釋》，上海古籍出版社，2002 年版，第 1436 頁。

〔註93〕陳奇猷：《呂氏春秋新校釋》，上海古籍出版社，2002 年版，第 1448 頁。

〔註94〕陳奇猷：《呂氏春秋新校釋》，上海古籍出版社，2002 年版，第 514 頁。

〔註95〕孫詒讓：《周禮正義》，中華書局，1987 年 12 月版，第 2864、2866 頁。

人自坐還是家屬從坐。不過依據前文所疏，結合《周禮》之女酒、奚、女宮、刑臣等不同罪因之罪人爲奴的記載，以及《司隸》對於有爵者、老人和兒童等不爲奴之情況的區分，說明《周禮》實際上確實構建了一個奴隸使用的基本要求和標準。不過《周禮》所記諸項制度的慣例是極盡繁瑣之能，因此，其奴隸的來源便不可能如二鄭所斷言，單獨將其的限定爲罪人自坐，或者是罪人家屬之從坐等簡單標準。其合理解釋應該是兩者均存，奴隸之來源的考量，更應該是將罪人之身份、罪責之輕重及罪人自身之特長、王宮之安全等因素加以綜合考慮的結果。

　　《周禮》來源於罪人自坐或罪人家屬從坐的奴隸主要以罪隸之屬、舂人和槀人所領的奴隸爲代表，進而擴展至酒人等職之下的女奴、奚及女宮等群體。

　　第一，罪隸之屬。罪隸所領「百有二十人」，鄭玄注：「盜賊之家爲奴者」，賈公彥疏：「古者身有大罪，身既從戮，男女緣坐，男子入於罪隸，女子入於舂槀，故注云盜賊之家爲奴者」〔註 96〕，注疏強調《周禮》奴隸來源的主要途徑是：因所犯之罪重大，而使罪人家屬從坐。不過，《既夕記》：「隸人涅廁」，鄭玄注「隸人，罪人也，今之徒役作者也」〔註 97〕；《左傳》襄公二十三年「斐豹，隸也」，杜預注「蓋犯罪沒爲官奴」〔註 98〕。以此爲依據，孫詒讓認爲罪隸之屬應該包括「凡有罪而罰作者，並入罪隸，不徒盜賊之家矣」〔註 99〕。另據桓寬《鹽鐵論·周秦》所言「春秋（罪人）無名號，謂之云盜，所以賤刑人而絕之人倫也」〔註 100〕。因此，盜賊不僅指代犯下盜賊之罪的人，還應該包括盜賊之外的罪人，而《周禮》凡有罪者僅明確記載爲盜賊，亦可能是以盜賊概指罪人。也可進一步說明《周禮》之奴隸不僅包括罪人親屬從坐的情況，還應該有罪人自坐爲奴的情況，當然罪人亦有男女之分。

　　第二，舂槀之屬。舂槀職下的女抌、女槀及奚人，是盜賊爲奴之女子。孫詒讓解釋：「此女舂抌，即謂女子當爲奴，其能舂抌者即入此職，上者爲女

〔註 96〕孫詒讓：《周禮正義》，中華書局，1987 年 12 月版，第 2719 頁。
〔註 97〕鄭玄注、賈公彥疏：《儀禮注疏》，阮元校刻《十三經注疏》，上海古籍出版社影印，1997 年版，第 1159 頁。
〔註 98〕楊伯峻：《春秋左傳注》，中華書局，1990 年 5 月版，第 1075 頁。
〔註 99〕孫詒讓：《周禮正義》，中華書局，1987 年 12 月版，第 2719 頁。
〔註 100〕王利器：《鹽鐵論校注》，中華書局，1992 年 7 月版，第 584 頁。

奴，下者爲奚。其不能春抗者，別入稾人矣」〔註101〕。按照孫氏所言，爲奴者內部根據職能的不同仍有高下之分。另外，林頤山立足於前後鄭爭論的基礎之上，對於相關女奴之身份也進行了總結「女酒等仍爲從坐之女奴，因其罪輕而爲奚之長，而奚即宮女則自坐宮刑之罪人，因其罪重而爲給事宮中之奚」〔註102〕。此論既表明女奴內部因其技能和罪責輕重的不同而有高下之分，又說明女奴之來源不僅包括罪人自坐亦有家屬從坐的情況，而且所犯罪責也不僅僅是盜賊之罪，受刑之罪人亦納入其中。以孫、林觀點爲基礎，除女春、女稾外，《周禮》經文中所記女酒、女漿、女籩、女醢、女醯、女鹽、女冪、女工、女饎、女挑、女府等職所配備的眾多奚職，其共同點均爲通曉某項技能的女奴及其從屬，經文雖未直接記載其來源，但根據上述討論所言，這些女奴的來源途徑應該包括罪人自坐爲奴、家屬從坐爲奴等情況。

第三，刑女在宮中者。在《周禮》所記眾多因罪或從坐沒入宮中服役的眾多奴隸中，我們還需要專提一類：刑女在宮中者。據《周禮》經文及相關注疏所記，此類人員主要是指：奚和女宮。

奚，《周禮》所記之奚的數目約爲八百一十三人，是一個龐大的基層勞作群體，服務於王室起居生活的各個方面，承載了王室起居服務體系中最繁重的勞動環節，從這一角度來看，奚既是《周禮》所記奴隸的主體又是奴隸群體中的底層。在這一體系中，強調除了罪人自坐爲奴和家屬從坐外，還有罪人自坐受刑而入宮者。鄭玄注酒人職下之奚時，除了「古者從坐男女，沒入縣官爲奴，其少才知，以爲奚，今之侍史官婢」外，令備一說「或曰：奚，宦女」〔註103〕，賈公彥認爲宦女是奚之別稱〔註104〕。孫詒讓認爲「此別一說，謂此奚即宦女，對前奄爲宦男」〔註105〕。《左傳》僖公十七年確實出現過宦女的記載：「男爲人臣，女爲人妾，……故名男曰圉，女曰妾。及子圉西質，妾爲宦女焉」〔註106〕。臣妾本意即爲男女奴隸，如《尚書·費誓》「臣妾逋逃」〔註107〕，《易·遯》「畜臣妾」〔註108〕。《左傳》僖十七年所記之妾有兩層含

〔註101〕孫詒讓：《周禮正義》，中華書局，1987年12月版，第684頁。
〔註102〕林頤山：《經述》，王先謙編《清經解續編》，第五冊，上海書店出版，1988年10月版，第1408頁。
〔註103〕孫詒讓：《周禮正義》，中華書局，1987年12月版，第33頁。
〔註104〕參見孫詒讓：《周禮正義》，中華書局，1987年12月版，第34頁。
〔註105〕孫詒讓：《周禮正義》，中華書局，1987年12月版，第34頁。
〔註106〕楊伯峻：《春秋左傳注》，中華書局，1990年5月版，第372頁。
〔註107〕孫星衍：《尚書今古文注疏》，中華書局，1986年12月版，第513頁。

義：一為奴隸，一為女名，根據文意為了區別於女名之妾，宦女取代妾之本意指代女奴。《國語·越語上》云：「與范蠡入宦於吳」，韋注云：「宦，為臣隸。〔註109〕」因此，此處宦女即隸妾或女奴。而且《周禮》司刑職記「掌五刑之灋，……宮罪五百」，鄭玄注：「宮者，丈夫則割其勢，女子閉於宮中，若今宦男女也」〔註110〕。說明女子自坐宮刑而幽閉於宮中，從事各種繁重的體力勞動，確實可能為奚之來源。

　　女宮，主要出現在天官寺人、世婦及春官世婦的執掌之中。寺人「掌王之內人及女宮之戒令，相道其出入之事而糾之。若有喪紀、賓客、祭祀之事，則帥女宮而致於有司，佐世婦治禮事」〔註111〕。世婦「掌祭祀、賓客、喪紀之事，帥女宮而濯摡，為齍盛。及祭之日，涖陳女宮之具，凡內羞之物。〔註112〕」除此之外，再無女宮記載，也可以看出，女宮專門負責與祭祀、喪紀、賓客等禮事相關的諸項事宜。鄭玄《寺人》注：「女宮，刑女在宮中者」〔註113〕，王昭禹云：「女宮則刑女有職事於宮者，若女奚之類是也」〔註114〕，沈彤云：「女宮即奚也」〔註115〕，刑女在宮者當如女子因罪而沒入宮中為奴者，從寺人和世婦對於女宮的統領和職能來看，女宮應該是女奴中曉禮事者，因其身份被認為是因罪而自受刑的女子，故其地位不會高過女酒、女漿等從罪入宮者，所以將女宮視若女奚之類是有道理的，但值得注意的是女宮雖未列於《周禮》敘官之中，但卻因其職事的特殊而專共寺人、世婦等掌禮事的職官使用。

2. 來源於戰俘

　　《周禮》經文中明確記載來源於戰俘的奴隸主要是指《周禮·秋官》屬下之蠻隸、閩隸、夷隸和貉隸，鄭玄分注為「征南夷所獲」、「南蠻之別」、「征東夷所獲」、「征東北夷所獲」〔註116〕。賈疏云：「蠻隸以下皆百二十

〔註108〕王弼等注、孔穎達等正義：《周易正義》，阮元校刻《十三經注疏》，上海古籍出版社影印，1997 年版，第 48 頁。

〔註109〕徐元誥：《國語集解》，中華書局，2002 年 6 月版，第 577 頁。

〔註110〕孫詒讓：《周禮正義》，中華書局，1987 年 12 月版，第 2835 頁。

〔註111〕孫詒讓：《周禮正義》，中華書局，1987 年 12 月版，第 548、549 頁。

〔註112〕孫詒讓：《周禮正義》，中華書局，1987 年 12 月版，第 557、558 頁。

〔註113〕孫詒讓：《周禮正義》，中華書局，1987 年 12 月版，第 548 頁。

〔註114〕王昭禹：《周禮詳解》卷八，《文淵閣四庫全書》（電子版）。

〔註115〕孫詒讓：《周禮正義》，中華書局，1987 年 12 月版，第 548 頁。

〔註116〕孫詒讓：《周禮正義》，中華書局，1987 年 12 月版，第 2720 頁。

人，謂隸中選取善者，以爲役之員數爲限」〔註117〕。《周禮・秋官・司隸》敘官鄭玄注：「隸，給勞辱之役者」〔註118〕，賈疏云：「釋曰：以隸是罪人爲奴僕，故知給勞辱之役也」〔註119〕，孫詒讓曰：「凡隸皆男子爲奴給役之名」〔註120〕。因此，蠻隸、閩隸、夷隸和貉隸可以被視爲來自於戰俘的奴隸，不過此類奴隸所給的主要勞役並非《周禮》隸僕、罪隸等所受的勞藝或勞辱之事，而是作爲戰俘中之善者，憑藉其武藝才能的出眾而擔當守衛王宮的重任。但文獻中確有隸人等職類似於《周禮》所記的隸僕、罪隸等職，如《左傳》襄公三十一年「隸人、牧、圉，各瞻其事……以隸人之垣以贏諸侯。」楊伯峻注：「隸人疑似即《周禮・夏官》之隸僕，掌五寢之掃除糞灑之事。此諸侯之隸人，亦兼掌客館之洒掃」〔註121〕；《左傳》昭公四年記「輿人納之，隸人藏之（冰）」杜預注：「輿、隸皆賤官」〔註122〕，這裏所述是隸人在王室或諸侯用冰之事中所擔任的守藏職能；《儀禮・既夕禮》云「隸人涅廁」〔註123〕，胡匡衷《儀禮釋官・隸人》云：「《周禮》五隸之下，各有隸民，此隸人蓋五隸之民，君使之來共役事者也」〔註124〕。綜合上述所言，本文認爲《周禮》所記來源於戰俘的奴隸主要有蠻隸、閩隸、夷隸和貉隸等類別，但選其善者而擔當宿衛之職，以備《周禮》所記之員數，其不善者，而且處於四隸員數之外者，則被衝入罪隸、隸僕等職之下，負責藏冰、掃灑等勞藝之事。

3. 來源於買賣

《周禮・地官》質人掌「成市之貨賄，人民、牛馬、兵器、珍異。凡賣儥者質劑焉。」鄭玄注：「人民，奴婢也」〔註125〕，賈疏云：「以其在市，

〔註117〕孫詒讓：《周禮正義》，中華書局，1987年12月版，第2720頁。

〔註118〕孫詒讓：《周禮正義》，中華書局，1987年12月版，第2719頁。

〔註119〕鄭玄注、賈公彥疏：《周禮注疏》，阮元校刻《十三經注疏》，上海古籍出版社影印，1997年版，第868頁。

〔註120〕孫詒讓：《周禮正義》，中華書局，1987年12月版，第2719頁。

〔註121〕楊伯峻：《春秋左傳注》，中華書局，1990年5月版，第1187、1188頁。

〔註122〕楊伯峻：《春秋左傳注》，中華書局，1990年5月版，第1249頁。

〔註123〕鄭玄注、賈公彥疏：《儀禮注疏》，阮元校刻《十三經注疏》，上海古籍出版社影印，1997年版，第1159頁。

〔註124〕胡匡衷：《儀禮釋官》，阮元《清經解》，第五冊，上海書店，1988年10月版，第119頁。

〔註125〕孫詒讓：《周禮正義》，中華書局，1987年12月版，第1076、1077頁。

平定其賈，故知非良人是奴婢也」〔註126〕，孫詒讓認爲人民應指：「私家奴婢，即大宰九職之臣妾也，與凡泛言人民指平民言者異。」並強調「古者奴婢，皆辠人之家沒入官者爲之。然此職之人民，則鬻於市者，蓋古私家自有鬻買臣妾奴婢之法」〔註127〕。雖鄭、賈均未提到此奴婢與服務於王室之奴婢的區別，但孫詒讓卻將此「人民」定爲私家奴婢，此論斷確實合乎於春秋以來，至戰國時期「人民」買賣情況逐漸盛行的基本史實。如《左傳》昭公元年：「買妾不知其姓，則卜之」〔註128〕，鄭玄注：「妾賤或時非媵取之於賤者」〔註129〕，此處妾雖非奴隸，但諸侯之妾御尚存在買入的情況，地位卑賤至奴隸的買賣則更爲普遍；《國語‧吳語》：「身斬，妻子鬻」〔註130〕，違反軍紀者斬首，其妻、子官賣爲奴。《儀禮‧檀弓上》：「子碩曰：『請粥庶弟之母』。子柳曰：『如之何其粥人之母？以葬其母也，不可。』」〔註131〕」粥同鬻，取出賣之意，如《禮記‧曲禮下》：「君子雖貧，不粥祭器」，鄭玄注：「粥，賣也」〔註132〕；《韓非子‧六反》：「天饑歲荒，嫁妻賣子者必是家也」〔註133〕，文中所列舉的是普通家庭對待饑荒之年的不同態度，賣妻鬻子的情況作爲一種饑荒之年的生存狀態而存在，又如《墨子‧經說》：「若敗邦鬻室嫁子」〔註134〕；《管子‧輕重》：「民有賣子者」〔註135〕；《管子‧八觀》：「則民有鬻子矣」〔註136〕等等在此不再列舉。上述賣妻鬻子的情況，多因家貧飢餓而致，又因買賣現象盛行，才有《周禮》所構建之平市場上「人民」買賣之價的法規。

〔註126〕鄭玄注、賈公彥疏：《周禮注疏》，阮元校刻《十三經注疏》，上海古籍出版社影印，1997 年版，第 737 頁。

〔註127〕孫詒讓：《周禮正義》，中華書局，1987 年 12 月版，第 1076、1077 頁。

〔註128〕楊伯峻：《春秋左傳注》，中華書局，1990 年 5 月版，第 1220 頁。

〔註129〕鄭玄注、孔穎達等正義：《禮記正義》，阮元校刻《十三經注疏》，上海古籍出版社影印，1997 年版，第 1241 頁。

〔註130〕徐元誥：《國語集解》，中華書局，2002 年 6 月版，第 560 頁。

〔註131〕鄭玄注、孔穎達等正義：《禮記正義》，阮元校刻《十三經注疏》，上海古籍出版社影印，1997 年版，第 1288 頁。

〔註132〕鄭玄注、孔穎達等正義：《禮記正義》，阮元校刻《十三經注疏》，上海古籍出版社影印，1997 年版，第 1258 頁。

〔註133〕王先愼：《韓非子集解》，中華書局，1998 年 7 月版，第 419 頁。

〔註134〕吳毓江：《墨子校注》，中華書局，1993 年 10 月版，第 534 頁。

〔註135〕黎翔鳳：《管子校注》，中華書局，2004 年 6 月版，第 1432 頁。

〔註136〕黎翔鳳：《管子校注》，中華書局，2004 年 6 月版，第 261 頁。

　　另外在林頤山《經述‧釋奴》依據「漢高紀下詔民以飢餓自賣爲人奴婢者皆免爲庶人」的記載，認爲：「《地官‧質人》注人民奴婢也，乃因飢餓自賣爲人奴婢不得與古《周禮》說自坐罪人爲奴婢及《漢律》盜賊子女從坐爲奴婢者溷」〔註137〕。林氏特別強調的是《周禮》「人民」是飢餓自賣爲奴者。

　　綜合上述諸家所說，《周禮》之「人民」是用於買賣之奴隸較爲合理。不過諸家學者均未論及的是：服務於天子王室起居所用之奴隸的來源是否含有自賣入宮者？先秦文獻對於奴隸自賣入官家爲奴的記載並不多見，《孟子‧萬章上》：「百里奚自鬻於秦養牲者」〔註138〕，《戰國策‧秦策》：「百里奚，虞之乞人，傳賣以五羊之皮，穆公相之而朝西戎」〔註139〕。此外，後世典籍中也記有「自鬻」爲奴的情況：如《漢書‧梅福傳》：「昔秦武王好力，任鄙叩關自鬻」〔註140〕；《後漢‧郅惲傳》：「昔伊尹自鬻輔商，立功全人」〔註141〕；唐李筌《神機制敵太白陰經‧人謀下》：「昔市偷自鬻於晉，晉察而用之，勝楚」〔註142〕。文中所涉及的伊尹、市偷、百里奚、任鄙爲先秦時期的智者或勇士，均選擇自鬻爲奴而入於王公之家的方式，作爲展示才華的平臺，進而成就各自的豐功偉績。拋去所記事件本身褒揚的成份，其共同之處在於：伊尹、市偷、百里奚、任鄙進入官家前後的身份極低，伊尹爲小臣、市偷爲盜賊、百里奚爲陪嫁小臣、任鄙爲用力者，因此，他們「自鬻」的經歷可以說明在周代存在因某種原因而自賣爲奴入官家的現象。另外，文獻中還記有官家賣奴的現象：《國語‧吳語》載：「（越）王令有司大徇於軍曰：『謂二三子歸而不歸，處而不處，進而不進，退而不退，左而不左，右而不右，身斬，妻子鬻。』〔註143〕」《呂氏春秋‧精通》記鍾子期所歎：「昔爲舍氏睹臣之母，量所以贖之則無有，而身固公家之財也。是故悲也。〔註144〕」整體而言，官家也可以是販賣奴隸的主體。就《周禮》而言，經文雖未記載王室買入奴隸

〔註137〕林頤山：《經述》，王先謙編《清經解續編》，第五冊，上海書店出版，1988年10月版，第1409頁。
〔註138〕楊伯峻：《孟子譯注》，中華書局，1960年1月版，第229頁。
〔註139〕劉向集錄：《戰國策》，上海古籍出版社，1985年3月版，第296頁。
〔註140〕班固：《漢書》，中華書局，1962年6月版，第2920頁。
〔註141〕王先謙：《後漢書集解》，中華書局，1984年2月版，第364頁。
〔註142〕李筌：《神機制敵太白陰經》，載於《叢書集成》（初編），商務印書館發行，第48頁。
〔註143〕徐元誥：《國語集解》，中華書局，2002年6月版，第560頁。
〔註144〕陳奇猷：《呂氏春秋新校釋》，上海古籍出版社，2002年版，第514頁。

的情況，卻認可奴隸買賣情況的存在，在結合上述「自鬻」之記載，王室眾多奴隸之中，應該含有通過買賣之途徑而入宮爲奴者。

二、奴隸的使役及特點

　　學者們在注疏《周禮》之女奴時自有其慣例，此慣例領起於酒人之職。《周禮・天官》敘官記「酒人，奄十人，女酒三十人，奚三百人」，鄭玄注：「女酒，女奴曉酒者」；賈疏云：「則女酒與奚爲什長，若胥徒也。奚三百人，以其造酒，故須人多也」〔註145〕；賈疏另云：「奴者，男女同名，以其曉解作酒，有才智，則曰女酒。其少有才智給使者，則曰奚」〔註146〕。此爲學者對於女奴身份及職能注疏的慣例，之後凡涉及到類似女酒之職時均注以「女奴曉『某』者」，這裏「某」所代替的便是女奴才智所擅長之處。實際上，鄭、賈對於女奴的注疏所依之根本還是《周禮》職官職能所繫，女奴因各自專長而分屬於不同職官，則女奴統領職官的職能便是判斷其歸屬的根本依據。鄭玄注《司隸》云：「隸，給勞辱之役者」〔註147〕，孫詒讓云：「凡隸皆男子爲奴給役之名」〔註148〕，鄭氏又將男子爲奴者分爲兩個類別「凡隸眾矣，此其選以爲役員，其餘謂之隸民」〔註149〕。司隸所掌的四夷之隸即爲役員，其職能均涉及到了王宮及世子家役；隸民則指罪隸，所掌均爲邦國或王室的勞辱之事。

　　綜上所述，從王室起居所涉及的服飾、飲食、寢居、侍從、宿衛等諸多方面來看，凡《周禮》所列起居類職官，根據所負責職事的繁重程度，其下均領有大量奴隸，故《周禮》所記王室起居類職官的諸項職能及相關職能的繁辱便成了王室奴隸使用的基本要求。因本文核心爲《周禮》王室起居類職官研究，而奴隸的使用和職事又由其所屬職官職能決定，故奴隸的具體使役便不再另述。

　　現列表如下，理清奴隸使役的同時，亦明確王室起居類職官與奴隸的從屬關係。

〔註145〕孫詒讓：《周禮正義》，中華書局，1987年12月版，第33頁。
〔註146〕孫詒讓：《周禮正義》，中華書局，1987年12月版，第34頁。
〔註147〕孫詒讓：《周禮正義》，中華書局，1987年12月版，第2719頁。
〔註148〕孫詒讓：《周禮正義》，中華書局，1987年12月版，第2719頁。
〔註149〕孫詒讓：《周禮正義》，中華書局，1987年12月版，第2720頁。

《周禮》所見王室起居飲食之事的奴隸使用情況

奴隸名稱及附屬	職能傾向	直屬職官	具體使役
女酒三十人／奚三百人	女奴曉酒者	酒人，奄十人。	為五齊三酒，凡事，共酒。
女漿十五人／奚百五十人	女奴曉漿者	漿人，奄五人。	掌共王之六飲，凡事，共飲。
女籩十人／奚二十人	女奴曉籩者	籩人，奄一人。	掌四籩之實，凡事，共籩。
女醢二十人／奚四十人	女奴曉醢者	醢人，奄一人。	掌四豆之實，凡事，共醢。為王及后、世子共其內羞。王舉，共醢。
女醯二十人／奚四十人	女奴曉醯者	醯人，奄二人。	掌共五齊七菹。王舉則共齊菹醯物。共后及世子之醬齊菹。
女鹽二十人／奚四十人	女奴曉鹽者	鹽人，奄二人。	共百事之鹽。共王、后及世子之飴鹽。
女冪十人／奚二十人	女奴曉冪者	冪人，奄一人。	共王飲食覆物之巾，皆黼。
女舂扰二人／奚五人		舂人，奄二人。	
女饎八人／奚四十人		饎人，奄二人。	
女槁十六人／奚四十人		槁人，奄八人。	

《周禮》所見王室起居服飾之事的奴隸使用情況

奴隸名稱及附屬	職能傾向	直屬職官	從屬職官	具體侍役
內司服之奚八人	婦功見長者	內司服／奄一人	女御	女御監領奚人進衣於王、后。
女工八十人 奚三十人	婦功見長者	縫人／奄二人	女御	女御監領女工及奚專逢王及后之衣服。

《周禮》所見王室宿衛之事的奴隸使用情況

奴隸名稱及附屬	職能傾向	直屬職官	從屬職官	具體侍役
罪隸百有二十人	宿衛及雜役	司隸	司厲	守王宮與屬禁。掌使令之小事。

奴隸名稱及附屬	職能傾向	直屬職官	從屬職官	具體侍役
蠻隸百有二十人	宿衛及雜役	司隸	師氏	執其國之兵以守王宮。掌役校人養馬。
閩隸百有二十人	宿衛及雜役	司隸	師氏	掌役畜養鳥，而阜蕃教擾之，掌子則取隸焉。
夷隸百有二十人	宿衛及雜役	司隸	師氏	守王宮與厲禁。掌役牧人養馬。
貉隸百有二十人	宿衛及雜役	司隸	師氏	守王宮與厲禁。養獸而教擾之，掌與獸言。
隸民無數	雜役	司隸		司隸帥其民而搏盜賊。役國中之辱事。

《周禮》所見王室禮事活動中奴隸的使用情況

奴隸名稱及附屬	職能傾向	直屬職官	從屬職官	具體侍役
女酒及奚	女奴曉酒者	酒人／奄十人	世婦	以役世婦。供奉祭祀、賓客之禮酒、事酒。
女漿及奚	女奴曉漿者	漿人／奄五人	三夫人	共夫人致飲於賓客之禮.
女籩及奚	女奴曉籩者	籩人／奄一人		凡祭祀、喪紀及賓客，共其薦籩之事。
女醢及奚	女奴曉籩者	醢人／奄一人		凡祭祀、喪紀及賓客，共其薦羞之豆實。
女醯及奚	女奴曉醯者	醯人／奄二人		共祭祀、賓客之齊菹、醯醬。
女鹽及奚	女奴曉鹽者	鹽人／奄二人		祭祀，共苦鹽、散鹽；賓客宮形鹽、散鹽。
女冪及奚	女奴曉冪者	冪人／奄一人		宮祭祀尊彝所需之巾。
女宮（無數字記載）	曉禮事者	世婦	寺人	帥女宮而濯摡，為齊盛。及祭之日，蒞陳女宮之具，凡內羞之物。
女祝之奚	曉祝事者	女祝八人		掌王后之內祭祀
女史之奚	通曉文字者	女史八人		掌王后之禮職

《周禮》所見王室女官的奴隸使用情況

奴隸名稱及附屬	職能傾向	直屬職官	從屬職官	具體侍役
女祝之奚八人	曉祝事者	女祝八人		掌王后之內祭祀
女史之奚十有六人	通曉文字者	女史八人		掌王后之禮職
世婦之女府二人、女史二人、奚十有六人。	女奴有才知者	世婦（春官）		掌王后、內宮禮事
女宮（無數字記載）	曉禮事者	世婦（天官）	寺人	帥女宮而濯溉，爲齋盛。及祭之日，蒞陳女宮之具，凡內羞之物。
內司服之奚八人	婦功見長者	內司服／奄一人	女御	女御監領奚人進衣於王、后。
女工八十人奚三十人	婦功見長者	縫人／奄二人	女御	女御監領女工及奚專逢王及后之衣服。

注：以上表格中引用，除特別注釋外均屬《周禮》原文所記。

綜合起來《周禮》所記奴隸之數約有兩千餘人，其使役內容也多集中在王室起居中的衣、食、住、宿、禮等諸多方面，其職能均未超出宮廷服務的範圍之內，這也成爲學者們將《周禮》所記的奴隸判定爲宮廷奴隸或家內奴隸的主要依據。綜合《周禮》所見奴隸的使役內容和類別，亦呈現出如下特點：

第一，奴隸的勞役是王室起居生活職官體系得以運轉的基礎，是王室起居生活的根本保障。根據上述對《周禮》奴隸使用情況的梳理可見，凡涉及到奴隸勞役的事項時，其上屬職官多集中於天官體系，即便是地官之春、饎、槀，秋官之四夷之隸，其服務的核心內容仍是圍繞王室生活的飲食、宿衛等方面進行勞作。如此龐大的奴隸群體均歸屬於負責王室起居生活的職官體系加以調配，奴隸諸項使役的有序展開和有效配合無疑直接決定了王室日常生活及非常起居生活運轉的正常與否，這亦是《周禮》王室起居職官體系存在的價值所在。

第二，奴隸的性別和專長決定了其使役的內容。根據上述對《周禮》奴隸使役內容的梳理來看，《周禮》在王室起居生活服務體系的安排上，雖然強調奄人對於女奴的統領作用，但在勞役的實際操作上卻重視女子的服務，故大量的使用女奴，也可以說女奴構成了王室服務體系的勞役主體。當然在這

一體系中，女奴選取的首要依據是其專長，如女酒之類，其下奚職雖爲女奴少有才知者，考慮到《周禮》奴隸使役的專業性，對奚的選擇亦應該有各自專長的考量。男奴的服務則多集中在王室起居生活的外圍，因其武力之專長而擔當王宮宿衛。

第三，奴隸使役不僅是單純的專項勞役，從事其專長勞動的同時，又服務於與之相關的諸項工作。從上述《周禮》所記奴隸使役的具體記載來看，奴隸所從事的基礎勞役均是按照其專長而分領域劃定，所涉及的各種領域均是王室起居生活的基本組成方面，主要職能是對於酒、漿、醫、醯、鹽、谷、米、食、羃、服等方面的加工製作，此爲奴隸使役的本職。在此基礎上，奴隸需要配合相關禮職，根據各自專長和諸項禮儀活動對於各種物品的需要，爲王室祭祀、賓客、喪紀等禮儀活動提供服務。例如：女酒、女漿等職，分別爲世婦和三夫人所領，對天子祭祀、喪紀、賓客等禮儀活動提供酒漿的供應服務；女宮隨世婦參與禮事的洗滌、擦拭及打掃工作。相類的女醯、女醢、女鹽等，雖未記載其具體服務的從屬安排，因女奴所領勞役均爲專司專職，凡遇到禮儀活動的專門需要時，也當由相應女官或他職統領提供相關進御服務。所以，女奴不僅受到直屬職官的領導，還要受到從屬職官的約束和安排。男奴亦遵守上述職能安排和約束，就王室起居方面而言，男奴所擔當的職能是宿衛王宮安全，但是罪隸還需要接受百官小役、小事的使令，蠻隸從校人養馬，閩隸掌養畜、鳥並接受世子差遣等，均是再履行宿衛本職的前提下，負責勞辱之事的使役。

第四，女祝、女史等職並非奴隸，四夷之隸也不是職官。鄭注女祝與女史時仍以「女奴曉祝事者」和「女奴曉書者」加以注釋，孫詒讓解釋「女祝雖無爵位，然備官后宮，且古者巫祝皆世事，則女祝疑當以祝官之家婦女爲之，與女巫略同。……女史疑當以良家婦女知書者爲之，奚乃女奴耳」〔註150〕。據孫詒讓推測，女祝、女史的身份便是民女而非奴隸。再從《周禮》官制體系總體構建的傾向性即內外相備來看，其中女官的配備必不可少，而女祝、女史、女巫等職便列於女官之內，再從爲官者的身份來看，女祝、女史、女巫等女官的地位高於眾女奴則是顯而易見。若從職能的專業性角度考慮，女祝、女史等因其職能的專業和技藝的高超而受到提拔，脫離於女奴群體與身份，自有從屬也在情理之中。因此，本文認爲女史、女祝及女巫實爲女官而

〔註150〕孫詒讓：《周禮正義》，中華書局，1987 年 12 月版，第 53 頁。

並非女奴。根據《周禮》職官列述來看，蠻隸、閩隸、夷隸、貉隸被專列於司隸職之後，但這並不能說明「四夷之隸」可以以職官的身份存在於《周禮》的官制體系中。其根源在於：「四夷之隸」異族戰俘的出身便決定了其身份的性質當屬奴隸。而將其專列於秋官體系之下，突出的則是對其武力專長的重視，雖然四夷之隸負擔宿衛王宮的重任，卻又擔當養馬、畜鳥、役獸等各類賤役，亦可說明其身份的低賤。

第五，奴隸勞役情況的分配依然突出天子權威。在女官專題研究中，我們強調王后遵循像王立官的原則，突出的是男女之別。不過男女職官設置的失衡、女官職能權限及行使範圍的局限強調的則是天子權威，體現的亦是男尊女卑的禮法規定。而這一原則在奴隸群體及其勞役分配上的體現則更具普遍意義。其鮮明之處便是：女奴地位最為低賤，卻承擔了王室起居生活中的所有最底層也最繁重勞役工作，足以體現男尊女卑之別。還需注意的是女奴所從事的諸項勞役均避免與天子發生直接聯繫，如女酒等職所負責的僅是王室主食和酒漿方面的供應，女御所領之女工等職主要負責的是後宮衣服的供應和縫製。凡涉及到天子飲食、服飾、僕御等方面的直接服務，《周禮》均另立職官加以專門掌控，職官從屬以胥吏為主，均將奴隸排除於外，這無疑是天子權威的體現。據奴隸勞役內容來看，男奴尚可隨王出入擔當宿衛禁屬之職，而女奴則完全被限定在天子及王室飲食、服飾及禮事等方面，最為基層和艱苦的勞役和服務之上。

三、奴隸的從屬及特點

根據前文中奴隸來源的論述可見，《周禮》所見奴隸的歸屬較為複雜，而且奴隸群體內部也存在著上下等級的區分。

第一，奴隸群體上下從屬的分配本於男女之別。男女之別是《周禮》官制所依之本，而落實於王室起居中所使用的奴隸身上，這一限制也更為嚴格。其中最主要的表現便是：男女之奴相互隔絕，各有從屬，職能上儘量避免雜處或聯職。奴隸沒入官者的最基本程序是「其奴，男子入於罪隸，女子入於舂槁」〔註151〕，此為《周禮》明確規定的王室收錄奴隸的最基本環節，此環節的最基本工作就是將入官為奴者分男女而置，進而再根據為奴者所曉或者所擅長的技藝進行具體職能的分配。此環節之後，男女之奴

〔註151〕孫詒讓：《周禮正義》，中華書局，1987 年 12 月版，第 2864 頁。

便處於各自從屬之下，女奴多由女官和奄人統領，男奴多充入罪隸而被稱為隸民，戰俘則充入四夷之隸而被稱為役員〔註152〕，此為《周禮》所構建的奴隸的基本從屬。

第二，女奴構成了王室起居服務的主體，但其內部層次分明。

《周禮》對於奴隸的記載多以事類相從，女奴因通曉某項技能而列於相應職官之下，這便成了眾多學者注疏女奴身份的依據和慣例。但需要理清的是：女奴所附屬的職官雖然不同、所從事的職事亦大相徑庭，但仍有地位高下的區分。

其一，女酒、女漿、女籩、女醢、女醯、女鹽、女冪、女工、女舂扰、女饎、女槀、女祧等職，被學者公認為女奴通曉某項技能者，不過賈公彥在疏女酒時特別強調：「女酒與奚為什長，若胥徒也」〔註153〕，揭示了此類女職與上述女史等職的最大不同：此類女職類似於男官職下的胥、徒，處於從屬服務的地位。依《周禮・天官》敘官所記，同一職事下此類女職均附屬於奄人，其後又有大量奚人存在，故其地位處中，低於奄人，高於眾奚人，但與女史、女祝、女巫等女官相比，顯然又處於次位。

其二，女宮專屬於天子世婦，因服務王宮禮事而別立於女官及女酒類等女奴之外。寺人：「掌王之內人及女宮之戒令，……若有喪紀、賓客、祭祀之事，則帥女宮而致於有司」，鄭玄注：「有司謂宮卿世婦」〔註154〕；世婦：「掌祭祀、賓客、喪紀之事，帥女宮而濯摡，為齍盛。及祭之日，涖陳女宮之具，凡內羞之物」〔註155〕，世婦為天子女官中專司禮事者，《周禮・天官》敘官記世婦無數亦無從屬，從寺人、世婦職能所記來看，女宮從於世婦無疑。除此之外《周禮》經文中再無關於女宮的記載，因此，此類女職卻為女奴中之特殊者。不過鄭玄等人將女宮釋為：「刑女之在宮中者」〔註156〕，前文已述其身份為宮中之奚。從其職能來看，女宮所司之禮職，其執掌的重要程度顯然高於奚職，甚至不低於女酒之類，但考慮到其刑女的身份，因罪重而自坐並受刑為奴，其地位不會高過女酒等從坐為奴而為奚之長者。

〔註152〕《秋官・司隸》鄭注：「凡隸眾矣，此其選以為役員，其餘謂之隸民」。（孫詒讓：《周禮正義》，中華書局，1987 年 12 月版，第 2720 頁。）
〔註153〕孫詒讓：《周禮正義》，中華書局，1987 年 12 月版，第 33 頁。
〔註154〕孫詒讓：《周禮正義》，中華書局，1987 年 12 月版，第 548 頁。
〔註155〕孫詒讓：《周禮正義》，中華書局，1987 年 12 月版，第 557、558 頁。
〔註156〕孫詒讓：《周禮正義》，中華書局，1987 年 12 月版，第 548 頁。

其三，奚，前文已述奚之來源爲女奴沒入宮者，而且因其罪重或「少有才知」而被降爲奚，故奚爲眾女奴中地位最低人數最眾者，所從事的均是單純勞役。

第三，男奴處於王室起居服務體系的外圍，層次並不分明。《周禮》經文所記男奴主要集中在《周禮・秋官》司隸職下所領的罪隸和四夷之隸的範圍內，前者從事勞辱之事，後者從事蓄養畜禽的賤役勞作之外，還負責王宮宿衛，從職能上看，男奴受到身份和罪行的嚴格限制，其服務層面較爲零散或更爲低賤，雖與王室起居密切相關，卻集中在王室起居生活的外圍。按照鄭注所言，罪隸來源於盜賊之家爲奴者，四夷之隸主要來源於蠻夷等周邊少數民族，因此，從五隸身份來源上看，諸隸之間不存在明顯的高下之別。不過孫詒讓強調「凡有罪罰作者，並入罪隸，不徒盜賊之家矣」〔註157〕。而且《周禮・天官》敘官貉隸職下鄭玄注：「凡隸眾矣，此其選以爲役員，其餘謂之隸民」，賈疏云：「蠻隸以下皆百二十人，謂隸中選取善者，以爲役之員數爲限。其餘眾者以爲隸民，故《司隸》職云『帥其民而搏盜賊，役國中之辱事』之等，是百二十人外謂之民者也」〔註158〕。可見，奴隸的來源不僅有戰俘和盜賊，還包括因其它罪罰沒入宮者，而對於男隸而言，其數目超過五隸所限，其內部也可能存在層次上的差別，善於武功或蓄養牲畜者以役員的身份歸於五隸，其餘眾者以隸民的身份充入司隸。以此來看，五隸之役員也可能要高於眾隸之隸民。

四、先秦文獻中隸、奚、臣妾的身份考述

先秦時期的奴隸群體研究是先秦史研究中的傳統課題之一，學者們對於奴隸問題的研究多集中在奴隸來源、奴隸使役、奴隸身份的確定及奴隸地位等傳統問題的討論之上，這也是我們在討論《周禮》奴隸使用問題時所立專題的主要依據。通過前文的討論可知，《周禮》所記王室起居生活在奴隸使用的問題上，首先突出的是男女之別，在此基礎上進行從屬、使役的分配。《周禮》經文記載男奴爲「隸」，如罪隸、蠻隸、閩隸、夷隸、貉隸等，女奴除去女酒等少數有才智者外，主體記爲「奚」，另有禁暴氏職能記「凡奚隸聚而出入者」〔註159〕，皆指男女奴隸。不過大宰任萬民之九職中「八曰臣妾」，鄭玄

〔註157〕孫詒讓：《周禮正義》，中華書局，1987 年 12 月版，第 2719 頁。
〔註158〕孫詒讓：《周禮正義》，中華書局，1987 年 12 月版，第 2720 頁。
〔註159〕孫詒讓：《周禮正義》，中華書局，1987 年 12 月版，第 2893 頁。

注「臣妾，男女貧賤之稱」〔註160〕，孫詒讓進一步解釋「此民家所養，有常主者，以其賤，故無貢也」〔註161〕，此處臣妾卻別於爲王室或宮廷所有的隸、奚，臣妾歸屬爲私人所養之奴隸。因此，從《周禮》經文記載和學者注疏中可見，《周禮》所記之奴隸主要存在兩種身份，一是服務於王室起居的宮廷奴隸屬官奴隸，《周禮》記「隸」、「奚」等；一是私人所養之奴隸，《周禮》記爲「臣妾」。本節我們以《周禮》經文所記之隸、奚和臣妾爲線索，將先秦文獻中對於此三類奴隸的記載作簡要梳理，總結其身份特點以期待與《周禮》所記形成比較。

1. 隸

文獻中對於隸的身份記載大體上可以分爲四類：

其一，爲官者的概稱或謙稱。例如《左傳》文公六年「眾隸賴之」〔註162〕，此處「眾隸」源自《左傳》經文「君子」的論贊所言，批駁的是秦穆公以奄息、仲行、鍼虎「三良」殉葬之事，而「眾隸」所信賴的當是類似於「三良」的賢善者，故這裏「眾隸」應該是眾多爲官者的總稱。《左傳》定公四年「且夫祝，社稷之常隸也。社稷不動，祝不出竟，官之制也」〔註163〕。祝佗論社稷宗廟之官時，將大祝之官視爲宗廟之常職。另外《左傳》成公十六年記「嬰齊，魯之常隸也」〔註164〕，定公四年，杜預注「隸，賤臣」〔註165〕，子叔聲伯出使於晉，爲完成其出使使命而自降身份謙稱爲「常隸」，而且孫詒讓認爲祝佗所言「常隸」亦相類於此。不過從以「隸」自謙來看，無疑能夠表明隸在當時地位的低賤，但卻是爲官者亦無疑。

其二，地位低賤的吏員或屬徒。《左傳》桓公二年「諸侯立家，卿置側室，大夫有貳宗，士有隸子弟。庶人、工、商，各有分親，皆有等衰」〔註166〕。文中強調的是諸侯至平民立家均需遵循的基本原則，其中以士人爲界，士人以上強調尊卑等級，士人以下遵循親疏遠近，而士人之子被稱爲「隸子弟」，楊伯峻云：「『士』自以其子弟爲隸役」〔註167〕，則表明其身份和職能的低賤。

〔註160〕孫詒讓：《周禮正義》，中華書局，1987年12月版，第79頁。
〔註161〕孫詒讓：《周禮正義》，中華書局，1987年12月版，第81頁。
〔註162〕楊伯峻：《春秋左傳注》，中華書局，1990年5月版，第549頁。
〔註163〕楊伯峻：《春秋左傳注》，中華書局，1990年5月版，第1535頁。
〔註164〕楊伯峻：《春秋左傳注》，中華書局，1990年5月版，第893頁。
〔註165〕楊伯峻：《春秋左傳注》，中華書局，1990年5月版，第1535頁。
〔註166〕楊伯峻：《春秋左傳注》，中華書局，1990年5月版，第94頁。
〔註167〕楊伯峻：《春秋左傳注》，中華書局，1990年5月版，第94頁。

不過從其出身來看，隸子弟顯然不是奴隸，可以視作百官之徒屬。其出眾者可能擔當宿衛之職，類似於《周禮》所記的士庶子，其它則可能擔當百官之下的府、史、胥、徒，因此，隸子弟在職官中地位雖低，但就「隸」之群體而言，隸子弟可以被視爲是「隸」中身份較高者。

另外《左傳》專記天子百官的從屬關係爲「王臣公，公臣大夫，大夫臣士，士臣皁，皁臣輿，輿臣隸，隸臣僚，僚臣僕，僕臣臺，馬有圉，牛有牧，以待百事」〔註168〕。相關記載還有：「商、工、皁、隸不知遷業」〔註169〕；「庶人、工、商、皁、隸、牧、圉皆有親暱，以相輔佐也」〔註170〕。其中「皁」以下，包括「隸」在內的身份及其身份所反映的階級關係便成了眾家爭訟的焦點，就「隸」的身份而言，其主流觀點則是以郭沫若先生爲代表，認爲「庶人、工、商屬於生產奴隸，皁、輿、隸、僚、僕、臺、圉、牧爲宮廷和家用奴隸」〔註171〕，隸的身份被明確地認定爲宮廷奴隸或家用奴隸。不過黃中業先生根據春秋文獻中對「隸」字和「隸」這一群體的記載，認爲「由隸字組成的復合名詞中，除一小部分確實是指奴隸外，在大多數情況下，隸字應作附屬解，指屬徒而言」。並且強調「『輿臣隸』之『隸』即隸屬於輿人之徒，或爲輿人之佐助」，明確地指出《左傳》所記「皁、輿、隸、僚、僕、臺、牧、圉是當時王室或公室百官屬下的職事人員。〔註172〕」而且《國語‧晉語四》「皁隸食職」，章昭注：「士臣皁，皁臣輿，輿臣隸。食職，各以其職大小食祿」〔註173〕。從皁隸等職食俸祿的記載來看，皁隸以下卻爲低級吏員亦可證。

本文在討論「隸」的身份時，從黃中業先生的觀點，確實有相當一部分「隸」是以百官徒屬或者宮廷賤官的身份存在，如同爲《左傳》所記的「隸人、牧、圉各瞻其事」〔註174〕；「諸侯舍於隸人」〔註175〕；「隸人之垣」〔註

〔註168〕楊伯峻：《春秋左傳注》，中華書局，1990年5月版，第1284頁。

〔註169〕楊伯峻：《春秋左傳注》，中華書局，1990年5月版，第966頁。

〔註170〕楊伯峻：《春秋左傳注》，中華書局，1990年5月版，第1017頁。

〔註171〕郭沫若：《中國史稿》，人民出版社，1976年7月版。第273頁。

〔註172〕黃中業：《春秋時期的「皁隸牧圉」屬於平民階層說》，《齊魯學刊》，1984年第2期。

〔註173〕徐元誥：《國語集解》，中華書局，2002年6月版，第350頁。

〔註174〕楊伯峻：《春秋左傳注》，中華書局，1990年5月版，第1187頁。

〔註175〕楊伯峻：《春秋左傳注》，中華書局，1990年5月版，第1188頁。

〔註176〕楊伯峻：《春秋左傳注》，中華書局，1990年5月版，第1188頁。

176〕；「隸人藏之（冰）」〔註 177〕。這裏隸人便相當於《周禮》中的隸僕、凌人等職官，所從事的是掃除糞灑或守藏之類的賤役。又如「欒、郤、胥、原、狐、續、慶、伯，降在皂隸」〔註 178〕，楊伯峻《左傳》隱公五年注云：「皂隸，古之賤役」〔註 179〕，皂隸所掌是「雜猥之物」〔註 180〕。晉國八族淪爲低級隸役，說明公室之衰微。

　　其三，隸爲官奴隸或宮廷奴隸。凡「隸」被認定爲官奴隸或宮廷奴隸時，其身份多是因罪而沒入官者或因大獲而沒入官的俘虜。如《左傳》襄公二十三年「初，斐豹，隸也，著於丹書」，杜注：「蓋犯罪沒爲官奴，以丹書其罪」〔註 181〕，斐豹爲擺脫其奴隸的身份以「苟焚丹書，我殺督戎」〔註 182〕的條件加以交換。《左傳》哀公二年「人臣隸圉免」，楊伯峻云：「人臣爲『男爲人臣』之『人臣』，謂奴隸。隸圉，亦奴隸，隸服雜役，圉養馬」〔註 183〕，此人臣隸圉類似於斐豹爲隸，因克敵獲勝而免爲奴隸，獲得自由。除克敵之外，官屬奴隸還用以其它大型勞役，如《管子·度地》：「以徒隸給大雨」〔註 184〕，《管子·輕重》：「今發徒隸而作之」〔註 185〕。上述所記之「隸」多爲罪人沒入官府爲奴者，除了擔當官府雜役外，凡遇到大災大難時，亦受官府支配和徵發用以抗敵救災。

　　另有《儀禮·既夕禮》：「隸人涅廁」，鄭玄注：「隸人，罪人也，今之徒役作者也」〔註 186〕，宮廷奴隸主要從事勞藝繁辱之事。《國語·周語下》「故亡其氏姓，踣斃不振；絕無後主，湮替隸圉」，韋昭注：「湮，沒也。替，廢也。隸，役也。圉，養馬者」〔註 187〕。描述亡國後裔的悲慘境遇之一便是淪爲僕役或馬夫。同時「子孫爲隸，下夷於民」，吳曾祺曰：「謂尚不得齒於平

〔註 177〕楊伯峻：《春秋左傳注》，中華書局，1990 年 5 月版，第 1249 頁。

〔註 178〕楊伯峻：《春秋左傳注》，中華書局，1990 年 5 月版，第 1236 頁。

〔註 179〕楊伯峻：《春秋左傳注》，中華書局，1990 年 5 月版，第 43 頁。

〔註 180〕杜預注、孔穎達等疏：《春秋左傳正義》，阮元校刻《十三經注疏》，上海古籍出版社影印，1997 年版，第 1727 頁。

〔註 181〕楊伯峻：《春秋左傳注》，中華書局，1990 年 5 月版，第 1075 頁。

〔註 182〕楊伯峻：《春秋左傳注》，中華書局，1990 年 5 月版，第 1075 頁。

〔註 183〕楊伯峻：《春秋左傳注》，中華書局，1990 年 5 月版，第 1614 頁。

〔註 184〕黎翔鳳：《管子校注》，中華書局，2004 年 6 月版，第 1068 頁。

〔註 185〕黎翔鳳：《管子校注》，中華書局，2004 年 6 月版，第 1448 頁。

〔註 186〕鄭玄注、賈公彥疏：《儀禮注疏》，阮元校刻《十三經注疏》，上海古籍出版社影印，1997 年版，第 1159 頁。

〔註 187〕徐元誥：《國語集解》，中華書局，2002 年 6 月版，第 98 頁。

民」〔註188〕。可見，亡國後裔所淪落的身份與平民不同，是爲奴僕。這亦是東周以前官奴的來源之一。《國語・越語下》：「令大夫種守於國，與范蠡入宦於吳」，韋昭注：「宦，爲臣隸」〔註189〕；《吳越春秋・句踐入臣外傳》：「今寡人冀得免於軍旅之憂，而復反係獲敵人之手，身爲傭隸，妻爲僕妾，往而不返，客死敵國」〔註190〕。所記事件爲句踐、其妻、范蠡以俘虜或隸僕的身份卑侍吳王，以使臣民免於軍旅之憂。上述記載「隸」的身份相當於宮廷奴隸，主要負責天子、諸侯的勞藝之事。

其四，隸爲貴族私屬或家用奴隸。《左傳》襄公二十一年記載「臣爲隸新」，杜預注「但爲僕隸尚新耳」〔註191〕；《左傳》定公九年，另有鮑文子曰：「臣嘗爲隸於施氏矣」，楊伯峻注「爲隸猶言爲臣」〔註192〕，即爲施氏之家臣。《左傳》定公十年「敢以家隸勤君之執事」〔註193〕，此處家隸可被視爲家臣。上述隸或家隸均是諸侯貴族的私屬，作爲私屬的根本條件是：「我，家臣也，不敢知國」〔註194〕，不參與政務爲家臣行事的根本。不過作爲諸侯貴族的家臣，其內部亦有上下從屬的不同，地位高者甚至被稱爲「宰」，其下領有數職，但就上述以「隸」代臣的記載來看，加上《說文》：「隸，附箸也」〔註195〕的記載及其地位低賤的特點，家隸爲貴族私屬的奴隸亦有可能。

綜合上述來看，文獻中關於「隸」的記載多集中在東周以後，其身份主要包括爲官者和奴隸的兩種，爲官者取「隸」之低賤以自謙，而「皁隸」等職又因其領有食祿可歸屬於低級官吏，類似於《周禮》所記之隸僕與司隸。就奴隸的身份而言主要是從事非生產勞動的官奴隸或私奴隸，類似於《周禮》之蠻隸、閩隸、夷隸、貉隸和罪隸，當屬於服務於王室的官奴隸，其身份是四夷之俘虜或者罪人爲奴者，因其武力出眾而負責宿衛王宮或擔任服百官小役小事，王宮勞辱雜藝之事。

實際上，商周兩代戰俘因大獲而入官的現象不勝枚舉，例如卜辭中常見

〔註188〕徐元誥：《國語集解》，中華書局，2002年6月版，第101頁。

〔註189〕徐元誥：《國語集解》，中華書局，2002年6月版，第577頁。

〔註190〕趙曄撰、吳慶峰點校：《吳越春秋》，齊魯書社，2000年版，第90、91頁。

〔註191〕杜預注，孔穎達等正義：《春秋左傳正義》，阮元校刻《十三經注疏》，上海古籍出版社影印，1997年版，第1972頁。

〔註192〕楊伯峻：《春秋左傳注》，中華書局，1990年5月版，第1573頁。

〔註193〕楊伯峻：《春秋左傳注》，中華書局，1990年5月版，第1583頁。

〔註194〕楊伯峻：《春秋左傳注》，中華書局，1990年5月版，第1464頁。

〔註195〕許慎撰：《說文解字》，中華書局，1963年12月版，第65頁。

戰俘的主要包括「妾」、「奚」、「俘」、「執」、「臣」、「羌」等主要類別，趙錫元先生根據奴隸是否從事生產勞動或其它社會勞動以及其人身從屬地位為標準，對上述戰俘的身份進行考察，認為上述戰俘多數被殺掉，用之於生產的占極少數，而且卜辭中並未發現有服家內勞役的奴隸。不過趙錫元先生特別指出：周代以後這些俘虜的情況便發生了變化，如：「原是奴隸的『羌』由於參加武王伐紂的隊伍，已經上陞為新的統治者；『臣』已經參加到農業生產中去，西周金文中關於臣和土地相連被賜予的例子就說明了這樣一個事實；『奴』、『僕』、『妾』已經出現了，而且已經正式表明了他們的家內奴隸的地位；『奚』已經由軍事俘虜下降為奴隸……」〔註196〕。趙錫元先生的觀點為我們提供了商周時代戰俘演變成奴隸的過渡和發展情況：殷商戰俘多被殺掉，其身份並沒有下降成奴隸，周代以後戰俘才被逐漸應用於生產或家內勞役，因此而下降為奴隸。因戰爭、祭祀為國之大事，故《左傳》記載「大獲〔註197〕」現象較為集中，而「大獲」所擒獲的對象多指戰俘。《周禮》明確記載來源於戰俘的「四夷之隸」，從其歸屬和服勞役來看，「四夷之隸」正是俘虜經商周兩代後，其身份由軍事俘虜下降為奴隸的事實例證。《周禮》所反映的戰俘使用問題更傾向於西周以後，在考慮《周禮》對戰俘的歸屬安排及其所從事勞役職能安排的規範性和理想性來看，《周禮》對戰俘的使用應該是周代以來戰俘使用情況的全面反映。同時從《左傳》、《國語》、《儀禮》對於罪人為奴的零散記載來看，《周禮》罪隸及四夷之隸的使用，亦是對罪人為奴現象的綜合反映。通過上述比較可見，《周禮》之隸的記載和使用基本上是周代用「隸」為賤官、俘虜及罪人為奴現象的總結。

2. 奚

《周禮》之奚，因少有才智而從屬女酒等有才智的女奴之後，是女奴中地位最低、勞役最重者。奚身份的依據主要來自於學者們對於《周禮》奚職的注疏：鄭玄注《周禮·春官》敘官守祧職下之「奚四人」為：「奚，女奴也」

〔註196〕趙錫元：《關於殷代的「奴隸」》，《史學集刊》，1957年第2期。

〔註197〕《左傳》隱公六年：「鄭伯侵陳，大獲」；成公八年：「鄭伯將會晉師，門于許東門，大獲焉」；襄公十一年：「宋向戌侵鄭，大獲」；昭公十三年：「晉荀吳自著雍以上軍侵鮮虞，及中人，驅衝競，大獲而歸」；昭公十七年：「周大獲」；哀公二十六年：魯、越、宋「師侵外州，大獲」。（楊伯峻：《春秋左傳注》，中華書局，1990年5月版，第49頁、第838頁、第988頁、第1360頁、第1390頁、第1728頁。）

〔註198〕；孫詒讓《周禮·天官》敘官酒人疏：「凡此經之奚皆爲女奴，對《秋官》五隸爲男奴也」，賈疏云「奴者，男女同名，以其曉解作酒，有才智，則曰女酒。其少有才智給使者，則曰奚」〔註199〕；《禁暴氏》：「凡奚隸聚而出入者」，鄭玄注：「奚隸，女奴男奴也」〔註200〕。其後學者再涉及到奚之身份時，多以女奴釋之，如《說文·女部》：「媛，女隸也」〔註201〕。先秦文獻中關於「奚」的設置僅見於《周禮》，但其對於後世的影響卻非常深遠，在晉、隋、唐、宋等朝代的官制體系中可見奚官機構的設置〔註202〕。

時至現代，在殷商甲骨文字學的研究過程中，羅振玉先生指出「罪隸爲奚之本誼，故從手持索以拘罪人。其從女者與從大同，《周官》有女奚，猶奴之從女矣」〔註203〕。郭沫若先生更進一步認爲「案以字形而言，乃所拘者跪地反剪二手之形，實非從女，然謂當以罪隸爲本義，則固明白如畫也。此字足徵奴隸之來源」〔註204〕。其後奚被認爲殷商時期的奴隸成爲公認。不過趙錫元先生根據甲骨文對於奚之用途爲出發點，強調「奚對於殷人只有一個用途——人牲。我們從卜辭中還沒看到殷人用奚去從事生產勞動的例子，也從未看到奚給殷代任何人服任何家內賤役或從事任何勞動與驅使的記錄，因此，我們認爲殷代的奚，還沒有下降爲奴隸的地位，只是停留在被殺掉的俘虜的階段」〔註205〕。趙錫元先生的理論依據來源於莫爾

〔註198〕 孫詒讓：《周禮正義》，中華書局，1987年12月版，第1255頁。
〔註199〕 孫詒讓：《周禮正義》，中華書局，1987年12月版，第34頁。
〔註200〕 孫詒讓：《周禮正義》，中華書局，1987年12月版，第2893頁。
〔註201〕 許慎撰：《說文解字》，中華書局，1963年12月版，第260頁。
〔註202〕 《晉書·職官志》：「少府，統材官校尉、中左右三尚方、中黃左右藏、左校、甄官、平準、奚官等令」；《晉書·范堅傳》：「辭求自沒爲奚官奴，以贖父命。……可特聽減廣死罪爲五歲刑，宗等付奚官爲奴」（房玄齡等撰：《晉書》，中華書局，1974年版，第737、1989頁。）；《宋書·二凶傳·元兇劭》：「有女巫嚴道育……夫爲劫，坐沒入奚官」（沈約撰：《宋書》，中華書局，1974年版，第2424頁。）；《隋書·刑法志》：「母妻姊妹及應從坐棄市者，妻子女妾同補奚官爲奴婢」（魏徵：《隋書》，中華書局，1973年版，第699頁）；《新唐書·武士彠傳》：「延秀母本帶方人，坐其家沒入奚官」（歐陽修、宋祁撰：《新唐書》，中華書局，1975年版，第5839頁）。
〔註203〕 參見郭沫若：《卜辭通纂考釋》，《郭沫若全集·考古編》（第二卷），科學出版社，1983年版，第425頁。
〔註204〕 郭沫若：《卜辭通纂考釋》，《郭沫若全集·考古編》（第二卷），科學出版社，1983年6月版，第425頁。
〔註205〕 趙錫元：《關於殷代的「奴隸」》，原載於《史學集刊》1957年第2期，又載於《中國古代社會論要》，黑龍江出版社，2009年5月版，第50頁。

根的處理戰俘三個時期的說法：「在第一個時期，俘虜則處以火刑；第二時期，則供神靈的犧牲；到了第三個時期，俘虜便成為奴隸了」〔註206〕。趙錫元先生對於「奚」身份的確定和奚在周代降為奴隸的認可，為《周禮》之奚及其奴隸身份的注疏或討論，提供了較為合理的理論依據及史實發展軌跡。但除《周禮》之外，先秦其它文獻缺乏對於「奚」的專門記載，使我們無法找到奚何時從戰俘淪為奴隸，或者奚何時專指女奴的依據，不過結合《周禮》對於「四夷之隸」等戰俘淪為奴隸的記載來看，以及《吳越春秋·句踐入臣外傳》：「今寡人冀得免於軍旅之憂，而復反係獲敵人之手，身為傭隸，妻為僕妾，往而不返，客死敵國」〔註207〕，即女子戰俘為奴的現象來看，奚為奴隸的身份基本上符合殷商卜辭所記戰俘為人牲之奚至周代戰俘為奴隸之奚的歷史發展軌跡。

3. 臣妾

《周禮·天官》太宰「以九職任萬民，……八曰臣妾，聚斂疏材」〔註208〕，作為大宰所任「九職」之一，學者對於此「臣妾」的性質進行了專門定義。鄭玄注「臣妾，男女貧賤之稱」〔註209〕，孫詒讓認為「此民家所養，有常主者，以其賤，故無貢也」〔註210〕。江永云：「九職外，有學士習道藝，巫醫卜筮守世事，府史胥徒服公事，皆非所以生財，故不在九職之數」〔註211〕。江氏還認為：「臣妾，奴婢也，貧民鬻身為人奴婢，《閭師》無疏材之貢，恤其貧也，而九職生財必及之。《質人》『掌成市之貨賄、人民』，注『人民，奴婢。』即此經之臣妾也，庶人商賈家皆有之。〔註212〕」可見《周禮》經文中所記之「臣妾」與女酒類、隸、奚等奴隸而言，存在著明顯的不同：臣妾雖作為大宰任萬民的九職之一，但卻明顯不同於府、史、胥、徒這些庶人在官者，他們實際上被排除在服公務的人員之外，所承擔的勞動是聚斂四時之材，並且

〔註206〕趙錫元：《關於殷代的「奴隸」》，原載於《史學集刊》1957年第2期，又載於《中國古代社會論要》，黑龍江出版社，2009年5月版，第51頁。

〔註207〕趙曄撰、吳慶峰點校：《吳越春秋》，齊魯書社，2000年版，第90、91頁。

〔註208〕孫詒讓：《周禮正義》，中華書局，1987年12月版，第79頁。

〔註209〕孫詒讓：《周禮正義》，中華書局，1987年12月版，第79頁。

〔註210〕孫詒讓：《周禮正義》，中華書局，1987年12月版，第81頁。

〔註211〕江永：《周禮疑義舉要》，阮元編《清經解》（第二冊），上海書店出版，1988年10月版，第214頁。

〔註212〕江永：《周禮疑義舉要》，阮元編《清經解》（第二冊），上海書店出版，1988年10月版，第214頁。

強調其因貧賤而鬻賣爲庶人、商賈私有爲奴的身份，甚至《質人》還專門規定市場上買賣「人民」所使用的約劑。

「臣妾」之所以被定義爲奴隸，其主要依據還來源於臣、妾分指男、女奴隸且用於賞賜或買賣的身份特徵。

首先，「臣」的奴隸身份爲學屆所公認。最突出者當屬青銅銘文中將「臣」作爲物品賞賜給私人的普遍記載，如《令簋》「姜賞令貝十朋，臣十家」〔註213〕；《令鼎》：「余其舍女臣十家」〔註214〕；《大盂鼎》：「易夷司王臣十又三白」〔註215〕；《麥尊》：「易者𡰥臣二百家」〔註216〕；《不娶簋蓋》：「易女……臣五家」〔註217〕等等。而且楊樹達先生在其《臣牽解》中對臣的身份進行總結：「臣之所以受義於牽者，蓋臣本俘虜之稱……蓋囚俘人數不一，引之者必以繩索牽之，名其事則曰牽，名其所牽之人則曰臣矣」〔註218〕。郭沫若《奴隸制時代·駁〈實庵字說〉》：「更具體的說時，臣是家內奴隸，𡿸是生產奴隸。〔註219〕」文獻中除了「臣」可指代奴隸之外，還有臣僕、臣隸、臣擄等均以奴僕、奴隸解，在此不再贅述。

其次，「妾」亦可指女奴。《左傳》僖公十七年「女爲人妾……女曰妾……妾爲宦女焉」〔註220〕，鄭玄《酒人》職下注奚「宦女」〔註221〕，則妾可指代女奴。《左傳》僖公二十三年，重耳妻殺「蠶妾〔註222〕」以絾其口。《管子·戒》言「中婦諸子謂宮人：『盍不去從乎？均將有行。』宮人皆出從」〔註223〕。此宮人從屬於中婦諸子，類似於《周禮》中的女宮，而且宮人自

〔註213〕馬承源主編：《商周青銅銘文選》第三卷《商、西周青銅器銘文釋文及注釋》，文物出版社出版，1988年版，第66頁。

〔註214〕馬承源主編：《商周青銅銘文選》第三卷《商、西周青銅器銘文釋文及注釋》，文物出版社出版，1988年版，第69頁。

〔註215〕馬承源主編：《商周青銅銘文選》第三卷《商、西周青銅器銘文釋文及注釋》，文物出版社出版，1988年版，第38頁。

〔註216〕馬承源主編：《商周青銅銘文選》第三卷《商、西周青銅器銘文釋文及注釋》，文物出版社出版，1988年版，第46頁。

〔註217〕馬承源主編：《商周青銅銘文選》第三卷《商、西周青銅器銘文釋文及注釋》，文物出版社出版，1988年版，第310頁。

〔註218〕楊樹達：《積微居小學金石論叢》，科學出版社，1955年10月版，第77頁。

〔註219〕郭沫若：《奴隸制時代》之《駁〈實庵字說〉》，《郭沫若全集·歷史編》（第三卷），人民出版社出版，1984年8月版，第239頁。

〔註220〕楊伯峻：《春秋左傳注》，中華書局，1990年5月版，第372、373頁。

〔註221〕孫詒讓：《周禮正義》，中華書局，1987年12月版，第33頁。

〔註222〕楊伯峻：《春秋左傳注》，中華書局，1990年5月版，第406頁。

〔註223〕黎翔鳳：《管子校注》，中華書局，2004年6月版，第517頁。

稱「賤妾」，因此妾可指女奴。另外文獻中記載諸侯國君本就有「蓄私」的現象，如《墨子・辭過》「當今之君，其蓄私也，大國拘女累千，小國累百。〔註224〕」所謂「私」便是國君或貴族所蓄養的女妾，除去作爲國君或貴族御妾而得到陞遷外，大量女妾均轉化爲官妓或宮婢、奴隸，或供以玩樂、或用於勞作、或用以賞賜。如桓公陳述先代君王有「陳妾數千（百）」〔註225〕；鄭伯嘉「來納女、工、妾三十人，女樂二八」〔註226〕，晉侯「錫魏絳女樂一八」〔註227〕，韋昭注：「妾，給役者。……女樂，今伎女也」〔註228〕；薛公田文賞賜張季的物品中包括「宮人之美妾二十人」〔註229〕；秦王「因以文繡千匹，好女百人，遺義渠君」〔註230〕。凡國君、貴族所私養之妾的來源與官奴隸的罪人及家屬或者俘虜的主要來源不同，多爲賞賜、買賣等方式，如「買妾不知其姓，則卜之」〔註231〕；「賣僕妾售乎閭巷者，良僕妾也。〔註232〕」

綜上所述，因臣、妾本身便有奴隸之身份，故「臣妾」代指男、女奴隸便有了可靠的依據。現將文獻中對「臣妾」所記奴隸身份及性質討論如下：

其一，臣妾爲官奴隸。《尚書・費誓》：「臣妾逋逃」，鄭康成謂：「臣妾，廝役之屬也」〔註233〕，孔安國：「役人賤者，男曰臣，女曰妾」〔註234〕。顧頡剛、劉起釪合眾家之長將「臣妾」釋爲「部隊中的廝役男女奴隸們」〔註235〕。此處臣妾被認定爲男女奴隸，不過其服役於軍隊，當屬官奴隸。

其二，臣妾爲私奴隸。《易・遯》：「畜臣妾，吉，不可大事也。」孔疏言：

〔註224〕吳毓江：《墨子校注》，中華書局，1993年10月版，第48頁。
〔註225〕黎翔鳳：《管子校注》，中華書局，2004年6月版，第396頁。
〔註226〕徐元誥：《國語集解》，中華書局，2002年6月版，第413頁。
〔註227〕徐元誥：《國語集解》，中華書局，2002年6月版，第414頁。
〔註228〕徐元誥：《國語集解》，中華書局，2002年6月版，第413頁。
〔註229〕王先慎：《韓非子集解》，中華書局，1998年7月版，第317頁。
〔註230〕劉向集錄：《戰國策》，上海古籍出版社，1985年3月版，第145頁。
〔註231〕楊伯峻：《春秋左傳注》，中華書局，1990年5月版，第1220頁。
〔註232〕劉向集錄：《戰國策》，上海古籍出版社，1985年3月版，第127頁。
〔註233〕孫星衍：《尚書今古文注疏》，中華書局，1986年12月版，第513頁。
〔註234〕孔安國傳、孔穎達正義：《尚書正義》，阮元校刻《十三經注疏》，上海古籍出版社影印，1997年版，第255頁。
〔註235〕顧頡剛、劉起釪著：《尚書校釋譯論》，中華書局，2005年4月版，第2156頁。

「在於下施之於人」〔註236〕；李道平曰：「潛遯之世，但可居家畜養臣妾，不可治國之大事」〔註237〕；高亨注「爻辭言：……又繫豚則豚不能走失，象臣妾不能逃亡，故筮遇此爻，掠得或買得臣妾而畜養之，則吉」〔註238〕。臣妾顯然被認定為家養之臣妾。又《左傳》僖公十七年「男為人臣，女為人妾」〔註239〕。凡涉及到關於「臣妾」注疏時，《左傳》、《書》、《易》多用於相互佐證，故楊伯峻認為「臣妾之本義為奴婢」〔註240〕，其後《左傳》所記之臣妾均釋以男、女奴隸。《左傳》宣公十二年「使臣妾之」，楊伯峻云：「謂滅亡鄭國，而分以賜諸侯，鄭國之人，其男為臣，其女為妾」〔註241〕。《左轉》襄公十年「臣妾多逃」〔註242〕，此臣妾為子西的家奴。從《左傳》所記「臣妾」的歸屬來看，均屬於諸侯或貴族的家用奴隸。另外《戰國策・秦策》：「族類離散，流亡為臣妾，滿海內矣」〔註243〕，鮑本：「男為人臣，女為妾」〔註244〕，韓、魏兩國衰亡，許多家族流離失散，淪為家奴。《禮記・雜記》「如同宮，則雖臣妾，葬而後祭」〔註245〕，眾家注疏均未指出「臣妾」的具體身份，不過孫希旦認為專提「臣妾」是為了「舉輕以明重也」〔註246〕。《韓非子・忠孝》：「強力生財以養子孫、臣妾」〔註247〕，臣妾是為家養。《管子・立政》「若在長家子弟、臣妾、屬役、賓客」〔註248〕，強調對大戶人家子弟、奴僕、雇工、賓客的管理，臣妾顯然是大戶人家的私奴隸。甚至《呂氏春秋・察微》記載「魯國之法，魯人為人臣妾於諸侯，有能贖之者，取其金於府。〔註249〕」魯國出面鼓勵贖買魯人流亡在外為奴者，並以公家府庫之錢加以贖買。齊人越石父

〔註236〕王弼等注、孔穎達等正義：《周易正義》，阮元校刻《十三經注疏》，上海古籍出版社影印，1997年版，第48頁。

〔註237〕李道平，《周易集解纂疏》，中華書局，1994年3月版，第331頁。

〔註238〕高亨：《周易大傳今注》，齊魯書社，1979年6月版，第306頁。

〔註239〕楊伯峻：《春秋左傳注》，中華書局，1990年5月版，第372頁。

〔註240〕楊伯峻：《春秋左傳注》，中華書局，1990年5月版，第372頁。

〔註241〕楊伯峻：《春秋左傳注》，中華書局，1990年5月版，第719頁。

〔註242〕楊伯峻：《春秋左傳注》，中華書局，1990年5月版，第981頁。

〔註243〕劉向集錄：《戰國策》，上海古籍出版社，1985年3月版，第248頁。

〔註244〕劉向集錄：《戰國策》，上海古籍出版社，1985年3月版，第253頁。

〔註245〕鄭玄注、孔穎達正義：《禮記正義》，阮元校刻《十三經注疏》，上海古籍出版社影印，1997年版，第1561頁。

〔註246〕孫希旦：《禮記集解》，中華書局，1989年2月版，第1087頁。

〔註247〕王先慎：《韓非子集解》，中華書局，1998年7月版，第468頁。

〔註248〕黎翔鳳：《管子校注》，中華書局，2004年6月版，第65頁。

〔註249〕陳奇猷：《呂氏春秋新校釋》，上海古籍出版社，2002年版，第1012頁。

「爲人臣僕」於晉國，晏子如晉「解左驂贖之，載歸」〔註250〕。可見，買賣奴隸的現象已經非常普遍，這種買賣不僅存在於市場上私人之間，還存在於私人與官府，邦國與邦國之間。

綜合看來，先秦文獻對於「臣妾」的身份討論，與臣、妾的身份基本一致，均可指代家養奴隸，而「臣妾」所代之的男、女奴隸基本上就是臣、妾二者的結合。除了《尙書・費誓》所記臣妾是附屬於軍隊的奴隸之外，其它「臣妾」的身份爲諸侯、貴族、大戶人家所私有，而且「臣妾」用於買賣的現象亦較爲普遍。其中《費誓》爲周初魯侯伯禽所作，至《左傳》、《國語》、《管子》、《韓非子》等春秋戰國時期文獻記載「臣妾」多爲家養奴隸的情況來看，「臣妾」在周代經歷了由官奴隸下降到私奴隸的發展變化，至春秋戰國時期家養「臣妾」成爲普遍現象，時至秦代，甚至庶人家內亦存在私養奴隸的現象。雲夢秦簡載有一例「封守」爰書，列舉居住於某里，身份爲士伍的家庭成員和財產情況，在家庭成員後緊隨「臣某，妾小女子某。牡犬一。〔註251〕」此一臣、一妾當屬奴隸身份。那麼《周禮》大宰九職之一的臣妾，被學者注釋爲庶人商賈家養便有其合理依據，同時《周禮・質人》對於「人民」交易內容及形式的管理，無疑能夠反映東周以來奴隸買賣的事實，而且更趨合理化、規範化。而且《周禮》記「臣妾」明顯區分於「四夷之隸」、罪隸、女酒類、奚等宮室所使用的奴隸，明顯突出各自所屬身份的不同，也說明了當時私有奴隸與官奴隸或宮廷奴隸並存的現象。不過還需注意的是服務於王室起居生活的宮廷奴隸即可歸類於官養奴隸亦可認定爲王室私有，因此，有學者將《周禮》所使用奴隸的性質歸爲家奴隸也有其合理之處。

〔註250〕司馬遷：《史記》，中華書局，1959 年版，第 2135 頁。
〔註251〕睡虎地秦墓竹簡整理小組：《睡虎地秦墓竹簡》，文物出版社，1990 年 9 月版，第 149 頁。

結　語

　　本文以《周禮》所見王室起居職官作爲研究對象，並對各類起居職官職
能中所涉及到的起居制度進行分析和總結，同時對周代重要的起居類職官進
行專題考察與討論，得出結論如下：

　　一、《周禮》所記的官制統屬中確實存在著專門服務於王室日常生活的職
官體系。在《周禮》所構建的六官體制中，實際上並沒有關於此類職官的具
體劃分，並且根據《周禮》對於與王室起居相關的諸項職官的職能記載來看，
諸官職能亦偏重於王室祭祀、喪紀、賓客等吉凶之事的相關服務，而王室日
常生活的服務便隱含於這些職能之下，此爲《周禮》王室起居類職官存在的
主要特點。本文便從這一特點出發，深入到《周禮》所構建的六官體系內部，
對有關於王室起居的職官職能逐條分析，在《周禮》經文確切記載的基礎上，
對王室起居類職官進行重新提煉與構建，進而形成了以宿衛、飲食、醫療、
近侍、服飾等層面爲主體的王室日常生活的服務體系。考慮到女官、庶人在
官者、奄人等職官群體在天子與王后日常生活中的特殊作用，以及奴隸所承
擔主體勞動，本文亦將上述團體納入到王室起居的服務體系之中，使得《周
禮》所見王室起居類職官的梳理得以完備。不過還需指出的是：本文雖已《周
禮》所見王室起居類職官作爲研究對象，但實際上《周禮》所突出的是天子
的核心地位，故此類職官還是以天子作爲其主要的服務對象，王后次之，世
子又次之，除去食飲膳羞等物類，世子具有年終「不會」的特權外，更少有
提及。

　　二、《周禮》王室起居職官的記載確實保有了周代眞實的史料，但在此基
礎上進行了理想化的創建。本文依據《周禮》所載王室起居類職官爲線索，

對西周銘文與先秦史料所記，與王室起居生活密切相關的重要職官進行考察，例如宰官的掌宮禁職能、師氏的王家宿衛職能、保氏宿衛職能的演變、虎賁氏的天子近衛身份、閹人的守門職能、以膳夫為核心的食官群體、「僕」與小臣的近侍身份與職能等等。通過對於上述專題的討論，說明周代確實存在與王室日常生活有密切關係的一類職官，亦能夠總結出《周禮》記載上述各類職官的特點：其一，《周禮》對於上述職官本職的記載，在西周銘文、《尚書》、《詩經》、《左傳》、《國語》等史料記載中，確實能夠找到相關依據，例如宰職「司王家」事務的職能、膳夫的食官本職、師氏的軍事職能、師「某」的近衛之長的身份與「司王家」事務的職能、虎賁氏的爪牙身份、僕與小臣近侍之臣的身份等。不過《周禮》記載上述職官在突出其本職的前提下，進行了增補或理想化的細緻安排，例如掌宮禁職能僅是小宰、內宰等政務職能中的一部分，師氏、保氏兼掌宿衛與教育，虎賁氏的近身護衛職能被細化到守王門、牆垣及王宮內外，大僕、小臣、御僕等職以其身份的高下分別服務於天子治朝、燕朝及路寢內的不同事務等等；其二，對於主要見於文獻記載的職官，如閹人、寺人、庖人、內饔、酒正、司尊彝、獸人等職，《周禮》在忠實於《左傳》、《國語》等文獻所記諸職本職的基礎上，對上述職官的職能也進行了細緻劃分或衍生，將各類職官分列於不同的職官團體下，為天子或王室日常生活提供各自的專職服務。其三，《儀禮》、《禮記》等禮書資料記載宰、膳宰、雍人、閹寺、僕人、小臣等職，傾向諸職在各種吉凶禮儀場合中所提供的具體而微的細節服務，《周禮》與之相比，所注重的僅是對上述職官禮儀服務職能的總結與概括。不過《周禮》關注上述職官服務於天子或王室日常生活的職能記載，則少見於其它禮書，屬《周禮》之創建。其四，對於銘文與文獻均少有提及的職官如綴衣、典衣、典冠、勃鞮、掌染彩的婦官等職，其名目亦未見於《周禮》，但針對於王室各種禮儀活動以及日常生活中服制的不同需要，《周禮》對於服飾類職官進行了總體化的整合，構建了以天子、王后為核心的服官體系。

三、《周禮》對於王室起居制度的相關記載為周代社會生活史的研究提供了重要補充。《周禮》對於王室起居相關制度的記載也未成體系，但在起居類職官的具體執掌中卻蘊含了有關於王室起居制度的大量信息，根據起居所涉及到的宿衛、飲食、服御、近侍和服飾等基本方面，本文對於《周禮》所載的王室門寢之制、天子日常飲食的分類、王室疾病防禦系統、女官的教育問

題、天子事務的傳令體系、王室日常服制等專題進行了詳細討論。在討論過程中文章主要以《周禮》經文所記爲主體，結合學者們的注疏與討論，參考先秦文獻的相關記載，對《周禮》所載的王室起居制度進行了提煉與總結，正如楊寬先生所說「《周禮》在所述許多中下級官吏中還保存有眞實的史料」〔註1〕，而王室起居職官本身就有相當一部分屬下級官吏，再考慮到《周禮》對於周代官制所具有的史料價值，那麼《周禮》中這些職官職能下所涉及到的起居制度便有一定的眞實性，至少可以作爲研究的一個角度參與到周代社會生活史的討論中去，進而對王室衣、食、住、醫療、教育等方面的研究提供重要補充。

〔註1〕　楊寬：《西周史》，上海人民出版社，1999 年 11 月第 1 版，第 363 頁。

參考文獻

一、古籍及考釋著作

1. 〔漢〕司馬遷撰，〔日〕瀧川資言考證，史記會注考證〔M〕，北京：文學古籍刊行社，1955 年。

2. 〔漢〕宋衷注，〔清〕秦嘉謨等輯，世本八種〔M〕，北京：商務印書館出版，1957 年。

3. 〔宋〕朱熹，詩集傳〔M〕，北京：中華書局，1958 年。

4. 〔漢〕司馬遷，史記〔M〕，北京：中華書局，1959 年。

5. 楊伯峻，孟子譯注〔M〕，北京：中華書局，1960 年。

6. 吳則虞，晏子春秋集釋〔M〕，北京：中華書局，1962 年。

7. 〔漢〕許慎，說文解字〔M〕，北京：中華書局，1963 年。

8. 曾運乾，尚書正讀〔M〕，北京：中華書局，1964 年。

9. 高亨，周易大傳今注〔M〕，濟南：齊魯書社，1979 年。

10. 楊伯峻，列子集釋〔M〕，北京：中華書局，1979 年。

11. 高亨，詩經今注〔M〕，上海：上海古籍出版社，1980 年。

12. 楊伯峻，論語譯注〔M〕，北京：中華書局，1980 年。

13. 〔漢〕韓嬰撰，許維遹校釋，韓詩外傳集釋〔M〕，北京：中華書局，1980 年。

14. 〔漢〕劉向集錄，戰國策〔M〕，上海：上海古籍出版社，1980 年。

15. 〔清〕王聘珍，大戴禮記解詁〔M〕，北京：中華書局，1983 年。

16. 〔清〕王念孫，廣雅疏證〔M〕，北京：中華書局，1983 年。

17. 〔清〕王先謙編，後漢書集解〔M〕，北京：中華書局，1984 年。

18. 朱謙之，老子校釋〔M〕，北京：中華書局，1984 年。

19.〔清〕王念孫，讀書雜志〔M〕，北京：北京市中國書店，1985 年。

20.〔清〕孫星衍，尚書今古文注疏〔M〕，北京：中華書局，1986 年。

21.〔清〕王先謙編，詩三家義集疏〔M〕，北京：中華書局，1987 年。

22.〔清〕孫詒讓，周禮正義〔M〕，北京：中華書局，1987 年。

23.〔清〕江聲，尚書集注音疏〔M〕，阮元編，清經解，上海：上海書店出版，1988 年。

24.〔清〕王聘珍，周禮學〔M〕，王先謙編，清經解續編，上海：上海書店，1988 年。

25.〔清〕胡匡衷，儀禮釋官〔M〕，阮元編，清經解，上海：上海書店，1988 年。

26.〔清〕江永，周禮疑義舉要〔M〕，阮元編，清經解，上海：上海書店，1988 年。

27.〔清〕江永，儀禮釋例〔M〕，王先謙編，清經解續編，上海：上海書店，1988 年。

28.〔清〕江永，儀禮釋宮增注〔M〕，王先謙編，清經解續編，上海：上海書店，1988 年。

29.〔清〕張惠言，儀禮圖〔M〕，王先謙編，清經解續編，上海：上海書店，1988 年。

30.〔清〕惠士奇，禮說〔M〕，阮元編，清經解，上海：上海書店，1988 年。

31.〔清〕凌曙，禮說〔M〕，阮元編，清經解，上海：上海書店，1988 年。

32.〔清〕黃以周，禮說略〔M〕，王先謙編，清經解續編，上海：上海書店，1988 年。

33.〔清〕金榜，禮箋〔M〕，阮元編，清經解，上海：上海書店，1988 年。

34.〔清〕金鶚，求古錄禮說補遺〔M〕，王先謙編，清經解續編，上海：上海書店，1988 年。

35.〔清〕夏炘，學禮管釋〔M〕，王先謙編，清經解續編，上海：上海書店，1988 年。

36.〔清〕孔廣森，禮學巵言〔M〕，阮元編，清經解，上海：上海書店，1988 年。

37.〔清〕王引之，經義述聞〔M〕，阮元編，清經解，上海：上海書店，1988 年。

38.〔清〕凌廷堪，禮經釋例〔M〕，阮元編，清經解，上海：上海書店，1988 年。

39. 〔清〕朱大韶，實事求是齋經義〔M〕，王先謙編，清經解續編，上海：上海書店，1988 年。

40. 〔清〕林頤山，經述〔M〕，王先謙編，清經解續編，上海：上海書店，1988 年。

41. 〔清〕俞樾，群經平議〔M〕，王先謙編，清經解續編，上海：上海書店，1988 年。

42. 〔清〕江永，鄉黨圖考〔M〕，阮元編，清經解，上海：上海書店，1988 年。

43. 〔清〕江永，深衣考誤〔M〕，阮元編，清經解，上海：上海書店，1988 年。

44. 〔清〕胡培翬，燕寢考〔M〕，阮元編，清經解，上海：上海書店，1988 年。

45. 〔清〕任啟運，朝廟宮室考〔M〕，王先謙編，清經解續編，上海：上海書店，1988 年。

46. 〔清〕任大椿，弁服釋例〔M〕，阮元編，清經解，上海：上海書店，1988 年。

47. 〔清〕宋綿初，釋服〔M〕，王先謙編，清經解續編，上海：上海書店，1988 年。

48. 〔清〕曾釗，周官注疏小箋〔M〕，王先謙編，清經解續編，上海：上海書店，1988 年。

49. 〔清〕焦循，群經宮室圖〔M〕，王先謙編，清經解續編，上海：上海書店，1988 年。

50. 〔清〕王先謙編，荀子集解〔M〕，北京：中華書局，1988 年。

51. 〔清〕孫希旦，禮記集解〔M〕，北京：中華書局，1989 年。

52. 〔唐〕房玄齡，管子〔M〕，上海：上海古籍出版社，1989 年。

53. 楊伯峻，春秋左傳注〔M〕，北京：中華書局，1990 年。

54. 張濤，列女傳譯注〔M〕，濟南：山東大學出版社，1990 年。

55. 〔清〕蘇輿，春秋繁露義證〔M〕，北京：中華書局，1992 年。

56. 袁珂，山海經校譯〔M〕，四川：巴蜀書社，1992 年。

57. 王利器，鹽鐵論校注〔M〕，北京：中華書局，1992 年。

58. 吳毓江，孟子校注〔M〕，北京：中華書局，1993 年。

59. 吳毓江，墨子校注〔M〕，北京：中華書局，1993 年。

60. 〔清〕李道平，周易集解纂疏〔M〕，北京：中華書局，1994 年。

61. 黃懷信、李懋鎔、田旭東，逸周書彙校集注〔M〕，上海：上海古籍出版社，1995 年。

62. 錢玄，三禮通論〔M〕，南京：南京師範大學出版社，1996 年。

63. 〔清〕納蘭性德輯，禮經會元〔M〕，載於通志堂經解第十三冊，江蘇：江蘇廣陵古籍刻印社，1996 年。

64. 〔清〕金鶚，求古錄禮說〔M〕，上海：上海古籍出版社，1996 年。

65. 〔魏〕王弼注，〔唐〕孔穎達等正義，周易正義〔M〕，阮元校刻十三經注疏，上海：上海古籍出版社影印，1997 年。

66. 〔漢〕孔安國傳，〔唐〕孔穎達等正義，尚書正義〔M〕，阮元校刻十三經注疏，上海：上海古籍出版社影印，1997 年。

67. 〔漢〕鄭玄箋，〔唐〕孔穎達等正義，毛詩正義〔M〕，阮元校刻十三經注疏，上海：上海古籍出版社影印，1997 年。

68. 〔漢〕鄭玄注，〔唐〕賈公彥疏，周禮注疏〔M〕，阮元校刻十三經注疏，上海：上海古籍出版社影印，1997 年。

69. 〔漢〕鄭玄注，〔唐〕賈公彥疏，儀禮注疏〔M〕，阮元校刻十三經注疏，上海：上海古籍出版社影印，1997 年。

70. 〔漢〕鄭玄注，〔唐〕孔穎達等正義，禮記正義〔M〕，阮元校刻十三經注疏，上海：上海古籍出版社影印，1997 年。

71. 〔晉〕杜預注，〔唐〕孔穎達等正義，春秋左傳正義〔M〕，阮元校刻十三經注疏，上海：上海古籍出版社影印，1997 年。

72. 〔漢〕何休注，〔唐〕徐彥疏，春秋公羊傳注疏〔M〕，阮元校刻十三經注疏，上海：上海古籍出版社影印，1997 年。

73. 〔晉〕范甯注，〔晉〕楊士勳疏，春秋穀梁傳注疏〔M〕，阮元校刻十三經注疏，上海：上海古籍出版社影印，1997 年。

74. 呂友仁、呂詠梅，禮記全譯〔M〕，貴州：貴州人民出版社，1998 年。

75. 〔清〕王先慎，韓非子集解〔M〕，北京：中華書局，1998 年。

76. 何寧，淮南子集釋〔M〕，北京：中華書局，1998 年。

77. 十三經注疏整理委員會整理，李學勤主編，周易正義〔M〕，北京：北京大學出版社，1999 年。

78. 〔漢〕趙岐注，〔宋〕孫奭疏，孟子注疏〔M〕，北京：北京大學出版社，1999 年。

79. 〔唐〕顏師古，匡謬正俗〔M〕，小學彙函第四，德州盧雅雨堂本。

80. 〔清〕孫詒讓，周禮政要〔M〕，北京：北京出版社，2000 年。

81. 〔漢〕趙曄，吳越春秋〔M〕，濟南：齊魯書社，2000 年。

82. 〔漢〕皇甫謐，帝王世紀〔M〕，山東省古籍整理規劃項目二十五別史版，濟南：齊魯書社，2000 年。

83. 〔清〕孫詒讓，墨子閒詁〔M〕，北京：中華書局，2001 年。

84. 〔宋〕朱熹，楚辭集注〔M〕，上海：上海古籍出版，2001 年。

85. 徐元誥，國語集解〔M〕，北京：中華書局，2002 年。

86. 陳奇猷，呂氏春秋新校釋〔M〕，上海：上海古籍出版社，2002 年。

87. 〔漢〕班固，漢書〔M〕，北京：中華書局，2003 年。

88. 〔清〕黃奭，漢學堂經解〔M〕，揚州，廣陵書社，2004 年。

89. 黃懷信等，大戴禮記彙校集注〔M〕，西安：三秦出版社，2004 年。

90. 〔清〕黎翔鳳撰、梁運華整理，管子校注〔M〕，北京：中華書局，2004 年。

91. 黃懷信，鶡冠子彙校集注〔M〕，北京：中華書局，2004 年。

92. 顧頡剛、劉起釪，尚書校釋譯論〔M〕，北京：中華書局，2005 年。

93. 〔清〕黃以周，禮書通故〔M〕，北京：中華書局，2007 年。

94. 〔清〕顧觀光輯，楊鵬舉校注，神農本草經〔M〕，北京：學苑出版社，2007 年。

95. 〔漢〕蔡邕，獨斷〔M〕，載於抱經堂叢書，乾隆庚戌雕，抱經堂校本，民國十二年夏五月北京直隸書局影印。

96. 〔漢〕阮諶，三禮圖〔M〕，載於漢魏遺書鈔經翼二集，金谿王氏鈔本，汝麋藏版。

97. 〔清〕崔靈恩，三禮義宗〔M〕，載於漢魏遺書鈔經翼二集，金谿王氏鈔本，汝麋藏版。

98. 〔唐〕李筌，神機制敵太白陰經〔M〕，叢書集成（初編），北京：商務印書館。

99. 〔漢〕許慎撰，〔漢〕鄭玄駁，駁五經異義〔M〕，叢書集成（初編），北京：商務印書館發行。

二、近現代學者著作

1. 陳邦賢，中國醫學史〔M〕，上海：商務印書館，1937 年。

2. 齊魯大學國學研究所出版，甲骨學商史論叢初集〔C〕，1944 年。

3. 范文瀾，蔡美彪，中國通史〔M〕，北京：人民出版社，1954 年。

4. 陳夢家，殷虛卜辭綜述〔M〕，北京：科學出版社，1956 年。

5. 王國維，觀堂集林〔M〕，北京：中華書局，1959 年。

6. 顧頡剛，史林雜識初編〔M〕，北京：中華書局，1963 年。

7. 中國科學院歷史研究所翻譯組，馬克思摩爾根〈古代社會〉一書摘要〔M〕，北京：人民出版社，1965 年。

8. 孫作雲，詩經與周代社會研究〔M〕，北京：中華書局，1966 年。

9. 李亞農，李亞農史論集〔C〕，上海：上海人民出版社，1978 年。

10. 于省吾，甲骨文字釋林〔M〕，北京：中華書局，1979 年。

11. 童書業，春秋左傳研究〔M〕，上海：上海人民出版社，1980 年。

12. 趙光賢，周代社會辨析〔M〕，北京：人民出版社，1980 年。

13. 沈從文，中國古代服飾研究〔M〕，北京：商務印書館，1981 年。

14. 上海人民出版社編，章太炎全集（二）〔C〕，上海：上海人民出版社，1982 年。

15. 蔣伯潛，十三經概論〔M〕，上海：上海古籍出版社，1983 年。

16. 金景芳，中國奴隸社會史〔M〕，上海：上海人民出版社，1983 年。

17. 張光直，中國青銅時代〔M〕，上海：三聯書店，1983 年。

18. 俞慎初，中國醫學簡史〔M〕，福建：福建科學技術出版社，1983 年。

19. 郭沫若，卜辭通纂考釋〔M〕，郭沫若全集·考古編（五），四川：科學出版社，1983 年。

20. 郭沫若，奴隸制時代〔M〕，郭沫若全集（歷史編三卷），北京：人民出版社，1984 年。

21. 尚鉞，尚鉞史學論文選集〔C〕，北京：人民出版社，1984 年。

22. 劉澤華，先秦政治思想史〔M〕，天津：南開大學出版社，1984 年。

23. 呂思勉，中國制度史〔M〕，上海：上海教育出版社，1985 年。

24. 呂思勉，先秦學術概論〔M〕，北京：中國大百科全書出版社，1985 年。

25. 陳漢平，西周冊命制度研究〔M〕，上海：學林出版社，1986 年。

26. 唐蘭，西周青銅器銘文分代史徵〔M〕，北京：中華書局，1986 年。

27. 華梅，中國服裝史〔M〕，天津：天津人民美術出版社，1987 年。

28. 陳茂同，歷代職官沿革史〔M〕，上海：華東師大出版社，1988 年。

29. 曾縱野，中國飲饌史〔M〕，北京：中國商業出版社，1988 年。

30. 馬承源，商周青銅器銘文選〔M〕，北京：文物出版社，1988 年。

31. 翦伯贊，先秦史〔M〕，北京：北京大學出版社，1990 年。

32. 陳戌國，先秦禮制研究〔M〕，湖南：湖南教育出版社，1991 年。

33. 許嘉璐主編，中國古代禮俗辭典〔M〕，北京：中國友誼出版公司出版，1991 年。

34. 陰法魯、許樹安，中國古代文化史〔M〕，北京：北京大學出版社，1991 年。

35. 劉渡舟主編，傷寒論校注〔M〕，北京：人民衛生出版社，1991 年。

36. 徐中舒，先秦史論稿〔M〕，四川：巴蜀書社，1992 年。

37. 王仁湘，飲食與中國文化〔M〕，北京：人民出版社，1993 年。

38. 陳茂同，中國歷代衣冠服飾制〔M〕，北京：新華出版社，1993 年。

39. 左言東，先秦職官表〔M〕，北京：商務印書館，1994 年。

40. 宋鎮豪，中國春秋戰國習俗史〔M〕，北京：人民出版社，1994 年。

41. 袁傑英，中國歷代服飾史〔M〕，北京：高等教育出版社，1994 年。

42. 王宇信、楊升南，中國政治制度通史〔M〕，北京：人民出版社，1996 年。

43. 周汛、高春明，中國古代服飾大觀〔M〕，重慶：重慶出版社，1996 年。

44. 楊向奎，宗周社會與禮樂文明〔M〕，北京：人民出版社，1997 年。

45. 李學勤，走出疑古時代〔M〕，瀋陽：遼寧大學出版社，1997 年。

46. 林乃燊，中國古代飲食文化〔M〕，北京：商務印書館，1997 年。

47. 林少雄，口服之道——中國飲食文化〔M〕，瀋陽：瀋陽出版社，1997 年。

48. 楊樹達，積微居金文說〔M〕，北京：中華書局，1997 年。

49. 楊寬，戰國史〔M〕，上海：上海人民出版社，1998 年。

50. 王國維，宋元戲曲史〔M〕，上海：上海古籍出版社，1998 年。

51. 張光明，夏商周文明研究〔M〕，北京：中國文聯出版社，1999 年。

52. 沈文倬，宗周禮樂文明考論〔M〕，杭州：杭州大學出版社，1999 年。

53. 徐海榮主編，中國飲食史〔M〕，北京，華夏出版社，1999 年。

54. 王仁湘，飲食考古初集〔M〕，北京：中國商業出版社，1999 年。

55. 郭沫若，兩周金文辭大系圖錄考釋〔M〕，上海：上海書店出版社，1999 年。

56. 胡厚宣主編，甲骨文合集釋文〔M〕，北京：中國社會科學出版社，1999 年。

57. 王暉，商周文化比較研究〔M〕，北京：人民出版社，2000 年。

58. 晁福林，先秦民俗史〔M〕，上海：上海人民出版社，2001 年。

59. 王鍔編著，三禮研究論著提要〔M〕，甘肅：甘肅教育出版社，2001 年。

60. 許倬雲，西周史（增補本）〔M〕，上海：三聯書店，2001 年。

61. 周汛、高春明，中國歷代服飾〔M〕，上海：學林出版社，2001 年。

62. 張志春，中國服飾文化〔M〕，北京：中國紡織出版社，2001 年。

63. 王維堤，中國服飾文化〔M〕，上海：上海古籍出版社，2001 年。

64. 朱和平，中國服飾史稿〔M〕，鄭州：中州古籍出版社，2001 年。

65. 沈從文，中國服飾史〔M〕，西安：陝西師範大學出版社，2001 年。

66. 周錫保，中國古代服飾史〔M〕，北京：中國戲劇出版社，2002 年。

67. 郭沫若，周官質疑〔M〕，郭沫若全集·考古編（五），北京：北京科學出版社，2002 年。

68. 楊寬，西周史〔M〕，上海：上海人民出版社，2003 年。

69. 劉志基，金文今譯類檢（殷商西周卷）〔M〕，南寧：廣西教育出版社，2003 年。

70. 陳紹棣，中國風俗通史（兩周卷）〔M〕，上海：上海文藝出版社，2003 年。

71. 吳詩池、邱志強，文物民俗學〔M〕，哈爾濱：黑龍江人民出版社，2003 年。

72. 彭林，中國古代禮儀文明〔M〕，北京：中華書局，2004 年。

73. 洛陽市第二文物工作隊，中國先秦史學會編，西周文明論集〔C〕，北京：朝華出版社，2004 年。

74. 張亞初，劉雨，西周金文官制研究〔M〕，北京：中華書局，2004 年。

75. 常金倉，周代禮俗研究〔M〕，哈爾濱：黑龍江人民出版社，2005 年。

76. 宋鎮豪，夏商社會生活史〔M〕，北京：中國社會科學出版社，2005 年。

77. 呂思勉，先秦史〔M〕，上海：上海古籍出版社，2006 年。

78. 王輝，商周金文〔M〕，北京，文物出版社，2006 年。

79. 吳鎮烽編撰，金文人名彙編〔M〕，北京：中華書局，2006 年。

80. 黃士龍，中國服飾史略〔M〕，上海：上海文化出版社，2007 年。

三、主要參考論文

1. 楊筠如，周代官名略考，國立中山大學語言歷史學研究所周刊〔C〕，第二集，1928，3（20）：201～208。

2. 陳夢家，商代的神話與巫術〔J〕，燕京學報，1936，20：485～576。

3. 楊向奎，〈周禮〉內容的分析及其製作時代〔J〕，山東大學學報，1954，4：1～32。

4. 徐宗元，金文中所見官名考〔J〕，福建師範學院學報，1957，2：1～35。

5. 張筱衡，散盤考釋（上）〔J〕，人文雜誌，1958，3：68～81、88。

6. 張筱衡，散盤考釋（下）〔J〕，人文雜誌，1958，4：81～98。

7. 楊寬，論西周時代的奴隸制生產關係——中國古史分期問題探討之一〔J〕學術月刊，1960，9：18～27。

8. 郭沫若，師克盨銘考釋〔J〕，文物，1962，6：9～14。

9. 于省吾，釋奴、婢〔J〕，考古，1962，9：496～498。

10. 王恒餘，宰官考原〔J〕，中央研究院歷史語言研究所集刊，第 37 本，1967，383～387。

11. 陳槃，春秋時代的教育〔J〕，中研院歷史語言研究所集刊論文類編·歷史編，先秦卷二，北京：中華書局，1357～1436。（出自第四十五本第四分，一九七四年六月）

12. 許倬雲，周代的衣、食、住、行〔J〕，中研院歷史語言研究所集刊論文類編（歷史編·先秦卷二），北京：中華書局，1439～1471。（出自第四十七本第三分，一九七六年九月）

13. 耿鑒庭、劉亮，藁城商代遺址中出土的桃仁和鬱李仁〔J〕，文物，1974，8：54～55。

14. 俞偉超、高明，周代用鼎制度研究（上）〔J〕，北京大學學報，1978，1：84～98。

15. 俞偉超、高明，周代用鼎制度研究（中）〔J〕，北京大學學報，1978，2：84～97。

16. 俞偉超、高明，周代用鼎制度研究（下）〔J〕，北京大學學報，1978，2：83～96。

17. 斯維至，論庶人〔J〕，社會科學戰線，1978，2：103～110。

18. 陝西周原考古隊，陝西岐山鳳雛村西周建築基址發掘簡報〔J〕，文物，1979，10.27～36。

19. 俞鹿年，中國奴隸社會官制研究〔J〕，學習與探索，1980，4：126～134。

20. 王恩田，岐山鳳雛村西周建築群基址的有關問題〔J〕，文物，1981，1.75～80。

21. 陝西周原考古隊，扶風召陳西周建築群基址發掘簡報〔J〕，文物，1981，3，10～22。

22. 左言東，西周官制概述〔J〕，人文雜誌，1981，3：99～106。

23. 付熹年，陝西岐山鳳雛西周建築遺址初探——周原西周建築遺址研究之一、二〔J〕，文物，1981，1.65～74；1981，3.34～45。

24. 尹盛平，周原西周宮室制度初探〔J〕，文物，1981，9，13～17。

25. 趙錫元，周代的二等國民——庶人〔J〕，史學集刊，1982，3：3～11、18。

26. 黃中業，春秋時期的「皂隸牧圉」屬於平民階層說〔J〕，齊魯學刊，1984，2：69～75。

27. 胡厚宣，論殷人治療疾病之方法〔J〕，中原文物，1984，4：27～30。

28. 陝西省雍城考古隊，鳳翔馬家莊一號建築群遺址發掘簡報〔J〕，文物，1985，2：1～29。

29. 何茲全，眾人和庶民〔J〕，史學月刊，1985，1：18～21。

30. 郝鐵川，西周中央官制的演變〔J〕，河南大學學報，1985，4：49～54。

31. 郭德維，皂、輿、隸等淺議〔J〕，湖北省博物館，1985，8：77～80。

32. 張玉勤，也論「庶人」〔J〕，山西大學學報，1986，3：94～96。

33. 王慎行，試論周代的飲食觀〔J〕，人文雜誌，1986，5：87～96。

34. 張亞初、劉雨，〈西周官制概述〉摘要及簡評〔J〕，載於西周金文官制研究〔M〕，北京：中華書局，1986，194～195。

35. 趙石麟，西周衛生保健職官與衛生習俗初探〔J〕，陝西中醫，1987，2：92～93。

36. 彭林，〈周禮〉冢宰及周代輔相問題〔J〕，福建論壇，1987，3：47～52。

37. 李啓謙，魯國的奴隸制問題〔J〕，聊城師範學院學報，1988，4：28～35。

38. 陳連慶，〈周禮〉中所見奴隸〔J〕，史學集刊，1989，2：1～11。

39. 刑岩，周代奄宦制度論箚〔J〕，吉林師範學院學報，1989，2：51～54。

40. 張少龍、安娜，〈周禮〉醫事考〔J〕，延邊大學學報，1989，3：80～81。

41. 莊福林，〈周禮〉的形成時間、特點及作用〔J〕，松遼學刊，1990，4：31～35、14。

42. 劉梅生，先秦官制述略〔J〕，信陽師範學院學報，1991，4：26～32。

43. 李勤德，「女師」考〔J〕，學術研究，1992，1：77～80。

44. 呂靜，春秋戰國時期的巫與巫術研究〔J〕，史林，1992，1：17～22。

45. 金春峰，〈周官〉的成書時代及研究方法〔J〕，求索，1992，1：62～68。

46. 馬健鷹，論周人飲食活動與宗教、政治的關係〔J〕，揚州大學烹飪學報，1994，11（1）：27～32。

47. 宋鎮豪，商代的巫醫交合和醫療俗信〔J〕，華夏考古，1995，1：77～85。

48. 王仁湘，古代宮廷的食官〔J〕，中國典籍與文化，1995，2：88～96。

49. 宜長爲，〈周禮〉書中的大宰與小宰〔J〕，歷史教學，1995，3：49～51。

50. 宮長爲，西周官制研究的回顧與展望〔J〕，史學月刊，1995，5：16～21。

51. 蒙文通，從社會制度及政治制度論〈周官〉成書年代〔J〕，經史抉原，巴蜀書社，1995：430～440。

52. 焦傑，先秦女師概述〔J〕，史學月刊，1996，1：116～117。

53. 李學勤，從金文看〈周禮〉〔J〕，尋根，1996，2：4～5。

54. 李鴻崑，〈三禮〉與中國飲食文化〔J〕，中國烹飪研究，1996，3：17～31。

55. 楊英，試論周代庶人的社會身份和社會地位〔J〕，中國歷史博物館館刊，1996，2：10～21。

56. 晁福林，商代的巫與巫術〔J〕，學術月刊，1996，10：81～87。

57. 馬健鷹，味政合一飲食之道——上古至周代飲食活動與政治間的關係〔J〕，東南文化，1997，2：76～80。

58. 蔡鋒，〈周禮〉飲食制度述略〔J〕，青海師範大學學報，1997，3：50～56。

59. 馬健鷹，中國古代飲食禮儀制度的文化氣質〔J〕，揚州大學學報，1997，4：51～54。

60. 孫景壇，〈周禮〉的作者、寫作年代及歷史意義〔J〕，南京社會科學，1997，10：62～74。

61. 鍾年，巫的原始及流變〔J〕，東南文化，1998，2：42～45。

62. 范毓周，〈殷人疾病補考〉辯證〔J〕，東南文化，1998，3：98～99。

63. 楊天宇，略述中國古代的〈周禮〉學〔J〕，南都學壇，1999，4：14～18。

64. 沈剛，周代食政研究〔D〕，長春：吉林大學，1999。

65. 李衡眉，齊國奴隸考述〔J〕，聊城師範學院學報，1999，6：1～12。

66. 宮長爲，〈周禮〉官聯初論〔J〕，求是學刊，2000，1：99～103。

67. 申憲，商周貴族飲食活動中的觀念形態與飲食禮制〔J〕，中原文物，2000，2：33～36。

68. 周言，釋「小臣」〔J〕，華夏考古，2000，3：103～106。

69. 趙伯雄，〈周禮〉胥徒考〔J〕，華夏考古，2000，4：3～12。

70. 楊天宇，略述〈周禮〉的成書時代與眞僞〔J〕，鄭州大學學報，2000，7（4）：71～77。

71. 申憲，食與禮——淺談商周禮制中心飲食因素〔J〕，華夏考古，2001，1：80～85。

72. 呂振羽，論兩周社會形勢發展的過渡性和不平衡性〔J〕，呂振羽集〔C〕，中國社會科學出版，2001，85～111。

73. 朱華、朴江玉，論〈周禮〉對周代及周後世服飾的影響〔J〕，丹東師專學報，2001，3：52～54。

74. 楊天宇，〈周禮〉的內容、行文特點及其史料價值〔J〕，史學月刊，2001，6：44～56。

75. 曹錫琴，食醫——我國最早的專職營養師〔J〕，食品與健康，2002，2：49。

76. 張國安，〈周禮〉成書年代研究方法論及其推論〔J〕，浙江社會科學，2003，3（2）：146～151。

77. 劉豐，百年來〈周禮〉研究的回顧〔J〕，湖南科技學院學報，2006，2（2）：10～15。

78. 葛志毅，〈周官〉與西周制度，學習與探索〔J〕，2002，6：124～130。

79. 周原考古隊，陝西扶風縣雲塘、齊鎮西周建築基址 1999～2000 年發掘簡報〔J〕，考古，2002，9，3～26。

80. 徐良高、王巍，陝西扶風雲塘西周建築基址的初步認識〔J〕，考古，2002，9：27～35。

81. 姚偉鈞，從中國古代社會飲食觀管窺中華文明〔J〕，陰山學刊，2003，11（6）：43～50。

82. 鮑曉東，試論巫文化中「巫醫一體」的盛衰〔J〕，江西中醫學院學報，2003，12（4）：24～26。

83. 沈晉賢，醫巫同源研究〔J〕，南京中醫藥大學學報，2003，12（4）：197～201。

84. 宋鎮豪，商代的疾患醫療與衛生保健〔J〕，歷史研究，2004，2：3～26。

85. 沈長雲、李晶，春秋官制與〈周禮〉比較研究——〈周禮〉成書年代再探討〔J〕，歷史研究，2004，6：3～26。

86. 趙榮俊（韓國），甲骨卜辭所見之巫者的醫療活動〔J〕，史學集刊，2004，7（3）：7～15。

87. 葛志毅，周代貴族婦女教育的社會文化意義〔J〕，吉林師範大學學報，2004，10（5）：94～97。

88. 葛志毅，論周代后妃在王室經濟中的地位與作用〔J〕，管子學刊，2005，1：82～88。

89. 齊秀生，〈周禮〉在官制研究中的史料價值〔J〕，孔子學刊，2005，1：51～55。

90. 夏微，試論周代貴族教育〔J〕，長春：吉林大學歷史系，2005 年。

91. 閻步克，宗經、復古與尊君、實用——中古〈周禮〉六冕制度的興衰變異〔J〕，北京大學學報，2005，11（6）：94～106。

92. 馬健鷹，中國味文化的根基與發展規律〔J〕，中國調味品，2006，1（1）：4～9。

93. 張傑，論先秦時期師傅保及其對當代教育的啟示〔J〕，管子學刊，2006，3：102～107。

94. 孫汝潔，周代冕服與周禮〔J〕，管子學刊，2006，4：97～99。

95. 沈文倬，周代宮室考述〔J〕，浙江大學學報，2006，5（3）：37～44。

96. 童書業，關於中國古代社會性質的問題〔J〕，載於童書業古代社會論集（第四卷）〔C〕，北京：中華書局，2006，212～220。

97. 周書燦，20 世紀以前的〈周禮〉學述論〔J〕，河南師範大學學報，2006，7（4）：117～128。

98. 何敏、曹瑛，從〈周禮〉看中國古代的醫事制度〔J〕，遼寧中醫藥大學學報，2006，9（5）：26～27。

99. 吳鎮烽，䚦鼎銘文考釋〔J〕，文博，2007，2：16～19。

100. 陝西省考古研究所，陝西扶風雲塘、齊鎮建築基址 2002 年度發掘簡報〔J〕，考古與文物，2007，3：23～32。

101. 謝乃和，〈周禮〉「冢宰」與金文所見西周王家之宰〔J〕，古代文明，2007，3：58～70。

102. 劉瑞，陝西扶風縣雲塘、齊鎮發現的周代建築基址研究〔J〕，考古與文物，2007，3：39～53。

103. 周粟，周代飲食文化研究〔D〕，長春：吉林大學古籍研究所，2007 年。

104. 王雪萍，周禮飲食制度研究〔D〕，揚州：揚州大學，2007 年。

105. 李學勤，商末金文中的職官「攜」〔J〕，史海偵跡——慶祝孟世凱先生七十歲文集〔C〕，2005.7.1：1～3。

106. 董雲香，〈周禮〉所記女官述論，文化學刊，2008，2：20～23。

107. 馬力、楊柱，論殷人疾病觀念及其對醫學發展的影響〔J〕，南京中醫藥大學學報，2008，12（4）：198～201。

108. 張效霞，周代醫官考析（一）〔J〕，中醫藥管理雜誌，2008，7（7）：547～548。

109. 張效霞，周代醫官考析（二）〔J〕，中醫藥管理雜誌，2008，9（9）：710～711。

110. 謝乃和，西周官制中王與后分治制度考論〔J〕，東北師大學報，2009，1：1～7。

111. 何鑫、楊大禹，西周時期的「天子六寢」形制〔J〕，華中建築，2009，3：125～128。

112. 程爾奇、胡培翬〈燕寢考〉考論〔J〕，中國典籍與文化，2009，2：85～93。

113. 李岩，周代服飾制度研究〔D〕，長春：吉林大學古籍研究所，2010 年。

後　記

本書是以我的博士論文《〈周禮〉所見王室起居職官專題研究》為基礎，修改而成。

當進入後記的書寫時，我發現與寫作過程中所需要的理性思維相比，此時的我卻充滿了感性的情緒，在這種心境的驅使下，我無法做到思路清晰，只知道是應該由衷地感謝、感謝、感謝……

2004 年 9 月，我考入吉林大學歷史系，攻讀碩士學位，師從許兆昌先生，開始了我長達七年的對於先秦史的系統學習。初學歷史時，我的目標僅僅是為了成為一名優秀的中學教師，時常思考的是怎樣才能在課堂上遊刃有餘，而真正進入先秦史這一專門的研究領域後，我才發現了自己視野的狹窄、思維的局限和基礎的薄弱，面對這些缺陷我無所侍從。也因這樣的狀態，讓我無法面對老師的期待和優秀的師兄、師姐們，彷徨與沉默如影隨形。如今再回憶這段時間的經歷，我深刻體會到對於引導和教授我這樣一位學生，許老師曾用心良苦。許老師並未過多地關注我的不足，而是推動我積極地參與到師門、學校的各項活動與事務中去，又鼓勵我走上講臺，使我的組織、溝通、教學能力迅速提升。在這一過程中，老師循序漸進地將邏輯思維、學習方法、寫作技巧等一一傳授，不知不覺中，我曾經的彷徨與無措竟無影無蹤。在許老師因材施教地指引下，我也逐漸步入了先秦史研究的正規，而上述細心的指導也一直延續到我讀博期間。七年間，老師或適時或系統的教導已經匯流成河，良多的受益將是我以後學習和工作的不竭源泉，這怎能是一句感謝所能言表的！

2007 年讀博以後，許老師帶領我和師弟拜訪了張鶴泉先生，在言談之中，

張先生感慨《周禮》的研究價值，並建議關注起居方面的記載。許老師根據學生的性格與各自的學習特點，建議我對這一方面進行全面地梳理和深入地學習，至此而奠定了我博士論文寫作的基礎。其後，在與許老師和張先生數次的交流之後，將論文的選題確定爲《〈周禮〉所見王室起居職官專題研究》。經過幾年的學習和積纍，在老師們的細心指導下，我的博士論文初具規模，在此，學生由衷地感謝恩師許兆昌先生和張鶴泉先生對我無微不至地教導與指引。另外，在論文開題的過程中，我有幸得到了朱紅林先生的指點，朱先生對於論文結構與篇目的設計提出了質疑，爲日後論文章節的修訂提供了寶貴意見。與此同時，馬衛東先生專門對論文寫作的具體方法進行了指點。

2015 年夏，在工作四年後，許老師建議我將博士論文出版，電話中老師又給予我細心地指導，無形地通訊又使我憶起了讀書時期專注而簡單的學習生活和此生不忘的師生情誼！可以說，沒有老師們熱忱地關心和指導，就沒有書稿的呈現。回憶學習時期給老師們增添的麻煩和老師們無微不至的幫助，學生愧疚無比，將恩情永記心間！

讀書期間，我還得到了師兄李嚴多、劉偉，師弟楊龍、張亮、王坤鵬、劉雄偉，師妹齊丹丹等同門師兄弟的幫助，或是論文寫作經驗的分享、或是論文資料的下載、或是答辯事宜的溝通等等，同門師兄弟的情誼是我學習生活中最堅實的後盾，我爲生活在這樣的一個集體中而慶幸、驕傲。

讀博期間，父親離開了我，成爲我終生的遺憾。永遠不能忘記的是：在他彌留之際，聽到我承諾之後閉起的雙眼。我向父親鄭重承諾：我會盡快寫完論文，順利畢業工作，我會照顧好母親，我會家庭幸福。僅以此書兌現我一部分的承諾，願天堂的父親安心！也感謝在我最艱難的時候，曾給予我無私幫助的，吉大附中的同事們，我敬愛的許兆昌老師、徐明真老師、鄭雲波老師、寧波老師，我的愛人付雲鵬，我的家人和朋友。

將博士論文以書稿的形式歸之於浩瀚的學術研究中是我一直以來的心願，但由於不足實多，我亦誠惶誠恐，敬請指正！

張　燕

2015 年 10 月 17 日於上海